经济管理类核心课系列教材

管理信息系统

（第三版）

主　编　何泽恒　胡　晶

副主编　陆　莹　李俊玲　白　威

科学出版社

北　京

内 容 简 介

本书以普通高等学校经济类、管理类专业的培养目标为依据，以基础篇—开发篇—管理与应用篇为主线，系统介绍了管理信息系统课程的主要内容。基础篇主要介绍了信息系统、管理信息系统的基本概念、管理信息系统技术基础。在此基础上，引入开发篇，介绍管理信息系统的研制途径，规划，分析，设计，实施，运行、维护、安全和评价，以及面向对象的开发方法。继而导入管理与应用篇，介绍了管理信息系统的项目管理、典型应用和应用发展趋势等。每章文前有学习目标，指出学习重点，每章后有思考练习题供课后练习和复习，可供读者深入理解本章内容。

本书可作为普通高校经济类、管理类专业的教材，也可作为MBA、相关专业硕士研究生，以及管理干部、技术人员培训的教材或参考书，还可供从事信息管理与信息系统开发的管理人员和工作人员参考。

图书在版编目（CIP）数据

管理信息系统/何泽恒，胡晶主编. —3版. —北京：科学出版社，2018.5
经济管理类核心课系列教材
ISBN 978-7-03-055603-5

Ⅰ. ①管… Ⅱ. ①何… ②胡… Ⅲ. ①管理信息系统-高等学校-教材 Ⅳ. ①C931.6

中国版本图书馆CIP数据核字（2017）第285852号

责任编辑：王京苏 / 责任校对：彭 涛
责任印制：张 伟 / 封面设计：蓝正设计

科学出版社 出版
北京东黄城根北街16号
邮政编码：100717
http://www.sciencep.com

北京中石油彩色印刷有限责任公司 印刷
科学出版社发行 各地新华书店经销
*

2010年2月第 一 版 开本：787×1092 1/16
2014年2月第 二 版 印张：21 3/4
2018年5月第 三 版 字数：516 000
2023年8月第十五次印刷
定价：**52.00元**
（如有印装质量问题，我社负责调换）

第三版前言

国内外信息技术的迅猛发展，使现代管理理念和管理方法发生着日新月异的变化和改进。管理信息系统作为实施组织信息管理的重要技术手段和工具，变化就更明显，更具代表性。为反映管理科学和技术发展的新成果，以及应用的新趋势，本书在第一、二版的基础上，保持原有的主要内容和简明风格，对相应的章节做了补充、更新与调整，主要思路如下。

（1）第一版、第二版已在一些高校使用近 8 年时间，说明其颇具特色与实用性。本书各章继续保持经济类、管理类专业核心课程教材的特点与风格——语言简明易懂，避免晦涩的高深理论，遵循管理信息系统的开发规律，着重从管理视角对管理信息系统进行介绍，避免过多技术性的叙述，仍以培养应用型、复合型人才为宗旨，注重教材的科学性、实用性、通用性和趣味性，难易适中。

（2）在第二版的基础上，本书的布局谋篇略有调整，改为三篇十四章，分别为基础篇、开发篇、管理与应用篇，使教材的结构更合理，内容和层次更清晰。近年来，信息系统研发的方法日益多元化，除传统的结构化方法和原型法外，面向对象的开发方法的实际应用也越来越多，因此本书改写并优化了面向对象开发方法一章，以供需要的教师和学生选择学习。

（3）近年来，管理信息系统在原有的单机、局域网、互联网（Internet）等信息系统应用基础之上，出现了物联网、云计算、大数据分析，以及智能手机的 App 等信息系统，这次改版也与时俱进，在各相关章节更新了管理和信息技术的新理念和新趋势。

本书分工如下：第一、六章由何泽恒编写；第七章由何泽恒、李敏编写；第五、八章及第十二章第一、二节由胡晶编写；第四、第十三章由陆莹编写；第三章及第十二章第三节由李俊玲编写；第九、十一、十四章由白威编写；第二章由金迪编写，第十章由金迪、李敏编写。何泽恒、胡晶作为本书的主编，负责全书的策划和统稿；陆莹、李俊玲、白威为副主编。

在编写本书过程中，编者参考了众多国内外文献和资料，在此谨向这些文献和资料的作者表示衷心的感谢。由于编者水平有限，书中反映新理念和新技术的部分难免有不当和疏漏之处，敬请读者批评指正。

编　者
2018 年 2 月

第二版前言

近年来，随着管理科学、计算机科学与技术以及通信技术的迅速发展，现代管理理念和管理方法也有了相应的改进和提高，管理信息系统作为实施组织信息管理的重要技术手段和工具，也必然受到管理方法和管理工具变化的影响，为反映管理科学和技术发展的新成果和应用的新趋势，本书第二版在第一版的基础上对相应的内容做了较大幅度的改进与调整，主要修改的内容包括如下几个方面。

（1）本书是面向普通高校经济类、管理类专业的核心课程教材。这次再版，全书各章进一步强化了经济类、管理类专业的特点；在编写风格上也继续保持用通俗的语言去解释高深的理论，遵从管理信息系统的开发规律，着重从管理视角对管理信息系统进行了介绍，避免了过多技术性的叙述；仍以培养应用型、复合型人才为宗旨，注重教材的科学性、实用性、通用性和趣味性，具有难易适中等特点。

（2）本书第一版已在一些高校使用3年时间，结合编者几年来在一线教学中的使用经验并结合教师和学生的反馈意见，这次再版对各章内容都进行了精心的调整和修正，考虑到经济类、管理类专业毕业生参与管理信息系统分析的实际情况比较多，加强了技术基础、系统分析和系统设计章节的内容，压缩了原来的开发方法等章节的部分内容，使本书更适合讲解和学习。

（3）由于管理和信息技术发展很快，这次再版及时更新了管理和信息技术的新理念和新趋势部分，在第十一章增加了讲解管理信息系统与物联网、大数据和云计算等新概念的联系等内容。同时，为节省篇幅，将第一版的十五章整理成十二章讲授，主要对第一版的第十至十四章进行了合理的压缩和整合。

全书共十二章，第一、五、六章由何泽恒编写；第四、七章及第十章第一、二节由胡晶编写；第九章由刘克兴编写；第三、十一章由陆莹编写；第八、十二章由白威编写；第二章及第十章第三节由李俊玲编写。何泽恒、胡晶作为本书的主编，负责全书的策划和统稿，刘克兴、陆莹担任本书的副主编。

本书在编写过程中参考了众多国内外文献和资料，在此谨向这些文献和资料的作者表示衷心的感谢。还要感谢教育部高等学校管理科学与工程类专业教学指导委员会副主任委员、博士生导师李一军教授，他在百忙中承担了本书的主审工作，并提出了十分宝贵的意见。

由于编者水平有限，同时书中反映新理念和新技术的部分难免有不当和疏漏之处，敬请读者批评指正。

编　者

2013年10月

第一版前言

人类社会正处于从工业化社会向信息化社会演进的过程当中，信息化水平的高低已成为衡量一个国家现代化水平和综合国力的重要标志。国家、社会的信息化是以组织的信息化和信息资源管理为基础的。现代社会中，信息资源也像物质和能源一样成为组织管理的主要对象，对组织的人、财、物等资源的管理也可以通过反映这些资源的信息来管理。进一步，实现对信息的管理可借助于人造的信息系统来进行，这个信息系统就是管理信息系统。

管理信息系统是对一个组织进行全面管理的人机结合的系统，它综合了计算机技术、通信技术、现代管理思想来辅助管理人员进行管理和决策，从而帮助组织提高信息处理效率，提升经济效益，优化业务流程，保持竞争优势和发展。可见，对管理信息系统的认识和了解，已经成为现代管理人员不能忽视的重要任务。

作者从长期的教学和科研工作中认识到，随着信息技术和现代管理方法的发展和相互融合，管理信息系统自身的研制和管理也有较快发展，其涉及的学科、组织的环境等因素很多。因此，学习这门课程，学生应该始终用管理信息系统的观点来审视和考虑如何处理组织中的具体问题。对经管类学生来讲，应重点掌握基本概念、基本知识和系统的观点，学习系统分析、设计和实施过程中应该把握的方法和应该注意的问题。尤其应该把握从事经管类业务人员如何与技术人员密切配合，如何认识到管理信息系统既是一个技术系统也是一个社会系统，涉及社会和组织的诸多方面问题等，从而保证系统的成功研制和正常使用。

相对于普通高校经管类学科的教材需求，国内已出版的有关管理信息系统书籍，有的偏重于计算机专业，有的偏重于开发技术，教学内容和深浅程度也不太适合，直接选用来作为教材不够合适。因此，本书的编写体现出如下特点。

（1）指导思想。本书依据高校经管类专业的培养目标，按学科的课程设置要求，突出应用型、实践性和立体化的特点。

（2）内容范围。编者结合多年从事管理信息系统教学和科研的经验，从系统的角度，完整、全面地论述管理信息系统的概念、原理、应用等问题。既重视理论、方法和应用的介绍，又兼顾组织在实际应用中的问题、具体方法的讨论和解决实际问题的实例；既注重描述成熟的理论和技术，又介绍该领域的最新发展。

（3）结构体系。本书与多种教学手段相结合，通过主教材、教学课件，以及后续编写的教学大纲、补充习题、案例、测评试卷、答案等形成一个有机的整体，适合现代的教学模式，可以丰富教学内容，增加信息量，实现立体教学的效果。有利于提高学生分析问题和解决问题的能力，以及提升对现实世界信息的抽象、概括能力。

（4）写作特点。本书编写力求用通俗的语言去解释高深的理论，遵从管理信息系统的开发规律，着重从管理视角对管理信息系统进行介绍，避免过多技术性的叙述，强调实际操作能力的培养，在教材中设置大量的练习及案例分析题，并向学生提供解决问题的方法和工具，以培养应用型、复合型人才为宗旨，注重教材的科学性、实用性、通用性和趣味性，具有难易适中等特点。

本书第一章由何泽恒编写；第五、六章由何泽恒、孙剑明编写；第四、七、十一章由胡晶编写；第九、十三章由刘克兴编写；第十四章由刘克兴、苏晓东编写；第八、十五章由白威编写；第三、十二章由陆莹编写；第二章由李俊玲编写；第十章由李俊玲、孙剑明编写。

本书编写过程中参考了较多国内外文献和资料，在此谨向这些文献和资料的作者表示衷心的感谢。还要特别感谢教育部高等学校管理科学与工程类专业教学指导委员会副主任委员、博士生导师李一军教授，他在百忙中承担了本书的主审工作并提出了十分宝贵的意见。

由于编者水平有限，书中难免有不妥之处，恳请读者指正，以便今后改正。

编　者

2009 年 9 月

目 录

基 础 篇

第一章 信息系统概述 ·· 3
第一节 管理的概念 ·· 3
第二节 信息的概念 ·· 4
第三节 系统的概念 ·· 9
第四节 信息系统 ··· 12
第五节 管理和信息系统的关系 ······································· 15
本章小结 ··· 19
思考练习题 ··· 19

第二章 管理信息系统概述 ·· 20
第一节 管理信息系统的概念 ··· 20
第二节 管理信息系统的分类 ··· 26
第三节 管理信息系统涉及的现代管理方法与环境 ····················· 27
第四节 管理信息系统面临的实际问题 ································· 33
本章小结 ··· 34
思考练习题 ··· 35

第三章 管理信息系统的技术基础 ······································ 36
第一节 计算机硬件和软件基本知识 ··································· 36
第二节 数据资源管理技术 ··· 40
第三节 数据通信与计算机网络 ······································· 55
本章小结 ··· 65
思考练习题 ··· 65

开 发 篇

第四章 管理信息系统的研制途径 ············ 69
- 第一节 管理信息系统开发涉及的基本问题 ············ 71
- 第二节 管理信息系统开发的一般方法 ············ 75
- 本章小结 ············ 87
- 思考练习题 ············ 87

第五章 管理信息系统的规划 ············ 88
- 第一节 系统规划概述 ············ 91
- 第二节 系统规划的主要方法 ············ 99
- 第三节 业务流程重组 ············ 109
- 第四节 系统总体规划方案书 ············ 114
- 本章小结 ············ 116
- 思考练习题 ············ 116

第六章 管理信息系统的分析 ············ 117
- 第一节 系统分析概述 ············ 117
- 第二节 系统初步调查和可行性分析 ············ 118
- 第三节 系统详细调查概述 ············ 120
- 第四节 系统详细调查——管理业务调查 ············ 122
- 第五节 系统详细调查——数据流程调查 ············ 125
- 第六节 新系统逻辑方案的确定 ············ 134
- 附录1 可行性研究报告文档格式及主要内容 ············ 138
- 附录2 系统分析报告文档格式及主要内容 ············ 141
- 本章小结 ············ 143
- 思考练习题 ············ 143

第七章 管理信息系统的设计 ············ 145
- 第一节 系统设计概述 ············ 145
- 第二节 系统总体设计 ············ 147
- 第三节 系统详细设计 ············ 153
- 本章小结 ············ 169
- 思考练习题 ············ 169

第八章　管理信息系统的实施 ························ 171

第一节　系统实施概述 ························ 173
第二节　程序设计 ························ 175
第三节　系统测试与调试 ························ 180
第四节　人员培训 ························ 184
第五节　系统试运行和系统转换 ························ 186
本章小结 ························ 188
思考练习题 ························ 188

第九章　管理信息系统的运行、维护、安全和评价 ························ 190

第一节　系统的运行管理 ························ 190
第二节　信息系统的维护 ························ 193
第三节　系统的安全管理 ························ 195
第四节　系统的评价 ························ 200
第五节　信息管理部门和人员修养 ························ 202
本章小结 ························ 205
思考练习题 ························ 205

第十章　面向对象开发方法 ························ 206

第一节　面向对象的基本思想和关键概念 ························ 206
第二节　实行面向对象开发方法的优越性 ························ 210
第三节　面向对象的开发过程 ························ 212
第四节　面向对象的建模工具 ························ 215
第五节　面向对象的编程语言 ························ 224
第六节　案例：网上会议文件审批系统 ························ 226
本章小结 ························ 254
思考练习题 ························ 254

管理与应用篇

第十一章　管理信息系统中的项目管理 ························ 257

第一节　系统开发的项目管理 ························ 257
第二节　信息系统项目计划 ························ 258

第三节　信息系统项目成本管理 …………………………………………………… 262
　　第四节　信息系统项目质量控制 …………………………………………………… 263
　　第五节　项目风险控制 ……………………………………………………………… 264
　　本章小结 ……………………………………………………………………………… 265
　　思考练习题 …………………………………………………………………………… 265

第十二章　管理信息系统的典型应用 ……………………………………………………… 266
　　第一节　企业资源计划 ……………………………………………………………… 266
　　第二节　供应链管理和客户关系管理 ……………………………………………… 279
　　第三节　决策支持系统 ……………………………………………………………… 284
　　本章小结 ……………………………………………………………………………… 293
　　思考练习题 …………………………………………………………………………… 294

第十三章　管理信息系统的应用发展趋势 ………………………………………………… 295
　　第一节　Internet 的发展和影响 …………………………………………………… 295
　　第二节　电子商务和电子政务 ……………………………………………………… 296
　　第三节　信息系统的集成方案及其实现 …………………………………………… 308
　　第四节　物联网环境下的信息系统 ………………………………………………… 310
　　第五节　云计算与信息系统 ………………………………………………………… 313
　　第六节　大数据技术与信息处理 …………………………………………………… 315
　　本章小结 ……………………………………………………………………………… 316
　　思考练习题 …………………………………………………………………………… 316

第十四章　管理信息系统案例分析 ………………………………………………………… 317
　　第一节　案例 1：某鲜牛奶公司库存管理信息系统 ……………………………… 317
　　第二节　案例 2：小型网上购物系统 ……………………………………………… 328
　　本章小结 ……………………………………………………………………………… 335
　　思考练习题 …………………………………………………………………………… 335

参考文献 ……………………………………………………………………………………… 336

基础篇

第一章 信息系统概述

本章学习目标

1. 了解管理和管理过程的定义和内涵；
2. 掌握数据、信息的概念，数据和信息的联系与区别，信息的性质和度量；
3. 掌握系统、信息系统的定义和特点；
4. 掌握管理和信息的关系、管理和信息系统的关系。

人类社会正从工业化社会向信息化社会过渡。在信息化社会中，信息的作用日益凸显，对人类的生产和生活产生重要影响。可以说，在信息化社会中，信息是一种资源和财富。但是信息成为资源和财富的必要条件是对其进行科学有效的管理，否则，可能给人类带来麻烦。因此，对信息及其相关活动进行科学的计划、组织、控制和协调，实现信息资源的充分开发、合理配置和有效利用，是管理科学和信息科学共同关注的重要课题，管理信息系统也就是为实现这一目标而诞生的一门新型学科。

第一节 管理的概念

一、管理的定义

管理是通过计划、组织、指挥、协调、有效地调度各种资源，确保组织实现预期目标的过程。

在周三多主编的《管理学概论》一书中，管理被定义为组织中的活动或过程，即通过信息获取、决策、计划、组织、领导、控制和创新等职能的发挥，来分配、协调包括人力资源在内的一切可以调用的资源，以实现单独的个人无法实现的目标。这个定义的内涵可以解释为：①管理的载体是组织；②管理的本质是活动或过程；③管理的对象是包括人、财、物、设备、技术和信息等在内一切可以调用的资源；④管理的职能是信息的获取、决策、计划、组织、领导、控制和创新；⑤管理的目的是实现组织的既定目标，而这个目标仅凭个人的力量是无法实现的。

二、管理过程、职能和模式

通常，管理由管理过程、管理职能和管理模式等组成。

1. 管理过程

管理过程也称作管理流程、企业流程，更多情况下，我们称其为业务流程。关于业务流程有很多定义，典型的定义有如下两种：①业务流程是指企业为了完成某一目标或任务而进行的跨越时间和空间的逻辑上相关的一系列活动的有序集合；②业务流程是一组将输入转化为输出的相互关联或相互作用的活动。

自从有了社会组织，就有了管理，也就有了相应的业务流程。例如，企业中的采购流程、人才引进流程、产品销售流程、生产流程、合同审批流程等都属于业务流程。组织（或企业）就是依赖各种各样的流程而运作的。

2. 管理职能

管理职能是指人和机构应有的作用、功能、职责和权力。例如，企业由研发、生产、销售等部门组成，那么完成好研发、生产和销售的任务就是这些部门的职能，这些部门称为职能部门。若干职能部门按组织目标进行工作划分和层次划分，同时实现在管理工作中的相互协作，在职务范围、责任、权利方面就形成了动态的组织结构。

业务流程通常是跨职能部门的，超越了研发、生产、销售和市场等职能部门之间的界限。业务流程通常也超越了传统的组织结构，把不同部门中的员工集中在一起来完成某项工作。例如，许多公司订货流程就需要销售职能（接收订单、输入订单）、会计职能（财务审查、订单记账）和生产职能（按订单生产和运输）等各职能之间的协调。当前的管理方式（指用来实现管理目标而运用的手段、方式、途径和程序的总和）也正从职能主导型向流程主导型转变，业务流程已成为管理的主要对象。

3. 管理模式

管理模式可以认为是一种能让人们参照的标准管理样式或样板。例如，制造资源计划（manufacturing resource planning, MRP）、准时制生产（just in time, JIT）、企业资源计划（enterprise resource planning, ERP）等都代表了先进的生产管理模式。

上述的管理过程、管理职能和管理模式可以是完全人工化的管理。而有了管理信息系统之后，许多管理工作就可以实现信息化或自动化，或者通过不断发展的信息技术，实现业务流程的重新设计和简化，从而使企业达到高效管理。鉴于信息技术和管理信息系统在业务流程管理及业务流程再造中的重要作用，本书将在后续章节详细介绍这方面的知识。

第二节 信息的概念

一、数据和信息

在管理信息系统中，数据和信息是密切相关的概念。我们先从数据出发，了解信息及信息处理的相关概念。

1. 数据

数据（data）产生于人类的各种活动之中，是对行为结果的一种记录形式。例如，企业有计划、生产、销售、会计、库存和人事等各项管理活动，相应地，就会产生计划指标、生产产品数量、销售额、账簿、库存量和人事情况等方面的数据。常用的数据记录形式仅有数值和符号，广义的数据记录形式则包括数字、文本、图形、图像和动态视频等物理形式，我们都称之为符号。这些符号可以被识别、认知和解释，也可以进行某种计算产生另一种形式的数据。

因此，数据的定义可以概括如下：数据是记录客观事物的特征，并能被人类识别和加工处理的物理符号的集合。

例如，学生基本特征的数据可用符号集合表示为{学号，张三，男，29岁，⋯}，天气预报的数据可以用符号集合表示为{阴，北风3～4级，25～29℃，小雨，⋯}。

2. 信息

信息（information）的英文含义是消息、情报和资料。信息技术的发展使"信息"一词迅速普及。信息作为资源在社会中的主导作用日益凸显，与信息研究相关的学科也在逐渐形成，对信息的解释和理解也在不断发展。目前，常见的信息定义有以下几种：①信息是指客观存在的新的事实或新的知识；②信息是经过加工解释后所得到的对某个目的有用的数据；③信息是代码符号序列所承载的内容。

以上定义出现在不同的著作中，能够帮助我们更好地理解信息的含义。如果考虑信息与其使用者的关系，通常我们可以将信息定义为：信息是经过加工解释后，能对人类的行为决策产生影响的数据。

3. 数据和信息的区别与联系

数据和信息既有区别又有联系。

它们的区别是：数据是记载客观事物的符号，本身并没有意义，是物理性的；信息是客观事物在人们头脑中的反映，具有某种意义，是逻辑性或观念性的。

它们的联系是：数据是载荷信息的物理符号，是信息的表现形式；信息是对数据的加工解释，是数据内在逻辑关系的体现，并能对客观事物产生一定的影响。信息与数据之间的联系也可用简单公式表示如下：信息＝数据＋加工＋解释（特别情况下，数据经过加工后可能产生信息，也可能产生另一种形式的数据）。我们可举例说明两者的关系：驾驶员开车时速度指针指向80千米/小时，这是数据，而这个数据代表车是开快了还是慢了，要看按哪一标准来解释，如在拥挤的市区道路和畅通的高速公路就有不同的解释，这个解释就是信息，它决定驾驶员的决策是加速还是减速。

通常，对"信息"与"数据"不需做严格区分的场合，信息可以称为数据，数据亦可称为信息，类似地，"信息处理"也可以称为"数据处理"，反之亦然。而严格地讲，说"信息处理"时更注重处理的结果是否有用，而说"数据处理"时更强调处理方法的有效性。

二、信息的性质

理解和掌握信息的性质，便于人们对信息进行管理和利用信息辅助决策。信息的性质主要体现在以下几个方面。

(1) 客观性。信息是客观事物特征的具体反映，一切客观事物都是信息源。客观存在是信息的基本性质，可以说信息无处不在，无时不有。

(2) 时效性。信息有时效性，要及时、充分地发挥作用才有意义。随着时间的推移，信息的效用将会逐渐减小，直至全部消失。

(3) 变换和传递性。信息可以根据需要在不同载体之间变换；也可以利用一定的方式和工具进行扩散，使需要信息者不受地域和时间的限制，随时可以获得信息，从而利用信息达到其目的，同时还可以产生新的信息，实现信息的再生和再扩散。信息的变换和传递性可以使其价值得以充分发挥。

(4) 价值性。信息经过相应的加工组织，可以被相应的学科吸收，再加以抽象和概括，形成相应的理论体系和定理，从而被公认为知识并加以利用。这些有用的数据和知识是劳动所创造的，因而是有价值的。但这种价值寿命较短，需要及时转换和利用，否则会造成信息资源的浪费而错失良机。

(5) 不完全性。由于时间、地域和空间的限制，认识、理解和能力的区别，方式、方法和工具的不同，信息的产生和获得不是客观事物特征的全部；另外，有时为了主观需要还有可能增加信息、忽略部分信息和改造某些信息，使得信息所反映的特征不是客观事物的原形和全部。因此，信息的使用者要认识到可能存在的差异带来的影响。

(6) 真伪性。信息有真假之分。信息在传递的过程中，有可能与信息源脱离联系，也可能与周围事物失去联系，因此很容易使人们凭主观想象去认识它，理解它；也不排除人们有意改动、增删和歪曲，故意造成信息与信息源的相背和不符。因此辨别信息的真伪是我们每一个使用信息者必须面对的现实。

信息还有层次性、存储性和依附性等性质。

对于人类而言，认识信息、理解信息、有效地加工组织信息，发挥信息应有的价值是信息时代的根本任务，是知识经济发展的基础，是市场竞争能力的支柱。信息技术的发展也适应了这种需求。与信息有关的学科理论和应用系统也在不断地创新发展。

三、信息的分类

信息可有多种不同的分类。根据信息所反映的内容，可分为自然信息、生物信息和管理信息；根据信息的处理要求，又可分为一次信息、二次信息和三次信息；根据信息的应用，可分为管理信息、社会信息、科技信息等；根据信息对应的管理层次，可分为战略信息、战术信息和作业信息等；根据信息载体的不同，可分为数字信息、文字信息、图形图像信息和声音信息等。

四、信息的度量

不同的数据资料中包含的信息量可能存在很大差别，有的资料包含的信息量多一些，有的则少一些，有的不包含信息量甚至包含错误的信息，这就涉及不同的信息度量方法。这里，我们只简单介绍信息的定性度量和定量度量两种方法。

1. 定性度量

在实际应用中，人们采集信息的目的就是解决所遇到的问题，或者说是消除人们对某事物认识的不确定性。而不同的信息所能消除的人们对事物认识不确定性的多少（或程度）不同，因此，我们就可以用这种认识的不确定性的多少（或程度）来衡量信息的大小，即信息量。

可见，信息量的大小取决于信息内容帮助人们消除认识的不确定性的程度。消除的不确定性程度越大，信息量就越大；反之，信息量就越小。如果事先就确切地知道事物的内容，则其中的信息量为零。例如，一个人学习一本新书可以了解很多新知识，消除的不确定性程度较大，则这本书信息量较大；但如果你已经学过了，对于你来说没有多少新知识，消除的不确定性程度很小，则这本书对于你来说信息量较小或等于零。

2. 定量度量

信息量的计量单位是比特（bit）。一比特的信息量是指含有两个独立均等概率状态的事件所具有的不确定性能被全部消除所需要的信息。这样，信息量的定量度量可采用如下公式进行计算：

$$H(x) = -\sum P(X_i) \log_2 P(X_i) \quad (i=1, 2, 3, \cdots, n)$$

式中，X_i 表示第 i 个状态（共 n 个状态）；$P(X_i)$ 表示出现第 i 个状态时的概率；$H(x)$ 表示为消除这个系统不确定性所需的信息量，单位为比特。

例如，抛一枚硬币下落时有正反面两种状态，出现这两种状态的概率都是 1/2，即

$$P(X_i) = 0.5$$

则抛掷一枚硬币下落时的信息量为

$$H(x) = -[P(X_1) \log_2 P(X_1) + P(X_2) \log_2 P(X_2)]$$
$$= -[(1/2)\log_2(1/2) + (1/2)\log_2(1/2)] = -\log_2(1/2) = -(-1) = 1 \text{ (bit)}$$

同理可得，投掷均匀正六面体骰子的 $H(x) = 2.6$（bit）。

值得注意的是，计算信息量的这一公式恰好与热力学第二定理中熵的公式相一致。即一个系统信息量越大，熵值越小（即负熵越大），表明该系统的无序程度（混乱程度）越低，有序程度越高；反之，系统的无序程度越高，则熵值就越大，信息量就越小。信息度量表述了系统的有序化过程，由此可以给出更广泛的信息含义：信息是任何一个系统的组织性、复杂性的度量，是有序化程度的标志。

信息的度量公式表明收集信息要有利于消除不确定性，提高信息的质量。

五、信息和知识的关系

信息和知识（knowledge）也有一定的关系，知识是人类对客观规律的认识，是系统的、有条理的信息，即知识是以某种方式把一个或多个信息关联在一起的信息结构，是对客观世界规律性的总结。

例如，39℃是一个数据，如果用来表示一个人的体温，则成为一种信息，这个信息

对于没知识的人来说不再具有其他意义，但对于医生或具有保健常识的人来说，如果一个人的体温达到39℃，则其正在发烧，需要及时治疗，这就称为一种知识。

知识有显性知识和隐性知识之分。显性知识是可以用语言文字表述的知识，而隐性知识则要靠在实践中摸索和体验来获得，是只可意会而不可言传的。前者管理相对容易，后者则相对较难。过去人们重视对文字资料、图纸等显性知识的管理，而忽略了对隐性知识的管理。随着知识经济时代的到来，信息和知识正在取代资本和能源而成为创造财富的主要因素。人们发现隐性知识更为宝贵，但是隐性知识所包含的经验、技巧等知识难以共享，而且它会随着人员的变动而大量流失，因此，实现知识的管理十分重要，我们要及时整理和保存知识。

信息和知识是管理中的一项极为重要的资源。早先人们注意对人、财、物、设备和管理方法等五种资源的管理，而忽略对信息和知识的管理，但实际上，这五种资源都是通过这些资源的相关信息和知识来管理的。管理信息系统的出现为信息和知识管理创造了前所未有的条件。

近年来，随着全球经济一体化和知识经济时代的到来，人们对知识重要性的认识迅速提高，开始加强对知识管理问题的专门研究。

可以说，信息管理主要是对数据的管理，而知识管理则是对思维的管理，信息管理是知识管理的研究基础。

六、信息化及意义

信息化及意义可从如下三个方面来描述。

1. 信息化的概念

人类社会的发展，离不开物质、能源和信息三大资源。工业革命使人类在开发、利用物质和能源两种资源上取得巨大成功，其结果是创造了工业时代。随着以计算机技术、通信技术、网络技术为代表的现代信息技术的飞速发展，人类社会正从工业时代阔步迈向信息时代，人们越来越重视信息技术对传统产业的改造，以及对信息资源的开发和利用。

信息化是由工业社会向信息社会演化的动态过程，它反映了从有形的物质产品起主导作用的社会向无形的信息产品起主导作用的社会的转型。在这个过程中，整个社会通过普遍地采用信息技术和电子信息设备，更有效地开发信息资源，使信息资源创造的价值在国民生产总值中所占的比例逐步上升直至占有主导地位。信息化加快了世界范围内的产业结构调整和升级，加速了经济全球化的进程，有力地推动了经济增长，提高了就业率，降低了通货膨胀。

信息化水平的高低已成为衡量一个国家、一个地区现代化水平和综合国力的重要标志。

2. 国内外信息化发展

国际上，自1993年美国率先提出"信息高速公路"计划之后，发达国家之间就此展开了激烈竞争，都想抢占制高点。1995年2月，以美国为首的"七国集团"提出了建设全球信息社会的目标。从而，兴起于少数发达国家的信息化建设浪潮开始波及世界各地。

在这场"世纪角逐"中，我国也努力走在科技发展的前列。"八五"期间，党中央和国务院多次对发展和应用信息技术做出重要指示，要把信息化提高到战略地位上来，要把信息化列为发展国民经济的重要方针。"八五"期间，国家开发了一批大型应用信息系统，其中包括国家经济信息系统、电子数据交换系统、银行电子化业务管理系统、铁路运输系统、公安信息系统。"九五"以来，我国的信息化建设进入了快车道，信息基础设施不断加强，信息的推广应用逐渐深入。1993年，国家开始实施了以"金桥工程""金关工程""金卡工程"和"金税工程"为代表的一系列"金"字号国民经济信息化工程。国家"十一五"和"十二五"规划期间陆续出台了若干信息化建设的政策，积极推进物联网、云计算、移动计算、智能化建设等先进技术的应用。企业的信息化建设也进入了一个全民电商和信息化应用的互联网化时代。从整体趋势来说，不论是政策促进方面，还是技术应用方面，中国的各行业信息化都可以说已经进入一个信息成为生产要素的新时期。

3. 信息化的作用

信息化的作用主要表现在管理、科学技术和生产控制等方面大力应用信息技术，推动国民经济的全面发展。其中尤以管理领域最为突出，现阶段信息技术的应用大概占到70%以上，且已发展形成专门的"管理信息系统"。目前信息系统在管理中的应用已从单项业务的信息管理，迅速向综合的管理层和决策层的信息管理发展，应用水平日趋提高。

在信息化推广阶段，生产资料、生产工具和劳动对象都在发生质的变化，信息技术成为劳动工具，作为劳动对象的信息资源则成为经济和社会发展的主要战略资源，正在出现一种以知识、科技、信息技术和智能化的生产构成为特征的新的生产力，促使传统的信息管理向知识管理发展。

信息化和工业化的关系极为紧密。在现代经济中，工业化是信息化的物质、技术基础，信息化是工业化进一步发展的动力。实现工业化仍是我国现代化进程中艰巨的历史性任务。党的十六大提出，我国必须走新型工业化的道路，指出我们不能重蹈西方国家工业化的覆辙，在实现工业化的过程中，必须坚持以信息化带动工业化，以工业化促进信息化，走科技含量高、经济效益好、资源消耗低、环境污染少、人力资源优势得到充分发挥的道路。2008年，我国已根据上述发展需要组建了中华人民共和国工业和信息化部。

第三节 系统的概念

一、系统的定义

系统（system）是由若干相互联系、相互作用的元素，为了特定的共同目标，按一定的方式和秩序组合在一起所形成的统一有机整体。

关于系统的定义还有很多说法。例如，《辞海》的解释是，"具有特定功能的组织"；"相同或相似的事物按一定的秩序和内部联系组合而成具有某种特性或功能的整体"。美国国家标准协会（American National Standars Institute，ANSI）的定义是："多种方法、过程或者技术综合在一起，按一定的规律相互作用以构成一个有机整体。"国际标准化组织技术委员会（International Organization for Standardization/Technical Committee，ISO/TC）的定义是："能完成一组特定功能，由人、机器以及各种方法组成的有机集合体。"

综合各种定义，不难看出，系统具有以下含义：①系统是由若干个个体组成的；②个体之间按照一定的规律进行相应的活动；③系统具备相应的功能。这些都是系统存在的必要条件。

二、系统的特征

系统的特征主要表现在以下几个方面。

1. 整体性

整体性是系统的最基本特征。系统是由若干个相互独立、相互依赖、相互区别的个体（要素）或子系统组成的，系统的特性和功能不等于各自独立时的特性和功能的组合；系统中各部分的特征和功能也不同于它们各自独立时的特性和功能；各部分在系统中所处的地位和所起的作用有主次和大小之分，有的处于主导、支配地位，有的处于从属、被支配地位。

2. 目的性

系统的目的是系统存在的前提。所谓目的性是指系统形成、运行所要达到的目的，具体表现为系统所具备的功能。系统的目的决定系统的组成要素和结构。

3. 层次性

任何一个系统都可以划分为若干个子系统，各种子系统都具有相对独立的目标和实现目标所要求的功能，以及相应的结构组成，彼此之间互为依存和协调。这些子系统还可以进一步分解，直到不能或不需要划分为止。系统的这种特性有助于系统的组建和形成。当然，系统中所有子系统的目标不能脱离整体的目标而独立存在和运行。

4. 环境适应性

任何一个系统都不能独立存在，通常是更大系统的一部分，它必然和周围环境有关，需要接受来自周围环境的输入，同时又将运行的结果输出到环境中去，并在相互影响下及时调整自己的运行机制和方式，以适应环境并利用环境所提供的条件实现自己的目标。

分析、了解系统的特性，充分认识系统存在的条件和运行状态，是适应环境、建立新系统、实现管理目标的关键所在。随着信息技术应用的不断普及和深入，开发、建立合理有效的信息系统，是信息时代企业生存和发展的基石。

三、系统的分类

根据系统组成的要素和功能，可将系统分为自然系统、人造系统和复合系统。

（1）自然系统，如太阳系、生态系统、人体系统等，是由原物质因素组成的，其目标是与生俱来的，不因人为因素改变，是不可缺少和消亡的系统，是自然形成的系统。

（2）人造系统，如计算机系统、通信系统、运输系统、教育系统等是人为的系统，是人类为了达到某种目的而对一系列的要素做出规律性的组织，并赋予其相应的功能，使之成为一个统一的整体。

（3）复合系统，如信息系统、企业系统等。这里的复合系统主要是指同时包括自然系统和人造系统在内的整合在一起工作的系统。实际上，大多数系统都可以定义为两个或两个以上的系统组成的复合系统，这类系统都有人参加，通常称为人-机系统。例如，信息系统表面上看起来是一个人造系统，实际上在研制、使用和发展变化中都体现了许多不以设计者意志为转移的内在规律和自然规律，同时也一定需要人的参与。

系统的分类方式还有很多，如动态系统和静态系统、封闭系统和开放系统等。系统的组成和运行是有一定的规律可循的，了解系统分类和特点，以及人与系统的紧密关系，掌握系统的结构和运行规律，合理地利用现有的系统，充分发挥人的主观能动性，开发或组合出符合我们要求的新的信息系统，是管理信息系统学科的核心内容。

四、系统的基本要素

根据对环境特性的分析，一个完整的、正常运行的系统应具备以下几个要素。

1. *系统环境*

所谓环境是指一切位于系统之外并与系统密切相关的因素。任何一个系统都处于一定的环境之中。系统的环境包括两方面的含义：一是环境对系统要有一定的影响；二是系统对环境要有一定的影响。究竟哪些因素属于系统的环境取决于系统的目标。

2. *系统边界*

所谓系统边界是系统与其环境分割开来的一种假想线。系统通过其边界与外界进行物质、能量和信息的交换。

3. *系统的输入和输出*

系统通过输入和输出与环境发生关系。输入是指由环境进入系统内的东西，输出是指从系统向环境传输的东西。对于信息系统而言，输入的是来自各种业务的基础数据，输出的可能是各种统计结果。例如，对于一个大型超市的收款机，输入的可能是顾客购买的商品编码或条码及商品数量，输出的可能是购买商品清单或者不同时间段的销售统计报表。这里需要说明的是，一个系统的输入可能是另外一个系统的输出，而一个系统的输出也可能是另外一个系统的输入。

4. *系统的组成元素*

系统的组成元素是指组成系统的最基本的单元，这些单元可以是子系统，可以是单个的元素，而不管是子系统还是单个的元素都是不能再进行分解的。

5. *系统结构*

系统结构是指组成系统各元素或各子系统之间的相互关系及联系，其中包括元素或子系统本身存在的方式。最常见的结构是层次型结构，在这种结构中，一个系统是由一系列子系统组成的，其中的每一个子系统可能是由更小的一系列子系统组成的。例如，计算机系统是由硬件系统和软件系统组成的，而硬件系统是由中央处理器、存储器、输入/输出设备组成的；软件系统是由系统软件和应用软件组成的。各种子系统之间也可能进行数据交换，这种交换关系称为子系统之间的接口。系统的一般模型如图 1-1 所示。

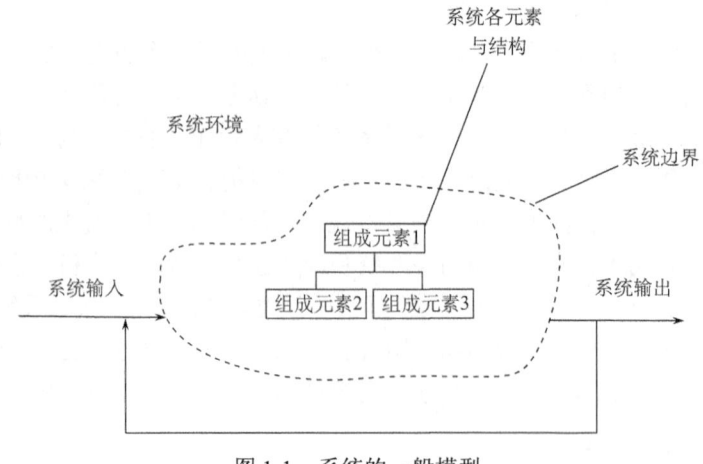

图 1-1　系统的一般模型

第四节　信息系统

一、信息系统的定义

信息系统是一个复合系统，它由人、硬件、软件和数据资源组成，目的是及时、正确地收集、加工、存储、传递和提供信息，实现组织中各项活动的管理、调节和控制。

组织中各项活动表现为事务流、物流、资金流和信息流的运动。"事务流"是各项管理活动的工作流程。例如，商务谈判、订单或合同签订、商品入库验收、开票、付款等流程，经理做出决策时进行的调查研究、协商、讨论等流程。"物流"是实物的流动过程，如物资的运输，产品从原材料采购、加工直至销售都是物流的表现形式。"资金流"指的是伴随物流而发生的资金的流动过程，如商品的预付款、货款等。"信息流"伴随以上各种流的流动而流动，它既是其他各种流的表现和描述，又是用于掌握、指挥和控制其他流运行的软资源。在一个组织的全部活动中存在着各式各样的信息流，而且不同的信息流用于控制不同的活动。若几个信息流联系组织在一起服务于同类的控制和管理目的就形成信息流的网，称为信息系统。一个组织的信息系统可以是企业的产、供、销、库存、计划、管理、预测、控制的综合系统，也可以是机关的事务处理、战略规划、管理决策、信息服务等的综合系统。

信息系统包括信息处理系统和信息传输系统两个方面。信息处理系统对数据进行处理，使它获得新的结构与形态或者产生新的数据。例如，计算机系统就是一种信息处理系统，通过它对输入数据的处理可获得不同形态的新的数据。信息传输系统不改变信息本身的内容，作用是把信息从一处传到另一处。由于信息的作用只有在广泛交流中才能充分发挥出来，因此通信技术的进步极大地促进了信息系统的发展。广义的信息系统概念已经延伸到与通信系统相等同的程度。这里的"通信"不仅指单纯意义的通信，而且意味着人际交流和人际沟通，其中包括思想的沟通、价值观的沟通和文化的沟通。广义的信息系统强调"人"本身不但是一个重要的沟通工具,还是信息意义的阐释者。

二、信息系统的特征

信息系统除具备一般的系统特征外,还有如下两个突出特性。

1. 附属性

信息系统的附属性是指信息系统不是孤立、自主的系统,它总是依附于某个具体业务系统来实现所依附的业务系统的目标;或者说它是一个更大的系统的一个子系统,所处的地位和所起的作用是关键的,是其他子系统所不能代替的。另外,信息系统的目标不能和它所在的大系统的目标相冲突,要和其所服务的系统形成一个统一的有机整体,相互配合、相互协调,共同完成企业的信息处理任务,实现企业的管理目标。

2. 间接性

信息系统的作用和效益是通过其所依附的系统间接实现的,也就是说企业或组织开发建立和使用相应的信息系统是为了规范管理程序,提高管理水平,辅助管理决策,是帮助企业实现其规划目标的有效手段。

三、信息系统的类型

按照处理的对象可将组织的信息系统分为如下三个大类。

1. 作业信息系统

作业信息系统的任务是处理组织的业务、控制生产过程、支持办公事务和更新有关的数据库等。作业信息系统通常由以下三部分组成。

(1)业务处理系统。业务处理系统的目标是迅速、及时、正确地处理大量的信息,提高管理工作的效率和水平,如进行销量统计、成本计算和库存记录等。

(2)过程控制系统。过程控制系统主要用计算机控制正在进行的生产过程和监控内容,如发电厂通过敏感元件对生产数据进行监测并予以实时调整。

(3)办公自动化系统。办公自动化系统以先进技术和自动化办公设备(如文字处理设备、电子邮件、轻印刷系统等)支持人的部分办公业务。这种系统较少涉及管理模型和管理方法。

2. 管理信息系统

管理信息系统是对一个组织(单位、企业或部门)进行全面管理的、人和计算机相结合的系统,它综合运用计算机技术、信息技术、管理技术以及现代化的管理思想、方法和手段,来辅助管理人员对组织中大量的结构化数据(即确定的、规范的数据)进行管理和简单决策。管理信息系统不仅是一个技术系统,而且是一个社会系统。

3. 决策支持系统

决策支持系统不同于传统的管理信息系统。管理信息系统主要为管理者提供固定规范的报告,管理的是有一定规则的结构化的数据和信息。而决策支持系统其重点管理的数据是非结构化和半结构化的数据(即不确定的、不规范的数据),在人和计算机交互的过程中帮助决策者探索可能的优化方案,为管理者提供决策所需的信息。决策支持系统把数据库处理与经济管理数学模型的优化计算结合起来,是具有高层次管理、辅助决策和预测功能的管理信息系统。

四、信息系统的发展

信息系统的发展与计算机技术、通信技术和管理科学的发展紧密相关。虽然信息系统和信息处理在人类文明开始时就已存在,但直到电子计算机问世后,随着信息技术的飞跃和现代社会对信息需求的增长,它们才迅速发展起来。其发展大致经历了以下几个阶段。

1. 电子数据处理系统

20世纪50年代中期到70年代中期,电子数据处理系统(electronic data processing systems,EDPS)的特点是数据处理的计算机化,目的是提高数据处理的效率。这一阶段是电子数据处理的初级阶段,主要是用计算机部分地代替手工劳动,进行一些简单的单项数据处理工作,如计算工资、简单报表等。随着计算机技术的发展,有了大容量直接存取的外存储器,出现了一台计算机能够带动若干终端,可以对多个过程的有关业务数据进行综合处理。这时出现了各类信息报告系统,即管理信息系统的雏形,其特点是按事先规定的要求提供生产、服务和分析等各类状态报告。

2. 管理信息系统

20世纪70年代初,随着数据库技术、网络技术的发展和科学管理方法的推广,计算机在管理上的应用日益广泛,管理信息系统(management information systems,MIS)逐渐成熟起来。管理信息系统最大的特点是高度集中,能将组织中的数据和信息集中起来进行快速处理、统一使用。这一阶段,有一个中心数据库和计算机网络系统是管理信息系统的重要标志。管理信息系统的处理方式是在数据库和网络基础上的分布式处理。随着计算机网络和通信技术的发展,不仅能把组织内部的各级管理联结起来,而且能够克服地域界限把分散在不同地区的计算机网络互联,形成跨地区的各种业务信息系统或管理信息系统。管理信息系统的另一特点是利用定量化的科学管理方法,通过预测、计划优化、管理、调节和控制等手段来支持简单决策。

3. 决策支持系统

20世纪70年代,国际上展开了管理信息系统为什么失败的讨论。人们认为早期管理信息系统的失败并非由于系统不能提供信息。实际上管理信息系统能够提供大量报告,但经理很少去看,大部分被丢进废纸堆,原因是这些信息并非经理决策时所需要的信息。当时美国的Michael S. Scott Marton在《管理决策系统》一书中首次提出了"决策支持系统"(decision support systems,DSS)的概念。决策支持系统是管理信息系统的重要组成部分,同时决策支持系统以管理信息系统管理的信息为基础,也是管理信息系统功能上的延伸,从这个意义上可以认为决策支持系统是管理信息系统发展的新阶段。实际上,决策支持系统在组织中可能是一个独立的系统,也可能作为管理信息系统的一个高层子系统而存在。

综上所述,电子数据处理系统、管理信息系统和决策支持系统各自代表了信息系统发展过程中的某一阶段,但至今它们仍各自不断地发展着,而且是相互交叉的关系。电子数据处理系统是面向业务的信息系统,管理信息系统是面向管理的信息系统,决策支持系统则是面向决策的信息系统。管理信息系统是一个不断发展的概念。20 世纪 90 年代以来，决策支持系统与人工智能、计算机网络技术等结合形成了智能决策支持系统（intelligent decision support systems，IDSS）和群体决策支持系统（group decision support systems，GDSS）。此外还出现了不少新的概念，诸如总裁信息系统、战略信息系统、计算机集成制造系统和其他基于知识的信息系统等。

4. 网络化是信息系统发展的重要趋势

网络化是应信息系统发展需要，实现信息集成的结果，也是计算机和通信技术发展的结果。1993 年，WWW（万维网）在 Internet 上的出现为信息系统的网络化创造了前所未有的条件。近年来，管理信息系统依托 Internet 正从企业内部向外部发展，从有线网络向有线和无线、移动网络技术结合发展，随之出现了电子商务、电子政务、供应链管理、虚拟企业、网上交易、谈判支持系统等许多新的概念。

电子商务在信息系统网络化中占有重要的地位，它打破了传统商务对市场的时空限制，使整个社会的商业体系结构、消费者的消费观念和行为均发生了深刻的变化，作为一种全新的商业模式正在给社会和企业的变革带来深远的影响。不仅如此，电子商务的概念还被延伸，目前政府管理中出现了电子政务，教育领域出现了远程教育，医疗领域出现了远程医疗等。

随着信息技术的发展，物联网、大数据存储与分析、云计算、移动技术等新的概念也逐步应用到信息系统（如智能手机上的 App）中。有关内容将在后面章节介绍。

第五节　管理和信息系统的关系

一、信息时代管理环境的变化和背景

20 世纪 80 年代以来，信息越来越被人们重视，成为企业的重要财富和战略性资源。这与信息时代管理环境的重大变化紧密相关。

1. 全球经济一体化的需求

世界上一些发达国家的经济已在很大程度上依赖于国际贸易，如美国对外贸易的进出口份额已占其提供的商品和服务的 25% 以上，日本和德国的这个比例更高。信息使空间变小，距离对经济活动的约束日益弱化。经济活动的国内和国外的界限变得模糊起来。知识无国界，作为主要经济资源的知识，必然导致经济活动突破国界而成为全球活动。今天成功的企业都依赖于其全球运作的能力。世界性销售网点的建立需要依靠信息系统来跟踪订货、货运和结算，进行世界范围内的协调和管理，实现各子公司、销售网点与总公司及供应商之间每日 24 小时的通信联系。由于出现了全球性的商业系统，顾客可以查到世界市场上商品的价格信息和质量信息，所以企业间的竞争进一步加剧。这种管理环境的变化使那些得不到信息系统支持的企业越来越难以生存。

2. 知识和信息经济的到来

当今世界，许多国家的经济从工业经济转向基于知识和信息的服务经济，即一个以

知识为基础的经济时代已经到来。知识经济直接依赖于知识和信息的生产、扩散和应用。一个明显的例子是，现在生产软件的微软公司的产值已超过美国三大汽车公司产值的总和。软件的发展、网络的产生和虚拟技术的应用正在使企业资产中的无形资产的比例不断增加。知识经济的到来将对我们的生产方式、生活方式、思维方式和管理决策产生重大影响，企业管理将从生产向创新转变，其经济效益将越来越依赖于知识和创新。一个企业要生存和发展，就要更多地依靠信息系统的支持，用动态的观点来研究面临的新问题。

二、管理和信息、信息系统的关系

随着信息技术的不断发展，信息时代管理环境的重大变化使管理和信息系统这两个不同概念的关系更加紧密了。

1. 管理和信息的关系

管理的任务在于通过有效地管理人、财、物等资源来实现企业的目标，而实际中要管理这些资源，需要通过反映或代表这些资源的信息来管理，这就说明了管理和信息的紧密关系。每个管理系统都首先要收集反映各种资源的有效数据和信息，然后再将这些数据加工成各种统计报表、图形或曲线，以便管理人员能有效地利用企业的各种资源来完成企业的使命，所以信息是管理上的一项极为重要的资源。"管理就是决策"，管理工作的成败取决于能否做出有效的决策，而决策的正确程度则取决于信息的质和量。

2. 管理和信息系统的关系

一定的管理方法和管理手段是一定社会生产力发展水平的产物。现代社会的特点是分工越来越细，各种问题的影响因素越来越错综复杂，对情况的反应和做出决定要求越来越迅速、及时，管理效能和生产、经营效能越来越取决于信息系统的完善程度，因此对信息的需要不仅表现在数量上大幅度增加，在质量上也要求其正确性、精确性和时效性等不断提高。信息系统能把生产和流通过程中的巨大数据流收集、组织和控制起来，经过处理转换为数据，经过分析变成对各级管理人员做决定具有重要意义的有用信息。特别是运筹学和现代控制论的发展，使许多先进的管理理论和方法应运而生。但这些理论和方法因为计算量太大，用手工方式根本不可能及时完成，只有现代电子计算机的高速、准确的计算能力和海量存储能力，才为这些理论从定性到定量方面指导决策活动开辟了新局面，实现了从理论到实用的飞跃。

任何组织都需要管理。所谓组织指的是人们为了实现共同目标而组成的群体和关系，如企业、部门、公司等，它们都具有一定的形式和结构，并实现其特定的功能。一个组织的管理职能主要包括计划、组织、领导和控制四大方面，其中任何一方面都离不开信息系统的支持。所以，管理与信息系统的关系主要体现在：信息系统对管理具有重要的辅助和支持作用，现代管理要依靠信息系统来实现其管理职能、管理思想和管理方法。

我们可以从信息系统对组织的计划职能、组织职能、领导职能和控制职能的支持中进一步理解管理与信息系统的紧密关系。

三、信息系统对管理职能的支持

1. 信息系统对计划职能的支持

计划是对未来做出安排和部署。任何组织的活动实际上都有计划,计划不仅可以作为行动的纲领,而且是对执行结果进行评价的依据。管理的计划职能是指为组织及其下属机构确定目标、拟定行动方案并制定各种计划,使各项工作和活动都能围绕预定目标去进行,从而达到预期的效果。高层的计划管理还包括制定总的战略和总的政策。计划还应该为组织提供适应环境变化的手段与措施,因为急剧变化着的政治、经济、技术和其他因素要求及时修订计划和策略。

信息系统对计划的支持包括如下几个方面的内容。

（1）支持计划编制中的反复试算。为了使计划切合实际,必须收集历史的和当前的数据,通过分析,研究变化的趋势和预测未来,还要围绕计划目标进行大量、反复的计算,拟定多种方案。这是一项十分烦琐的计算工作,如果没有信息系统的支持,不仅工作量大,还可能无法实现。

（2）支持对计划数据的快速、准确存取。为了实现计划管理职能,重要的是建立与计划有关的各种数据库,如各类定额数据库、各类计划指标数据库、各种计划表格数据库等。

（3）支持计划的基础——预测。预测是研究对未来状况做出估计的专门技术,而计划则是对未来做出安排和部署以达到预期的目的,所以计划与预测虽是两个不同的概念,但计划必须在预测的基础上进行。预测支持决策者做出正确的决策,制定可靠的计划。通常,预测方法的计算量大,要用计算机来完成。

（4）支持计划的优化。在企业编制计划时经常会遇到对有限资源的最佳分配问题。例如,某物流配送中心只有几台固定车辆,每天要为各连锁分店配货,由于每天配货品种数量不同,交通路线也不同,则配送成本的单位利润差别很大。有关人员在编制计划时就可能提出如何在运输能力允许的约束条件下,获得最大利润的问题。对于这样一个问题可以列出数学模型,然后在计算机上通过人机交互方式进行求解。

2. 信息系统对组织职能和领导职能的支持

组织职能包括人的组织和工作的组织。具体包括：确定管理层次、建立各级组织机构、配备人员、规定职责和权限,并明确组织机构中各部门之间的相互关系、协调原则和方法。信息技术是现阶段对企业组织进行改革的有效的技术基础。信息技术的发展促使企业组织重新设计、企业工作重新分工和企业职权重新划分,从而进一步提高企业的管理水平。传统企业组织结构采用"金字塔"式的、纵向的、多层次的集中管理,其运作过程按照一种基本不变的标准模式进行。其各项职能（生产、销售、财务、市场调研等）分工严格,加之信息传递和反馈手段落后,导致应变能力差、管理效率低且成本高昂。随着信息技术的发展,上述这种传统的企业组织结构正在向扁平式结构的非集中管理转变,其特点如下。

（1）通信系统的完善使上下级指令传输系统上的中间管理层显得不再那么重要,甚至也没有必要再设立那么多的中间管理层。

（2）部门分工出现非专业化分工的趋向，企业各部门的功能互相融合、交叉，如制造部门可能兼有销售、财务等功能。

（3）计算机的广泛应用使得企业上下级之间、各部门之间及其与外界环境之间的信息交流变得十分便捷，从而有利于上下级和成员之间的沟通，也使企业可以随时根据环境的变化做出统一的、迅速的整体行动和应变策略。

扁平化管理的实质是信息技术进步大大降低了组织内部信息交流的成本，从而使纵向（金字塔）的官僚体制开始崩溃，决策层与执行层之间距离缩小和最终向合一回复。

另外，Internet 的出现使企业的经营和生产不再受地理位置的限制，可以在全世界范围内运作，事务处理成本和协作成本都可明显降低；企业网络的建设、多媒体计算机和移动计算机的广泛应用，使信息传送从文字向多媒体发展，使领导和管理人员接受更多的信息和知识，使企业对工作过程的重新设计成为可能，使个人和工作组之间的协调得以进一步加强，从而形成一种新的、管理层次少的组织形式。企业依靠近乎实时的信息，进行柔性的运作，管理工作更加依赖于管理人员之间的协作、配合及对信息技术应用的把握。领导职能的作用在于指引、影响个人和组织按照计划去实现目标。这是一种行为过程。领导者在人际关系方面的职责是领导、组织和协调；在决策方面的职责是对组织的战略、计划、预算、选拔人才等重大问题做出决定；在信息方面的职责是作为信息汇合点和神经中枢对内对外建立并维持一个信息网络，以沟通信息、及时处理矛盾和解决问题，由此可见信息系统在支持领导职能方面的重要作用。

3. 信息系统对控制职能的支持

一切管理内容都包括控制问题。控制职能是对管理业务进行计量和纠正，确保计划得以实现。计划是为了控制，是控制的开始。执行过程中需要不断检测、控制，通常是把实际的执行结果和计划的阶段目标相比较，发现实施过程中偏离计划的缺点和错误。所以为了实现管理的控制职能，就应随时掌握反映管理运行动态的系统监测信息和调控必要的反馈信息。在企业管理方面，最主要的控制大多数都由信息系统支持和辅助的，其内容包括如下几个方面。

（1）行为控制。它是指对人的管理，为了真正调动人的积极性和创造性，不能简单用行政命令、强制手段来管理，除加强思想工作，还要借助于行为科学，要通过收集、加工、传递、利用人的行为信息来对人的行为进行协调和控制。

（2）人员素质控制，特别是关键岗位上人员素质的控制。

（3）质量控制，特别是重要产品的关键工序的质量控制和成品的质量控制。

（4）其他控制，包括库存控制、生产进度控制、成本控制、财务预算控制（产量、成本和利润的综合控制、资金运用控制和收支平衡控制等）。

随着科学技术的发展，自动化、智能化的控制将是一种更高级的形式。例如，连锁超市的统一价格控制，连锁总部可根据不同连锁分店所处商圈调整价格，并用这个价格监控各分店的销售过程，每销售一笔都要打印销售小票，顾客可凭此小票核对购物金额。总部和各分店子系统交换必要的库存、销售等信息，从而形成一种更为综合的信息系统。

本 章 小 结

　　管理是通过计划、组织、协调、有效地调度各种资源，确保组织实现预期目标的过程。管理由管理过程（业务流程）、管理职能、管理模式等组成。其中业务流程是指企业为了完成某一目标或任务而进行的，跨越时间和空间的逻辑上相关的一系列活动的有序集合。

　　管理的对象包括信息资源。信息是指客观存在的新的事实或知识。数据是载荷信息的物理符号，信息是经过加工解释后对某些人有用的数据。管理和信息的关系体现在：对组织的人、财、物等资源的管理可通过反映这些资源的信息来管理。进一步，实现对信息的管理可借助于人造的信息系统来进行，这个信息系统就是管理信息系统。

思 考 练 习 题

　　1. 解释管理的定义，解释管理过程、管理职能和管理模式。
　　2. 什么是数据？什么是信息？数据和信息的区别与联系是什么？
　　3. 举例说明数据是物理性的，信息是逻辑性或观念性的。
　　4. 简述系统、信息系统的定义，以及二者的联系与区别。
　　5. 简述管理与信息、管理与信息系统的关系。
　　6. 举例说明定性度量信息量大小取决于信息内容帮助人们消除认识的不确定性的程度的大小。
　　7. 什么叫信息化？信息化的作用是什么？
　　8. 举例说明信息系统对管理职能的支持与人工管理相比的优势。

第二章 管理信息系统概述

本章学习目标

1. 掌握管理信息系统的概念；
2. 了解管理信息系统的特点及概念结构；
3. 掌握管理信息系统的分类；
4. 掌握管理信息系统设计的现代管理方法。

第一节 管理信息系统的概念

20世纪60年代，美国经营管理协会及其事业部第一次提出了建立管理信息系统的设想，即建立一个有效的信息系统，使得各级管理部门都能了解本单位一切相关的经营活动，为各级决策人员提供所需要的信息。但由于当时硬、软件技术水平的限制和开发方法的落后，效果并不明显。进入20世纪80年代以后，随着各种技术特别是信息技术的迅速发展，管理信息系统也得到了进一步的发展，管理信息系统的概念逐步得到了充实和完善。

实际上，管理信息系统是信息系统中的一类特定系统，信息系统的内涵比较广泛，处理的数据类型也比较多，而管理信息系统则侧重于处理组织的管理数据或信息，也因此而得名。

一、管理信息系统的定义

不同时期的研究者们从不同的角度对管理信息系统进行研究，从计算机系统实现、支持决策和人-机系统的角度出发，分别给出了不同的定义，其中最具代表性的定义有以下几种。

（1）管理信息系统是一个由人、计算机等组成的，能进行管理信息收集、传递、储存、加工、维护和使用的系统。管理信息系统能实测企业的各种运行情况，利用过去的数据预测未来，从全局出发辅助企业进行决策，利用信息控制企业的行为，帮助企业实现其规划目标。

（2）信息系统不仅是一个能向管理者提供帮助的基于计算机的人机系统，而且是一个社会技术系统，因此应将信息系统放在组织与社会这个大背景中去考察，并把考察的重点从科学理论转向社会实践，从技术方法转向使用这些技术的组织与人，从系统本身转向系统与组织、环境的交互作用。

（3）管理信息系统通过对整个供应链上组织内和多个组织间的信息流的管理，实现业务的整体优化，提高企业运行控制和外部交易过程的效率。

上述第二个定义是人们在不断的实践中总结出来的，说明管理信息系统的应用不仅依赖于信息技术本身，更多地依赖于组织的内外部环境。这是对信息系统的社会技术系统属性的充分认识。

第三个定义则是近年来互联网技术的发展和电子商务深入应用的结果。管理信息系统已突破原有的界限，成为企业内部业务流程和外部商务流程集成的平台，即跨组织的信息交流平台。管理信息系统的应用范围也已经超出了一个组织或企业的边界。

由此可见，人们对管理信息系统的认识是一个不断提高和完善的过程，随着企业信息化的深入，其概念也在不断拓展和深化。通常，我们选取第一个定义。

二、管理信息系统的特点

由上述管理信息系统的定义可以看出，管理信息系统具有如下特点。

（1）管理信息系统为管理决策服务。它必须能够根据管理的需要，及时提供信息，帮助决策者做出决策。

（2）管理信息系统对组织乃至整个供应链进行全面管理。一个组织在建设管理信息系统时，可根据需要逐步应用个别领域的子系统，然后进行综合，最终达到应用管理信息系统进行综合管理的目的，管理信息系统综合的意义在于产生更高层次的管理信息为管理决策服务。

（3）管理信息系统是一个人-机结合的系统。管理信息系统的目的在于辅助决策，而决策只能由人来做，因而它必然是一个人-机结合的系统。在管理信息系统中，各级管理人员既是系统的使用者，又是系统的组成部分，因而在管理信息系统的开发过程中，要根据这一特点正确界定人和计算机在系统中的地位和作用，充分发挥人和计算机各自的长处，使系统得到整体优化。

（4）管理信息系统与先进的管理方法和手段相结合。人们在管理信息系统应用的实践中发现，只简单地采用计算机技术提高处理速度，而不采用先进的管理方法，管理信息系统的应用仅仅是用计算机系统仿真原手工管理系统，充其量只是减少了管理人员的劳动，其作用发挥得十分有限。要使管理信息系统在管理中起作用，就必须将其与先进的管理手段和方法结合起来，融进现代化的管理思想和方法。

（5）管理信息系统是多学科交叉形成的边缘学科。管理信息系统是一门新的学科，其理论体系尚处于发展和完善的过程中。早期的研究者从计算机科学、应用数学、管理科学、决策理论、运筹学、行为科学等相关学科中抽取相应的理论，构建了管理信息系统的理论基础，从而形成一个具有鲜明特色的多学科交叉的边缘学科。

三、管理信息系统的概念结构

管理信息系统是企业信息系统的核心，贯穿于企业管理的全过程，同时覆盖了管理业务的各个层面，因而其必然是一个包含各种子系统的广泛结构。下面我们着重从广义的概念上阐述管理信息系统的结构。

图2-1是管理信息系统的概念结构矩阵。纵向概括了基于管理任务的系统层次结构；横向概括了基于管理职能的系统结构。

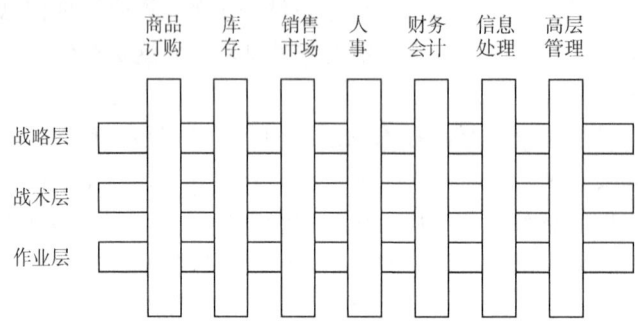

图 2-1 管理信息系统的概念结构矩阵

（一）按管理任务划分的系统层次结构

管理任务具有层次结构。管理信息系统可以按照管理任务的层次分为三层（表2-1）。

表 2-1 管理任务的层次

层次	内容
战略层	确定企业的目标、方针、政策；确定企业的组织层次，决定企业的工作任务
战术层	资源的获取与组织、人员的招聘与培训、经营和管理活动的分析汇总、资金的监控等
作业层	利用现有设备和资源在预算限制内活动；完成企业的每一项生产经营和管理活动

战略层涉及企业的长远计划，处理中长期事件，如制定市场战略、确定产品品种等；战术层属于中长期计划范围，包括资源的获取与组织、人员的招聘与培训、经营和管理活动的分析汇总、资金的监控等方面；作业层涉及作业的控制（如作业计划和调度等），完成企业最基本的活动，它涉及企业的每一项生产经营和管理活动。多数企业的管理存在着类似的层次关系。

在实际工作中，有时同一问题可以属于不同的管理层次，只是每个层次考虑问题的角度不同而已。例如，对于库存控制问题，作业层关心的是日常业务处理能否准确无误；战术层关心的是如何根据运行控制数据，确定安全库存量和订货次数；而战略层关心的是如何根据作业层和战术层的结果及战略目标、竞争者行为等因素做出正确的库存战略决策。

在不同层次，信息的内容、来源、精度、加工方法、使用频率、保密程度等方面都不相同。通常作业层的信息量大、要求精度高；战略层的信息量小、注重宏观数据。战略层与作业层所需信息的特性有很大不同,而战术层所需信息则介于二者之间。

从管理决策问题的性质来看,作业层上的决策大多属结构化问题,而战略层上的决策大多属非结构化问题,战术层所做决策问题的性质,介于结构化和非结构化之间。

战略层的决策内容,如确定和调整组织目标,以及制定获取、使用各种资源的政策等,一般属于非结构化问题,决策者是企业或组织的最高管理层。战术层所做决策是对各种资源的获取和使用进行有效的计划和控制等方面的问题,它受战略层所制定的目标和策略的限制,一般属半结构化或结构化的决策,决策者为组织的中层领导。作业层的决策是为了有效地完成任务或操作,有一定的周期性,一般属于结构化决策问题,决策者通常是组织的基层管理人员或操作人员。

从信息处理的工作量来看,信息处理所需资源的数量随管理任务的层次而变化。一般作业层处理的信息量较大,而在系统结构中所处层次越高,其所需信息量越小,呈金字塔形,如图 2-2 所示。金字塔的底部表示结构化的管理过程和决策,而顶部则为非结构化的管理过程和决策,中间则是介于结构化和非结构化问题之间的半结构化问题,其所处层次越高,结构化程度越低,反之,结构化程度越高。

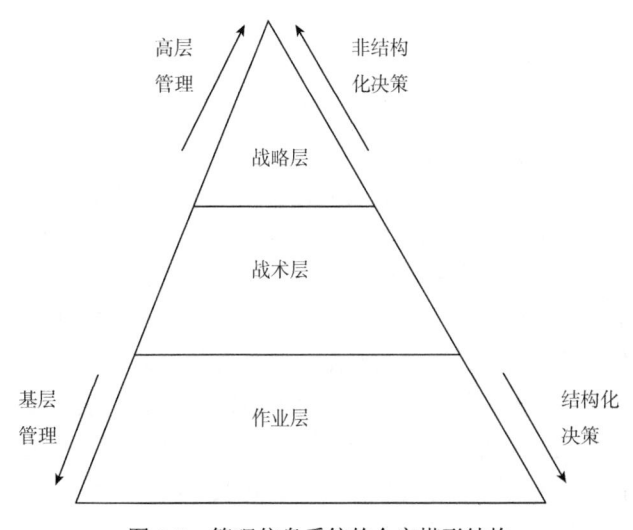

图 2-2 管理信息系统的金字塔形结构

(二)按管理职能划分的系统结构

管理信息系统结构也可以按照使用信息的组织职能加以描述。系统所涉及的各职能部门都有着自己特殊的信息需求,需要专门设计相应的功能子系统,以支持其管理决策活动,同时各职能部门之间存在着各种信息联系,从而使各个功能子系统构成一个有机结合的整体,管理信息系统完成信息处理的各功能子系统的综合。

例如,在商业企业中,管理信息系统可由下面所列主要的子系统构成,每一个功能子系统完成有关功能的全部信息处理工作,包括作业层管理、战术层管理和战略层管理。

(1)商品入出库子系统。商品入出库子系统包括订货、收货、库存控制、配送等管理活动。作业层管理的数据涉及购货申请、订货单、收货单、库存管理、提货单,要求把订货收货情况与计划进行比较，产生库存水平、采购成本和库存等分析报告。战术层管理信息包括计划库存与实际库存的比较、外购商品的成本、缺货情况及库存周转率等。战略层管理主要涉及新商品经营战略、对供应商和客户的新政策，以及经济效益和社会效益比较分析等。

（2）销售与市场子系统。销售与市场子系统的功能通常包括商品的销售、推销及售后服务的全部活动。其中，作业层管理有客户订单的处理、推销的处理；战术层管理包括雇佣和培训销售人员、编制销售计划和按区域、商品、顾客的销售量定期分析，涉及成果与市场计划的比较，它要用到有关客户、竞争者、竞争产品和销售力量等方面的数据；战略层管理包括新市场的开拓和新市场战略的制定，它使用的信息有顾客分析、竞争者分析、顾客调查、收入预测和技术预测等。

（3）财务和会计子系统。财务和会计子系统虽然有着不同的工作目标和工作内容，但它们之间也有密切的联系。财务的职责是在尽可能低的成本下保证企业的资金运转，包括托收管理、现金管理和资金筹措等。会计则包括对财务工作进行分类、绘制标准财务报表、编制预算及对成本数据进行分析。对于管理控制报告来说，预算和成本是输入数据，也就是说，会计是为管理控制各种功能输入信息。与财务有关的作业层处理包括收账凭证、支付凭证、分类账和股份转让等。战术层管理利用进销存分析、财务资源成本、会计数据处理成本及差错率信息等。战略层管理包括确保资金充足的长期战略计划和预算系统计划等。

（4）人事子系统。人事子系统包括人员的录用、培训、考核记录、工资和终止聘用等，其作业层内容涉及人员基本情况数据、工资变化等，还要完成聘用、培训、改变工资等。战术层管理主要将实际情况与计划进行比较，产生各种报告和分析结果，用以说明在岗工人的数量、招工费用、技术专长的构成、是否符合政府就业政策等。人事战略计划主要由战略管理层来制定，它包括对招工、工资、培训、福利及各种策略方案的评价，这些策略将确保企业能够获得完成战略目标所需的人力资源。战略层管理还包括对就业制度、教育情况、地区工资率的变化，以及对聘用和留用人员的分析。

（5）高层管理子系统。每个组织都有一个最高领导层，如由公司总经理和各职能领域的副总经理组成的委员会。高层管理子系统为高层领导服务，它的作业层活动主要是信息的查询和决策的支持，处理的文件常常是信函、备忘录和高层领导向各职能部门发送的指示等，还要负责会议安排、信函管理和会晤记录文档。战术层管理要求各功能子系统执行计划的当前综合报告。战略层管理包括组织的经营方针和必要的资源计划等，它要综合外部和内部的信息。这里的外部信息可能包括竞争者信息、区域经济指数、顾客偏好、提供服务的质量等。

（6）信息处理子系统。信息处理子系统的作用是保证各职能部门获得必要的信息资源和信息处理服务。该子系统典型的作业层工作包括工作请求、采集数据的请求、改变数据的请求、软件情况的报告及设计方面的建议。信息处理的运行包括日常任务的调度、差错率和设备故障信息等。对于新项目开发还包括程序员的工作进展情况和调试时间的安排。战术层管理主要是对计划情况和实际情况进行比较。战略层管理系统的功能组织，如采用集中式还是分散式管理，制定信息系统总体规划，确定硬件和软件的总体结构等。

管理信息系统的应用离不开办公自动化技术，该技术的主要作用是支持知识工作和文书工作，如文字处理和电子信件的收发、电子文件的制作等。办公自动化可以看作是与信息处理系统合一的子系统，也可以作为一个独立的子系统而存在。

（三）管理信息系统的综合结构

以上从管理任务和组织职能两个方面对管理信息系统的综合结构进行了描述。由上述系统的组成和决策支持的要求可以综合管理信息系统的概念结构。综合的形式主要如下。

（1）横向综合。横向综合就是把同一管理层次的各种职能综合在一起，如作业层的人事、工资等子系统可以综合在一起，使基层的业务处理一体化。横向综合正朝着资源综合的方向发展，如按部门把人员的信息综合到一个系统，按商品把采购、进货、库存控制等综合到一起。

（2）纵向综合。纵向综合就是把不同层次的管理业务按职能综合起来。这种综合使上下级之间的沟通变得非常方便，便于决策者掌握情况进行正确分析，如把各部门和总公司的各级财务系统综合起来，构成综合财务子系统。

（3）纵横综合。纵横综合也可以称为总的综合，它使一个完全一体化的系统得以形成，能够做到信息集中统一管理，程序模块共享，各子系统无缝集成。

通过对管理信息系统进行综合可知，管理信息系统由各功能子系统组成，每一个子系统可以分为三个主要信息处理部分，即作业管理、战术管理和战略管理。管理信息系统的每个功能子系统都有自己的文件，还有为各子系统所公用的数据组成的公用数据文件，并由数据库系统进行管理。在系统中，除了有为各子系统专门设计的应用程序，也有为多个子系统应用程序所公用的程序、模型库及数据库管理系统。这些内容构成了管理信息系统的公用软件。

图 2-3 表示综合形成的管理信息系统概念结构框架，人们可以用它来描述现有的或进化中的管理信息系统。它也是确定一个管理信息系统的实施方法的物理结构。

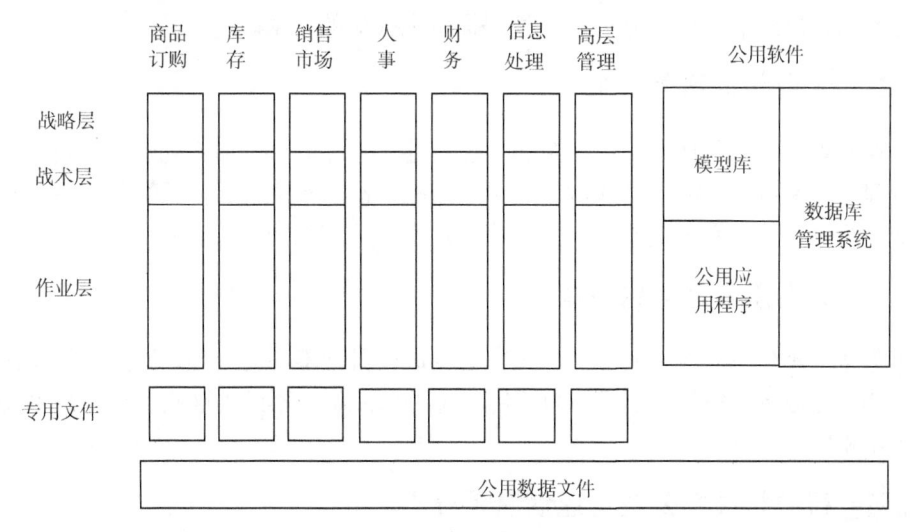

图 2-3 管理信息系统的综合结构

第二节 管理信息系统的分类

管理信息系统是一个广泛的概念，至今尚无明确的分类方法，因此分类的界限比较模糊。依据信息系统不同的功能、目标、特点和服务对象，它可分为业务信息系统、管理信息系统和决策支持系统；依据管理信息系统不同的功能和服务对象，它可分为国家经济信息系统、企业管理信息系统、事务型管理信息系统、行政机关办公型管理信息系统和专业型管理信息系统等。根据我国管理信息系统应用的实际情况和管理信息系统服务对象的不同，我们按第二种分类方法介绍如下。

（一）国家经济信息系统

国家经济信息系统是一个包含各综合统计部门在内的国家级信息系统。这个系统纵向联系各省（自治区、直辖市）、地市、各县直至各重点企业的经济信息系统，横向联系外贸、能源、交通等各行业信息系统，形成一个纵横交错、覆盖全国的综合经济信息系统。国家经济信息系统由国家信息中心主持，在"统一领导、统一规划、统一信息标准"的原则下，按"审慎论证、积极试点、分批实施、逐步完善"的十六字方针边建设边发挥作用。

国家经济信息系统的主要功能如下。

（1）收集、处理、存储和分析与国民经济有关的各类经济信息，及时、准确地掌握国民经济运行状况，为国家经济部门、各级决策部门及企业提供经济信息。

（2）为统计工作现代化服务，完成社会经济统计和重大国情国力调查的数据处理任务，进行各种统计分析和经济预测。

（3）为中央和地方各级政府部门制定社会、经济发展计划提供辅助决策手段。

（4）为中央和地方各级的经济管理部门进行生产调度、控制经济运行提供信息依据和先进手段。

（5）为各级政府部门的办公事务处理提供现代化的技术。

（二）企业管理信息系统

企业管理信息系统面向工厂、企业，主要进行管理信息的加工处理，这是一类最复杂的管理信息系统，一般应具备对工厂生产监控、预测和决策支持的功能。企业复杂的管理活动给管理信息系统提供了典型的应用环境和广阔的应用舞台。

（三）事务型管理信息系统

事务型管理信息系统面向事业单位，主要进行日常事务的处理，如医院管理信息系统、学校管理信息系统等。由于不同应用单位处理的事务不同，这些管理信息系统的功能也各不相同。

（四）行政机关办公型管理信息系统

国家各级行政机关的办公管理自动化，对提高行政机关的办公质量和效率，提升服务水平具有重要意义。办公管理系统的特点是办公自动化和无纸化，如应用局域网、打印、传真、印刷、缩微等办公自动化技术，以提高办公效率。行政机关办公型管理信息系统，对上要与行政首脑决策服务系统整合，为行政首脑提供决策支持信息。

（五）专业型管理信息系统

专业型管理信息系统指特定行业或领域的管理信息系统，如铁路运输管理信息系统、电力建设管理信息系统、银行信息系统、民航信息系统、邮电信息系统等，这类管理信息系统专业性和综合性很强，规模一般较大，也称为综合型信息系统。

第三节　管理信息系统涉及的现代管理方法与环境

一、涉及的现代管理方法

（一）准时制生产

准时制生产（just in time，JIT）是20世纪70年代末，由日本丰田汽车制造公司创立并实施的一种东方式现代企业生产管理模式。准时制生产不仅是一种生产控制方法，还是一种管理的哲学。此外准时制生产还强调消除生产中的一切浪费，其中包括过量生产、部件与操作者的移动和等待时间、劣质的制造过程、物料储存和次品等。

准时制生产是精益生产的重要内容。精益生产是通过系统结构、人员组织、运行方式和市场供求等方面的变革，使生产系统能很快适应用户需求的不断变化，并能使生产过程中一切无用、多余的东西被精简，最终达到包括市场供销在内的生产的各方面最好的结果。

精益生产的特征体现在工厂组织、产品设计、供货环节、顾客和企业管理等五个方面：对外以用户为"上帝"，对内以"人"为中心，在组织机构上以"精简"为手段，在工作方法上采用"团队合作"（teamwork）和"并行设计"，在供货方式上采用准时制生产方式，在最终目标方面实现"零缺陷"。

1. 准时制生产的含义

准时制生产的核心是，在一个物流系统中原材料准确（适量）无误（及时）地提供给加工单元（或加工线），零部件准确无误地提供给装配线。这就是说，所提供的零件必须是不多不少，不是次品而是合格品，不是别的而正是所需要的，而且提供的时间不早也不晚。对于制造系统来说，这肯定是一种苛刻的要求，但这正是准时制生产追求的目标。

显然，如果每个生产工序只考虑自己，不考虑下一道工序需要什么，什么时候需要和需要多少，那么一定会多生产或少生产，不是提前生产就是滞后生产，甚至生产出次品或废品，这种浪费必然降低生产的效率和效益，而准时制生产却可以消除这种浪费。其实在超级市场或餐饮行业早已实行这种及时制造、及时供货的方式。饭店里总是顾客要什么菜才去做，绝对不会先做了一大堆菜让顾客去点，如果这样，那么吃不完的菜只好倒掉。丰田人正是将这种经营原则用到制造系统中来，从而创造出准时制生产方式。

制造系统中的物流方向是从零件到组装再到总装。若从反方向来看物流，即从装配到组装再到零件。当后一道工序需要运行时，才到前一道工序去拿取正好所需要的那些坯件或零部件。同时下达下一段时间的需求量，这就是适时、适量、适度（指质量而言）的生产。对于整个系统的总装线来说，由市场需求来适时、适量、适度地控制，并给每个工序的前一道工序下达生产指标，现场上利用看板（一种透明塑料封装的卡片或是醒目的标志物）来协调各工序、各环节的生产进程。看板由计划部门送到生产部门再传送到每道工序，一直传送到采购部门，看板成为指挥控制生产的媒体。实施看板后，管理程序简化了，库存大大减少，浪费现象也得到控制。

2. 看板系统

看板系统是准时制生产的核心内容之一。它可以在一条生产线内实现，也可在一个公司（或企业）内实现，因此，看板系统不仅仅应用在制造过程，也应用在生产过程的各个环节。

使用最多的看板有两种：传送看板（即拿取看板）和生产看板（订货看板）。它们一般都做成 10 厘米×20 厘米的大小，传送看板标明后一道工序向前一道工序拿取工件的种类和数量，而生产看板则标明前一道工序应生产的工件的种类和数量。

很显然，这是一种"拉动式"的生产，即以销售（面向订货单位）为整个企业工作的起点，从后道工序拉动前道工序一环一环地"拉动"各个环节，以市场需要的产品品种、数量、时间和质量来组织生产，从而消除生产过程中的一切松弛点，实现产品"无多余库存"，以至"零库存"，最大限度地提高生产过程的有效性。

除以上两种看板外，还有一些其他的看板，如用于工厂和工厂之间的外协看板；用于标明生产批量的信号看板；用于零部件短缺场合的快捷看板；用于发现次品、机器故障等特殊突发事件的紧急看板等。

3. 使用看板的规则

（1）下道工序应当准时到前道工序领取适量的零件，布置合理及工序标准化。

（2）前道工序必须及时适量地生产后道工序所需的产品。在我国，目前多是一人操作一台机器，当机器自动工作时，工人就无事可做。而在丰田公司，工人不仅一人看管一台以上的机器，而且利用机器自动工作的时间进行离线的生产准备活动。

（3）绝对不能将次品和废品送给下一道工序。很显然，废次品送到下道工序必定会造成后道工序停工待料，从而使整条生产线瘫痪。

（4）看板的数量必须减少和控制到最少。因为看板流通数量的多少是衡量一个生产线能够减少库存程度的标志，最少的看板数量意味着最少的库存量。

（5）看板应起到对生产幅度的微调作用，这样才能适应市场需求的小幅波动。从准时制生产拉动式的特点看出生产计划的变更只需提供给总装线，其余各工序只要通过下道工序收到看板的变化，就可及时响应市场需求的微小变化。

准时制生产是一种提高整个生产管理水平和消除浪费的严谨方法。其宗旨是使用最少量的设备、装置、物料和人力资源在规定的时间、地点提供必要数量的零部件，达到以最低成本、最高效益、最好的质量、零库存进行生产和完成交货的目的。

（二）敏捷制造

敏捷性指企业在不断变化、不可预测的经营环境中善于应变的能力，它是企业在市场中生存和领先能力的综合表现。敏捷制造（agile manufacturing，AM）是指制造企业采用现代通信手段通过快速配置各种资源（包括技术、管理和人），以有效和协调的方式响应用户需求，实现制造的敏捷性。

敏捷制造依赖于各种现代技术和方法，而最具代表性的是敏捷虚拟企业（简称虚拟企业）的组织方式和虚拟制造的开发手段。

虚拟企业也称动态联盟，是为抓住一定的市场机遇，而由地理上分散的不同合作伙伴按照资源、技术和人员的最优配置快速组成临时性的同盟，以便共享资源，迅速完成既定目标。这种动态联盟的虚拟企业组织方式可以降低企业风险，使生产能力得到前所未有的提高，从而缩短产品的上市时间，减少相关的开发工作量，降低生产成本。组成虚拟企业，利用各方的资源优势迅速响应用户需求，是 21 世纪生产方式社会集成的具体表现。企业的虚拟化是敏捷制造的基本要求，其特点是企业功能上的虚拟化、地域的虚拟化和组织的虚拟化。虚拟企业可在 Internet / Intranet 支持下，实现分散资源的整合，因而要实现功能上的虚拟性，可通过各企业管理信息系统的互联，实现企业间的远程生产调度、协作设计等功能。

虚拟制造也称拟实产品开发，它综合运用仿真、建模、虚拟现实等技术提供三维可视交互环境，对产品从概念产生、设计到制造全过程进行模拟，以期在真实制造之前预估产品的功能及可制造性，获取产品的实现方法，从而大大缩短产品上市时间，降低产品开发、制造成本。其组织方式是由从事产品设计、分析、仿真、制造和支持等方面的人员组成"虚拟"产品设计小组，通过网络合作并行工作；其应用过程是用数字形式"虚拟"地创造产品，即完全在计算机上建立产品数字模型，并在计算机上对这一模型产生的形式、配合和功能进行评审、修改，这样常常只需做一次最终的实物原形，并可使新产品开发一次获得成功。

企业的虚拟化和制造的虚拟化是敏捷制造区别于其他生产方式的显著特征，但敏捷制造的精髓在于提高企业的应变能力。因此，在实际应用中应该作为一种经营管理理念，任何有助于提高企业响应能力的改进都可以认为是企业管理向敏捷制造方向的进步。

敏捷制造认为，在未来的新生产模式下决定产品成本、产品利润和竞争能力的主要因素是开发、生产该产品所需的知识的价值，而不是材料、设备和劳动力。发达国家在认识到它们无法与发展中国家在人员工资和劳动力成本上竞争之后，希望尽可能地获取利润中的知识部分，希望掌握迅速把知识融进产品转变为利润的方法和手段。20 世纪80 年代以来，随着全球交通、通信技术的飞速发展，商务环境的变化大大超出了企业的跟踪、应变能力，市场竞争日趋激烈。新产品、新技术的出现和交替速度越来越快，用户在追求高质量的同时必然要求多品种、低成本和短交货期。面对市场众多要求的新形势，制造业的战略必须变革。以美国为例，为扭转其产品在世界市场所占份额急剧下降的局面，其制造业的战略已从 20 世纪 80 年代的"质量竞争第一"发展到 90 年代的"市场响应速度第一"。为了在世界经济中重振雄风，美国提出了 21 世纪的制造战略——敏捷制造。敏捷制造就是以"竞争-合作（协同）"的方式提高企业竞争能力，对市场需求做出灵活、快速反应的一种制造生产新模式。这种模式要求企业采用现代通信技术，以敏捷动态优化的形式组织新产品开发，通过动态联盟、先进柔性生产技术和高素质人员的全面集成，迅速响应客户需求，及时交付新产品并投入市场，从而赢得竞争优势。敏捷制造的内涵是企业通过与用户、合作伙伴在更大范围、更高程度上的集成，来最大限度地满足市场的需求，适应竞争，获取长期的经济效益。

敏捷制造的一些特点如下。

（1）敏捷制造的着眼点是快速响应市场的需求。未来产品市场总的发展趋势是多元化和个人化，传统的大批量生产方式已不能满足瞬息万变的市场需求。目前，制造业已呈现从规模经济向品种经济发展的趋势。敏捷制造思想在对产品和市场进行综合分析时首先要考虑的问题是：用户是谁？用户的需求是什么？企业对市场做出快速响应是否值得？如果企业做出快速响应能否获利？由此可见，敏捷制造的着眼点在于快速响应市场需求，使产品设计、开发、生产等各项工作并行开展，迅速设计和制造出高质量的新产品，以满足用户不断提高的要求。

（2）敏捷制造要求企业不断提高自身能力，全面、协调地集成技术、管理和人员。企业要在激烈的市场竞争中生存和发展，必须具有敏捷性，即能够适时抓住各种机遇，把握各种变化的挑战，以及不断通过技术创新来领导市场潮流。企业实施敏捷制造必须不断提高自身能力，实现对技术、管理和人员全面、协调的集成。企业的敏捷性体现在以下几个方面：企业的应变能力、先进制造技术、企业信息网、信息技术。其中最关键的因素是企业应变能力，敏捷企业在纷繁复杂的商务环境中能够以最快的速度、最好的质量和最低的成本，迅速、灵活地响应市场、满足用户需求，从而赢得竞争。

（3）敏捷制造强调"竞争-合作（协同）"，采用灵活多变的动态组织结构。瞬息万变的竞争环境要求企业做出快速反应，为了赢得竞争优势，必须改变过去以固定专业部门为基础的静态不变的组织结构，以最快的速度从企业内部某些部门和企业外部不同公司中选出设计、制造该产品的优势部分，组成一个单一的经营实体。

（三）最优化生产技术

1. 计算机集成制造系统

计算机集成制造系统（computer intergrated manufacturing systems，CIMS）是将计算机辅助设计（computer aided design，CAD）、计算机辅助制造（computer aided manufacturing，CAM）、管理信息系统等不同类型的子系统联结起来一道工作，使之成为一个有机的整体。

1973年，美国的约瑟夫·哈林顿（Joseph Harrington）博士首次提出了计算机集成制造系统的概念，其基本思想可归纳为两点：从产品研制到售后服务，这个生产周期的全部活动是一个不可分割的整体，每个组成环节应紧密相连，不能单独考虑；整个生产过程的活动，实质上是一系列数据处理过程，每一过程都有数据产生、分类、传输、接收、加工等处理，其最终生成的产品可以看作是数据的物质表现。

计算机集成制造系统的特点可以归纳为以下四个方面。

（1）从科学技术、创造发明来说，计算机集成制造系统是高科技密集型技术，是系统工程、管理科学、计算技术、通信网络技术、软件工程和制造技术等高技术的高度综合。

（2）从制造业的生产管理和经营管理来看，计算机集成制造系统是一个大型的一体化的管理系统。由于计算机集成制造系统将市场分析、预测、经营决策、产品设计、工艺设计、加工制造和销售、经营集成为一个良性循环系统，这就大大地增强了企业的应变和竞争力。

（3）从数据的共享来看，计算机集成制造系统将物流、技术信息流和管理信息流集成为一体，它使企业中的数据共享达到了一个崭新的水平。

（4）从管理技术和方法上，计算机集成制造系统将管理信息系统、制造资源计划、计算机辅助设计、计算机辅助工艺计划、计算机辅助制造、成组技术等技术集成起来。

计算机集成制造系统的实施还可以带来一系列重要的、间接的、不可定量计算的效果。例如，提高企业的市场竞争能力，提高了顾客的满意度，保证均衡生产，缩短产品更新换代周期，交货期准时，改善企业形象，提高人员素质，改善人员结构和员工工作气氛。实施计算机集成制造系统已成为现代企业发展的一个方向。

2. 柔性制造系统

传统的"刚性"自动化生产线主要实现单一品种的大批量生产。随着批量生产时代正逐渐被适应市场动态变化的生产替换，一个制造自动化的柔性系统占有相当重要的地位。"柔性"是相对于"刚性"而言的，一方面是系统适应外部环境变化的能力，可用系统满足新产品要求的程度来衡量；另一方面是系统适应内部变化的能力，可用在有干扰（如机器出现故障）情况下系统的生产率与无干扰情况下的生产率期望值之比来衡量。

柔性制造系统（flexible manufacturing system，FMS）是由计算机集成管理和控制，用于高效率地制造中小批量多品种零部件的自动化制造系统。柔性制造系统具有多个标准的制造单元，如一台自动数控车床，有自动上下料功能的数控机床，以及一套物料存储运输系统，可以在机床的装夹工位之间运送工件和刀具。柔性制造系统是一套可编程的制造系统，含有自动物料输送设备，能在计算机的支持下实现信息集成和物流集成，其柔性表现在以下方面。

（1）可同时加工具有相似形体特征和加工工艺的多种零件。

（2）能自动更换刀具和工件。

（3）能方便地联网，易与其他系统集成。

（4）能进行动态调度，局部故障时可动态重组物流路径。

目前，柔性制造系统规模趋于小型化、低成本，演变成柔性制造单元（flexble manufacturing cell，FMC），它可能只有一台加工中心，但具有独立自动加工能力。有的柔性制造单元具有自动传送和监控管理的功能，有的柔性制造单元还可以实现 24 小时无人运转。

（四）企业资源计划

工业企业是一个以生产为核心，对产、供、销等活动进行全面控制的大系统。要使整个企业正常运行就离不开符合生产过程实际需要的管理系统。20 世纪 80 年代兴起的（manufacturing resource planning，MRPⅡ）把现代化的管理方法与信息技术相结合，对企业生产中的人、财、物等制造资源进行全面控制，以达到最大的客户服务、最小的库存投资和高效率的工厂作业等目的的集成信息系统。MRPⅡ系统已比较完善，应用也已相当普及，但其资源的概念始终局限于企业内部，在决策支持上主要集中在结构化决策问题上。随着计算机网络技术的迅猛发展，20 世纪 90 年代以来，统一的国际市场逐渐形成，面对国际化的市场环境，供应链管理（supply chain management，SCM）和客户关系管理（custom relation management，CRM）已经成为企业生产经营管理的重要部分，MRPⅡ系统已无法满足企业对资源全面管理的要求。MRPⅡ逐渐发展成为新一代的企业资源计划（enterprise resource planning，ERP）。

ERP 的基本构架和基本逻辑与 MRPⅡ并无本质上的不同。ERP 从功能上看仍是以制造过程为中心，其核心是 MRP，它体现了制造业的通用模式。ERP 在 MRPⅡ原有功能的基础上向内、外两个方向延伸，向内主张以精益生产方式改造企业生产管理系统，向外则增加战略决策、供应链管理及客户关系管理功能。形成的 ERP 结构如图 2-4 所示。更详细的内容在后面章节专门介绍。

图 2-4 ERP 结构示意图

二、涉及的环境

管理信息系统的应用离不开一定的环境和条件，环境是与具体组织相关的内、外部各种因素的综合。环境因素在一定程度上决定着管理信息系统应用的成败。具体有哪些环境因素，这些因素对管理信息系统影响如何，要依据组织的具体情况来分析。以商业企业为例，通常要考虑的主要环境因素如下。

（一）经营管理模式的特征

现代商业企业的经营管理模式通常有三种业态：百货业态（或购物中心）、超市业态和便民连锁业态。不同的业态，其经营管理方法、经营品种和经营理念存在很大的差异，如针对连锁业态的各连锁分店的异地物理分布、商圈价格、属地文化等因素，就要多考虑采用 Internet 技术实现远程网络应用。系统分析人员在研制管理信息系统时要针对不同业态的特点进行精心的规划和分析，才能保证系统对组织经营活动的有效管理。

（二）组织规模的大小

组织规模即组织的大小，其决定着系统应用的目标和规模。单就组织规模大小来说，要研制一个管理信息系统实现组织的主要业务管理功能，其组织规模越大，研制的难度就越高，反之，则越简单。当然，还要考虑其他因素，如管理的复杂程度，拥有人、财、物资源的情况等。一般来讲，较大的组织管理内容多、复杂度高、影响因素多，因此，系统的研制费时费力；而较小的组织管理较简单，影响因素少，系统的研制省时省力。实际中，还不能单看组织规模的大小，也有"麻雀虽小，五脏俱全"等复杂情况。

（三）管理的规范化程度

管理的规范化程度说明一个组织的管理是否科学合理。管理信息系统是一个对组织管理的全过程进行管理的人-机系统，自动化程度高。它的成功实现必须以规范的管理模式为基础，无论组织规模大小都必须在系统研制开发之前，先进行管理模式和规章制度的规范化，然后，系统再按规范的管理模式和规章制度进行研发。一般的经验是，系统研发之前，系统适应人；系统研发之后，人适应系统。系统研发之前是系统按人的管理要求研制，系统研发成功之后是人按系统的规定来实现管理。可见，管理的规范化程度是影响管理信息系统研发与应用的重要因素之一，管理的规范化程度低、规章制度不健全，可能无法研制管理信息系统（因为人不知怎样管理，机器也无法知道怎样管理，机器只能按人的思路进行管理），或研制的系统不适用，甚至失败，造成组织人、财、物的损失。因此，要充分认识管理的规范化程度在系统研发中的重要性，对于许多要应用管理信息系统提高管理效率的组织而言，把开发管理信息系统作为规范管理、提高效率的契机，无疑比系统开发本身更为重要。

（四）系统与人的分工

管理信息系统是一个人-机系统，它可以代替人做一些常规的工作，也可以做一些人无法完成的工作，如短时间进行大量复杂计算等。那么，如何发挥人与机器各自的长处，如何使人与机器进行科学合理的结合就成为研制管理信息系统的一个重要问题。因此，我们有必要了解人与机器各自在管理信息系统中的长处。

在管理信息系统中，计算机的长处如下。
（1）能保存大量的历史数据，并快速进行计算、查询、分析。
（2）能够仿真应用环境和真实的人工管理系统。
（3）能够产生各种方案的可行解，从而找出最优解。

在管理信息系统中，人的长处如下。
（1）能够根据经验和大量知识进行模糊推理。
（2）善于处理各种与人有关而计算机不便处理的问题。
（3）能够创造性思维和解决应急问题。

为此，在管理信息系统中，要充分考虑人既是系统的使用者又是系统的组成部分的这个特点，使研制出的管理信息系统发挥人与机器各自的优势，实现人-机和谐工作，达到高效管理的目的。

第四节 管理信息系统面临的实际问题

管理信息系统的发展极大地促进了生产、经营和管理工作，但同时也向我们提出了许多需要重视的实际问题。

1. 必须深刻地认识管理信息系统不仅是一个技术系统，而且是一个社会系统

在管理信息系统发展的各个阶段，许多管理信息系统在耗费了大量的人力、物力、财力之后夭折了，或者根本没有实现原定的系统开发目标。这是长期以来困扰着人们的一大问题。现在人们日益深刻地认识到，管理信息系统不仅是技术系统而且是社会系统，离不开应用环境。管理信息系统技术的复杂性、需用资源的密集性和用户需求的多样性仅是问题的一个方面，而更重要的则涉及管理思想、管理制度、管理方法、权力结构和人们习惯的变化。这是在开发和实现管理信息系统过程中必须十分明确的一个关键性的认识问题。

2. 必须提高科学管理水平，为信息系统的实用创造有利的条件

如果企业本身没有建立符合社会化大生产客观要求的制度，那么怎么能教会计算机正确工作呢？我们不能把计算机加以神化，期望它把企业从混乱中拯救出来，轻而易举地实现现代化管理，相反倒是要扎扎实实地搞好管理工作的科学化，为信息系统的应用和发展创造条件。

3. 如何用信息技术来促进企业管理

信息技术的飞跃正在促使企业管理发生深刻的变化。例如，信息系统改变了企业的通信状况，可能引起企业重组工作流程，重新分工，重新划分职权，重新进行企业的组织设计，甚至还要对过去的服务地点、时间、办公桌相对位置等做很大的调整。

4. 必须提升企业文化水平，培养新一代的工作人员，使之适应新技术应用和企业转型

"管理不能脱离人的价值，不是单纯的技术手段，而是一种植根于特定价值观念系统、习惯与信念之中的文化现象。"人是最积极的因素，人的素质和文化水平对信息活动的效率起着决定性的作用。因此，提升企业文化水平，做好人员选择和培训具有重要的战略意义。

5. 政府部门如何促进信息系统的应用和发展

信息系统的发展，向政府的管理部门提出了更高的要求。企业的发展不仅需要良好的市场环境，同时要求有协调的社会总体环境。信息技术成果的商品化不仅与企业本身工作有关，在相当程度上还受到整个社会信息交流环境的影响。政府部门应积极推动网络建设，发展国家信息基础设施，创造开放的信息环境，促进信息交流，加强信息标准化工作，鼓励企业间、行业间的竞争和协作。

本 章 小 结

本章主要介绍了管理信息系统的概念。管理信息系统是对一个组织进行全面管理的人-机结合的系统，它综合了计算机技术、通信技术、现代管理思想来辅助管理人员进行管理和决策。

管理信息系统的概念结构可以按照管理任务和管理职能两个方面来划分，并且可以综合管理信息系统的概念结构，进行横向综合、纵向综合和纵横综合。

管理信息系统涉及许多现代管理方法，本章主要介绍了准时制生产、敏捷制造、最优化生产技术、企业资源计划几种方法。

管理信息系统不仅是一个技术系统而且是一个社会系统，因此，实际应用中会面临许多具体问题。

思考练习题

1. 简述管理信息系统的概念及特点。
2. 按结构化程度的不同，决策问题有哪些类型？
3. 管理信息系统按管理任务分哪三层？各层的数据处理在范围、内容、详细程度和使用频度上有哪些特点？
4. 准时制生产的核心是什么？
5. 计算机集成制造系统有哪些特点？
6. 如何深刻认识管理信息系统不仅是技术系统，而且是社会系统？
7. 信息技术和管理信息系统的发展极大地促进了生产、经营，促进了管理，但同时也向我们提出了许多根本性的问题，请分析这些问题的出现，使管理信息系统面临哪些方面的挑战？

第三章

管理信息系统的技术基础

本章学习目标

1. 了解计算机系统的基本概念及其组成；
2. 了解数据处理与数据组织的基本概念；
3. 理解数据库的相关概念、数据库系统的结构和数据模型；
4. 掌握数据库概念模型、关系数据模型的相关知识；
5. 了解数据通信的基本原理；
6. 掌握计算机网络的基本概念、类型和特点。

第一节　计算机硬件和软件基本知识

计算机是一种具有快速计算和逻辑运算能力，依据一定程序自动处理信息，储存并且输出处理结果的电子设备。从 1946 年世界第一台电子计算机问世至今，已经经历了电子管、晶体管、集成电路和大规模集成电路等发展阶段，并且正朝着人工智能的方向发展。

一个完整的计算机系统包括硬件、软件和使用计算机的人三部分。硬件是指构成计算机系统的物理设备的总称，通常是电子的、机械的、磁性的或光的元器件或装置。软件是程序及有关文档的总称。程序是由一系列指令组成的，指挥计算机按照指定顺序完成特定任务。程序执行结果是按某种格式产生的输出。软件包括系统软件和应用软件。对于管理信息系统而言，系统软件的一个重要部分是数据库。它是数据组织与管理的基础，也是管理信息系统的基础。软件、硬件相辅相成，软件依赖硬件执行，没有应用软件，硬件也不知道做什么。计算机系统之间进行网络通信时，负责连接的通信设备和线路，以及管理、调度这些设备和线路的软件，也成了计算机信息系统的一部分；人是计算机系统的重要组成部分，也是管理信息系统的重要组成部分。无论系统建设还是系统维护（硬件维护、软件维护和数据维护）都离不开人，离不开稳定、高素质的开发与管理团队，人永远是计算机系统中最重要的部分。所以，一个计算机系统是硬件、软件和

第三章 管理信息系统的技术基础

人的结合，所有这些要素有机组织起来对数据进行输入、处理和输出。

一、计算机硬件

计算机硬件是指组成一台计算机的各种物理装置，是计算机进行工作的物质基础。计算机硬件由五大部分所组成，它们是运算器、控制器、存储器、输入设备和输出设备，称为冯·诺依曼体系结构。

运算器是计算机中执行算术运算和逻辑运算的部件，运算器由算术逻辑单元、累加器、状态寄存器和通用寄存器组等组成。

控制器用来指挥计算机各部件按照指令要求自动协调地运行所需的各种操作，包括程序计数器、指令寄存器、指令译码器和各种控制电路。

存储器是用来存储程序和数据的记忆装置。存储器分为两大类：内存储器和外存储器。

输入设备的任务是将原始信息输入计算机。常用的输入设备有键盘、鼠标器、扫描仪、光笔、磁带、磁盘和光盘等。

输出设备的任务是将计算机的处理结果以能为人们或其他机器所接受的形式输出。常用的输出设备有显示器、打印机、磁带、磁盘、绘图仪等。

二、计算机软件

计算机软件是指计算机程序和有关的文档。计算机软件由系统软件和应用软件组成。图 3-1 显示了计算机软件的分类。

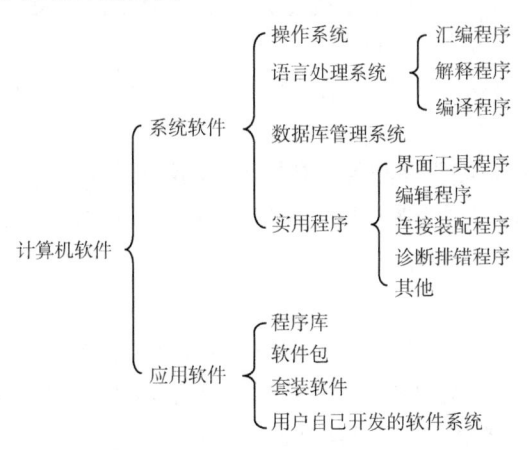

图 3-1 计算机软件的分类

（一）系统软件

系统软件是指负责管理、监控和维护计算机硬件和软件资源的一种软件。系统软件用于发挥和扩大计算机的功能和用途，提高计算机的工作效率，方便用户的使用。系统软件主要包括操作系统、程序设计语言和语言处理系统、数据库管理系统和实用程序。

1. 操作系统

操作系统是软件系统的核心。它负责控制和管理计算机系统的各种硬件和软件资源，合理地组织计算机系统的工作流程，提供用户与操作系统之间的软件接口。操作系统具有如下的五大功能：作业管理、进程管理（处理机管理）、存储管理、设备管理和文件管理。操作系统按使用环境可分为批处理系统、分时系统、实时系统；按用户数目可分为单用户和多用户系统，如 DOS 为单用户单任务系统，Windows 为单用户多任务系统；按硬件结构可分为网络操作系统、分布式系统和多媒体系统。

2. 程序设计语言和语言处理系统

人们主要通过计算机能够"理解"的语言和语法格式编写程序并提交计算机执行来让计算机按人的意图工作，从而解决实际问题。编写程序所采用的语言就是程序设计语言。程序设计语言包括机器语言、汇编语言和高级语言。

指令系统是计算机所能执行操作的所有指令的集合，是裸机（硬件）与外界（软件）的接口。机器语言的每一条指令都是由 0 和 1 组成的二进制代码序列，是最底层的面向机器硬件的计算机语言，用机器语言编写的程序不需要任何翻译和解释就能被计算机直接执行。其特点是可直接执行，速度最快；但程序编写麻烦、难认、难记，修改调试不方便。

汇编语言是机器语言的符号化形式。其特点是与机器语言指令之间基本上是一一对应的，比较容易理解和记忆。机器语言和汇编语言称为低级语言（面向机器的语言），与硬件关系密切。

高级语言与具体的计算机指令系统无关，独立于计算机硬件，且表达方式又接近人们对求解过程或问题都熟悉的自然语言和数学语言，容易理解、掌握和记忆，是面向问题的语言。常见的高级程序设计语言有 Basic、Fortran、Pascal、C、Java、VC、VB、C++等。

语言处理系统包括汇编程序与各种高级语言的解释程序和编译程序，其任务是将使用汇编语言或高级语言编写的源程序翻译成能被计算机硬件直接识别和执行的机器指令代码。

3. 数据库管理系统

计算机经常需要处理大量数据问题。如何存储和利用这些数据，如何使多个用户共享同一数据资源，都是数据处理中必须解决的重要问题。数据库管理系统就是为此而设计的系统软件。常见的数据库管理系统有 Oracle、DB2、SQL Server、Sybase、MySQL 等。

4. 实用程序

一个完善的计算机系统往往配置了许多服务性程序，称为实用程序，它们或包含在操作系统之内，或可被操作系统调用。实用程序的种类很多，通常包括界面工具程序、编辑程序、连接装配程序、诊断排错程序等。

（二）应用软件

应用软件是为解决各类实际问题而设计的程序（完成用户任务）。例如，工资管理程序、图书资料检索程序、办公自动化软件或医疗诊断系统等都属于应用软件。这类软件一般由软件人员或计算机用户针对具体工作编制。应用软件分为两类：一类是不分业务、行业的公用应用软件；另一类是按业务、行业分的专用应用软件。

（1）公用应用软件。它包括进行数据分析、统计分析的数据处理软件，如统计分析软件包 SPSS，声音、图形、图像、文献等进行信息处理和信息检索的软件，自然语言处理、模式识别、专家系统等人工智能方面的软件，计算机辅助设计、辅助制造、决策支持系统、结构分析等应用软件。

（2）专用应用软件。有的专用应用软件只能用于一个单位，如果稍加扩充，则可以供多个单位使用。某种专门用途的应用软件，如财会核算软件就是会计业务方面的应用软件。同一应用范围的软件，经过实践检验，取长补短，修改完善，形成性能良好、规格统一的模块化程序，叫作应用软件包。

上面提到的各类计算机软件所处的层次不同，它们之间的层次关系可以用图 3-2 进行说明。

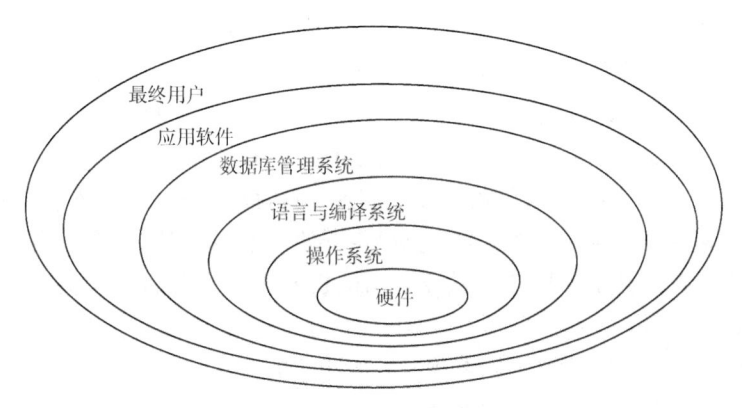

图 3-2　软件层次图

从图 3-2 中可以看到，处于内层的软件是外层软件的基础。操作系统是建立在硬件基础之上的，驱动硬件运行；程序设计语言及编译系统是以操作系统为基础的；系统实用程序和数据库管理系统是用特定程序设计语言编写的，并在操作系统上运行；应用软件是基于数据库管理系统，或用特定的程序设计语言开发的；信息系统的最终用户是通过应用软件进行信息管理活动的。

三、计算机的发展趋势

从第一台计算机产生至今的半个多世纪里，计算机的应用得到不断拓展，计算机类型不断分化，这就决定计算机的发展也朝不同的方向延伸。当今计算机技术正朝着巨型化、微型化、网络化和智能化方向发展，在未来将有更多的新技术会融入计算机的发展中去。

（1）巨型化，指计算机具有极高的运算速度、大容量的存储空间、更加强大和完善的功能，主要用于航空航天、军事、气象、人工智能、生物工程等学科领域。1975 年，世界上第一台超级计算机"Cray-I"诞生，超级计算机已经被应用于天气预报、地震机理研究、石油和地质勘探、卫星图像处理等大量科学计算的高科技领域。我国研制成功的"神威·太湖之光"超级计算机的运行速度超过 10 亿亿次/秒，峰值性能高达 12.54 亿亿次/秒，持续性能达到 9.3 亿亿次/秒。简单来说，一分钟的计算能力相当于全球 72 亿人同时用计算器不间断计算 32 年。

（2）微型化，是大规模及超大规模集成电路发展的必然。从第一块微处理器芯片问世以来，发展速度日益加快。计算机芯片的集成度每 18 个月翻一番，而价格则减一半，这就是信息技术发展功能与价格比的摩尔定律。计算机芯片集成度越来越高，功能越来越强，使计算机微型化的进程和普及率越来越快。

（3）网络化，是计算机技术和通信技术紧密结合的产物。尤其进入 20 世纪 90 年代以来，随着 Internet 的飞速发展，计算机网络已广泛应用于政府、学校、企业、科研、家庭等领域，越来越多的人接触并了解到计算机网络的概念。计算机网络将不同地理位置上具有独立功能的不同计算机通过通信设备和传输介质互联起来，在通信软件的支持下，实现网络中的计算机之间共享资源、交换信息、协同工作。计算机网络的发展水平已成为衡量国家现代化程度的重要指标，在社会经济发展中发挥着极其重要的作用。

（4）智能化，让计算机能够模拟人类的智力活动，如学习、感知、理解、判断、推理等。智能化使计算机具备理解自然语言、声音、文字和图像的能力，具备说话的能力，使人机能够用自然语言直接对话。计算机可以利用已有的和不断学习到的知识，进行思维、联想、推理，并得出结论，能解决复杂问题，具有汇集记忆、检索有关知识的能力。随着计算机计算能力的增强，普通的计算机也开始具备某种程度的智能化，以帮助处理日常生活中的琐事，甚至出现专门做家务活的机器人，让人们可以腾出更多的时间来学习、娱乐、交际等。

从目前计算机的研究情况可以看到，未来计算机将有可能在光子计算机、生物计算机、量子计算机等方面取得重大的突破。

第二节　数据资源管理技术

一个有效的信息系统应该向用户提供准确、及时、有用的信息。如果数据能够以恰当的方式排列和管理，用户就可以方便地存储、访问、修改和检索所需的信息。但是，很多企业或组织虽然拥有性能卓越的硬件和软件，却由于数据管理混乱，信息系统难以达到其预计效果。

一、数据处理的基本概念

数据处理指用一定的设备和手段，按一定的使用要求，对各种类型的原始数据进行加工，从而产生用户所需要的信息。

数据处理的目的可归纳为以下几点：①把数据转换成便于观察分析、传递或进一步处理的形式；②从大量的原始数据中抽取、推导出对人们有价值的信息以作为行动和决策的依据；③科学地保存和管理已经过处理（如校验、整理等）的大量数据，以便人们能方便而充分地利用这些宝贵的信息资源。

数据处理的方式可以从两个方面来划分。从数据处理的地理位置来看，数据处理可分成集中处理和分布处理。集中处理是指所有的数据都集中存放在某台主机上，由这台主机来主要承担数据处理工作；分布处理则刚好相反，数据分布存放在若干台主机上，由多台主机共同承担数据处理工作。从时间的角度看，数据处理可分为实时处理和成批处理。实时处理是指每当原始数据产生时，由该原始数据所引发的一连串其他数据的变化立即由计算机全部更改。成批处理是指不对原始数据立即处理，而规定一个时间间隔（如一天），每到一定时间就对这一间隔内所发生的原始数据进行汇总统计，并对其他数据做必要的修改。

数据处理的基本内容包括数据收集、数据转换、数据筛选、分组和排序、数据组织、数据运算、数据存储、数据检索、数据输出等。

数据处理需要考虑以下几个方面的问题：①数据以何种方式存储在计算机中；②采用何种数据结构能有利于数据的存储和取用；③采用何种方法从已组织好的数据中检索数据。

数据处理的中心问题是对数据的管理，即用计算机对数据进行组织、存储、检索和维护等数据管理工作。

二、数据文件与数据结构

（一）数据组织

在管理信息系统中，大量数据以一定的形式存放在各种存储介质中，为使数据成为有意义的信息，需要将数据有序地组织起来，才能对数据进行有效的管理。数据的逻辑组织一般有数据项、记录、文件和数据库4个基本的逻辑元素组成，并且组成了以数据库为最高层次的结构。

数据项也称数据元素，是组成数据系统的有意义的最小单位，它的作用是描述一个数据处理对象的某些属性。与数据处理的某个对象相关的一组数据项构成该对象的一条记录，标识记录的数据项称为关键字。通常把唯一地标识一条记录的关键字称为主关键字。通过主关键字可以寻找和确定一条唯一的记录。文件则是同类相关记录的集合。文件的建立和维护，是管理信息系统的重要工作之一。按一定方式组织起来的逻辑相关的文件集合形成数据库，数据库是表、视图等相互连接的集合。

在计算机信息系统中，文件是数据库组织的基础，任何对数据库的操作最终要转化为对数据文件的操作。因此，数据的逻辑组织方式和物理存储方式将直接影响整个信息系统的效率。因而设计数据结构是数据处理工作的主要内容之一。

现实世界中的事物在信息世界中称为对象，每个对象有若干属性。例如，企业的员工是现实世界中的对象，具有员工号、姓名、性别、年龄、部门等属性，所以，一个具体的员工就可以用表3-1的形式来描述。

表 3-1　员工信息一览表

员工号	姓名	性别	年龄	部门
0001	张某某	男	28	信息技术
0002	李某	女	23	信息技术
⋮	⋮	⋮	⋮	⋮

每个属性称为数据项，每个员工的所有属性值称为记录，所有相关的记录集合称为文件。表 3-1 就是信息技术部门的员工文件。

（二）数据结构

数据结构是指相互之间存在一种或多种特定关系的数据元素的集合。数据结构是计算机存储、组织数据的方式，包括数据的逻辑结构和物理结构，以及在此结构上的运算或操作。

1. 数据的逻辑结构

数据的逻辑结构，指反映数据元素之间的逻辑关系的数据结构，其中的逻辑关系是指数据元素之间的前后序关系，而与它们在计算机中的存储位置无关。逻辑结构包括两大类：线性结构和非线性结构，线性表、栈、队列及串为线性结构，而树和图则为非线性结构（图 3-3）。

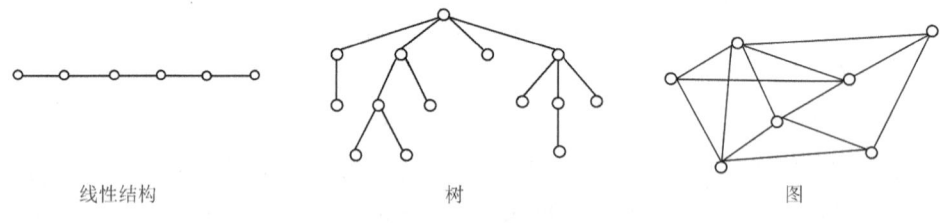

线性结构　　　　　树　　　　　图

图 3-3　逻辑结构示意图

（1）线性表。线性表是指具有相同特性的数据元素的一个有限序列。常见的线性表有字符串、数据库表等。现实生活中，具有线性表结构的数据比比皆是，如英文字母表、职工登记表、产品的编号等。线性表中的每个元素可以是一个数字、一串字符或一项记录。

（2）栈。栈又叫堆栈，它是一种运算受限的线性表。其限制仅允许在表的一端进行插入和删除运算，此端称为栈顶。相对的另一端称为栈底。线性表又称后进先出表。类似栈的例子也有很多，如刷洗盘子时，把洗净的盘子一个接一个地向上放（相当于进栈），取盘子时则从上面一个接一个地向下拿（相当于出栈）。

（3）队列。队列简称队，也是一种运算受限的线性表。其限制仅允许在表的一端进行插入，此端称为表尾；而在表的另一端进行删除，这端称为表头，因此队列又称为先进先出表。在现实生活中也有很多这样的例子。例如，购物时所排的队就是一个队列，新来购物的人接到队尾（类似于进队），站在队首的人购物后离开（类似于出队）；当最后一人购物离队后，则队为空。

（4）树。树，可以是空树，即不含任何结点的树；也可以是非空树，即至少含一个结点的树。在一棵非空树中，它有且仅有一个称作根的结点，其余的结点可以分为 m ($m>0$) 棵互不相交的子树（称作根的子树）；每棵子树又同样是一棵树。可见，树的定义是递归的，树是一种递归的数据结构。在现实生活中，许多数据的层次非常明显，十分类似自然界的树，比如文件目录树、组织结构树和族谱。树结构是数据处理中应用最广泛也是最重要的一类非线性结构。特别是在大规模数据处理中，经常会有大量的层次化嵌套数据，树结构为这类数据提供了自然的表示方法及高效的运算手段。

（5）图。在图形结构中，数据元素之间的关系可以是任意的，图中任意两个数据元素之间都可能相关。由此，图的应用极为广泛，特别是近年来的迅速发展，已经深入到诸如语言学、逻辑学、物理、化学、电信工程、计算机科学及数学的其他分支中。

2. 数据的物理结构

物理结构又称存储结构，指数据的逻辑结构在计算机存储空间的存储方式。存储方式一般有四种：顺序存储、链接存储、索引存储及散列存储。同一种逻辑结构采用不同存储方式可以得到不同的数据结构，如线性表以顺序存储方式存储时得到顺序表数据结构，而以链接存储方式存储则得到链表数据结构。对于给定的逻辑结构需要寻找一种恰当的与其对应的存储结构，以便在计算机中存储。通常把这种对应关系称为映像。

（1）顺序表。用一组地址连续的存储单元依次存储线性表的数据元素，这种存储结构的线性表称为顺序表。它的特点是，为表中相邻的元素分配相邻的存储位置。换句话说，以元素在计算机内"物理位置相邻"来表示线性表中数据元素之间的逻辑关系。每一个数据元素的存储位置都和线性表的起始位置相差一个和数据元素在线性表中的位序成正比的常数。因此，只要确定了存储线性表的起始位置，线性表中任一数据元素都可随机存取，所以线性表的顺序存储结构是一种随机存取的存储结构。

（2）指针与链。在数据结构中，表征某一数据结构特点及其连接方式的基本单位称为结构的结点。一个结点可以是一个字符、一个数字，也可以是一个记录、一个集合。一个结点通常有几个域，用来存放与结点有关的信息，存放结点本身信息的域称为数据域，存放结点与其他结点关系信息的域，称为指针域或链域，其中存放的结点地址称为指针。若干带指针的结点组成的集合，称为链。一个典型的结点结构如图3-4所示。在一个结点的信息域中，可以放一个或多个信息，指针域也可以有一个或多个，以满足不同的数据应用需要。通常把指针指向的下一个结点称为后继结点，与本结点邻接的前一结点称为前驱结点，图3-4所示左指针指向前驱结点，右指针指向后继结点。

左指针	信息	右指针

图3-4　结点的结构

指针是数据结构中的一个重要概念。如果每个结点只有一个指针指向其下一个结点，称为单链。当结点指针多于一个时，就可以构造多种复杂的数据结构，如双向链表、树、图等（图3-5）。

利用指针可以把数据的逻辑结构与物理结构分开，数据的物理存储位置可以任意安排，不要求逻辑上相邻的结点在物理位置上亦相邻，结点间的逻辑关系是由附加的指针字段表示的。

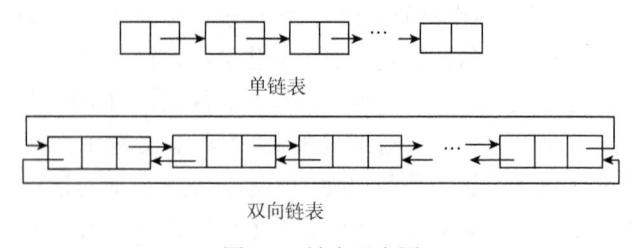

单链表

双向链表

图 3-5　链表示意图

如果存储器目前不存在一整块足够大的空间能够放下要存储的数据，但有许多能放一条条记录的较小的"碎片"空间，用户可以在每条记录中增加"指针"项，用来存放一条记录的地址，最后一条记录的指针项置为空（null），整个记录链表就形成了。这个链表的首记录地址称为头指针，通过头指针很容易沿着指针访问任何一条记录。表 3-2 是信息技术部门的通讯录文件，每条记录由以下数据项组成。

表 3-2　链表的组织形式

存储地址	姓名	电话	指针
12180	冯某	53607211	12100
12100	孙某某	86452463	13000
12600	刘某	55729431	12030
12030	余某	52796584	null
13000	张某某	84892120	12600

以上链表把通讯录文件的记录按姓氏笔画顺序从小到大排列起来，好像通讯录文件是一个连续的、有序的文件。

链表组织形式能方便地进行记录的插入和删除，不需要移动记录，只修改指针项的地址即可。由于指针占用存储空间，所以链表结构浪费了部分存储空间。

（三）数据文件

1. 数据文件的概念

在信息系统中，数据一般采用文件和数据库组织。文件组织是一种按某种数据结构把数据记录存放在外存设备上的方式，一般适用于数据记录存储比较简单的场合。在操作系统的管理下，把计算机需要处理的数据组成文件，文件有唯一的文件名，操作系统中的文件管理模块会根据文件名准确地找到该文件的物理存储位置，自动完成转换，操作系统把文件视为最基本的数据系统，完成文件的逻辑组织到现实组织空间的映射。

随着计算机在信息处理上的应用，出现了文件系统。文件系统是负责存取和管理文件的软件，它利用磁盘、磁带等大容量的外存设备作为存放文件的存储器，用户可以把一批数据定义成一个文件，即数据文件，通过文件系统命名，实现对文件的按名存取。

2. 数据文件的组织方式

文件主要有顺序文件、索引文件和散列文件三种组织方式,这三种组织方式适合不同的存储器,检索效率也不同。

1) 顺序文件

这是一种常见的数据组织,能使逻辑记录在存储介质中的实际顺序与其进入存储器的顺序一样。顺序文件适合于顺序存取和成批处理。

顺序文件除了可以用顺序查找法存取,也可以用以下两种方法存取。

第一,分块查找法。将文件的记录按关键字递增排序,每 m 条记录为一块,比如 $m=100$。设各块最后一条记录的关键字为 k_{1m}, k_{2m}, …, k_{tm},设所要查找的记录主关键字为 k,依次和各块的最后一个关键字进行比较,当 $k_{im} > k > k_{(i-1)m}$ 时,所要的记录一定在第 i 块上,只要扫描该块就可以了。

第二,二分查找法。将文件的记录按关键字递增排序,要查找的记录关键字 k 与区域中间的记录关键字 k_m 相比较,若 $k = k_m$ 查找成功;否则,若 $k > k_m$ 在下一半区域中折半查找,若 $k < k_m$,则在上一半区域中折半查找。如此进行下去,直到找到(查找成功)或区域长度为 0(查找失败)为止。

2) 索引文件

用索引的方法组织文件,还要为数据文件另外建立索引表,用来给出逻辑记录与物理记录的对应关系。索引表中的项称为索引项,为了加快查找,索引表是按索引项有序的,由系统建立,而数据文件本身可以是无序的。

检索时,首先查找索引表(表 3-3),比如要求查找职工号为 0017 的记录,根据索引项指出的物理地址 12100 到外存储器上读取数据文件(表 3-4)相应的记录,查找成功。通常索引表放在内存,查找索引表在内存中进行。因为索引表是有序的,可以使用二分查找法加快查找速度。

表 3-3 索引表

关键字	物理地址
0002	12600
0009	12030
0017	12100
0023	12180
0042	13000

表 3-4 数据文件

职工号	姓名	电话
0023	冯某	53607211
0017	孙某某	86452463
0002	刘某	55729431
0009	余某	52796584
0042	张某某	84892120

如果数据文件较大,索引项很多,往往需要对索引表再建索引表,称为多级索引。

3) 散列文件

散列文件也称为直接存取文件。这种文件的组织方法是,根据记录的关键字,设计一个散列函数,求得记录的物理地址,将记录散列到存储器上。散列函数设计可以采用平方取中法、除余法、随机数法等。

理想情况下,每个不同的关键字对应不同的散列地址。但到目前为止,还未找到这样理想的数学函数。一个散列地址对应多个关键字的现象称为冲突。解决冲突的方法有开放定址法等。

三、数据库技术

（一）数据库的起源和几个基本概念

1. 数据库起源

随着计算机硬件和软件技术的发展，人们对数据管理提出越来越多的要求。数据管理经历了如下三个发展阶段。

1）第一阶段：人工管理阶段（20世纪50年代中期之前）

这是计算机数据处理的初级阶段，计算机的软硬件均不完善。数据的物理存储结构和逻辑结构一致，对数据的处理是由程序员个人考虑和安排的。程序员自行设计数据格式，数据与处理它的程序合为一体，数据不能共享，一批数据在多个对其进行不同处理的程序中重复存储。

2）第二阶段：文件管理阶段（20世纪50年代中期到60年代末）

随着计算机硬件性能的改进和软件技术的发展，操作系统的出现使数据管理进入一个新的阶段。数据以文件为单位存储在外存，每个文件都有一个文件名，且由操作系统统一管理，文件逻辑结构和物理结构分开，程序和数据分离，使数据和程序有了一定的独立性。用户的程序和数据可分别存放在外存储器上，各个应用程序可以共享一组数据，实现了以文件为单位的共享。

3）第三阶段：数据库管理阶段（20世纪60年代末以后）

数据库技术为数据管理提供了一种较为完善的高级管理方式。它克服了文件管理方式下分散管理数据的弱点，对所有的数据实行统一、集中的管理，使数据的存储独立于使用它的程序，从而实现了数据共享。

2. 数据库的几个基本概念

1）数据库

数据库是长期存储在计算机内的、有组织的、可共享的数据集合。数据库中的数据按一定的数据模型组织、描述和存储，具有较小冗余度、较高的数据独立性和易扩展性的特点，并可为各种用户所共享。更主要的是数据库中的数据可以共享使用，一经存储，数据库中的数据若不做删除或修改等操作，则不会被损耗。

2）数据库管理系统

数据库管理系统（database management system，DBMS）是数据库系统的核心，是对数据库进行管理的软件系统。数据库管理系统负责对数据进行组织、存储、获取和维护，它为用户或应用程序访问数据库中的数据提供了科学的管理，并对数据的安全性、完整性、保密性、并发性等进行统一的控制。数据库管理系统的主要功能是数据定义、数据操纵、数据库的运行管理和数据库的建立与维护。

3）数据库系统

数据库系统是指以数据库方式管理大量共享数据的计算机系统，通常把数据库系统简称为数据库。

数据库系统由数据库、数据库管理系统、硬件和软件支持系统、用户（最终用户、应用程序设计员和数据库管理员）四个部分组成。

数据库系统具有数据集成化、数据共享、数据的独立性、最小的数据冗余度等特点，避免了数据的不一致性，可以实施安全性保护，保证数据的完整性，可以发现故障和恢复正常状态，有利于实施标准化等特点。

（二）数据库设计的主要内容

数据库的设计是指对于一个给定的应用环境，提供一个确定最佳数据模型与处理模式的逻辑设计，以及一个确定数据库合理存储结构和存取方法的物理设计，从而建立起既能反映现实世界信息和信息的联系，满足各种用户需求（信息要求和处理要求），又能在某个数据库管理系统上实现系统目标并有效存取数据的数据库。

一般将数据库设计分为四个阶段。

（1）用户需求分析阶段。用户需求分析是分析用户对数据库的使用需求，主要包括数据处理需求、数据安全性和完整性需求。

（2）概念结构设计阶段。概念结构设计是根据用户需求设计数据库模型，称为概念模型。概念模型可用实体-联系模型（E-R 模型）表示。

（3）逻辑结构设计阶段。逻辑结构设计将概念模型转换成某种数据库管理系统支持的数据模型。

（4）物理结构设计阶段。物理结构设计是为数据模型在设备上选定合适的存储结构和存取方法。

（三）概念模型

概念模型以用户可以理解的方式描述一个系统，如显示主要对象类型及其关系的图表等。其最常用的表示方法是 E-R 模型。E-R 模型独立于计算机系统，按用户的观点在信息世界对数据建模，强调语义表达能力。在数据设计中完全不涉及数据在计算机系统中的表示方法。

把客观存在的事物以数据的形式存储到计算机中，需要经历对现实生活中事物特性的认识概念化到计算机数据库里具体表示的逐级抽象过程，如图 3-6 所示。

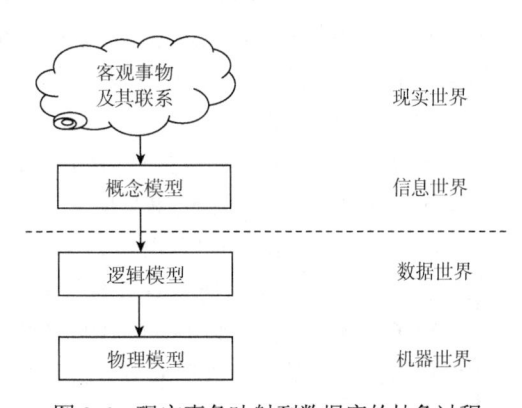

图 3-6 现实事务映射到数据库的抽象过程

1. 基本概念

1）实体

客观存在并且可以相互区别的事物称为实体。实体可以是实际事物，如一名职工、一个部门，也可以是抽象事件，如一次订货、一场比赛。

2）属性

描述实体的特性的项称为属性。如用若干个属性（职工号，姓名，性别，出生日期）来描述职工实体。属性的具体值称为属性值，用以刻画一个具体的实体，如属性值组合（0001，李某某，男，10/01/51）表示职工中一个具体的人。

3）主关键字

唯一表示实体的属性集称为主关键字。例如，职工编号可以是职工实体的主关键字。

4）域

域是指某个（某些）属性的取值范围。例如，职工编号为4位，而且其域为文本集合。

5）实体集

同一类型实体的集合称为实体集。例如，全体学生就是一个实体集。实体集通常可看成按实体型存放的数据值。

6）联系

现实世界中任何一个实体都不是孤立存在的。也就是说，实体与实体之间是存在一定联系的，实体与实体之间的联系必然要在信息世界中加以反映，而且是比较复杂的，但抽象化后，可把实体与实体之间的联系分为三类。

一对一联系（1∶1）：如果有两个实体的集合 A 和 B，A 中的每一个实体最多与 B 中的一个实体有联系，反过来，B 中每一个实体最多与 A 中的一个实体有联系，则称实体集 A 和 B 之间是"一对一联系"。这是最简单的实体与实体之间的联系，如实体集"工程项目"和"项目负责人"之间就是"一对一联系"。

一对多联系（1∶m）：如果有两个实体的集合 A 和 B，A 中每一个实体与 B 中的一个或多个实体有联系，反过来，B 中的一个实体最多与 A 中的一个实体有联系，则称实体集 A 和 B 之间是"一对多联系"。例如，实体集"工程项目"和"工程项目参加者"之间就是"一对多联系"。

多对多联系（m∶n）：如果有两个实体的集合 A 和 B，A 中每一个实体与 B 中的一个或多个实体有联系，反过来，B 中每一个实体与 A 中的一个或多个实体有联系，则称实体集 A 和 B 之间就是"多对多联系"。例如，实体集"图书"和"借阅者"之间、"学生"和"教师"之间就是"多对多联系"。

除了实体集之间的联系，实体内部也可能存在联系，如组成实体的属性之间的联系，实体集内部联系的类型参照实体集之间的联系。

2. 实体-联系表示方法

实体-联系是一种高层次的概念模型，它通过 E-R 图直观地表示实体及其联系，在概念上表示数据库的信息组成，这种图能够使设计、开发人员和用户理解设计的数据库将做什么和怎么做，便于设计者与开发者进行交流。E-R 图有三个基本成分。

（1）实体集：用矩形框表示，框内标有实体名。
（2）联系：用菱形框表示实体之间的联系，框内标有联系名。
（3）属性：用椭圆形框表示属性，框内标有属性名。

每个实体集、联系和属性的命名填写在各个框内，再用线段连接起来，并在实体集和联系之间连线的两端注明联系方式，具体见图 3-7。

图 3-7　E-R 图的基本符号

如果设计的数据库要求每位学生可以选择多门课程，每门课程可以由多位学生来选，则可以建立 E-R 模型，如图 3-8 所示，图中"学生"与"课程"两实体通过"选课"相互联系。一名学生可选多门课程，而一门课程可以由多名学生来选，因此"学生"和"课程"之间表现为多对多的联系。图中用 $m：n$ 来表示。

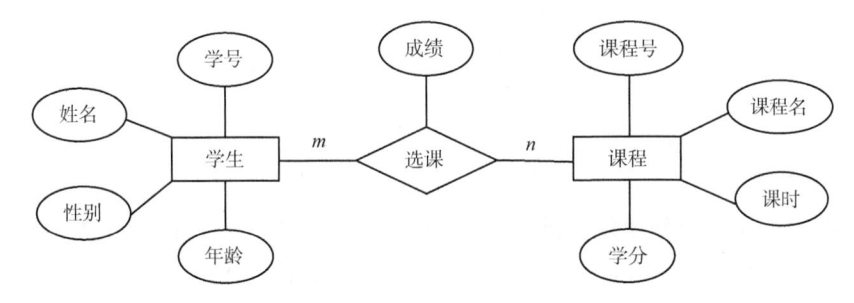

图 3-8　学生选课的 E-R 模型

E-R 模型在概念上表示了数据库的组成，通过它转换为数据库管理系统所支持的数据结构模型，可以与用户充分交流、沟通，开发用户所需的数据库系统。

（四）数据模型

把数据按一定的结构和形式组织起来，各个数据对象及它们之间存在的相互关系的描述就是数据模型。数据模型是数据库设计中用于提供信息表示和操作手段的形式构架，是数据库系统实现的基础。数据模型包括数据结构、数据操作和完整性约束三个部分。数据操作是对数据模型中各种对象的操作。数据完整性约束是对数据模型中数据的约束规则。数据结构则是对数据、数据类型、数据之间关系的抽象描述。其中数据结构是刻画数据模型性质最重要的一个方面。

1. 数据模型的分类

现有的数据库系统都是基于某种数据模型的。实际上，数据库系统是按照数据结构的类型命名数据模型的。目前，主要的数据模型有三种，即层次模型、网状模型、关系模型。不同的数据模型以不同的方式表达客观世界实体的关系。

1）层次模型

层次模型使用树形结构表示组织数据，实体用记录表示。每个实体由若干数据项组成。例如，学校是一个客观存在的实体，学校的基本信息包括学校编号、学校名称、学校类别、地址、邮政编码等数据项。

层次模型中任意两个结点之间不允许有多于一种的联系，每个结点只能有不多于一个的双亲结点。层次模型适合于表现具有比较规范层次关系的系统，如组织结构的模型。学校的组织结构为学校下属若干学院，一个学院只能属于一个学校，如图3-9所示。对这类清晰的层次结构，使用层次模型比较清楚，查询检索的路径唯一，检索效率比较高。但是，由于层次模型结构的限制，其难以表达比较复杂的系统。

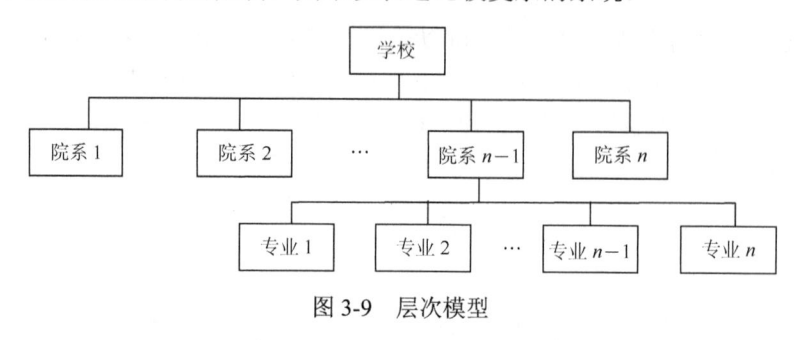

图3-9 层次模型

2）网状模型

网状模型比层次模型要复杂得多，同时所能表示的实体之间的关系也复杂得多。在网状模型中，允许一个结点有多于一个的双亲结点，而且后代结点与双亲结点允许有多于一种的联系。例如，一个学校里有许多老师和许多班级，一个老师要教几个班的课程，一个班级一学期要开几门课程，需要多个老师来进行教学，如图3-10所示。正因为网状模型比较复杂，所以网状数据库的设计、检索和处理都比较复杂。

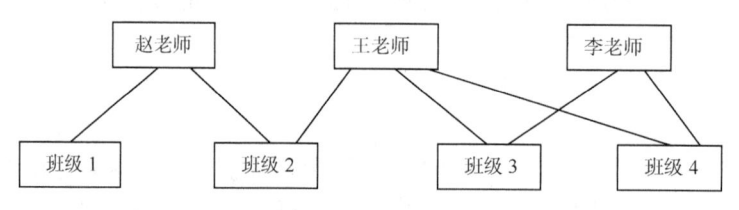

图3-10 网状模型

3）关系模型

目前，主流的数据库系统都是基于关系模型的关系数据库系统。直观地说，关系模型中数据的逻辑结构类似于表3-1所示的结构，这种表结构称为二维表。二维表结构不论是在数据表达上还是数据检索上，都比层次模型和网状模型相应的处理简单得多。

二维表的每一行对应一条记录。每条记录可以表示一个实体的信息，也可以反映实体之间的关系。例如，学生信息包括学生姓名、性别、籍贯的数据项，构成一个学生记录。

关系模型的主要优点如下：①关系模型建立在数学概念基础上，有坚实的理论支持。②关系模型提供单一的数据结构形式，简单、清晰，易于操作和管理。③关系模型的逻辑结构和相应的操作完全独立于数据存储方式，具有比较高的数据独立性。用户对数据的检索和操作实际上是从原二维表中得到一个子集。该子集仍是一个二维表，因而易于理解，操作直接、方便，而且关系模型把存取路径对用户隐藏起来，用户只需指出"做什么"，而不必关心"怎么做"，从而大大提高了数据的独立性。④关系是规范化的关系。规范化是指在关系模型中，关系必须满足一定的给定条件，最基本的要求是关系中的每一个分量都是不可分的数据项，即表不能多于二维。

早期的商用数据库数据模型主要是层次模型和网状模型，而目前应用最广泛、发展最快的是关系模型。

2. 关系数据模型

关系数据库理论提出并形成于20世纪60年代末70年代初。自20世纪80年代以来，各计算机厂商推出的数据库管理系统几乎都是基于关系模型的关系数据库。关系模型不同于层次模型和网状模型，它建立在严格的数学概念的基础上。同时，由于结构简单，数据操作便于掌握，使关系数据库得到了很大的发展，并得到广泛使用。

关系数据库中数据的基本结构是表，即数据按行、列有规则地排列、组织。数据库中每个表都有一个唯一的表名。

1) 关系数据模型的基本概念

（1）关系：一个关系在逻辑上对应一个按行、列排列的表。

（2）属性：表中的一列称为一个属性，或称一个字段，表示所描述对象的一个具体特征。

（3）域：域是属性的取值范围。例如，性别属性的取值范围是"男"或"女"。

（4）元组：表中的每一行都是一个元组，又称记录。

（5）主键：在关系模型中，不允许一个表中有两个完全相同的元组，表中能够唯一标识元组的一个属性或属性集合称为主键。例如，表3-5中学生记录的主键是"学号"，不论是否有重名的学生，"学号"可以唯一标识（区别）每个学生。

表3-5 学生信息表

学号	姓名	性别	政治面貌	出生日期
0001	于某	女	党员	19860506
0002	薛某某	男	党员	19871023
0035	刘某	男	团员	19861102

（6）外键：如果一个属性或属性集合不是某个关系的主键，而是另外一个关系的主键，则这个属性或属性集合称为该关系的外键。

（7）关系模式：关系名及关系中的属性集合构成关系模式。一个关系通过属性来描述，对关系的描述称为关系模式，可以用下面的简单形式表示：

关系名（属性名1，属性名2，属性名3，…，属性名n）

例如，学生表的关系模式：

学生（学号，姓名，性别，政治面貌，出生日期）

2）关系的性质

关系的表与普通的二维表有着本质上的不同。关系模型中的表都具有如下性质：①关系中每一列的所有值具有相同的数据类型，且取自同一个域；②属性必须有不同的名称，但是不同属性的属性值可以出自相同的域，即不同属性的属性值的取值范围可以相同；③任意两行（即两条记录）不能完全相同；④列的次序对表达查询要求的查询表达式没有影响；⑤行的次序对表达查询要求的查询表达式没有影响；⑥关系中的每个属性都是不可再分的最小数据项，即表中每一列都不可再分。

关系模型的缺点是在执行查询操作时，没有指定检索路径，往往需要执行表的链接、扫描等操作，而这些操作都是相当耗费系统资源的，因此执行时间较长。现在普遍使用的关系数据库系统都在不同程度上采用了查询优化技术，大大提高了关系数据库系统查询操作的效率。

3）关系的规范化

对于给定的一组数据，如何才能构造一个好的关系模式呢？对这一问题的研究出现了关系数据库的规范化理论。规范化理论研究关系模式中各属性之间的依赖关系及其对关系模式性能的影响，探讨关系模式应该具备的性质和设计方法。规范化理论提供了判别关系模式优劣的标准，为数据库设计工作提供了严格的理论依据。

规范化理论是关系数据库创始人 E.F.Codd 于 1971 年首先提出的，且在随后一系列的论文中逐步形成一整套数据规范化模式。这些模式已经成为建立关系数据库的基本范式。在数据的规范化表达中，一般将一组相互关联的数据称为一个关系，而在这个关系下的每个数据指标则被称为数据元素。这种关系落实到具体数据库就是基本表，而数据元素就是基本表的一个字段（或属性）。规范化表达还规定在每个基本表中必须定义一个数据元素为关键字，它可唯一地标识该表中其他相关的数据元素。

在规范化理论中表是二维的。在对表的形式进行规范化定义后，E.F.Codd 还对数据结构进行五种规范化定义，并且定名为规范化模式，称为范式。范式表示的是关系模式的规范化程度，即满足某种约束条件的关系模式，根据满足的约束条件的不同来确定范式。如满足最低要求，则为第一范式（first normal form，1NF）。符合第一范式而又进一步满足一些约束条件的称为第二范式（second normal form，2NF），等等。在五种范式中，通常只使用前三种。

（1）第一范式是指数据库表的每一列都是不可分割的基本数据项。按规范化建立的指标体系和表的过程，都自动保证所有表满足第一范式。例如，表 3-6 所示关系不符合第一范式，而表 3-7 则是经过规范化处理，把"研究课题"这项分割成为两项而符合第一范式的关系。

表 3-6 不符合第一范式的表

教师代码	姓名	职称	系	电话	研究课题		参题天数
					研究课题号	研究课题名	
1101	王某某	教授	管理系	3324	500	管理信息	30
1102	刘某	副教授	管理系	3324	800	金融工程	50
1254	刘某某	讲师	投资系	3341	630	电子商务	20
1101	王某某	教授	管理系	3324	800	金融工程	10

表 3-7 符合第一范式的表

教师代码	姓名	职称	系	电话	研究课题号	研究课题名	参题天数/天
1101	王某某	教授	管理系	3324	500	管理信息	30
1102	刘某	副教授	管理系	3324	800	金融工程	50
1254	刘某某	讲师	投资系	3341	630	电子商务	20
1101	王某某	教授	管理系	3324	800	金融工程	10

（2）第二范式是指每个表必须有一个（而且仅有一个）数据元素为主关键字，其他数据元素与主关键字一一对应。通常称这种关系为函数依赖关系，即表中其他数据元素都依赖于主关键字，或称该数据元素唯一地被主关键字标识。这种关系不仅满足第一范式，而且所有非主属性完全依赖于其主码（即不允许存在部分依赖关系）。例如，表 3-7 所示关系虽满足第一范式，但不满足第二范式，因为它的非主属性不完全依赖于由教师代码和研究课题号组成的主关键字，其中，姓名和职称只依赖于主关键字的一个分量——教师代码，研究课题名只依赖于主关键字的另一个分量——研究课题号。这种关系会引起数据冗余和更新异常，当要插入新的研究课题数据时，往往缺少相应的教师代码，以至于无法插入；当删除某位教师的信息时，常会引起丢失有关研究课题信息。解决的方法是将一个非第二范式的关系模式分解为多个第二范式的关系模式。

在本例中，可将表 3-7 所示关系分解为如下三个关系：①教师关系：教师代码、姓名、职称（表 3-8）；②课题关系：研究课题号、研究课题名（表 3-9）；③教师与课题关系：教师代码、研究课题号、参题天数（表 3-10）。这些关系都符合第二范式要求。

表 3-8 教师关系

教师代码	姓名	职称	系	个人电话
1101	王某某	教授	管理系	15004503324
1102	刘某	副教授	管理系	13933617894
1254	刘某某	讲师	投资系	13814510382

表 3-9 课题关系

研究课题号	研究课题名
500	管理信息
800	金融工程
630	电子商务

表 3-10 教师与课题关系

教师代码	研究课题号	参题天数
1101	500	30
1102	800	50
1254	630	20
1101	8900	10

（3）第三范式（third normal form，3NF）是指表中的所有数据元素不但要能唯一地被主关键字标识，而且它们之间还必须相互独立，不存在其他的函数依赖关系。也就是说，任何非主属性不得传递依赖于主属性。例如，表 3-11 所示产品关系满足第二范式，但不是第三范式。这里，由于生产厂名依赖于产品代码（产品代码唯一确定该产品的生产厂家），生产厂地址又依赖于生产厂名，所以，生产厂地址传递依赖于产品代码。这样的关系同样存在着高度冗余和更新异常问题。

表 3-11　不符合第三范式的关系

产品代码	产品名称	生产厂名	生产厂地址

消除传递依赖关系的办法，是将原关系分解为如下两个第三范式关系：①产品关系：产品代码、产品名、生产厂名；②生产厂关系：生产厂名、生产厂地址。第三范式消除了插入、删除异常及数据冗余、修改复杂等问题，已经是比较规范的关系。

规范化的原则是表中的数据内容是"一事一地"的，做不到这样就要对表进行分解，分成若干个高级别的范式，以达到消除各种异常的目的。

4）关系数据语言

数据库的各项功能是通过数据库所支持的语言实现的，主要有数据定义语言、数据操作语言和数据控制语言。在关系数据库中，标准的数据库语言是 SQL（structured query language）语言。

SQL 的含义是结构化查询语言，但实际上它已远远超出查询的范围。SQL 实际上是对数据库数据进行操作的语言，它包括数据插入、数据删除、数据修改、数据定义和数据控制。可以说，影响数据库的一切操作都可由 SQL 来完成。

SQL 是与关系数据库一同发展起来的。1970 年，IBM 研究人员 E.F.Codd 提出了关系数据库的有关概念和理论，奠定了关系数据库的理论基础。随后，IBM 公司在其研制的 System R 上实现了 SQL。由于这种语言功能强大，语法简单，使用灵活，很快得到广泛的使用。1986 年，美国国家标准局批准 SQL 作为关系数据库语言的美国国家标准。1987 年国际标准化组织也通过了这个标准。自此以后，各个数据库厂家推出的数据库产品都支持 SQL 或与 SQL 有软件接口。由于 SQL 的推广和使用，各个数据库之间的数据互访、互操作具有共同的基础。可以说，在数据库的学习中，SQL 是非常重要的一项内容。

（五）数据库保护

为了保证数据的安全可靠和正确有效，数据库管理系统必须提供统一的数据保护功能，主要包括数据的安全性、完整性、并发控制和数据库恢复等内容。

数据的安全性是指保护数据库以防止不合法的使用所造成的数据泄露、更改和破坏。数据的安全可通过对用户进行标识和鉴定、存取控制、操作系统级安全保护等措施得到一定的保障。

数据完整性是指数据的正确性、有效性与相容性。关系模型的完整性包括实体完整性、参照完整性及用户定义的完整性。

实体完整性指二维表中描述主关键字的属性不能取空值，如学生基本信息表中的属性"学号"被定义为主关键字，则"学号"的值不能为空。

参照完整性指具有一对多联系的两个表之间，子表中与主表的主关键字相关联的那个属性（外部码）的值要么为空，要么等于主表中主关键字的某个值。

用户定义的完整性是针对某一具体数据库的约束条件，由应用环境确定，如月份是1~12的正整数，职工的年龄应大于18、小于70等。

并发控制是指当多个用户同时存取、修改数据库时，可能会发生互相干扰而得到错误的结果并使数据库的完整性遭到破坏，因此必须对多用户的并发操作加以控制、协调。

数据库恢复是指当计算机软、硬件或网络通信线路发生故障而破坏了数据，或对数据库的操作失败使数据出现错误或丢失时，系统应能进行应急处理，把数据库恢复到正常状态。

第三节 数据通信与计算机网络

一、数据通信

人类进行通信的历史悠久，其最基本的方式就是利用听觉和视觉。早在远古时期，人们就一直使用语言、羊皮、烟雾信号等来通信。通信技术发展到近现代出现了电报、电话等，这种借助于电脉冲传递信息的方式不仅是技术上的革新，而且彻底改变了人们的通信方式。自20世纪80年代以来，计算机技术和通信技术的融合大大改变了技术和产品，使得计算机数据处理和通信的区别日益模糊，计算机通信系统能够传输和处理多种形式的数据和信息。

数据通信是指通过数据通信系统将数据以某种信号方式从一处安全、可靠地传送到另一处的过程。数据通信包括数据传输和传输前后的处理。通信系统的基本作用是在两个实体间交换数据，可以用图3-11所示的简单模型和实例来表示。

模型包括如下几个关键部分。①信息源：产生要发送的数据的设备。②发送设备：对信号进行转换或编码以产生能在特定信道中传输的电磁信号。③信道：连接源和目的地的传输线或复杂的网络。④接收设备：从传输系统接收信号并转换成目的站设备能处理的信号。⑤信息宿：从接收设备接收数据的设备。

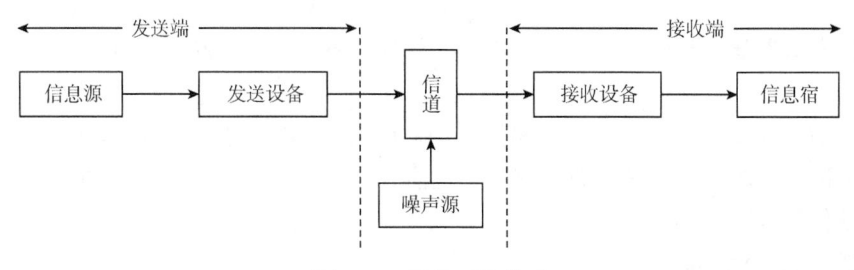

图3-11 通信系统模型

二、数据通信的基本概念

数据通信的基本概念包括以下几个。

1. 数据

数据是传递信息的实际载体。它分为模拟数据和数字数据两种,前者取连续值,后者取离散值。例如,声音和图像在强度上是连续变化的,而自然数、字符文本取值是离散的。

2. 信号

信号是数据的电编码或电磁编码。它分为模拟信号和数字信号两种。模拟信号即信号的取值是连续的,如话音信号;数字信号即信号的取值是离散的,如计算机通信所用的二进制代码"1"和"0"组成的信号。

3. 信道

在数据通信系统中,信道是指能够传送电信号的一条通路。在计算机网络中有物理信道和逻辑信道之分。物理信道是指用来传送信号或数据的物理通路。逻辑信道也是一种通路,但在信号的收、发点之间并不存在一条物理上的传输介质,而是在物理信道基础上,由结点内部的连接实现的。

4. 模拟传输和数字传输

模拟传输是传输模拟信号的一种方式,数字传输则是传输数字信号的方式。由于两者变换后可以相互转换,所以数字传输可以传输数字化了的连续数据,如声音;模拟传输也可传输转换为模拟信号的离散数据。传统的电话网采用模拟传输技术,而20世纪70年代后建立的公用数据网则采用数字传输技术。

5. 调制解调器

调制解调器(modem)是用于信号变换的装置。在数据通信系统中,计算机或终端发送和接收的信号都是离散的二进制数字信号序列;完成"数字"→"模拟"的转换,这就是调制;"模拟"→"数字"的转换称为解调。实现调制与解调的设备分别为调制器与解调器,统称为调制解调器。

6. 带宽

每种信号都要占据一定的频率范围。该频率范围称为带宽,如声音的频率。带宽有介质带宽和信号带宽之分。

7. 数据率

数据率即数据传输速率,指传输线路上传输信息的速度,有信号速率和调制速率两种表示法。

(1)信号速率(S),指单位时间内传送构成代码的比特数,以 bit/s 表示。

(2)调制速率(B),又称码元速率,是信号经调制后的传输速率,即每秒传输的码元数,单位为波特(baud)。

两者关系:$S = B\log_2 M$。

8. 误码率

误码率即二进制在传输中被传错的概率，它是衡量数据通信系统或通信信道传输可靠性的一个参数。

9. 延迟

它表示信道中从发送第一位数据起到最后一位数据被接收所经历的时间。该参数表示网络响应速度，延迟越小，响应越快，性能越好。传送数据的总时延主要由传播时延、发送时延、重发时延三部分组成。

三、计算机网络

计算机和通信技术的结合推动着社会信息化的技术革命。人们通过连接各个部门、地区、国家甚至全世界的计算机网络来获取、存储、传输和处理信息。遍及全球范围的计算机互联网络高速发展，并日益深入到国民经济的各个部门和社会生活的各个方面，计算机网络已经成为人们日常生活中必不可少的交际工具。

计算机网络也是管理信息系统的运行基础。一个企业或组织中的信息处理都是分布式的，把分布式信息按其本来面目由分布在不同位置的计算机进行处理，并通过通信网络把分布式信息集成起来，是管理信息系统的主要运行方式，因此，计算机网络是管理信息系统的基本使用技术。

（一）计算机网络的基本概念

1. 计算机网络的概念

计算机网络是用通信介质把分布在不同地理位置的计算机和其他网络设备连接起来，实现信息互通和资源共享的系统。

计算机网络涉及的基本术语如下。

（1）协议，是指网络设备间进行通信的一组约定，如 TCP/IP 协议。网络协议具体规定了设备间通信的电气性能、数据组织方式等。

（2）结点，是指网络中某分支的端点或网络中若干条分支的公共汇交点。

（3）链路，是指两个相邻结点之间的通信线路。

计算机网络的主要功能如下。

（1）数据通信。终端与计算机、计算机与计算机之间能够进行通信、相互传送数据，从而方便地进行信息收集、处理、交换。

（2）资源共享。用户可以共享计算机网络范围内的系统硬件、软件、数据、信息等各种资源。

（3）网络计算。提供分布处理以均衡计算机负荷的功能，降低软件设计复杂性，提高系统效率。

（4）集中控制。通过计算机网络可对地理上分布的系统进行集中控制，对网络资源进行集中的分配和管理。

计算机网络由资源子网和通信子网两大部分组成，如图 3-12 所示。用户通过终端可以访问分布在各处的主机上的数据信息，从而实现整个系统的软硬件、信息等资源的共享。

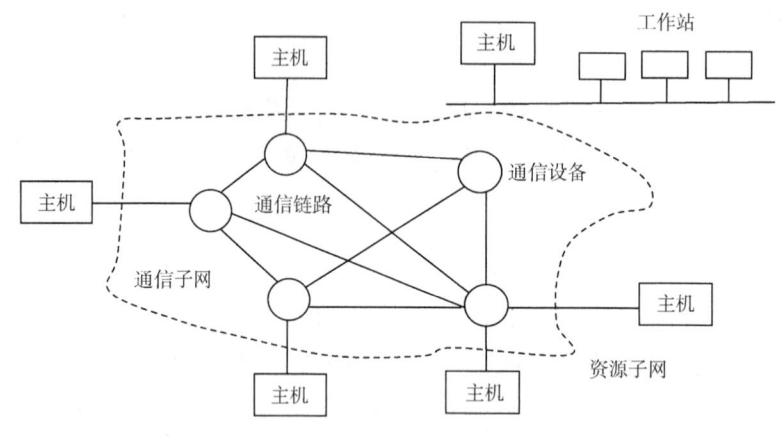

图 3-12 计算机网络的组成

2. 传输介质

传输介质是计算机网络中发送方和接收方之间的物理通路。

1）几种常用的传输介质

双绞线是一种最常用的传输介质，由螺旋线排列的两个绝缘导线组成，比较适合于短距离传输。一般情况下，在 100 米内传输速度可达 10Mbps，甚至高达 100Mbps。双绞线可分为非屏蔽双绞线和屏蔽双绞线。屏蔽双绞线电缆的外层是铝箔，它的价格相对要高一些。

同轴电缆是局域网中应用较为广泛的一种传输介质。它由内、外两个导体组成，内导体是单股或多股线，使用固体绝缘材料固定；外导体呈圆柱形，通常由编织线组成并围裹着内导体。

光纤是一种能传送光波的介质，其内层是具有较高折射率的光导玻璃纤维，外层是一层折射率较低的材料，利用不断的全反射来传送被调制的光信号。在光纤系统中，发送端用电信号对光源进行光强控制，从而转化为光信号；接收端用光检波二极管再把光信号还原成电信号。光纤不易受电磁干扰和噪声影响，可进行远距离、高速率的数据传输，而且具有很好的保密性能。

无线介质是通过大气传输电磁波的技术，包括微波、红外线和激光。这三种技术都需要在发送方和接收方之间有一条视线通路。这些技术对于连接不同建筑物内的局域网是特别有用的，这是因为很难在建筑物之间架设电缆，而无线技术只需在每个建筑物上安装设备即可。

2）传输介质的选择

传输介质的选择受很多因素影响，除了网络拓扑结构，还受到环境范围、容量和可靠性等因素的影响。

双绞线是价格便宜的介质。其典型用法是在室内联网架线。与同轴电缆相比，其带宽受到限制。对于单个建筑物，双绞线的性价比最高。

同轴电缆比双绞线价格高一些，但是却有较大的容量。除具有大量终端的系统外，对于大多数局域网来说，同轴电缆是可以选择的介质，且价格合理。

光纤因为频带宽、损耗低、抗干扰能力强等优点，常被用作远距离的信息传递。对于建筑物之间的点到点的链路可以选择无线介质，而这些建筑物内部的局域网可以用双绞线或同轴电缆，光纤也已广泛用于建筑物内部的主干网。

3. 网络拓扑结构

计算机科学家通过采用从图论演变而来的"拓扑"方法，抛开网络中的具体设备，把工作站、服务器等网络单元抽象为"点"，把网络中的电缆等通信媒体抽象为"线"，这样从拓扑学的观点看计算机和网络系统，就形成了点和线组成的几何图形，从而抽象出网络系统的具体结构。通常称这种采用拓扑学方法抽象出的网络结构为计算机网络的拓扑结构。

计算机网络的拓扑结构是指网络中的通信线路和结点的几何排列方式，也就是网络中电缆的组网布局，它影响整个网络的设计、功能、可靠性及通信费用。按结构分类有星形、环形、总线形和树形等，结构图见图3-13。

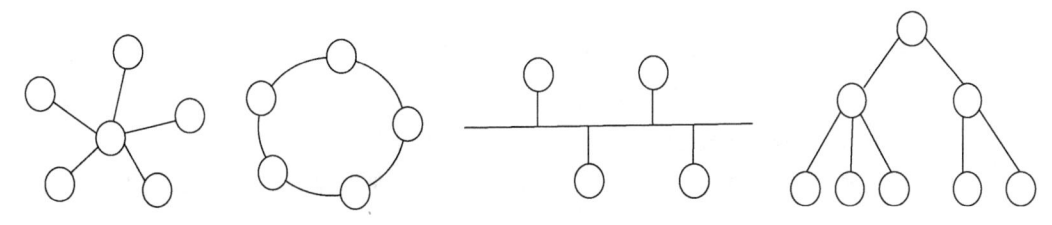

图 3-13　网络拓扑结构

1）星形拓扑结构

多个结点以自己单独的链路与处理中心相连，任何两个结点间的通信都要通过中央结点进行。优点：结构简单，容易实现，便于管理，现在常以交换机为中央结点，便于维护和管理。缺点：中心结点是全网络的可靠性瓶颈，中心结点出现故障会导致网络瘫痪。

2）环形拓扑结构

各结点首尾相连组成闭合的环，环中数据沿着一个方向绕环逐站传输。有一种专门的数据帧称为"令牌"，在环路上持续地传输来确定一个结点何时可以发送数据包。优点：结构简单，控制简便，结构对称性好，传输速率高。缺点：环上结点增多时，效率下降。

3）总线形拓扑结构

所有结点均连接在一条公共的通信线路上，这条公共通信线路称为总线。网络中各结点通过总线进行通信，在同一时刻只能允许一对结点占用总线通信。优点：结构简单，布线容易、可靠性高、易于扩充、结点的故障不会殃及系统，是局域网常用的拓扑结构。缺点：出现故障后诊断困难、结点不宜过多。最著名的总线形网络是以太网。

4）树形拓扑结构

由总线形拓扑演变而来，其结构看上去像一棵倒挂的树。树最上端的结点叫作根结点，一个结点发送信息时，根结点接收信息并向全树广播。优点：连接简单、维护方便、适用于汇集信息的应用要求。缺点：资源共享能力差、可靠性低、对根结点依赖性过大。

4. 计算机网络的分类

计算机网络根据网络覆盖范围不同，可分为以下几类。

(1) 局域网（local area network，LAN）。局域网是 20 世纪 70 年代末发展起来的，它是一种小区域范围内使用的，由多台计算机组成的网络。局域网通过网桥（bridge）、路由器（router）或网关（gateway），实现各局域网的互联。现在局域网已经在企事业单位的计算机应用中发挥着重要作用，目前正朝多平台、多协议、异机种方向发展，数据速率和带宽也在不断提高。

(2) 城域网（metropolitan area network，MAN）。城市地区网络常简称为城域网。目标是要满足几十平方公里范围内的大量企业、机关、公司的多个局域网互联的需求，以实现大量用户之间的数据、语音、图形与视频等多种信息的传输功能。其实，城域网基本上是一种大型的局域网，通常使用与局域网相似的技术，把它单列为一类主要原因是它有单独的一个标准而且被应用了。城域网地理范围可从几十平方公里到上百平方公里，可覆盖一个城市或地区，分布在一个城市内，是一种中型的网络。

(3) 广域网（wide area network，WAN）。广域网是 20 世纪 60～70 年代发展起来的，它是局域网的扩展。广域网一般由相距较远的局域网经由公共电信网络互联而成，数据传输速率一般在 1.2kbps～1.554Mbit/s，传输范围遍及全球。

由于局域网技术在信息系统建设中具有重要地位，现主要对局域网技术进行讨论。

（二）局域网技术

1. 网络体系结构

网络体系结构按其发展过程，经历了文件共享处理环境、客户/服务器和分布式处理等阶段。

(1) 文件服务器/工作站。在 20 世纪 60～80 年代，网络应用主要是集中式的，采用主机-终端模式，数据处理和数据库应用全部集中在主机上，终端没有处理能力。这样，当终端用户增多时，主机负担过重，处理性能显著下降，造成"主机瓶颈"。80 年代以后，文件服务器/工作站结构的微机网络开始流行起来，这种结构把数据库管理系统安装在文件服务器上，而数据处理和应用程序分布在工作站上，文件服务器仅提供对数据的共享访问和文件管理，没有协同处理能力。这种方式可充分发挥工作站的处理能力，但网络负担较重，严重时会造成"传输瓶颈"。

(2) 客户/服务器（client/server）。客户/服务器是 20 世纪 80 年代产生的崭新应用模式，这种模式把数据库管理系统安装在数据库服务器上，数据处理可以从应用程序中分离出来，形成前后台任务：客户机运行应用程序，完成屏幕交互和输入、输出等前台任务，服务器则运行数据库管理系统，完成大量的数据处理及存储管理等后台任务。由于具有共享能力和前台的自治能力，后台处理的数据不需要在前后台间频繁传输，从而有效解决了文件服务器/工作站模式下的"传输瓶颈"问题。客户/服务器模式有以下几方面的特点：①通过客户机和服务器的功能合理分布，均衡负荷，从而在不增加系统资源的情况下提高系统的整体性能。②系统开放性好。在应用需求扩展或改变时，系统功能容易进行相应的扩充或改变，从而实现系统的规模优化。③系统可重用性好。系统维护工作量大为减少，资源可利用性大大提高，使系统整体应用成本降低。

（3）分布式处理。分布式处理是以计算机网络为依托，把各个同时工作的分散计算单元、不同的数据库、不同的操作系统连接成一个整体的分布式系统，为多个具有不同需要的用户提供一个统一的工作环境。分布式处理是网络技术发展的必然，大多数组织机构如银行、企业系统等本身就是分布式的，自然会要求分布式处理；同时，工业生产体系结构由树形发展成为网状、贸易的全球化、人们对资源共享的要求普遍化，都要求采用分布式信息处理，以适应客观世界的本来运行模式。国际标准化组织（International Organization for Standardization，ISO）与国际电报电话咨询委员会联合制定了一个分布式系统的标准，称为"开放式分布处理"（open distributed processing，ODP），目的就是为大范围的分布式应用提供一个统一的参考模型。

（4）Intranet/Extranet。Intranet（企业内部网）是把 Internet 技术应用到企业内部建立的基于开放技术的新型网络体系结构，可以说是组织内部的 Internet。Intranet 采用浏览器-服务器系统结构，这种结构实质上是客户-服务器结构在新的技术条件下的延伸。在传统的客户-服务器结构中，Server 仅作为数据库服务器，进行数据的管理，大量的应用程序都在客户端进行。这样，每个客户都必须安装应用程序和工具，因而，客户端很复杂，系统的灵活性、可扩展性都受到很大影响。在 Intranet 结构下，客户/服务器结构自然延伸为三层或多层结构，形成浏览器/服务器（browser/server）应用模式，如图 3-14 所示。

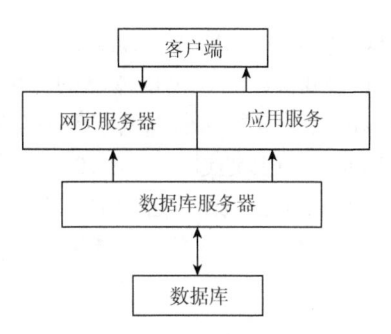

图 3-14 浏览器/服务器结构

在这种方式下，网页服务器既是浏览服务器，又是应用服务器，可以运行大量的应用程序，从而使客户端变得很简单。其工作方式有 Java Applet、JDBC 等。

Extranet 则是使用 Intranet/Internet 技术，使企业与其他企业或客户联系起来，完成共同目标的合作网络，是 Intranet 与 Internet 之间的桥梁。Extranet 既不像 Internet 那样提供公共服务，也不像 Intranet 那样仅仅提供对内服务，它可以有选择地向公众开放其服务或有选择地向合作者开放其服务，为电子商贸或其他商业应用提供有用的工具。通常情况下，Extranet 只是 Intranet 和 Internet 基础设施上的逻辑覆盖，而不是物理网络的重构。

2. 网络操作系统

网络操作系统是管理网络资源的系统软件，是网络运行的基础。一般说来，网络操作系统对系统的性能有着显著影响。网络操作系统的作用是：在服务器端，管理各类共享资源；在工作站端，向用户和应用程序提供一个网络界面。网络操作系统的性能包括以下方面：硬件无关性、桥接能力、支持多服务器、支持多用户、存取安全控制、网络管理、用户界面、支持多协议的能力等。

3. 几种典型的局域网

（1）以太网（ethernet）。以太网是按照 IEEE（Institute of Electrical and Electronics Engineers，电气和电子工程师协会）802.3 协议建立的局域网，采用载波侦听多路访问技术，即当一个结点有报文发送自己准备就绪时，先检测信道，如果信道空闲，就在下一个时间片占用信道并发送报文；若信道忙，该结点就不能发送。由于报文在信道上传输有一定延迟，而结点发送报文是随机的，所以存在着发报冲突。IEEE802.3 协议规定了 CSMA/CD（载波侦听多路访问/冲突检测）协议标准，所有站点在发送信息的同时，也能检测冲突，一旦有冲突，就推迟发送。在大型网络中，随着传输冲突的增加，以太网效率会急剧下降，因而，一般只能作为小型网络或工作组网络的选择，不宜作为主干网。

（2）令牌环网（token-ring）。令牌环网即 IEEE802.4 协议，采用按需分配信道的原则，即按一定的顺序在网络结点间传送称为"令牌"的特定控制信息，得到令牌的结点若有信息要发送，则将令牌置为忙，表示信道被占用，随即发送报文。报文发送完毕后将令牌置为空，传给下一站点。这种方法在较高通信量的情况下仍能保证一定的传输效率。

（3）快速以太网（fast ethernet）。快速以太网保留了以太网的 CSMA/CD 技术，是以太网的发展，但速度可达 100Mbps。千兆位以太网的标准于 1998 年 6 月通过，其数据传输速率可达到 1000Mbps，仍保留着标准以太网的所有特征，采用光纤作为传输介质。10G 以太网于 2002 年 7 月在 IEEE 通过，支持 10Gbps 的数据传输速率。

（4）无线局域网（wireless local area networks，WLAN）。无线局域网采用 IEEE802.11 标准，具有移动性强、布线方便、组网灵活、成本低廉的特点，以无线电波和红外线为传输方式。

（三）远程网与 Internet 技术

局域网技术在 20 世纪 80 年代获得了广泛的应用，为管理信息系统的普及提供了技术上的可行性。但随着管理信息系统的发展和信息技术应用水平的不断提高，一个企业或组织往往需要更为广泛的信息联系，这些应用超出了局域网的应用范围，同时由于局域网用户的信息交互主要集中在局域网内部，如果建设更大规模的网络，又由于信息流量、传输距离等因素的制约而显得既不现实也无必要，所以把不同局域网通过主干网互联起来，既能满足信息技术应用日益发展的需要，又可以充分保护已有的投资，成为网络技术发展的重要方向。

网际互联指通过主干网络把不同标准、不同结构甚至不同协议类型的局域网在一定的网络协议（TCP/IP）的支持下联系起来，从而实现更大范围的信息资源共享。为了实现网络互联，国际标准化组织提出了开放系统互联（open system interconnection，OSI）参考模型，凡按照该模型建立起来的网络就可以互联。现有的网络协议已或多或少地遵循了 OSI 的模式。Internet 即是在 TCP/IP 下实现的全球的互联网络，称为"Internet 网际"，我国称之为"因特网"。

Internet 的前身是美国国防部高级研究项目局（Advanced Research Projects Agency，ARPA）建立的 ARPAnet 广域网，1982 年，Internet 由 ARPAnet、MILnet（军事网络）等合并而成，从 1987 年开始，一些非军事性、非研究性的商用网络连入其中，逐渐形成了包括各行各业在内的国际互联网。

Internet 网络大致形成三层结构，最底层是大学、企业网络，中间层是地区网络，最上层是全国主干网。

目前，Internet 提供的服务多种多样，一般可分为电子邮件（E-mail）服务、远程登录服务（remote login）、文件传送服务（FTP）、信息查询服务、网络新闻服务和公告服务、娱乐和会话服务、电子商务。

（四）OSI 参考模型

由于不同的局域网有不同的网络协议，不同的传输介质也各有其电气性能，为了使不同的网络能够互联，必须建立统一的网络互联协议。为此，国际标准化组织构建了网络互联协议的基本框架，称为开放系统互联（open system interconnection，OSI）参考模型。该模型把网络功能分为七个层次，如图 3-15 所示。

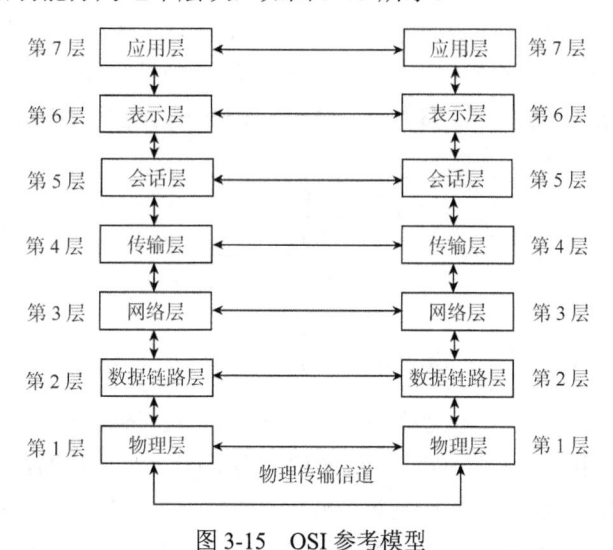

图 3-15　OSI 参考模型

（1）物理层：物理层是建立在通信介质的基础上实现系统和介质通信的物理接口。该层主要处理与电、机械、功能和过程有关的各种特性，以便建立、维持和拆除物理连接。

（2）数据链路层：在物理层的基础上，用以建立相邻结点之间的数据链路，传送数据帧。该层将不可靠的物理传输信道变为可靠的信道,并将数据组织成适于正确传输的帧形式的数据块。帧中包含应答、流控制、差错控制等信息,以确保数据正确传输。

(3)网络层:控制通信子网的工作,解决路径选择、流控制问题以使不相邻结点之间的数据能够正确传送。

(4)传输层:提供两端点间可靠、透明的数据传输,管理多路复用。

(5)会话层:在两实体间建立通信伙伴关系,进行数据交换,完成一次对话连接。

(6)表示层:用以处理数据表示、进行转换、消除网内各实体间的语义差异,执行通用数据交换的功能,提供标准应用接口、公共通信服务。

(7)应用层:负责应用管理、执行应用程序,为用户提供 OSI 环境的各种服务,管理和分配网络资源,建立应用程序包等。

OSI 的七层功能可分为三组:一、二层解决网络信道问题,三、四层解决传输服务问题,五、六、七层处理对应用进程的访问。从控制的角度来看,一、二、三层为传输控制层,解决网络通信问题;五、六、七层为应用控制层,解决应用进程通信问题;第四层则是传输与应用之间的接口。

(五)TCP/IP

传输控制协议/因特网互联协议(transmission control protocol/Internet protocol,TCP/IP),又名网络通信协议,是 Internet 最基本的协议,也是 Internet 国际互联网络的基础,由网络层的 IP 和传输层的 TCP 组成。实际上,TCP/IP 是一系列网络协议集的简称,其中包含上百个协议,TCP 和 IP 是其中最基本、最重要的两个协议。TCP 向网络应用程序提供基本的通信连接等服务,IP 负责为互联的网络及计算机提供通信等服务。

TCP/IP 定义了电子设备如何连入 Internet,以及数据如何在它们之间传输的标准。协议采用了四层的层级结构(图 3-16),每一层都呼叫它的下一层所提供的协议来完成自己的需求。

应用层
传输层
网络互联层
网络接口层

图 3-16 TCP/IP 参考模型

(1)网络接口层:与 OSI 参考模型中的物理层和数据链路层相对应。它负责监视数据在主机和网络之间的交换。事实上,TCP/IP 本身并未定义该层的协议,而由参与互联的各网络使用自己的物理层和数据链路层协议,然后与 TCP/IP 的网络接入层进行连接。地址解析协议(address resolution protocol,ARP)工作在此层,即 OSI 参考模型的数据链路层。

(2)网络互联层:对应于 OSI 参考模型的网络层,主要解决主机到主机的通信问题。它所包含的协议设计数据包在整个网络上的逻辑传输,它还负责数据包在多种网络中的路由。该层有三个主要协议:网际协议(IP)、Internet 组管理协议(Internet group management protocol，IGMP）和 Internet 控制报文协议（Internet control message protocol，ICMP）。IP 是网络互联层最重要的协议，它提供的是一个可靠、无连接的数据报传递服务。

（3）传输层：对应于 OSI 参考模型的传输层，为应用层实体提供端到端的通信功能，保证了数据包的顺序传送及数据的完整性。该层定义了两个主要的协议：TCP 和用户数据报协议（user datagram protocol，UDP）。TCP 提供的是一种可靠的、通过"三次握手"来连接的数据传输服务；而 UDP 提供的则是不保证可靠的（并不是不可靠）、无连接的数据传输服务。

（4）应用层：对应于 OSI 参考模型的高层，为用户提供所需要的各种服务。

本 章 小 结

本章主要讲述了管理信息系统中所涉及的计算机技术，包括计算机系统、数据资源管理技术、数据库技术、数据通信和计算机网络技术。

一个完整的计算机系统是由硬件系统和软件系统两大部分组成的，其中，计算机硬件系统是指计算机系统中的各种物理装置，是计算机系统的物质基础。软件系统着重解决如何管理和使用计算机的问题。

数据资源管理技术主要介绍了数据的处理过程，数据在计算机中如何被保存，以及数据结构和文件系统的基本知识。之后讲述了数据库技术的基础知识。详细地介绍了数据库的概念模型、关系数据模型及关系数据模型的规范化过程。

计算机通信与网络技术的发展日新月异，管理信息系统的应用也越来越依赖网络的发展。本章介绍了通信和网络的基本概念和技术、计算机网络的组成、拓扑结构，以及计算机网络的分类和典型的局域网技术。

思 考 练 习 题

1. 简述数据通信模型及其组成。
2. 数据文件有哪些类型？各有什么优缺点？
3. 简述数据库系统的组成。
4. 什么是 E-R 图？如何绘制 E-R 图？如何根据 E-R 图设计关系数据库的概念模式？
5. 什么是关系模型？关系模型有什么特点？
6. 什么是计算机网络？计算机网络有哪些类型？
7. 网络体系结构的发展包括哪些结构？其中客户机/服务器网络结构有何优点？
8. 你认为什么是 Internet，Internet 可以提供哪些服务？这些服务能为企业带来哪些效益？

开 发 篇

第四章

管理信息系统的研制途径

本章学习目标

1. 根据企业的现状及待开发的管理信息系统特点，正确选择适当的开发策略和开发方式；

2. 了解管理信息系统的生命周期理论；

3. 了解常见系统开发方法的基本思想，包括结构化系统开发方法、原型法、面向对象方法及计算机辅助软件工程法；

4. 理解每种开发方法的开发过程，并能够应用结构化系统开发方法进行系统开发。

开篇案例：系统开发方式之软件外包

A公司是一家美资软件公司在华办事机构，其主要目标是开拓中国市场、服务中国客户，做一些本地化和客户化的工作。它的主要软件产品是由总部在硅谷的软件开发基地完成的，然后由世界各地的分公司或办事机构进行客户化定制、二次开发和系统维护。除了日常销售和系统核心维护，工作都是外包给本地的软件公司来做。东方公司是A公司在中国的合作伙伴，主要负责软件的本地化和测试工作。

Bob先生是A公司中国地区的负责人，Henry则是刚刚加入A公司的负责此外包项目的项目经理。东方公司由William负责开发和管理工作，William本身是技术人员，并没有项目管理的经验。

当Henry接手这项工作后，发现东方公司的项目开发成本非常高，每人每天130美元，但客户的满意度较差，并且每次开发进度都要拖后，交付使用的版本也不尽如人意。而且，东方公司和A公司硅谷开发总部缺乏必要的沟通，只能把问题反馈给Henry，由Henry再反馈给总部。但Henry本身并不熟悉这个软件的开发工作，也造成了很多不必要的麻烦。

为此，Bob希望Henry和William用项目管理的方法对该项目进行管理和改进。随后，Henry和William召开了一系列的会议，提出了新的做法。首先，他们制定了详细的项目计划和进度计划；其次，成立了单独的测试小组，将软件的开发和测试分开；并且，在硅谷和东方公司之间建立了一个新的沟通渠道，一些软件问题可以与总部直接沟通；同时，还采用了里程碑管理。

六个月后，软件交付使用。但是客户对这个版本还是不满意，认为还有很多问题。为什么运用了项目管理的方法，这个项目还是没有得到改善？Henry 和 William 又进行了反复探讨，发现主要有三个方面的问题：第一，软件本地化产生的问题并不多，但 A 公司提供的底层软件本身存在一些问题；第二，软件的界面也存在一些问题，这是由测试的项目不够详细引起的；第三，开发的周期还是太短，没有时间完成一些项目的调试，所以新版本还是有许多的问题。

Henry 向东方公司提出了一些新的管理建议。首先，他们采用大量的历史数据进行分析，制定出更详细的进度计划；其次，要求东方公司提供详细的开发文档和测试文档（之前 William 的团队做的工作没有任何文档，给其他工作带来了很多困难）；最后，重新审核开发周期，对里程碑管理进行细化。

又过了六个月，新的版本完成了。这一次，客户对它的评价比前两个版本高得多，基本上达到项目运行的要求。但客户还是对项目进度提出了疑问，认为实时推出换代产品不需要那么长的时间。

软件外包是现在软件工程中较常见的做法。在软件外包工程中，保证质量的进度是很难控制的。对于项目经理来说需要一整套复杂的能力，比如制定计划、确定优先顺序、干系人的沟通、评价等，每一种能力都与项目的最终结果有直接或者间接的关系。如果项目经理大多没有接受过正规训练，缺乏项目管理方面的专业知识的技巧，往往只是凭借以前的少量经验盲目去做，容易出现各种问题。尤其是在管理外包项目时，缺乏足够的经验和技巧，往往造成进度不断推迟而质量无法保证的情况。

在本案例中，东方公司没有专门的项目经理，是由技术人员 William 兼做管理，这是许多软件公司经常会出现的问题。出现进度落后的问题时，A 公司的 Henry 与东方公司的 William 讨论后决定采用项目管理中计划管理等手段，其中包括里程碑管理，这是控制进度的较常见做法。

（资料来源：韩春生. 软件外包项目中的进度管理实例. http://www.mypm.net/articles/show_article_content.asp?articleID=24663&pageNO=2.2003-11-06）

随着管理信息系统应用的逐渐普及，系统功能从最初的简单数据处理发展到用于支持管理者决策，其在组织中的作用越来越被认可。开发什么样的系统？采用什么样的步骤开发系统？由谁来开发系统？是不是只要会编写程序，就能开发出好的系统？……这一系列的问题摆到了管理者面前，管理信息系统的开发是复杂的系统工程，这个过程涉及的问题很多，如选择开发方式、开发策略和开发方法，合理组织开发工作的进程等。

第一节 管理信息系统开发涉及的基本问题

一、系统开发的条件与原则

（一）系统开发的前提条件

1. 迫切的开发需求

组织现行的系统有的是手工系统，有的是计算机系统。随着组织自身的发展和变化，现行的系统可能会出现问题，当用户逐渐感觉到当前的系统不能满足要求时，便产生了开发新系统的需求。

2. 配备各方面人才

成立由组织高层管理者牵头，各部门负责人、用户单位信息技术主管和系统开发的项目负责人组成的开发领导小组。参与管理信息系统建设的专业技术人员包括项目主管、系统分析人员、系统设计人员、程序员、系统维护人员。

3. 资金支持

信息系统的建设内容复杂，属于智力密集型项目，需要足够的资金支持。信息系统开发过程中用到资金的地方有很多，如开发费用、购置计算机软硬件费用、装修机房的费用、人员培训费用等，企业要有承受这项高额投资的经济实力。

4. 规范化的管理

如果组织管理落后，没有完善的规章制度、科学的管理方法、完整准确的原始数据，这样的组织即便开发了先进的系统，系统也无法发挥最大的功效，甚至无法使用，因此，良好的管理基础是建设管理信息系统的必要条件。

5. 先进的技术

系统的开发要运用先进的工具，跟上软硬件技术、数据通信与网络技术的发展。合理应用这些技术手段，最大限度地挖掘产品的功能，提高产品的质量，这是成功开发信息系统的基本条件。

（二）系统开发的指导原则

1. 目的性

在开发系统之前，首先确立系统目标，目标的正确性直接影响系统开发的成败。管理信息系统服务于组织的管理过程，是给各级管理与业务人员使用的，其建设应该服从组织的整体目标和管理职能的需要，满足用户的信息需求。

2. 整体性

管理信息系统是由人、计算机软硬件组成的综合体，其功能不是各组成部分功能的简单叠加，而是要从整体出发，处理各功能模块之间的相互联系，注重功能和数据上的整体性，争取达到"1+1＞2"的效果。

3. 实用性

管理信息系统要满足用户的要求。用户不仅要求系统功能正确，还希望系统拥有实用的用户界面、便捷的操作性和良好的安全性。许多信息系统失败并不是因为技术落后，而是因为缺乏实用性。

4. 经济性

管理信息系统的建设是投资巨大的系统工程，引进管理信息系统的复杂程度比引进一般生产设备的复杂程度还要高。在系统开发过程中，应该合理分配有限的资源、充分地发挥人机结合优势，使系统的效益与费用之比越大越好。

5. 易维护性

管理信息系统应该结构清晰，各组成部分之间逻辑关系简单，为今后发展留有接口，容易辨识和记忆，容易扩充功能、改进性能。

二、系统开发常用策略

信息系统开发策略可分为以下三种。

（一）"自下而上"的开发策略

"自下而上"的开发策略强调从基本业务入手，自下而上逐层建立管理信息系统。从组织的日常业务处理出发，先实现基层业务子系统，再实现上一层系统，这样逐层向上合并，不断增加管理/控制功能，最后将各部分组合成完整的系统。

"自下而上"的开发策略可以很好地避免一开始就研制和建立完整系统可能引发的不协调，开发灵活、快速，缺点是没有从整体上考虑问题，可能导致系统功能不完善、各子系统之间的接口被疏忽、数据的冗余和不一致等问题。这种策略主要适合小型信息系统和局部信息系统的开发。

（二）"自上而下"的开发策略

"自上而下"的开发策略强调由整体到局部、从上到下开发信息系统。先从整体出发，根据组织的总目标规划系统，确保全局的正确性，然后确定实现目标需要实现哪些功能。在总体规划指导下，将各项具体的业务放到整体中考察，自上而下地将系统划分成若干子系统，再把各子系统进一步分解成功能模块，这样逐层向下分解系统，最后实现系统开发。

"自上而下"的开发策略强调开发过程的整体性，能很好地协调组织内部的各种关系，使信息系统更具有实用性。这种策略工作量大，系统开发费用较大，适用于大型管理信息系统的开发。

（三）综合的开发策略

在实际开发过程中，"自上而下"和"自下而上"的开发策略并不互相排斥，可以将二者综合起来使用。"自上而下"的开发策略适用于制定系统开发总体方案，进行系统的规划和分析，"自下而上"的开发策略适用于系统的设计和实施，按照自下而上策略完成一个一个小的模块，再将模块连接成大一些的模块，自下而上逐步地构成整个系统。综合的开发策略，既能保证系统整体性，又可以减少资源的消耗，得到一个比较理想的新系统。

三、系统开发方式的选择

管理信息系统的开发方式有自行开发、委托开发、合作开发、购买商品化软件和应用软件包二次开发五种主要方式。这些方式具有各自的特征，用户需要根据自身的状况，主要是根据项目规模、技术力量和资金情况，选择适合的开发方式。

（一）自行开发方式

自行开发方式是组织依靠自己的技术人员开发系统的方式。使用这种开发方式的组织通常拥有经验丰富的技术团队，这个团队中既有出色的领导，又有经验丰富的系统分析人员、系统设计人员和程序员。

自行开发方式的主要优点是：组织对自身的需求比较了解，可以将自身的管理思想融合到软件中去；开发过程沟通方便，成功的可能性更大些；经过完整的系统开发过程，组织的技术队伍得到锻炼；充分了解开发过程，拥有源代码，方便维护系统；开发费用少。

自行开发方式的主要缺点是：对组织中技术人员的能力要求高；技术人员的开发经验与软件公司的专业技术人员相比有一定的差距，如果项目开发人员开发经验不全面，将会导致系统的不规范，难以摆脱组织长期以来形成的管理方式，不易开发出一个高水平的系统；系统开发完成后，容易造成技术人力资源闲置。

（二）委托开发方式

委托开发方式是现在非常流行的软件外包方式之一。外包源于20世纪80年代后期，是企业管理中的一种经营策略和管理手段，外包中的软件开发外包是目前软件行业的一大趋势。软件外包可以把整个开发工作委托给有开发经验的其他单位，也可以将部分开发工作外包出去。在选择开发单位时，应该考察其是否具有相关项目的开发经验。

委托开发方式的主要优点是：对组织的开发能力要求不高，组织本身可以不必拥有自己的开发队伍；虽然开发过程的一次性投资比较大，但是和成立专门的部门、招聘大量的信息技术专家相比较，成本还是较低的；接受委托的科研单位或软件公司通常具有丰富的项目开发经验，做出的系统规范性较好。

委托开发方式的主要缺点是：开发方需要有充分的时间了解组织的情况，即使经过充分调查也存在盲点；由于系统技术完全地被开发方掌握，系统的风险性高，对系统安全性要求高的企业不适合这种方式；系统维护工作困难；当系统需要升级或是功能发生变更时，对开发方的完全依赖将导致维护成本升高。

（三）合作开发方式

合作开发方式是指用户和拥有丰富经验的第三方机构共同开发系统。通常，在组织开发能力较弱的情况下，组织通过与有经验的单位合作开发信息系统，让组织自身的员工也参与到系统的建设中,培养自己的技术骨干。组织选择开发伙伴时,重点考虑技术实力和类似系统的开发经历。

合作开发方式的主要优点是:充分发挥双方的优势,开发方技术力量强,用户对管理业务熟悉,双方合作可以开发出具有较高水平而又适用性强的系统;通过参与系统开发过程提高组织中技术力量,便于系统维护。

合作开发方式的主要缺点是:在合作开发过程中,双方技术人员容易各自为政,达成共识需要更多的沟通。

(四)购买商品化软件

在信息系统的功能简单、常见的情况下,可以考虑购买商品化软件,如工资系统是每个组织都会用到的,组织所用到的工资系统的基本功能比较相似,这时可以考虑从市场上购买成型的商品化软件。

购买商品化软件的主要优点是:节省开发系统的时间;商品化软件产品专业化程度高;软件产品上市之前经过了专业的测试,性能稳定,安全性好;购买成本比开发成本低。

购买商品化软件的主要缺点是:商品化软件环境适应性差,难以完全地贴合组织的实际需求;容易受到供应商企业稳定性的影响,如供应商经营不良、倒闭将有可能导致难以获得售后服务;系统维护困难。

(五)应用软件包二次开发

应用软件包是指与某一应用领域有关的、由开发商预先编写好的、完成特定任务的一个程序或一组程序。很多组织之所以选择购买软件包是因为这些组织在某些管理上的应用是相似的。例如,针对高校学籍管理、人力资源管理、库存管理等职能的软件包已经非常成熟,已被广泛应用。这些应用软件都是以特定的管理流程为基础的,虽然软件包中包括一些从各行业中提炼的流程,但是每个组织的管理流程不完全相同,也就是管理中有些"不通用"的东西,所以还需要针对组织的自身特点进行二次开发,修改相应的功能才能顺利应用。

应用软件包二次开发的主要优点是:不需要进行大规模的系统分析与设计工作,可以根据组织的需求进行设计,为组织量身定制系统;软件包产品在上市之前已经有厂家进行充分测试,系统稳定性和技术安全性比自行开发的系统要优越;能在软件中真正体现、固化组织的核心管理理念。

应用软件包二次开发的主要缺点是:根据组织的特殊需求额外定制的功能,成本可能会很昂贵;购买的软件包和其他子系统整合时产生的问题较多;需要软件开发商参与开发,没有开发能力的客户本身难以进行此开发。

(六)各种开发方式的比较

各种开发方式有各自的优缺点,一般来说,企业可根据自身的技术力量、资源及外部环境选择开发方式。表4-1中列出了各种方式的比较。

表 4-1　各种开发方式的比较

特征	自行开发	委托开发	合作开发	购买商品化软件	应用软件包二次开发
企业信息技术的能力	非常需要	少量需要	需要	少量需要	需要
开发时间	长	中等	中等	短	较短
系统维护容易程度	容易	较难	较容易	难	较容易
开发成本	少	多	较多	较少	较少

第二节　管理信息系统开发的一般方法

无论是开发功能强大的信息系统，还是开发功能简单的信息系统，系统的开发总要经历一定的过程。信息系统的开发采用什么思想、遵循什么规范、使用什么工具和经历什么过程取决于选用何种开发方法。管理信息系统的开发方法多种多样，至今还没有一种方法是完全有效的，能替代其他的所有方法。但是，可以肯定的是，选择适合的方法能够提高系统开发的效率。在管理信息系统长期建设中，已形成了多种系统开发方法，其中有一些方法很具有代表性，其中比较成熟的有：结构化系统开发方法（structured system development methodologies）、原型法（prototyping approach）、面向对象方法（object oriented method）、计算机辅助软件工程法（computer aided software engineering，CASE）。

一、结构化系统开发方法

（一）基本思想

早期的管理信息系统开发缺乏规范性，开发过程随意性大，无规律的开发逐渐成了信息系统发展的瓶颈，于是人们开始探寻科学的系统开发方法。在这种背景下，结构化系统开发方法产生了。结构化系统开发方法是建立在信息系统生命周期理论基础上的，是目前应用非常普遍的系统开发方法。

生物个体从出生开始，会经历幼年、童年、青年、成年、老年直至死亡等各个阶段，这个过程就是一个完整的生命周期。信息系统和生物体一样也存在生命周期。我们把从提出建立一个信息系统开始，经过系统的规划、分析、设计、实施到使用的全过程称为信息系统的生命周期，这就是信息系统生命周期理论。

20 世纪 70 年代，尤登（E. Yourdon）和德马可（T. Demarco）等人提出了结构化分析（structured analysis）和结构化设计（structured design）方法，后来，计算机专家们又提出了多种结构化方法，虽然这些方法各具特色，但它们的基本思想是相同的，统称为结构化系统开发方法。

"结构化"是指"严格的、可重复的、可度量的"，也就是将复杂的系统开发活动分解成一系列连续的步骤，每一步都建立在上一步的基础上。这种方法从整体出发，遵循"标准化"与"模块化"的设计思想，按照面向用户的原则，自上而下分析和设计系统，并自下而上地实施系统。具体地说，结构化的方法用一系列规范的步骤和工具进行系统开发，按照这种方法将系统开发过程划分成若干个阶段，每个阶段由若干个工作步骤组成，每个步骤都有其明确的目标、任务及预期要达到的阶段成果，步骤之间的次序不可以打乱。

（二）开发过程

结构化开发方法把系统的开发分为五个阶段，并明确规定了每个阶段的目的、工作内容、使用的方法和工具、参与人员及前后阶段的衔接关系等。

1. 系统规划

系统规划是系统开发的最初阶段。系统规划根据组织的整体目标和战略规划确定管理信息系统战略规划，组建规划小组，明确组织总的信息需求，对组织的目标、内外部环境和现状进行初步调查，制定出一个可执行的开发管理信息系统的计划，包括确定系统目标、系统的功能结构、人员管理和系统开发进度等各项实施计划。这个阶段弄清楚"要解决什么"的问题。

2. 系统分析

系统分析要论证开发系统的必要性和可行性，形成可行性分析报告。如果可行性分析得到的结论是系统开发可行，则进入实质性工作阶段，详细调查现行系统的基本情况，包括对组织管理业务和数据流程等的调查与分析，根据分析的结果提出新系统的逻辑模型，形成系统分析报告。这个阶段的工作主要是解决系统"做什么"的问题。

3. 系统设计

系统设计是根据系统分析阶段提出的新系统逻辑模型，确定新系统的物理模型。系统设计可分为总体设计和详细设计两部分。总体设计确定系统的功能结构、系统平台和系统配置方案；详细设计包括代码设计、数据存储设计、输入/输出设计、处理流程设计等。这个阶段的工作解决系统"怎样做"的问题。

4. 系统实施

这个阶段是按照系统设计阶段所得到的物理模型开发出可以实际运行的系统。主要工作包括物理环境的实施、程序设计、系统调试与测试、对相关人员培训、数据准备和系统转换等。在这个阶段结束时，除了完成可以供用户使用的系统，还要撰写系统测试报告、编制用户手册。这个阶段的工作解决"具体实现"系统的问题。

5. 日常运行与管理

信息系统软件是组织进行日常管理的数据平台，它的使用就像企业在生产过程中使用机器设备一样，需要按照规程操作。在软件交付用户使用后，使用过程要对系统进行运行管理。同时，信息系统开发完成后并不是一成不变的，为了满足用户新的需求及适应环境的变化，需要对软件、硬件和数据资源进行维护。这个阶段的工作解决系统"运行管理"的问题。

结构化的开发方法把系统的开发分为以上五个阶段，如果将系统开发比作盖房子，系统规划相当于项目前期调研和规划；系统分析和设计阶段相当于了解现场情况，进行房屋结构设计、画图纸；系统实施相当于施工建造房屋；日常运行与管理相当于房屋的使用和维护。系统开发核心的三个阶段是系统分析、系统设计和系统实施，其实现过程可以用图 4-1 表示。

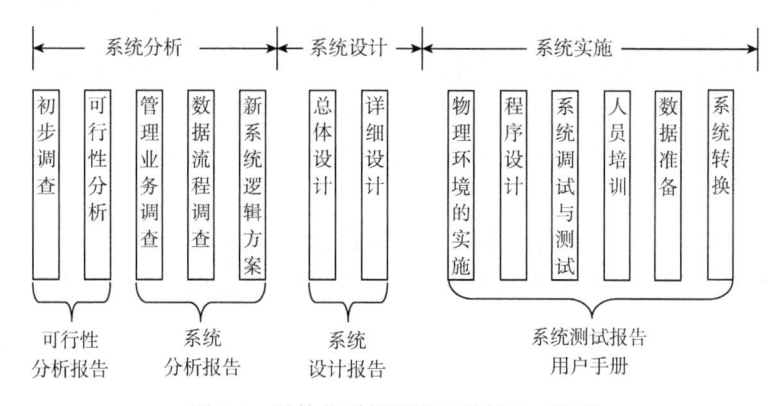

图 4-1　结构化系统开发方法核心三阶段

（三）结构化开发方法的评价

1. 优点

（1）注重开发过程的整体性和全局性。采用系统观点和系统工程方法，开发策略上强调自上而下的原则，逐层向下分解，先从总体上把握系统的目标，确保整体的正确性，然后，考虑系统各组成部分之间的关系，自下而上地完成具体的功能。

（2）强调用户参与原则。在系统规划阶段，用户参与制定开发方案；在系统分析阶段，用户向开发人员提供业务资料，并提出对系统的要求，协助完成新系统的逻辑方案；在系统设计阶段，用户提出对软硬件的要求，评价"输入/输出"界面设计的合理性；在系统实施阶段，参与系统的测试，与开发人员一起完成系统的转换；在系统的日常运行与管理阶段，用户是系统的直接使用者。

（3）阶段性特征。系统的开发被分成了若干个阶段，每个阶段都有明确的任务，每个阶段结束前都要进行严格审查，如果审查没有通过，则需要返工，如果检查合格，则该阶段的工作结果作为后一阶段任务的基础，而后一阶段任务的完成使前一阶段提出的解决方案更加具体化。每个阶段的工作内容都有明确标准，尽可能使每阶段的结果正确，不产生错误递延。

（4）强调开发过程的规范性。用标准化的文字和图表描述每个阶段的成果，以便尽早发现问题，改正错误。在开发过程中，用详尽的文档来使开发工作可以被全过程跟踪和控制，标准化的步骤大大减少了开发过程的随意性。人的记忆力是有限的，因此将系统开发的细节记录下来，方便日后查阅，可以使系统具有较好的可维护性。

（5）模块化特征。模块是可以组合、更换和分解的单元，是组成系统的基本单元。模块化按照"自上而下"的方法，将复杂系统分解成不同粒度的模块，每个模块完成某一特定功能，最小的模块完成比较简单的、独立的任务，模块汇集起来形成一个完整的系统。模块化可以使复杂的问题变得简单，并且容易实现。

2. 缺点

（1）开发周期长。技术人员需要较长的时间了解业务过程，用户的需求来自各个部门,他们提出的要求可能不一致,因此要梳理各种业务关系。前一个阶段工作完成后,后一个阶段的工作才能够开始,也会导致开发时间延长。

(2)缺乏灵活性。由于开发时间较长,在实现系统之前,企业内外部的环境和用户对系统的需求都可能发生变化,环境因素的改变导致系统开发出来已经难以满足用户的需要了。因此,系统开发过程中,必须密切注意各种对系统开发产生影响的环境因素的变化。

(3)开发成本高。有时候用户难以准确地描述出自身的需求,导致一些分析和设计存在问题,系统开发后期对分析和设计的返工修改引起软件结构的变化,使开发成本增加。

二、快速原型法

(一)基本思想

20世纪80年代,企业面临的环境越来越复杂,企业间的竞争日趋激烈,很多企业要求系统开发在短时间内完成,软件技术和系统开发环境逐渐成熟使快速开发成为可能。快速原型法由此诞生,这是一种克服结构化方法的弱点而发展起来的开发方法,它抛弃了详尽的系统分析和设计过程,采用构造原型的方法开发系统。在信息系统的开发中,用"原型"来形象地表示信息系统的早期可运行模型。类似于企业生产新产品的过程,在投入大量的人力物力之前,对新产品进行研制,研制过程中需要不断地试验样品,在试验的过程中找到样品的不足,进行修改、再试验、然后修改,这个过程不断反复,直到产品符合要求。原型法并不注重对系统全面的分析和设计,开发人员初步了解用户需求,在高效开发工具的支持下,快速开发系统,这种方法也简称为"原型法"。

(二)原型的分类

根据系统的特点、开发原型的目的和原型与最终系统之间关系的不同,原型可分为抛弃式原型、演化式原型和增量式原型。

1. 抛弃式原型

原型作为开发者和使用者之间的通信媒介,是一种试验工具,根据试验的结论开发新系统,原型只是功能上与实际系统相似,目的达到即被抛弃,是纯粹的"模型",原型不作为实际系统投入使用,不作为最终产品。抛弃式原型工作重心在于完善需求的过程,而非开发过程。除了应用于确定需求,抛弃式原型也可以用于选择设计方案、评价设计方案的可行性或是系统测试。

2. 演化式原型

与抛弃式原型相反,在演化式原型中,按照使用者的基本需求开发出一个原型系统,原型开发完成即可使用,在使用过程中不断地修改、增加新功能,原型逐步演化成为最终系统。演化式原型围绕系统的基本需求进行开发,允许在实施过程中不断地修改设计方案,因此必须加强对实施过程的管理和控制,否则,容易引起无休止的反复。

3. 增量式原型

增量式原型根据用户的需求，开发出原型系统总体框架，然后不断地修改、完善具体功能，直到用户满意。增量式原型与演化式原型的区别在于增量式原型是建立在软件总体设计的基础上，而演化式原型的设计方案是在不断发展的。显然，增量式原型修改的范围较小，与演化式原型相比，其应对变化的能力弱一些。

（三）开发过程

系统开发人员根据对用户需求的了解，凭借强大的软件工具，快速构造出系统的初始原型，与用户一起对原型进行修改，不断完善原型的功能，直到满足用户的需求。具体开发过程如图 4-2 所示。

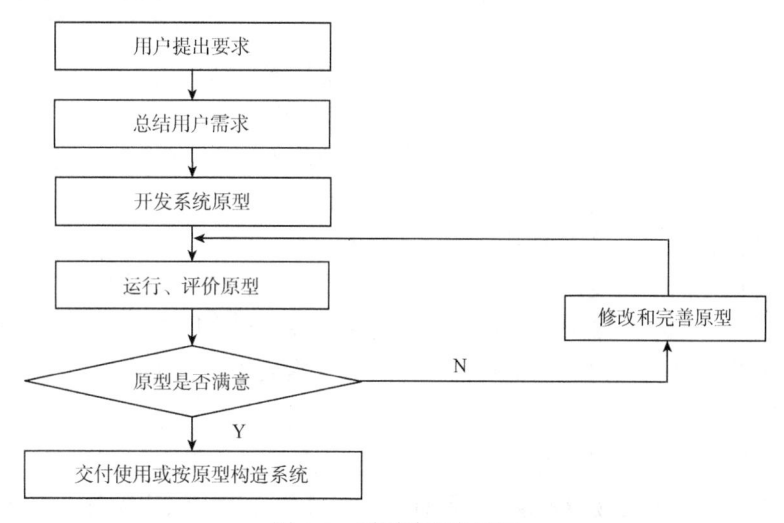

图 4-2 原型法开发过程

1. 确定用户的需求

开发人员对系统进行初步调查，获取用户对系统的要求，如功能方面的要求、性能方面的要求、数据存储方面的要求、安全性方面的要求，并在短时间内定义用户的需求，这些需求描述不用像结构化方法那样给出详细的定义，只需简单的说明分析。

2. 开发系统原型

根据需求分析的结果，尽快地实现一个可运行的原型系统。初始原型必须能够运行且具有最终系统的核心功能，如果原型过于简单，则难以体现系统必要功能，如果它有明显的缺陷，会增加修改系统的工作量。但这不等于可以不计代价地把原型建立得很完善，毕竟原型法的主要特点是开发"快速"。

3. 运行、评价原型

将原型系统交给用户试用由两个步骤组成：一是开发者向用户演示系统；二是由用户自己操作系统，切实体验系统功能。经过这两个步骤，用户根据对原型的试用情况来评价原型，如果原型不能让用户满意，用户找出不可接受的地方，提出改进意见，开发人员与用户一起重新定义需求。

4. 修改、完善原型

经过上一个阶段的用户试用和评价，开发人员进一步了解了用户的需求。这个阶段的工作以第三个阶段双方共同重新定义的需求为标准修改系统。当原型经过多次修改，基本满足用户的要求时，可以请专业测试人员对系统进行指导。

重复步骤 3、步骤 4，直到用户认为这个原型系统符合要求，或者可以作为最终的系统投入正常运行，或者把该系统作为实际系统的参照物。

（四）评价

1. 优点

（1）遵循人们认识事物的客观规律。人们了解某个事物时，最初看到的是事物表面的或是某方面的特征，随着与事物接触次数的增加，逐渐加深了解。采用原型法，开发人员根据对用户需求的理解开发出原型，再通过用户的反馈意见不断地完善对系统的认识、修改原型，这个过程符合人们认识事物的客观规律。

（2）开发效率高，开发成本低。原型法引入仿真方法，摆脱了大规模系统分析与设计的烦琐，提倡使用先进的开发工具，短时间内开发出实际运行的系统模型，再逐渐修改细节，这样能提升系统开发效率、降低开发成本。

（3）提高用户的满意度。原型法从需求分析到原型的演示都强调用户参与，通过不断地与用户交互，原型系统得到了验证，说明这个系统符合用户的需求，环境适应能力强，缩短了开发人员与用户之间的距离，系统容易得到用户认可。

2. 缺点

（1）缺乏整体性。采用这种方法，系统分析过程简单，开发过程缺乏整体性，难以监督，容易造成各子系统接口不清楚。因此，采用这种方法应该注重对开发过程的控制。

（2）要求企业具有高水平的管理。对于管理混乱的企业，开发人员很难准确地总结出其工作流程，构造原型有一定的困难，设计者容易走上机械模仿原来手工系统的道路。

（3）缺乏规范性。采用原型法开发系统，对原型频繁修改导致前期建立的文档很快地失效，人们索性在系统完全生成后再补充文档，使得文档缺乏规范性，给后续的系统维护工作带来困难。

（4）测试不彻底。原型法强调与用户交互意见，因此开发人员往往忽视系统的测试工作，而是将测试工作交给用户，这常常使系统的测试工作不彻底，给系统的使用埋下了各种隐患。

三、面向对象方法

（一）基本思想

20 世纪 80 年代末期，面向对象的程序设计语言逐渐被人们接受，面向对象方法应运而生，并逐渐成为备受人们关注的方法。

（1）对象是面向对象方法的基本元素。在面向对象的开发方法中，客观世界的所有问题都是实体及实体间联系的问题，客观世界中任何事物或各种概念在计算机程序中都可以抽象地表示成对象，任何事物都可以看成是对象的某种组合。

（2）对象由属性和方法组成，属性反映了对象某些方面的特征，而方法则是用来定义改变属性状态的操作。图 4-3 描述了学生对象的属性和方法。对象都有各自的内部状态和运动规律，不同对象之间的相互作用和联系就构成了各种系统。

```
┌─────────────┐
│   学生对象   │
├─────────────┤
│ 属性：      │
│   姓名      │
│   性别      │
│   ……        │
├─────────────┤
│ 方法：      │
│   注册（ ） │
│   选课（ ） │
│   ……        │
└─────────────┘
```

图 4-3　学生对象

（3）把所有对象都划分成各种对象类。类是具有相同或相似结构、操作和约束规则的对象组成的集合，一个具体的对象是类的一个实例。图 4-4 中的学生对象就是学生类的实例。类之间通过继承机制实现子类对父类的属性和方法的复制。在图 4-5 中，定义了学生类的三个子类：专科生类、本科生类和研究生类，则这三个子类能够自动拥有父类（学生类）的全部属性与方法。子类在继承父类的属性和方法的同时，还可以定义属于自己的特征，在图 4-6 中，专科生类、本科生类和研究生类就分别定义了属于自己的弹性学制。

```
        ┌───────┐
        │ 学生类 │
        └───┬───┘
     ┌──────┼──────┐
     ▼      ▼      ▼
  ┌─────┐┌─────┐┌─────┐
  │学生A ││学生B ││学生C │
  └─────┘└─────┘└─────┘
```

图 4-4　学生类和学生对象的关系

```
        ┌───────┐
        │ 学生类 │
        └───┬───┘
     ┌──────┼──────┐
     ▼      ▼      ▼
  ┌──────┐┌──────┐┌───────┐
  │专科生类││本科生类││研究生类│
  └──────┘└──────┘└───────┘
```

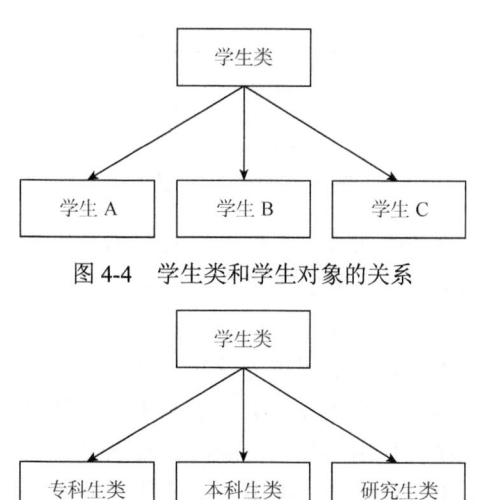

图 4-5　学生类拥有子类

```
          学生类
         方法:
          学制
```

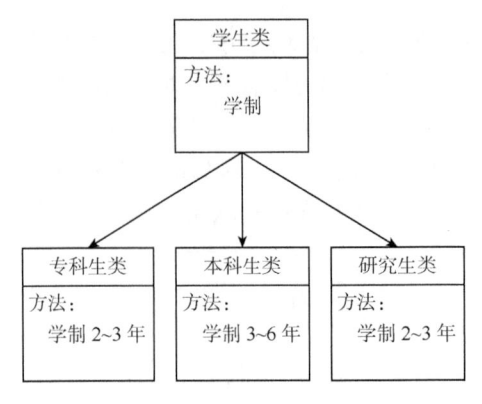

```
 专科生类      本科生类      研究生类
 方法:        方法:        方法:
 学制 2~3 年   学制 3~6 年   学制 2~3 年
```

图 4-6　子类覆盖父类的方法

（4）客观世界的事物都不是孤立存在的，相互之间存在着千丝万缕的联系。对象间的相互联系主要是通过消息实现的。消息是为了实现某个功能而要求某个对象执行其中某个操作的规格说明。一个对象向另一个对象发送消息，使另一个对象完成某一个行为。对象接收消息，相当于接受了一个"命令"，根据消息及消息参数（即"命令"的内容）调用自己的服务，做出处理并予以响应，从而实现系统功能。图 4-7 描述了消息的传递机制。

```
        对象 A
          │
          ▼
┌────────────────────┐
│ 消息：             │
│   消息名           │
│   接收消息的对象   │
│   服务标识         │
│   输入信息         │
│   回答信息         │
└────────────────────┘
          │
          ▼
        对象 B
```

图 4-7　消息传递机制

（5）对象是一个独立存在的实体，是被封装的实体，从外部可以了解它的功能，但其内部实现细节、数据结构及对它们的操作对外部是"隐藏"的、不可见的，不受外界干扰。

面向对象的方法按照人类习惯的思维方法建立问题域的模型，从而开发出直观自然的表现求解方法的软件系统。下面通过一个例子说明什么是"面向对象"：我们可以把电视机看成一个系统，电视机是由屏幕、音响、集成电路、电源等部分组成的，这些部分是构成电视机系统的对象，每个部分都由一定的物理元器件组成，这些物理元器件可以看成是对象的属性，对物理元器件的使用可以看成是操作方法定义。在电视机运转过程中，各组成部分协同工作是通过消息传递实现的。在看电视的时候，通过遥控器实现对电视的操作，包括选择频道、调节音量、调节颜色等，实现这些功能是由电视机内部的构造决定的，使用者不了解也无需了解电视机的内部结构和工作原理，也就是电视机内部结构和工作原理对用户具有封装性。

（二）开发过程

面向对象方法以对象为中心，采用面向对象的概念建立系统模型并开发和实现系统。面向对象方法的开发过程主要由面向对象的分析、面向对象的设计和面向对象的实现三个部分组成。

1. 面向对象的分析

和其他的系统分析方法一样，面向对象的分析（object oriented analysis，OOA）是从分析用户的需求开始的，通过对问题空间的分析，把现实问题分解成一些类和对象，并分析它们之间的关系，最终确立问题域模型。面向对象的分析按照下列顺序进行：找出问题域的对象和类—确定结构—识别主题—定义属性和方法。

2. 面向对象的设计

面向对象的设计（object oriented design，OOD）是在面向对象的分析的基础上，根据用户需求、系统功能和系统环境，把分析阶段得到的对象和类做进一步规范化整理，转化成符合要求的、抽象的系统实现方案。面向对象的设计将数据对象和处理功能一起模块化，大多数系统逻辑上都由四部分组成，对应四个子系统的设计过程，它们分别是问题空间部分的设计、人机交互部分的设计、任务管理部分的设计、数据管理部分的设计。

3. 面向对象的实现

面向对象的实现（object oriented program，OOP）包括程序编写和系统测试。程序编写是把面向对象设计结果用某种面向对象程序语言转化成系统，描述类，定义对象的内部功能，实现系统的界面等。测试并调试面向对象程序的时候，除了使用传统的测试技术，还可以应用与面向对象程序特点相适应的新测试技术。

（三）评价

1. 优点

（1）面向对象的方法对客观世界的模拟能力强。面向对象的方法以对象为基础进行系统分析与设计，用对象模型模拟现实世界中的概念而不强调算法，利用特定的软件工具直接完成了从对象客体的描述到软件结构的转换，解决了传统结构化方法中客观世界描述工具与软件结构不一致的问题，为认识事物提供了一种全新的思路，缩短了开发周期。

（2）采用面向对象方法开发的系统可维护性高。封装性使对象信息隐藏在局部，使用者从外部利用接口与对象联系，而不必关心内部的实现细节，修改对象内部不影响对象的使用。类机制的独立性高，修改一个类很少会牵扯到其他类，减少了修改操作对软件其他部分的影响，降低了系统开发和维护的难度。

（3）系统具有较强的应变能力，重用性好。面向对象方法中的继承性、封装性、多态性及消息传递机制等，使软件具有可重用性。就像使用设计好的零件组装新产品一样，开发工作中利用对象组装软件可以大大减少工作量。重用对象类可以通过两个途径实现：一是可以从一个类中派生出新的类，如首先定义了"家用电器"类，然后定义"冰箱"类为"家用电器"类的子类，则"冰箱"可以继承"家用电器"的产品编码、产品名称等属性，还可以继承"家用电器"的计算价格等方法。二是子类继承父类已有的特征，并且在此基础上根据子类自身的需要覆盖父类已经存在的方法或是定义新的方法，实现对父类的修改和扩充。

2. 缺点

（1）面向对象方法需要一定的软件支持环境才能实现。利用对象对现有业务进行分析和设计，缺乏自上而下的系统化分析，容易造成系统结构不合理，难以对流程进行优化。

（2）对开发人员要求较高。面向对象方法的抽象程度高，要发现应用领域的全部对象，并将这种对象抽象为规范的描述，这对分析设计人员要求较高，抽象类时常常难以控制抽象对象的层次、粒度，一个商品可以作为一个对象，摆满商品的货架也可以作为一个对象，究竟应该把什么抽象成对象，要根据所要解决的问题而定。

四、计算机辅助软件工程方法

（一）基本思想

计算机辅助软件工程（computer aided software engineering，CASE）原来是指用来支持信息系统开发的、由各种计算机辅助软件组合而成的综合性开发环境。随着各种工具及软件技术的发展，计算机辅助软件工程逐步由单纯的辅助开发工具环境发展成一种相对独立的方法。

CASE 方法的基本思想是：把软件、硬件、软件工程、数据库组成一个软件工程环境，通过一个工具产生的信息被另一个工具使用的方式，来支持软件开发的全过程。在任何一种系统开发方法中，如果从系统调查后，系统开发过程中的每一步都可以在一定程度上形成对应关系，那么就完全可以借助于专门研制的 CASE 工具来实现系统开发过程。系统开发过程中的对应关系与所采用的具体系统开发方法有关，如结构化方法中的业务流程分析—数据流程分析—功能模块设计—程序实现，还包括数据库设计中的业务功能一览表—数据分析、指标体系—数据/过程分析—数据分布和数据库设计—数据库系统等；面向对象方法中的问题抽象—属性、结构和方法定义—对象分类—确定范式—程序实现等。

（二）CASE 开发工具

目前有两种层次的软件开发工具，一种是孤立的单个软件开发工具，用于支持软件开发过程中的某一项特定活动；另一种是集成化的 CASE 环境，它将在软件开发过程的不同阶段使用的工具进行集成，使其有着一致的用户界面和可以共享的信息数据库。按软件活动的各阶段，可把软件工具分为分析工具、设计工具、编码工具和调试工具。

软件分析工具是辅助软件开发人员完成软件系统需求分析活动的软件工具。典型的有 Rational 公司的 Analyst Studio，用于应用问题分析和系统定义的一组相对完备的工具集，适合于团队联合开发使用。

软件设计工具主要包括三种类型：基于图形描述、语言描述的设计工具，基于形化描述的设计工具，面向对象的设计工具。典型的有 Enterprise Architect，是一个基于统一建模语言（unified modeling language，UML）的 Visual CASE 工具，主要用于设计、编写、构建和管理以目标为导向的软件系统。

编码工具主要包括编辑程序、汇编程序、编译程序和调试程序等。典型的集成程序开发环境有 Eclipse 基金会的 Eclipse，Microsoft 公司的 Visual C++、Visual Basic，Borland 公司的 Delphi、C++Builder、JBuilder，Zend Technologies 公司的 Zend Studio。

调试工具也称为排错工具，在程序编码过程中，及时发现和排除程序代码中的错误和缺陷，如通过实际执行测试、捕捉与组织所产生的输出，监督软件的执行是否符合规格说明。调试工具分为源代码调试程序和调试程序生成程序两类。

（三）集成化的 CASE 环境

分散的软件开发工具都只在软件产品的某个阶段起作用，它们有着不同的用户界面、不同的数据存储格式，不能有效地相互通信和数据共享，这些缺陷限制了这些工具效能的发挥。为克服以上缺陷，将多个 CASE 工具结合起来构成集成化的 CASE 环境，从而使得各种软件开发信息能够在不同 CASE 工具之间、不同开发阶段及不同开发人员之间顺畅传递。例如，Rational 公司出品的 Rational Rose 是一种面向对象的统一建模语言的集成化的 CASE 环境，用于可视化建模和公司级水平软件应用的组件构造。

一个集成化的 CASE 开发环境通常需要完成平台集成、界面集成和数据集成三个层次。平台的集成为实现运行在不同计算机硬件和操作系统平台上的 CASE 工具间的互操作和数据共享提供条件；界面的集成指集成化的 CASE 环境中的各种软件开发工具都采用统一的用户交互界面和方式；数据的集成为实现不同的 CASE 工具之间的数据交换与共享，数据的集成是需要解决的一个核心问题。

五、系统开发方法的比较选择

虽然系统开发方法有很多种，但没有一种方法是适合所有类型的系统开发的，因此需要根据组织自身条件和待开发系统的特点决定采用何种方法。

（一）结构化系统开发方法是理论严谨、成功率较高的一种开发方法

结构化方法是一种经典的开发方法，能够较全面地支持系统开发的全过程。采用"自上而下"策略规划、分析和设计系统，然后"自下而上"地实现系统。强调开发过程的顺序开发，把系统开发过程划分成阶段，每个阶段有固定的步骤，先详细调查，然后对现行系统做全方位的分析，找出不足，提出新系统逻辑模型，再设计物理模型，最后实现系统。这种方法能够对组织的基础数据管理状态、原有信息系统、经营管理业务、整体管理水平进行全面系统的分析。

结构化方法特别适用于管理基础好、能够较好定义需求的大型系统或复杂系统的开发，如会计系统、银行系统。这些系统的工作流程清楚、规章制度完善。这种方法不适合需求不清楚的系统开发，用户对系统需求的描述决定了系统功能，系统功能决定了系统的结构，需求模糊易变将会导致系统功能的变化，功能的变化又会引起系统结构的修

改，容易导致成本上升。

（二）原型法在提高用户满意程度、提高开发速度方面具有突出的特点

原型法强调在系统开发过程中通过循环和迭代逐步完善系统，舍弃了结构化方法中的大规模的系统调查、分析和设计过程，根据用户提出的要求和开发人员对系统的理解迅速开发出原型系统，再反复修改，直到用户满意为止。并不是说原型法没有分析、设计过程，开发人员在开发过程中也会有意识地进行系统分析和设计。

小型系统或局部系统适合采用原型法开发，如小型工资系统、人事系统等，这类系统功能比较简单，开发人员不多；原型法同样也适用于用户需求不确定的情况。对于大型的系统开发，涉及组织多个岗位、多个流程，开发系统时需要权衡各部门的要求，进行整体设计，没有充分的系统需求分析，很难构造出原型，因此大型系统不适合采用这种开发方法；另外，对于存在大量运算和逻辑性很强的模块和批处理系统，也不适合采用原型法。

（三）面向对象方法近些年越来越多地被人们使用

面向对象方法与其他开发方法的显著区别在于思维方式的不同，面向对象方法从系统的基本构成入手，将现实世界中的事物抽象成对象，对象包含数据和操作，识别对象及其联系是系统开发的基础。面向对象方法适用于各类信息系统开发，在没有经验的情况下，完全使用面向对象方法实现起来有一定的难度，可以把它作为系统局部功能设计的方法。面向对象方法对开发人员的要求较高，当前，面向对象的程序设计已经有了长足的进步，难点仍然是面向对象的分析和设计。

（四）CASE 方法解决了从客观对象到软件系统的映射问题，支持系统开发的部分或全部过程

使用交互式图形技术支持系统开发过程，CASE 工具的可重用技术，提高了设计工作的效率——快速地生成软件开发过程中的各种文档，减少开发人员编写文档的工作量。CASE 方法对开发人员要求高，使用 CASE 工具开发系统，开发团队的所有成员都应该遵循统一的标准及开发方法，加强相互间的交流与合作，否则会阻碍工具发挥作用，降低开发效率。目前尚缺乏完善的 CASE 工具。CASE 仍是一个发展中的概念，CASE 软件很多，没有统一的标准，对于一些模糊的问题还需要进一步研究。

（五）根据实际需要，多种方法综合使用

在开发系统的过程中，各种方法不是完全排斥的，建设一个系统应结合组织实际情况，将上述方法灵活地结合。当系统规模较大时，可以把结构化方法与原型法结合起来使用，以结构化方法为主，原型法作为补充，综合性的系统开发既可以发挥结构化方法严格控制开发过程的特点，又能通过原型法"快"的特征加快系统开发速度。例如，在采用结构化方法的过程中，当系统分析结束时，可以建立一个原型系统，确认系统的需求，图 4-8 表示了在结构化方法的系统分析阶段应用原型法的过程。

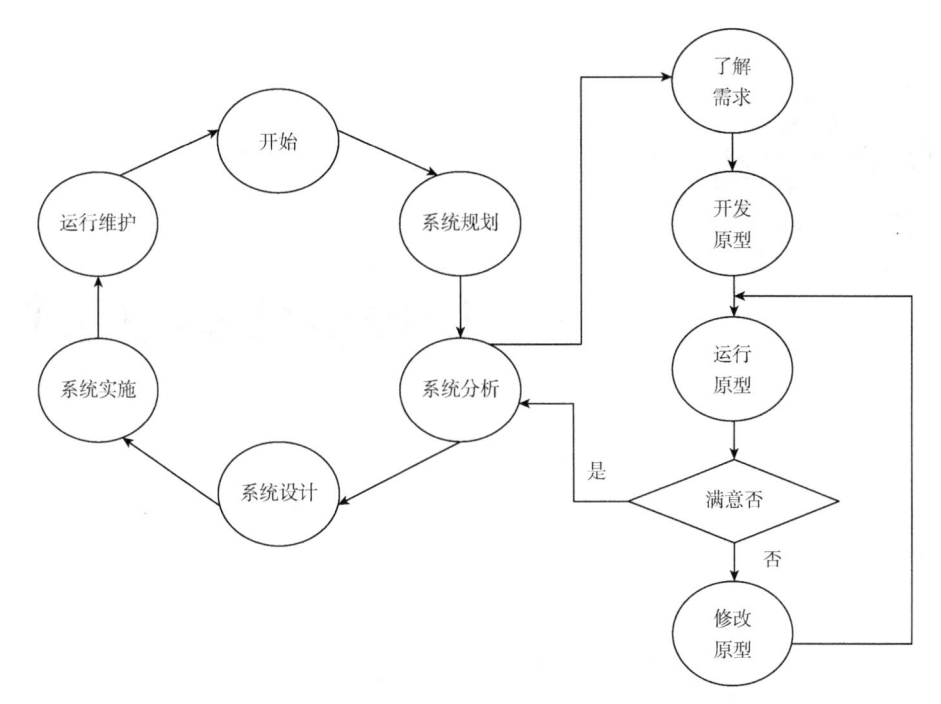

图 4-8　系统分析阶段引入原型法

本 章 小 结

本章是关于系统开发的内容综述，介绍了系统开发的条件、原则、开发策略、开发方式及常见的几种系统开发方法，包括结构化系统开发方法、原型法、面向对象方法及计算机辅助软件工程法。通过本章的学习，对系统开发过程涉及的主要问题有所理解，在系统开发时，应按照系统开发原则，首先确定开发方式，再确定开发策略，最后选定相应的开发方法。

思考练习题

1. 管理信息系统开发应该遵循哪些原则？
2. 开发管理信息系统有哪些基本策略？如何合理地选择开发策略？
3. 管理信息系统有哪些开发方式？各自有什么优缺点？
4. 什么是系统的生命周期理论？
5. 什么是结构化开发方法？有什么特点？
6. 结构化开发方法分几个阶段？每个阶段有哪些主要工作内容？
7. 原型法的基本思想是什么？
8. 面向对象方法的主要特点是什么？
9. 简述 CASE 方法的基本思路。
10. 试比较常用的几种开发方法。

第五章

管理信息系统的规划

本章学习目标

1. 了解规划和信息系统规划的概念；
2. 正确把握信息系统规划的战略意义；
3. 明确信息系统规划的任务和特点；
4. 掌握诺兰阶段模型的内容和实用意义；
5. 掌握信息系统规划的作用和内容；
6. 理解和掌握常用的信息系统规划方法和步骤；
7. 正确理解业务流程重组的概念，掌握其思想、原则及本质；
8. 了解系统总体规划方案的组成和审核。

开篇案例：从一个失败案例看企业信息化规划

某运输公司是中国较大的运输企业之一。该公司业务众多，主要从事货运、油运、集装箱运输及其他特种运输，除此之外，该公司还经营旅游、房地产、制造等多种业务。同时，该公司的下属子公司分布也比较散，下属的八个大型一级子公司分布在四省两市，在综合协调管理方面存在非常大的难度。

为了搞好全公司的综合管理，使总公司能够全盘了解整个企业的经营状况，协调各方面有效运作，使各个分公司步调一致地运转，从而发挥整体优势，总公司专门成立了一个经营活动分析决策小组。小组全盘负责整个集团的经营信息的收集、整理和分析，并提出决策思路。该公司有一个信息中心，主要负责企业的计算机管理系统的维护和开发，其中，开发部分由一个叫江雨（化名）的人负责。

工作组工作的头几个月里，显现出来的问题具体表现在以下三个方面。

（1）下属子公司数据难以及时汇总提交。除了子公司统计上报有时不及时外，各公司数据上传方式也各不相同——传真、邮寄书面报表、通过电话方式直接报数据，还有的是通过软盘（那时互联网还不普及），五花八门。这些数据到达总公司各部门后，还要经过手工汇总填表才成为决策分析所用的数据。整个传递、汇总及分析填报的过程要花2~3周。经常出现的情况是：当数据收集齐了、报表出来了，工作组开会做经营决策分析的时候，决策的内容是上个月的，即事后决策，已毫无意义了。

（2）数据不一致。经过汇总的数据通过各部门的报表算出来后，相同的指标具体数值却不一样。例如，财务处的人员工资总额与劳资处报的不一样，虽然差别不大，但常常使经营分析小组无所适从。

（3）数据和分析手段有限，无法进行深入分析。首先，分析手段还是手工计算，难以运用数学模型进行复杂的分析计算。其次，各部门提交的数据是经过层层汇总填报出来的，到了工作组就只有一个总数，当发现某一项数据有必要进一步分析时，往往只能向下追索一层数据，如果还找不到问题就只有作罢。

以上三个方面的问题，使得经营活动分析工作难以有效开展。在这种情况下，分析决策小组的组长想到通过计算机数据快速传输和快速处理，应该能很好地解决这个问题。具体任务落在了江雨身上，并要求在两个月内完成。

信息中心有一定的开发力量，而开发这套系统需要对该公司各部门业务和现在使用的管理信息系统很熟悉，江雨决定由信息中心自身承担这项开发任务。随着开发工作的推进，江雨意识到这是一个混乱和充满变数的项目。

首先是系统的边界问题。各部门已经不同程度地用了计算机管理，如总公司、二级和三级子公司都应用了统一开发的财务管理系统，并且能够通过点对点的数据传输实现报表的汇总；技术处已有燃耗统计系统，但是数据是由各子公司报上来，再由技术处录入后生成各种报表；劳资处是信息中心自己开发的管理系统，有什么进一步的需要都好解决。其他部门基本上还没有相应的管理信息系统。如果系统边界定在各子公司，那么，财务系统不仅没有得到充分利用，还要增加财务人员的数据录入量。这样等于又重复开发了部分财务报表系统，不仅得不偿失，而且在时间上也是来不及的。燃耗统计系统和人力资源管理系统都有相同的情况，边界统一划在子公司，还面临与子公司现有系统是否有接口的问题。经过反复考虑，江雨决定不统一划定边界。如果总公司现有的系统能够连接就与之连接，从现有系统中抽出分析所需的基础数据；没有系统的，就由子公司相关人员录入后再将数据传输到总公司汇总，至于子公司的系统一律不考虑连接。

其次就是数据的统一问题。在上报的数据中，来源于不同部门的指标相同，但数据值有很多不一致。能不能通过计算机来解决，如何解决？这是必须考虑的问题。通过深入细致的分析，江雨认为，有些可以通过计算机解决，有些是管理方面的问题，在相关部门的配合下可以解决一部分。

最后的问题是如何运用各种数学模型对数据进行深入分析，在考察了相关工具和平台后，江雨就带领开发队伍边做详细设计边开发了。然而，当他们着手具体的开发工作时，才发现更大的问题还在后面。

一是与现有系统相衔接的问题。例如，财务系统是由子公司投资的一家计算机公司开发的，该公司在技术上十分配合，但问题是两套系统在技术平台上很难结合。财务系统开发得比较早，同时考虑到可靠性的问题，应用的是 Unix 操作系统和 Informix 数据库，这种平台与当前系统的 Windows NT 和 Microsoft SQL Server 很难直接连接。在财务系统的开发商积极配合下，在财务系统上开发一个小程序，将需要的财务数据转换成通用格式的文件，通过该文件将数据导入新的系统。同样的问题也在燃耗统计系统和人力资源系统发生，都得到了一定的解决。

二是数据分析功能的开发问题。数据分析功能的开发相对数据采集和整合要容易一些。原先的构想是运用一些商业智能工具，如 SPSS，对集中的大量数据进行挖掘和分析，但是后来改变了这一思路。一方面，因为购买正版的商业智能工具所花费用不是一个小数目，一套基本版的就要 40 万元，这大大超出了预算，同时也需要花一定的时间来熟悉使用；另一方面，作为分析系统的用户的工作组，主要还是需要自己设计的一些表格，而对进一步的数据挖掘要求并不很高。江雨采取了折中的办法，先完成必要的报表，再运用一些分析工具制作一些常用数学模型分析。

经过历时两个月的紧张开发，整个系统终于完成了。把历史数据拿来试一试，结果基本正确，为了赶在月度分析会上使用，系统测试就这样简短而匆忙地完成了。通过连接、安装、分发，系统基本到位，万事俱备，只等数据了。工作组在系统开发的这两个月里，仍然采用老一套的报表收集和分析方法，问题越来越大。工作组大部分时间不是用在分析上，而是花在数据的收集和计算上，决策工作难以推进，现在把希望都集中在这套新系统上了。信息中心也不负众望，在工作组的督促和信息中心人员的指导下，数据通过各种渠道陆陆续续汇集到总公司计算机房服务器的数据库中。开会的那天，经营活动分析决策小组的组长着实得意了一把。看着投影屏幕上快速翻动的表格、流畅滚动着的数据、色彩丰富形式各异的分析图形，兴奋之情溢于言表。除了赞叹计算机应用的美妙，也把信息中心的工作大大肯定了一番。

这次分析决策系统的亮相算是一切顺利，可是随着时间的推移，问题就慢慢地暴露出来了。由于这套系统本身就搭建在一个不统一、不坚实的基础上，就像建筑在一堆乱石上的楼房，一旦某一块石头发生松动，整栋楼房就会崩塌。而基础的改变，在这样一个竞争激烈的市场环境中是无法避免的，系统的崩溃也就只是时间的问题了。

第一块松动的石头——人力资源系统。该系统是公司自己开发的，系统的开放性较好，数据的提取很方便。但在功能上比当前市场上成熟的人力资源管理系统要简单，只能够满足人员管理的一般需要。同时，计委和经贸委共同推荐了一套人力资源管理系统，虽然没有要求必须购买，但是，很多要上报的报表在该系统中都有现成的。在劳资处强烈要求下，人力资源管理系统更换了，分析决策系统的问题随之而来。

第二块松动的石头——工业子公司的组建。总公司下属的很多子公司都是综合性公司，有运输方面的，也有制造、房地产方面的。现在总公司实施了一个工业重组的方案，把所有子公司下属的工业企业合并为一个独立的子公司，由总公司直接管理。这样一个合并不仅带来了机构人员的变化，也带来了数据上报来源、统计数据指标及统计分析方法的变化，这些变化都需要分析决策系统做出相应调整。

第三块、第四块石头松动了……

变化的速度大大快于信息中心开发的速度，问题不断产生，开发人员也不断修改，但是缺口是越来越大。在第二个月的分析会上就已经有少数数据出不来，到第三个月就有不少的数据出不来，到第四个月就只有少数数据出来，第五个月……

一年以后，当江雨看着桌上刚刚完稿的厚厚的一本公司信息化规划时，才感到由一年前一个失败项目所背负的责任稍稍减轻了一些，从失败中吸取教训并避免犯同样的错误是他制定信息化规划的原因之一。

（资料来源：佚名. 从一个失败案例看企业信息化规划. https://wenku.baidu.com/view/0b73b22d5901020207409cc5.html. 2017-8-20）

问题：

（1）该运输公司在信息化之初制定的系统规划导致所开发的信息系统失败，其原因是什么？

（2）结合该案例谈谈如何根据企业现状制定切实可行的系统规划？

现代企业为了利用信息技术和信息系统获取企业的竞争优势，用于信息系统的投资越来越多，管理信息系统的开发又是一项历时较长且复杂程度较高的系统工程。系统的成败将对企业经营产生重大影响。美国和德国的调查统计表明，管理信息系统项目的失败有70%左右是由系统规划不当造成的。在信息系统建设中，缺乏科学、有效的系统规划会使企业面临许多问题：系统建设与组织发展的目标和战略不匹配，有限的资金不能被合理利用；资源短缺、投入太少，对系统的期望过高；所开发的系统不能适应环境变化和组织变革的需要，对管理与业务状况等问题的解决有效性较低；组织结构陈旧、管理落后，企业主要业务流程效率与效益低下；系统开发环境落后，技术方案不合理；系统开发及运行维护的标准、规范混乱等。

通过开篇案例可以看出，不当的系统规划造成的损失不仅是巨大的，还是隐性的、长远的，往往要到系统全面推广实施后才在实践中慢慢显现出来。为了使组织的重要资源——信息充分发挥其功能，使资源得到合理分配，就要制定科学的系统规划。科学的系统规划对企业实施管理信息系统成功与否具有举足轻重的作用，它可以保证管理信息系统的目标能够有效地支持组织整体的战略目标；科学的系统规划尊重客观规律，实事求是地分析现实水平与需求，找出现存问题，了解与目标的差距；科学的系统规划可以减少盲目性，使系统具有良好的整体性和较高的适应性，建设工作有良好的阶段性；科学的系统规划还可以缩短系统开发周期，节约开发费用。所以，系统规划是管理信息系统领域中的重要研究内容，也是实施信息系统的关键步骤。

第一节　系统规划概述

一、系统规划的概念

管理信息系统的规划是系统开发的前提条件，是系统开发的纲领，是系统开发成功的保证，是系统验收评价的标准。系统规划的重要性可用如下关系式表述：

好的系统规划＋好的开发＝优秀的管理信息系统

好的系统规划＋一般的开发＝好的管理信息系统

差的系统规划＋好的开发＝差的管理信息系统

差的系统规划＋一般的开发＝不好用的管理信息系统

系统规划之所以从20世纪60年代起才受到重视，原因在于之前的企业高层领导缺乏信息觉悟，没把信息看作是组织的重要资源，应当为整个组织所共享，即当时的系统规划得不到高层领导的支持和授权。一个企业如何科学、有效地根据本企业的特点和需求制定系统规划，保证企业战略目标的实现，已经成为一个企业信息化建设的关键问题。

（一）规划的概念

规划通常是指关于一个组织发展方向、环境条件、长期目标、重大政策与策略等方面的长远计划。它是一种对组织进行管理的工具，是一个过程。它的最终目的是使一个组织在不断变化的外部环境中能够集中它的所有资源，更有效地管理一个组织，以保证目标的实现。战略规划是核心。

企业信息系统战略规划是指基于企业发展目标、经营战略制定的企业信息系统建设与发展的整体思路和指导体系。企业信息系统战略规划的设计，关系到信息系统建设的成败，关系到企业的长远发展。

（二）系统规划的概念

管理信息系统的系统规划是管理信息系统生命周期的第一阶段，是基于企业发展目标与经营战略制定的。

管理信息系统的系统规划又称为管理信息系统的战略计划，它是关于管理信息系统长远发展的规划，是将组织目标、支持和提供组织目标所需的信息和信息系统，以及信息系统的开发建设等各要素集成而得的信息系统方案，是面向组织中信息系统发展远景的系统开发计划，是企业发展战略规划的一个组成部分。它主要的目的就是避免盲目开发管理信息系统，减少不必要的损失。

管理信息系统的系统规划是以企业信息战略规划为指导，以企业的信息资源规划为基础，全面完整规划信息系统应用和相关信息架构，让各种业务解决方案、应用系统和数据都能不受约束地实现有效配合。

二、系统规划的任务和特点

（一）系统规划的任务

（1）制定管理信息系统开发的发展策略。企业管理离不开信息系统的应用，管理信息系统的发展策略必须与整个企业的战略目标保持协调一致，其内容包括信息系统的目标与约束、当前的能力状况、对影响计划的信息技术发展的预测。

（2）制定信息系统的整体方案，安排项目开发计划。在现有企业信息需求的基础上，确定系统的总体结构，根据系统开发的发展策略和系统的整体方案，确定系统和应用项目开发次序及时间安排。

（3）提出资源分配方案并进行可行性分析。提出执行开发计划所需要的硬件、软件、技术人员、资金等资源，以及整个系统构建的概算，进行可行性分析。

（二）系统规划的特点

从管理信息系统的系统规划的任务可知，系统规划工作的好坏将直接影响到整个系统开发的成败。为了科学、有效地制定系统规划，首先要充分了解这一阶段的特点。其次还要了解制定出的满足系统开发的科学和有效的系统规划的特点，这样才能指导我们科学地开发和建设管理信息系统。

1. 系统规划的特点

（1）全局性、长远性。系统规划是面向全局、面向长远的关键问题，具有较强的不确定性，结构化程度较低。

（2）高层次性。系统规划是高层次的系统分析，高层管理人员是工作的主体。

（3）指导性。系统规划不宜过细。系统规划的目的不是解决管理信息系统开发中的具体问题，而是为整个管理信息系统的开发确定发展战略、总体结构和资源计划。它指导管理信息系统的后续开发工作，而不是代替后续开发工作。在系统规划阶段，系统结构着眼于子系统的划分，对数据的描述在于划分"数据类"，进一步的划分是后续开发工作的任务。

（4）管理与技术结合的综合性。系统规划阶段既是一个管理决策过程，又是一个管理与技术相结合的过程。其综合性表现在：一方面，它要应用现代信息技术有效地支持管理决策的总体方案；另一方面，它还要规划人员具备对管理和技术发展的长远见识、开创精神和务实态度，这也是系统规划成功的关键因素。

（5）环境适应性。系统规划是企业规划的一部分，并随环境发展而变化。

2. 有效系统规划的特点

（1）战略要明确，容易理解和可操作。

（2）通俗、明确、可执行性好。我们可从一则经典的小故事中得到启发：

在一个孤岛上，一只找不到吃的老虎发现了一只猴子，猴子爬到一棵大树上不下来，老虎就围着大树转圈，不走。于是猴子说："虎大哥，你别转了，转多长时间我也不下来，你从这儿一直向东走，有一条小河，河对岸什么好吃的动物都有。"老虎想了一想，向东走去。过了一会儿，老虎又回来了，说："猴子，那条河我过不去。"猴子说："我告诉你的是战略，怎样过河，那是运作的问题，这不是我的事了。"

这则故事启发我们：所制定的管理信息系统的系统规划一定要能够被不断细化和分解，自上而下得到落实。

（3）系统规划要具有较强的灵活性和适应性。活动范围和组织计划的形式是变化的，应进行周期性校核和评审。

制定有效的管理信息系统的系统规划的好处在于：它可以促进信息系统应用的深化，使信息系统和用户具有较好的关系，从而使信息资源得到充分、合理的分配和使用，节约开发费用；它能够为考核信息系统人员的工作、调动他们的积极性、明确他们的方向等提供标准；它还可以使企业领导发现改进工作的努力方向。

三、系统规划的阶段模型

（一）系统规划的阶段模型（诺兰阶段模型）

把计算机应用到一个单位（企业、部门）的管理中去，一般要经历从初始到成熟的成长过程。美国专家理查德·诺兰（Richard L. Nolan）总结了其中的规律，于1973年首次提出了信息系统发展的阶段理论，确定了信息系统生长的四个不同阶段。1980年，诺兰又把该模型扩展成六个不同阶段（图 5-1），这被称为诺兰阶段模型。诺兰阶段模型反映了信息系统的发展阶段，并使信息系统的各种特性与系统生长的不同阶段对应起来，从而成为信息系统的系统规划工作的框架。根据这个模型，只要一个信息系统存在某些特性，便知其处在哪一阶段，而这一理论的基本思路是一个组织的信息系统在转入下一阶段之前，必须首先经过系统生长的前几个阶段。因此，如果能够诊断出一个企业目前所处的成长阶段，就能够对它的规划提出一系列的限制条件和制定有针对性的规划方案。诺兰认为，组织有必要了解与每一发展阶段相关的成长特点。由于每一发展阶段都同某一学习过程相连，所以是不可逾越的，理解这一学习曲线可以帮助组织有效地管理发展进程。诺兰阶段模型认为，企业及地区信息系统的发展具有一定的规律性，要经过从低级到高级的阶段性发展过程，各个阶段是循序渐进的。诺兰阶段模型，如图 5-1 所示。

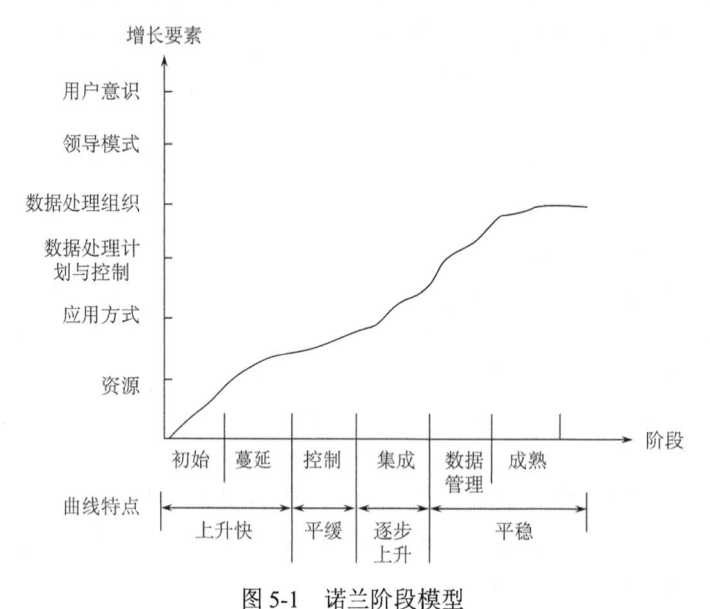

图 5-1 诺兰阶段模型

1. 诺兰阶段模型的六阶段论

（1）初始（初装、起步）阶段。在这个阶段，人们对计算机还很不了解，企业可能刚刚购置第一台计算机，并初步开发或购买了一些简单的管理应用程序，一般应用在财务部门和统计部门。此阶段的特点是组织中只有少数人使用计算机，计算机是分散控制的，没有统一的规划。

（2）蔓延（扩展）阶段。随着计算机的应用初见成效，使用面迅速扩大，人们对计算机技术开始产生了实际的、基于自身工作需要的兴趣。此阶段的特点是计算机应用从企业少数部门扩展到多数部门，并开发了大量的应用程序，以至于在信息系统的管理和费用方面都产生了危机。在此阶段，计算机处理能力得到飞速发展，但在组织内部同时又出现了大量数据冗余、数据不一致及数据难以共享等问题。此阶段计算机的作用主要还是用于学习和培训。

（3）控制阶段。由于在蔓延阶段投入使用的计算机应用系统比较多，在某些方面，计算机在各部门发挥了作用，然而在更多方面，由于缺乏全局考虑，各单项应用之间不协调，并未取得预期的效益。计算机数量超出控制，而投资收益却不理想，由此引起领导重视。此阶段的特点是对整个企业的信息系统建设统筹规划组织开始制定管理方法，控制对计算机的随意使用，使得计算机的使用从无序发展向正规化、制度化等转变，推行"成本-效益分析方法"。特别是利用数据库技术解决数据共享问题。诺兰认为，此阶段是实现以计算机管理为主到以数据管理为主转换的关键阶段。

（4）集成（一体化）阶段。此阶段的特点是经过控制阶段的全面分析，人们开始从实际需要出发，按照信息系统工程方法，全面规划，进行管理信息系统的建设和改造。在引入数据库技术、建立数据通信网络技术的条件下，数据处理系统进入一个高速发展阶段。例如，某企业已经处于控制阶段的后期，它就应开始在控制的基础上，对子系统中的硬件进行重新连接，建立集中式的数据库，以及能够充分利用和管理各种信息的系统。

（5）数据管理（数控管理）阶段。诺兰认为，在集成阶段之后才会真正进入数据管理阶段，此时，数据真正成为企业的重要资源。由于在 20 世纪 80 年代时，美国多数企业还处在第四阶段，所以，诺兰对第五阶段还无法给出详细的描述。此阶段的特点是数据的集中利用，日常信息处理工作已经普遍由计算机完成，为管理提供决策依据。

（6）成熟阶段。信息系统的成熟表现在它与组织的目标完全一致，可以满足组织中各管理层次的需求，从而提高各层管理人员的决策水平，实现管理的优化。此阶段的特点是在日常数据已经进入计算机的条件下，人们进一步对这些数据进行加工处理，充分利用，进一步共享资源、优化数据、统一规划、扩展应用等，即能够适应任何管理和技术的新变化，从而真正实现信息资源的管理。

此外，诺兰阶段模型还指明了信息系统发展过程中的六种增长要素。

①资源：计算机硬件、软件资源，从早期的磁带向最新的分布式计算机发展。②应用方式：从批处理方式到联机方式，发展到现在的网络方式。③数据处理计划与控制：从短期的、随机的计划到长期的、战略的计划。④数据处理组织：从附属于别的部门发展为独立的部门。⑤领导模式：一开始技术领导是主要的，随着用户和上层管理人员越来越了解管理信息系统，上层管理部门开始与管理信息系统部门一起决定发展战略。⑥用户意识：从作业管理级的用户发展到中、上层管理级。

2. 诺兰阶段模型的启示

诺兰阶段模型总结了发达国家信息系统发展的经验和规律。它可以为我们管理信息系统建设的过程带来以下启示。

（1）管理信息系统的建设应遵循其发展规律，并应沿着正确的发展方向前进。在诺兰阶段模型中，管理信息系统的发展呈波浪式进程，它受各种综合条件的影响和制约，应遵循其发展规律。一般认为，模型中的各阶段都是不能跳跃的，但可压缩时间，特别是蔓延阶段的时间，这样可使管理信息系统的建设按着正确的发展方向前进。

（2）管理信息系统的建设应根据不同国家、地区和单位的实际情况，制定切实可行的管理信息系统建设的方案。我国是一个发展中的国家，人口众多，资源还很紧缺，信息化建设也是在工业化尚未完成的情况下进行的。为了尽快改善信息管理的落后状况，少走弯路，应该积极地吸取他人的经验教训，根据自己国家、地区和单位的实际情况，制定出切实可行的管理信息系统建设的方案。

(二) 制定系统规划的时机

制定管理信息系统的系统规划的时机是控制和集成阶段。如果系统规划的时机选择得过"早",条件不成熟,会导致规划出的结果无指导意义;如果系统规划的时机选择得过"晚",由于已经建立了大量分散的独立系统,在将这些已建系统集成为一个大系统时就会产生很多的问题,有些系统要进行很多改造才能集成。有些系统可能没有改造的意义,从而造成巨大的浪费。因此,无论是确定开发管理信息系统的策略,还是制定管理信息系统规划,都应首先明确本单位当前处于哪一生长阶段,进而根据该阶段的特征来指导管理信息系统的建设。

四、系统规划的作用和内容

管理信息系统的系统规划是一个组织战略规划的重要组成部分,是关于管理信息系统的长远发展的规划。由于建设管理信息系统是一项耗资大、历时长、技术复杂且涉及面广的系统工程,在着手开发之前,必须认真地制定有充分根据的管理信息系统的系统规划。这项工作的好坏往往是管理信息系统成败的关键。

(一) 系统规划的作用

(1) 合理分配和利用信息资源(信息、信息技术和信息生产者),以节省信息系统的投资。

(2) 明确管理信息系统的任务,即通过制定规划,找出存在的问题,正确地识别为实现企业目标,管理信息系统必须完成的任务,促进信息系统的应用,增加企业的经济效益。例如,存在产品质量问题的某企业在企业系统规划中确定的战略是:为新产品建立全面质量管理控制规程,由此导出的管理信息系统的战略是建立新产品的全面质量管理控制数据库系统。

(3) 指导管理信息系统的系统开发,为将来的评估工作提供依据。

(二) 系统规划的内容

管理信息系统的系统规划,一方面,包含三年或更长期的计划,主要是确定总的发展方向;另一方面,也包含一年的短期计划,主要是作为业务工作和资金工作的具体责任依据。系统规划的内容包括要求做什么,可以做什么,能够做什么,应该做什么。具体解释如下。

1. 信息系统的目标、内外约束及信息系统的总体结构

1) 信息系统的目标

信息系统的目标是管理信息系统应实现的功能,它为信息系统的发展方向提供准则。信息系统目标的制定必须与整个组织的战略目标协调一致,能够支持组织战略目标的实现。信息系统目标的制定可从一则经典的小故事中得到启发。

第五章　管理信息系统的规划

制定错误目标的老鼠

在一个青黄不接的初夏，一只在农家仓库里觅食的饥肠辘辘的老鼠意外地掉进一个半满的米缸里。老鼠喜出望外，它先是警惕地环顾了一下四周，确定没有危险，便一通猛吃，吃了一个大饱，然后倒头大睡。老鼠就这样在米缸里吃了睡、睡了吃，不知不觉中，这只老鼠美美地过了一段日子。有时它也想，跳出去算了，以免被主人发现，招来杀身之祸。可是，看到眼前这么多白花花的大米，又有些舍不得了，如果现在跳出去，恐怕这一生再也找不到这种机会了。直到有一天它发现米缸见了底，才觉得以米缸现在的高度，自己就是想跳出去，也无能为力了。它要么被主人打死，要么饿死在缸中。老鼠的生命高度就是它能跳出缸外的高度，这个高度恰恰就掌握在老鼠自己的手里。

（资料来源：《管理学简明读本》编委会. 2007. 管理学简明读本. 北京：中国石化出版社：67）

这则故事启发我们：目标的建立必须切合实际，必须是经过努力能够实现的。

如果错误地估计自己的实力，就不能实现目标。衡量企业成败的标准不是强大，而是生存，能够永久生存下去就是好企业。

2）信息系统的内外约束

信息系统的内外约束是指管理信息系统实现的环境及条件（如管理的规章制度、人力和物力等）。

3）信息系统的总体结构

信息系统的总体结构指明了信息的主要类型和主要包括的子系统。

2. 单位（企业、部门）的现状

了解单位（企业、部门）对开发建设管理信息系统提供支持的各种资源情况，包括计算机软件及硬件情况、产业人员的配备情况、制度情况及开发费用的投入情况等。

3. 单位（企业、部门）的业务流程的现状、存在的问题和不足，以及流程在新技术条件下的重组

业务流程重组的思想详见本章第三节。

4. 对信息技术发展趋势的预测

当前和未来信息技术的发展决定着将来管理信息系统的性能。因此，在制定信息系统规划时，要及时吸取计算机硬件技术、网络技术及数据处理技术等相关技术，由此开发出的管理信息系统才可能具有更强的生命力。

（三）系统规划的组织

制定管理信息系统的系统规划需要建立一个领导小组，并进行有关的人员培训，同时明确规划工作的进度。

1. 系统规划领导小组

系统规划领导小组的任务是完成有关数据及业务的调研和分析工作。系统规划领导小组的组成可由一个等式表示：

系统规划领导小组＝单位（企业、部门）的主要决策者之一＋各个职能部门的业务骨干

2. 人员培训

为了使单位（企业、部门）的高层管理人员、分析员和规划领导小组成员掌握制定系统规划的一套科学的方法，必须对他们进行培训。

3. 规定进度

明确了系统规划方法之后，应该给系统规划工作本身的各个阶段一个大体的时间限定，避免无限期拖延，从而丧失信誉或被迫放弃。

4. 系统规划的具体步骤

系统规划的步骤，如图 5-2 所示。

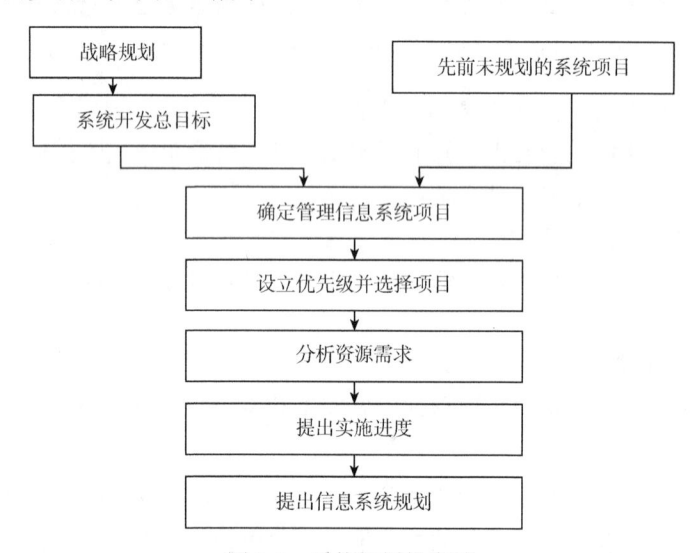

```
战略规划              先前未规划的系统项目
    ↓                         ↓
系统开发总目标                 
    ↓                         ↓
    → 确定管理信息系统项目 ←
              ↓
        设立优先级并选择项目
              ↓
          分析资源需求
              ↓
          提出实施进度
              ↓
         提出信息系统规划
```

图 5-2　系统规划的步骤

（1）确定系统开发总目标。按照系统分析的基本思想，确定系统开发总目标是系统规划的首要目标和任务，以总体目标的分解来确定各级开发的子目标，各部门的子目标必须服从总目标的要求。如果开发目标不明确，管理信息系统就无法给予企业支持，所有的系统开发总目标通常是从组织战略规划的相关部分筛选出来的。

（2）确定管理信息系统项目。管理信息系统项目，一方面，由整体信息系统的管理总目标确定；另一方面，由先前未规划的系统项目（计划外项目）确定。

（3）设立优先级并选择项目。所有定义了的项目先按照它在单位（企业、部门）中的优先级进行评价，然后再选定优先开发的项目，确定总体开发顺序、开发策略和开发方法。

（4）分析资源需求。评定优先级和选择项目，通常不仅需要高层管理人员的参与和支持，还应考虑完成选定项目所必需的一些资源，包括人员（系统分析员、程序员及其他人员）、设备（计算机、网络服务器、打印机及其他设备）、专家建议（专家及其他顾问）和软件等。

（5）提出实施进度。设定时间进度和最终期限，并列出开发进度表。

（6）提出信息系统规划。将系统规划形成文档，经单位（企业、部门）领导批准后生效。

第二节 系统规划的主要方法

用于管理信息系统规划的方法很多,较常用的方法有企业系统规划法（business system planning，BSP）、关键成功因素法（critical success factors，CSF）和战略目标集转化法（strategy set transformation，SST）。此外,还有几种用于特殊情况或者作为整体规划的一部分使用的方法,如企业信息分析与集成技术（business information analysis and integration technique，BIAIT）、投资回报率（return on investment，ROI）等。下面主要介绍企业系统规划法及关键成功因素法,简单介绍战略目标集转化法。

一、企业系统规划法

（一）企业系统规划法的基本思想

企业系统规划法是一种能够帮助规划人员根据企业目标制定出管理信息系统的系统规划的结构化方法。

企业系统规划法是美国 IBM 公司在 20 世纪 70 年代初,用于企业（也可以指非营利性的单位或部门）内部系统开发的一种方法,也称为业务系统规划法。该方法属于面向低层数据的规划方法,以数据为中心,关注数据的准确性和一致性,涉及数据实体的识别和抽象,以及数据逻辑分析和设计,但在企业战略分析方面相对较弱。具体地说,该方法主要是基于信息技术支持企业运行的思想,通过从企业目标入手,即自上而下地识别企业目标、识别企业过程与数据,对数据进行分析,再自下而上地设计出支持企业目标的实现、表达所有管理层次的要求、向企业提供一致性信息及对组织机构的变动具有适应性的管理信息系统,最后把企业的目标转化为管理信息系统规划的全过程。这样既解决了大规模的企业管理信息系统难以一次设计完成的困难,也避免了"自下而上"分散设计可能出现的数据不一致、重新系统化和相互无关的系统设计问题,满足了企业近期和长期的信息需求。

企业系统规划法认为对企业信息需求的认识,是建立在充分观察整个组织中各部门、职能、工作过程和数据元素基础上的。企业系统规划法能够帮助标识出组织中数据的主要实体和属性。企业系统规划法源于这样一种思想:只有对组织整体具有彻底的认识,才能明确企业与各部门的信息需求。

企业系统规划法的中心环节就是对众多的管理者进行抽样调查,了解他们如何使用信息、信息的来源有哪些、他们所处的环境是怎样的、他们的目标是什么、如何做决策、他们的数据需求是什么等。

（二）企业系统规划法的作用

（1）确定出未来信息系统的总体结构,明确系统的子系统组成和开发子系统的先后顺序。

（2）对数据进行统一规划、管理和控制,明确各子系统之间的数据交换关系,保证信息的一致性。

（三）企业系统规划法的优缺点

1. 企业系统规划法的优点

企业系统规划法的优点是能保证信息系统独立于企业的组织机构，着眼于企业过程，对环境变化具有适应性。

企业系统规划法是一种能够对信息需求分析的全面调查法，其最大优点就是它全面展示了组织状况、系统或数据应用情况及差距，尤其适用于刚刚启动或可能产生重大变化的情况。企业系统规划法的另一优点是，可以帮助众多管理者和数据用户形成组织的一致性意见，并通过对管理者们自认为的信息需求调查，来帮助众多管理者和数据用户形成组织的一致性意见，并通过对管理者们自认为的信息需求调查，来帮助组织找出在信息处理方面应该做些什么。它是最易理解的信息系统规划技术之一，相对于其他方法，其优势在于强大的数据结构规划功能。

2. 企业系统规划法的缺点

企业系统规划法的缺点是实施成本高，数据分析难度大，耗时、耗资。另外，它不能为新信息技术的有效使用确定时机，也不能将新技术与传统的数据处理系统进行有效的集成。

（四）企业系统规划法的工作步骤

（1）准备工作（人员和组织上的准备）。

（2）调研。深入各级管理层，了解企业有关决策过程、组织职能，以及部门的主要活动及存在的主要问题。

（3）定义业务过程，即企业过程的确定。定义业务过程是企业系统规划法的核心。业务过程是指企业管理中必要的且逻辑上是相关的、为了完成某种管理功能的一组活动。管理功能是管理各种类资源的相关活动和决策的组合，如库存管理。

（4）业务过程重组。业务过程重组是在业务过程定义的基础上，在信息技术的支持下优化业务过程。例如，仓库收货的业务过程可能是保管员验收货物并做记录、签收货单、填写入库单并入库和分发入库单等。在手工管理方式下，企业已经形成了一个比较成型的企业流程和管理方法。信息技术的应用有可能改变原有的信息采集、加工和使用方式，甚至使信息的质量、获取途径和传递手段发生根本性的变化。

（5）定义数据类。数据类是指支持业务过程所必需的逻辑上相关的数据。对数据进行分类是按业务过程进行的，即分别从各项业务过程的角度将与该业务过程有关的输入数据和输出数据按逻辑相关性整理出来，归纳成数据类。

（6）定义信息系统的总体结构。用业务过程（或管理功能）/数据类（或项）矩阵（也称 U/C 矩阵）划分子系统（见 U/C 矩阵的应用）。

（7）确定子系统的实施顺序。按照数据被其他子系统共享、对企业贡献大、需求迫切和容易开发的原则优先实施子系统。

（8）完成企业系统规划法研究报告，提出建议书和开发计划。

（五）U/C 矩阵的应用

定义信息系统总体结构，即划分功能子系统和相应的数据类（或项），是通过 U/C 矩阵的建立和分析来实现的。U/C 矩阵是通过一个普通的二维表来分析汇总数据。将所调查的数据类（或项）填入横向方向（Xi），将业务过程（或管理功能）填入纵向方向（Yi），并以字母 U（use）和 C（create）来表示业务过程（或管理功能）与数据类（或项）之间的联系。

1. 利用 U/C 矩阵划分子系统的步骤

1）形成基本 U/C 矩阵

基本 U/C 矩阵，如表 5-1 所示。

表 5-1　基本 U/C 矩阵

业务过程	数据类												
	客户	订货	商品	运输路线	成本	商品库存	职工	销售区域	财务	计划	仓库容量	商品供应	工作指令
经营计划					U				U	C			C
财务计划					U		U		C	U			
商品采购计划			U	U		U					C	U	
商品进货			C			C					U	U	U
库存控制			U			C					U	U	U
商品需求			U			U						C	
作业流程				C							U	U	U
销售区域管理	C	U	U					U					
销售	U	U	U					C					
订货服务	U	C	U										
发运			U	U		U							
通用会计	U		U				U						
成本会计			U		C								
人员计划							C						
人员招聘考核							U						

表 5-1 是由商业企业内一系列业务过程（或管理功能）和数据类（或项）之间的关系形成的 U/C 矩阵，通常，业务过程（或管理功能）与数据类（或项）之间的联系有三种。①生成关系（create）：表中用业务过程（或管理功能）与数据类（或项）交叉点上的符号"C"表示这类数据由相应业务过程（或管理功能）产生；②使用关系（use）：用交叉点上的符号"U"表示完成这类业务过程（或管理功能）使用相应的数据类（或项）；③无关系：用交叉点上的空格表示业务过程（或管理功能）与数据类（或项）无关。

基本 U/C 矩阵形成后，需要对 U/C 矩阵进行正确性检验，U/C 矩阵的正确性检验主要包括以下内容。

（1）完备性检验，指对具体的业务过程（或管理功能）必须有一个产生者（即"C"）

和至少一个使用者（即"U"），业务过程（或管理功能）则必须有产生或使用（"C"或"U"）发生。

（2）一致性检验，指对具体的数据类（或项）原则上有且仅有一个产生者（即"C"），即每列只能有一个"C"。如果出现多个产生过程，则说明该数据类（或项）是一个大类数据，需要细分。例如，表5-1商品库存数据出现两个产生者，说明需要细分成商品进货数据和库存控制数据。

（3）无冗余性检验，指U/C矩阵中不允许有空行或空列。如果出现空行或空列，一方面，表明该业务过程（或管理功能）与数据类（或项）是多余的；另一方面，表明在定义业务过程（或管理功能）中遗漏了数据类（或项）与业务过程（或管理功能）之间的数据联系分析。

2）对基本U/C矩阵进行重新排列

基本U/C矩阵建立和进行正确性检验后，要对其进行重新排列。其重新排列的过程，如表5-2所示。

表5-2 对基本U/C矩阵重新排列

业务过程	客户	订货	商品	运输路线	成本	商品库存	职工	销售区域	财务	计划	仓库容量	商品供应	工作指令
经营计划					U				U	C			C
财务计划					U		U		C	U			
商品采购计划		U	U		U						C	U	
商品进货		C			C						U	U	U
库存控制		U			C						U	U	U
商品需求		U			U							C	
作业流程			C								U	U	U
销售区域管理	C	U	U					U					
销售	U	U	U					C					
订货服务	U	C	U										
发运		U	U			U							
通用会计	U		U				U						
成本会计		U			C								
人员计划							C						
人员招聘考核							U						

步骤如下。

（1）将业务过程按照管理功能组排列，每一个管理功能组按资源生命周期的四个阶段排列，即按资源的需求、获取、经营和分配排列。

（2）调换"数据类（或项）"的横向位置，使得矩阵中的"C"及"U"靠近从左上到右下的主对角线，尤其是"C"必须靠近主对角线。

重新排列后的U/C矩阵，如表5-3所示。

表 5-3　重新排列后的 U/C 矩阵

业务过程		计划	工作指令	财务	仓库容量	商品	商品库存	商品供应	运输路线	客户	销售区域	订货	成本	职工
经营计划	经营计划	C	C	U									U	
	财务计划	U		C									U	U
采购计划	商品采购计划				C	U	U	U	U					
	商品进货		U		U	C	C	U						
	库存控制		U		U	C	U							
	商品需求					U	U	C						
	作业流程		U		U			U	C					
销售	销售区域管理					U				C	U	U		
	销售					U				U	C	U		
	订货服务					U				U		C		
	发运					U	U			U				
财务	通用会计					U				U				U
	成本会计											U	C	
人事	人员计划													C
	人员招聘考核													U

3）在新的 U/C 矩阵中，划分出子系统

在新的 U/C 矩阵中划分子系统，如表 5-4 所示。把"U"和"C"比较集中的区域用粗线条框起来，每一个框就是一个子系统。划分的原则、应注意的问题和数据资源分布情况如下所述。

表 5-4　在新的 U/C 矩阵中划分子系统

业务过程		计划	工作指令	财务	仓库容量	商品	商品库存	商品供应	运输路线	客户	销售区域	订货	成本	职工
经营计划	经营计划	C	C	U									U	
	财务计划	U		C									U	U
采购计划	商品采购计划				C	U	U	U	U					
	商品进货		U		U	C	C	U						
	库存控制		U		U	C	U							
	商品需求					U	U	C						
	作业流程		U		U			U	C					
销售	销售区域管理					U				C	U	U		
	销售					U				U	C	U		
	订货服务					U				U		C		
	发运					U	U			U				
财务	通用会计					U				U				U
	成本会计											U	C	
人事	人员计划													C
	人员招聘考核													U

(1) 用企业系统规划法划分子系统应遵循的原则。第一，在功能上子系统应具有相对的独立性，一般一个子系统不应横跨两个或两个以上的管理功能；第二，在数据上子系统应具有自身的完整性，通常情况下一个数据类（或项）只能由一个子系统生成；第三，在结构上子系统应具有规模的适中性，不宜太复杂。

(2) 划分时应注意的问题。划分子系统时，沿对角线一个接一个地画，既不能重叠，又不能漏掉任何一个数据和功能；小方块的划分是任意的，但必须将所有的"C"元素都包含在小方块内。在划分子系统时有可能会出现三种主要的特殊情况：第一，U 和 C 全在子系统框内，说明各子系统完全相互独立，子系统之间不存在数据交换；第二，若子系统之外有许多 U，说明各子系统之间存在大量的数据调用；第三，若子系统外有 C，说明某子系统有关管理功能产生相应数据类的数据被其他子系统管理，尽量避免出现该情况。

(3) 数据资源分布情况。所有数据的使用关系都被小方块分隔成了两类：一类在小方块以内；一类在小方块以外。在小方块以内所产生和使用的数据，今后主要放在本系统的计算机设备上处理；而在小方块以外的"U"，则表示了各子系统之间的数据联系，这些数据资源今后应考虑放在网络服务器上供各子系统共享或通过网络来相互传递数据。数据联系如表 5-5 所示。

表 5-5 数据联系

注：1 为财务子系统；2 为人事子系统

2. U/C 矩阵的作用

(1) 通过对 U/C 矩阵的正确性检验来发现调研工作的疏漏和错误。

（2）通过对 U/C 矩阵的正确性检验来分析数据的正确性和完整性。

（3）通过对 U/C 矩阵的求解过程得到子系统的划分。

（4）通过子系统之间的联系（"U"），可以确定子系统之间的共享数据。

二、关键成功因素法

（一）关键成功因素法的基本思想

在现行系统中，总存在着多个变量影响系统目标的实现，其中若干个因素是关键的（即关键成功因素）。1970 年，哈佛大学的威廉·扎尼（William Zani）教授在管理信息系统模型中使用了决定管理信息系统成败的关键成功变量。10 年后，麻省理工学院的约翰·罗克特（John Rockart）教授把关键成功因素提升为管理信息系统的系统规划的方法。

关键成功因素指的是对企业成功起关键作用的因素，它是企业最需要得到的决策信息，是值得管理者重点关注的活动因素。关键成功因素决定了组织所需的关键信息集合。通常，关键成功因素总是与那些能确保企业生存与发展的方面和部门相关的。在不同的组织和不同的业务活动中，关键成功因素会有很大的不同，即使在同一类型的业务活动中，在不同时期内，其关键成功因素也会不同。企业的关键成功因素应当根据企业所处的行业结构、企业的竞争策略、市场变动等具体情况来判断。例如，在商业企业中，它会以优质的客户服务及商品质量控制等作为竞争的关键成功因素。

关键成功因素法是通过分析找出使企业成功的关键因素，然后再围绕这些关键因素来确定系统的需求，并进行规划。该方法属于面向决策信息的规划方法，是一种以战略决策信息为核心，在处理企业战略与信息系统战略关系方面较强，但在企业过程建模方面较弱的规划方法。

较企业系统规划法而言，关键成功因素法是点突破法，其主要思想是"抓主要矛盾"，即抓住影响系统成功的关键因素进行分析以确定组织的信息需求，从而规划开发出满足这些需求的管理信息系统。企业系统规划法虽然是全面调查法，但是它难以获得高层管理人员关注的重要信息需求，关键成功因素法却是此方面应用的典型。

（二）关键成功因素法的优缺点

1. 关键成功因素法的优点

关键成功因素法注意到了组织和管理者必须面对变化的环境。该方法要求管理者要着眼于环境，在对环境分析的基础上认真考虑如何形成自己的信息要求。这对于高层管理和开发决策支持系统等尤其适用；为了对组织的成功予以估价，该方法要求高层管理者就评价标准（哪些是最重要的）达成共识。关键成功因素法侧重于对信息的处理（即它能使目标的识别突出重点，集中于获取高层领导的信息需求，并且进行信息需求调查所需的时间较少）。

2. 关键成功因素法的缺点

首先，数据的汇总过程和数据分析都是一种随意的方式，缺乏一种专门、严格的方法将诸多个人关键性成功因素汇总成一个明确的企业关键性成功因素。

其次，难以解决个人和组织的关键成功因素不一致的问题。在被访问者中，个人和组织的关键性成功因素往往是不一致的，两者有时易被混淆，有时对管理者个人是关键性的因素，而对组织来说却未必重要。而且，用这种方法时，由于高层管理者参与面谈，则容易明显地倾向于他们的意见。实际生活中，这一方法多用于已成功地应用决策支持系统等的开发。

最后，应注意的一点是，关键成功因素法并不一定能够避免环境或管理变革所带来的影响。环境和管理常常迅速发生改变，因此，信息系统也须做出相应的调整，而用关键成功因素法开发一个系统将无法避免这些因素的影响。

（三）关键成功因素法的步骤

（1）了解企业或信息系统的战略目标。

（2）识别所有的成功因素。主要是分析影响战略目标的各种因素和影响这些因素的子因素。

（3）确定关键成功因素。

（4）明确各个关键成功因素的性能指标。例如，现金储备情况、资产负债分析和评估标准。

（四）关键成功因素法采用的工具

识别关键成功因素所采用的工具是树枝因果图（鱼骨图、决策树）。例如，某生产企业的一个目标是扩大销售规模，用树枝因果图画出影响它的各种因素，以及影响这些因素的子因素。某生产企业的树枝因果图，如图 5-3 所示。

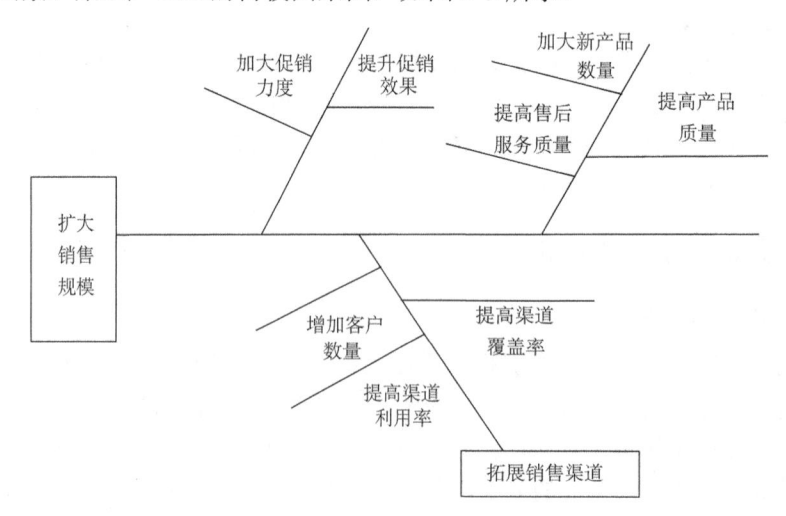

图 5-3 某生产企业的树枝因果图

（五）关键成功因素法的适用范围

关键成功因素法适用于管理目标、组织的高层管理人员。它之所以在高层管理人员中应用效果好，是因为每一个高层管理人员日常总在考虑什么是关键因素。对中层管理人员来说一般不太适合，原因在于中层管理人员所面临的决策大多数是结构化的，其自由度较小，对他们最好应用其他方法。

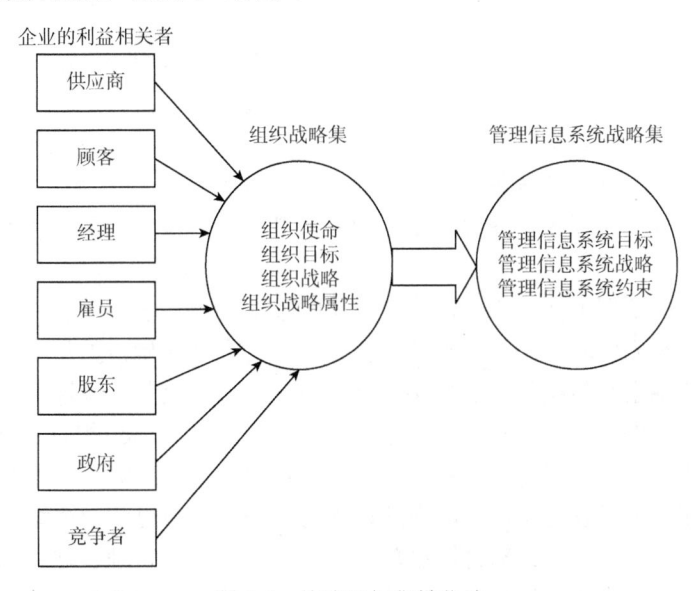

三、战略目标集转化法

（一）战略目标集转化法的基本思想

战略目标集转化法属于面向决策信息的规划方法。该方法由 William King 于 1978 年提出，它把整个组织的战略目标看成是一个"信息集合"，由组织中的使命、目标、战略和其他影响战略的相关属性组成，如发展趋势、机遇和挑战、管理的复杂性、改革习惯及重要的环境约束等，其基本出发点是把该信息集合转变为管理信息系统的战略目标。战略目标集转化法，如图 5-4 所示。

图 5-4　战略目标集转化法

（二）战略目标集转化法的特点

战略目标集转化法能够保证目标全面反映与管理信息系统相关的各种人员的要求，给出了分层结构，最终把组织的战略目标转化为管理信息系统的战略目标。

（三）战略目标集转化法的步骤

1. 识别组织的战略集

此步骤主要是为还没有写成文的战略式长期计划的组织构建战略集。具体的构建步骤如下。

（1）描绘出组织中各类人员的结构，即企业的利益相关者。例如，供应商、顾客、经理、雇员、股东、政府及竞争者等。

（2）识别组织中各类人员的使命，即组织使命。分别识别每一类相关者对企业报以何种期望,并加以汇总,它是对组织存在价值的长远设想。

(3) 识别组织中各类人员的目标,即组织目标,它是根据使命制定组织在确定时限内应该达到的标准。组织目标包括总目标、分目标和子目标。

(4) 定义组织中各类人员的战略,即组织战略,它是为了实现既定目标所确定的对策和举措。当组织战略初步识别后和战略属性的组织战略集合。

2. 将组织的战略集转化成管理,应立即送交管理人员和高级管理人员审阅和修改,最后形成包含组织使命、目标、战略信息系统的战略集

(1) 针对组织战略集合中的每个战略及相关目标与属性,找出一个或多个管理信息系统的目标。

(2) 在组织的战略和管理信息系统的目标中找出管理信息系统的约束条件。

(3) 根据组织的战略属性、管理信息系统的目标和约束条件,找出管理信息系统的设计战略。

例如,某组织的人员结构为股东、债权人和顾客等。组织的目标之一是改善现金流通,这是股东和债权人的目的。为达到这个目的,战略之一是改进信贷业务。由此引出管理信息系统的目标是提高开单速度,这个目标的约束主要是计算机和决策模型,其战略可能是新的设计方法。这样就将组织的目标转化成管理信息系统的战略目标。

总之,通过以上对制定管理信息系统的系统规划的三种常用方法的介绍,我们了解到如下内容。

(1) 在目标的识别方面。第一,关键成功因素法能抓住主要矛盾,使目标的识别突出重点。由于经理们比较熟悉这种方法,对于用这种方法所确定的目标,经理们乐于努力去实现,或者说它和传统的方法衔接得比较好。第二,企业系统规划法虽然也强调目标,但它没有明确的目标引出过程。一般是通过管理人员分析组织过程涉及组织目标,组织目标到管理信息系统目标的转换是通过组织/系统、组织/过程及系统/过程矩阵的分析得到的。专业人员可以定义出新的系统以支持组织过程,也就把组织的目标转化为管理信息系统的目标。第三,战略目标集转化法从另一个角度识别管理目标,它反映了各种人的要求,而且给出了按这种要求的分层,然后转化为管理信息系统的目标。它是一种结构化方法,但它在突出重点方面不如关键成功因素法。

(2) 在目标的细化及实现方面。关键成功因素法在目标细化和实现上作用较小,而战略目标集转化法能保证目标比较全面,疏漏较小。

在实际的管理信息系统的系统规划中,要根据组织和管理信息系统的实际情况加以选择。此外,为了弥补单个方法的不足,提倡将企业系统规划法、关键成功因素法及战略目标集转化法三种方法结合起来,即先用关键成功因素法确定组织目标,然后用战略目标集转化法补充完善组织目标,并将这些目标转化为管理信息系统的目标,用企业系统规划法验证两个目标,并确定管理信息系统的结构。

可以认为企业系统规划法包括规划与分析阶段的部分工作,一般来说,详细的调研只有项目确定下来并开展后才会去做,所以在做管理信息系统的系统规划时,用关键成功因素法和战略目标集转化法确定项目顺序即可。

第三节 业务流程重组

经济全球化使得企业之间的竞争日趋激烈,多变的市场要求企业能够快速响应用户的需求,传统的企业管理模式已经不能够适应这样的环境,严重地阻碍了企业的生存和发展。为了提高企业的管理水平,使企业在市场竞争中处于有利的地位,在管理信息系统的建设中,最重要的问题之一就是如何利用信息技术对业务流程进行重组。业务流程重组(business process reengineering,BPR)是管理信息系统的系统规划的重要内容,重组的方案及实现程度与管理信息系统的系统实施紧密相关。管理信息系统的系统规划既要关注计算机应用系统、组织的信息平台等技术性项目,更要关注这些项目对企业组织的影响,以及潜在的信息技术应用所需要的组织和管理基础,业务流程重组恰恰是更强有力的组织变革方式。在这一变革过程中,要在信息技术的支持下对业务流程进行分析、简化并重新设计,减少业务流程的不合理环节、删除冗余步骤,使得企业能够快速地对市场和客户做出反应。

一、业务流程和业务流程重组的概念

(一)业务流程的概念

业务流程(过程)是指为完成企业目标或任务而进行的一系列跨越时空的在逻辑上相关的业务活动。

哈佛商学院的迈克尔·波特(Michael Porter)教授将企业的业务流程描绘为一个价值链(value chain),竞争不是发生在企业与企业之间,而是发生在企业各自的价值链之间。只有对价值链的各个环节(业务流程)进行有效管理的企业,才有可能真正获得市场上的竞争优势。

(二)业务流程重组的概念

业务流程重组在20世纪90年代初由美国管理学家迈克尔·汉默(Michael Hammer)和詹姆斯·钱皮(James Champy)等提出,随即成为席卷欧美等国家和地区的管理革命浪潮。IBM、柯达、通用汽车和福特汽车等企业纷纷推行业务流程重组。实践证明,这些大企业实施业务流程重组以后,取得了巨大成功,企业界把它视为获得竞争优势的重要战略,将其看成一场工业管理革命。

BPR的中文名称有多种不同的译法,如业务流程重组、业务流程再造、企业流程再造、企业过程再造、企业组织再造等。本书采用业务流程重组来表述。

业务流程重组是指对企业的业务流程进行根本的再思考和彻底的再设计,以求企业关键的性能指标(如成本、质量和服务等)获得巨大的提高。该定义包含"根本的"、"彻底的"和"巨大的"三个关键词。

1. 根本的再思考

"根本的"是指不是枝节性的、不是表面性的,而是本质的、革命性的。强调用敏锐的眼光看出企业的问题,只有看出问题、看透问题,才能更好地解决问题。"根本的再思考"表明业务流程重组所关注的是企业核心问题。例如,"我们为什么要做现在的工作""我们为什么要用现在的方式完成这项工作""为什么必须由我们而不是由别人来做这份工作"等。通过对这些企业运营最根本性问题的仔细思考,企业可能会发现自己赖以存在或运营的商业假设是过时的甚至是错误的。

2. 彻底的再设计

"彻底的"就是要动大手术,要大破大立,不是一般的修补。只有这样才能打破一些陈旧的观念,为流程重组打下基础。"彻底的再设计"表明业务流程重组应对事物进行追根溯源,从根本上重新设计企业的经营过程或业务流程,创造发明全新的完成工作的方法,而不仅仅是做表面的改变或修补,即对企业的业务处理流程进行重新构建,而不是改良、增强或调整。

3. 巨大的提高

"巨大的提高"不是指获得小的改善,而是指十倍甚至百倍的提高,能够快速见到实际效果,在量变的基础上产生质变。例如,某企业在2~3年内营业额由上亿元猛增到百亿元,这种巨大的提高就是在原来线性增长的基础上的一个非线性飞跃,是一个质变。

总之,业务流程重组的关键在于选准突破点。其关注的要点是企业的业务处理流程,一切"重组"工作全部是围绕业务流程展开的,它打破了传统的金字塔形的组织结构,组织结构朝扁平化发展。

二、业务流程重组的思想、原则及本质

(一)业务流程重组的思想

业务流程重组的思想是简化与优化过程,即战略上精简分散过程、职能上纠正错位过程、执行上删除冗余过程。

(二)业务流程重组的原则

业务流程重组的原则及具体表现形式,如表5-6所示。这些原则指出了业务流程重组的指导性方法,其在内容上、分类上都有一定的局限性,不是很全、很严格。在实际运用中,为了设计出理想的业务流程,应根据企业的环境、条件等具体情况灵活运用。

表5-6 业务流程重组的原则及具体表现形式

业务流程重组的原则	具体表现形式
横向集成	跨部门按业务流程压缩
纵向集成	权力下放,压缩管理层次
减少检查、校对和控制	变事后检查为事前管理,变事中检查为事后审计
单点对待顾客	用人口信息代替中间信息
单库提供信息	建立统一的共享数据库
一条路径到达输出	明确处理路径
并行工程	将串行变为并行
灵活选择过程连接	对不同输入,用尽可能少的过程实现输出

（三）业务流程重组的本质

业务流程重组的本质是根据新技术条件下信息处理的特点，以事务发生的自然过程寻找解决问题的途径。

三、业务流程重组的实现手段

（1）信息技术。业务流程重组利用信息技术改变企业过程，简化企业业务流程。

（2）组织。变革组织结构，达到精简组织、提高效率的目的。

没有深入地应用信息技术，没有改变组织，严格地说不能算是实现了业务流程重组。除此以外，对业务流程重组更重要的是企业领导的抱负、知识、意识和艺术。没有企业领导的决心和能力，业务流程重组是绝不能成功的。只有领导给业务流程重组营造一个好的环境，业务流程重组才能得以成功。

四、业务流程重组的步骤

业务流程重组是一种管理思想、一种经营变革的理念，它从信息的角度对业务流程进行根本的再思考和彻底的再设计。现今，流程型组织的一个突出特点是以信息平台为基础，信息技术的广泛应用是流程型组织区别于其他组织结构的一个重要特征。企业在进行信息化的建设中，一般是先实施业务流程重组，再利用信息技术促进业务流程重组的实现。两项工作也可以同时进行，相互融合。企业的业务流程重组的实施过程可以参照如下步骤。

（一）启动

1. 评估目前的企业状况

首先对企业的运作过程和由此过程产生的结果进行评估。评估的目的是避免企业因过大的变化出现过多的风险，从而考察企业是否有必要采用业务流程重组改革，或者是否可以采用其他的管理改进方法，如持续的流程改进、全面质量管理和其他类似的方法。

2. 确定实施业务流程重组的理由

找出企业在目前的状态下不实施业务流程重组就不能满足市场的需要，企业将无法在激烈的竞争中继续生存下去的理由。此阶段的主要相关活动包括：找出目前的企业工作流程需要变化的理由；企业的业务环境中增加新的因素的理由；企业内部的业务流程对企业的生存构成危害的理由；竞争对手在产品和服务上是否已经显著改进等理由。

3. 描绘期望达到的状态

企业要确定通过业务流程重组后，为将来企业能够降低成本，加速新产品开发等的战略目标和未来的经营前景进行预测。

4. 组建并且培训重组的团队

首先，要获得重组团队中最重要的成员之一的高层经理人员对业务流程重组的支持，这也是重组工作中最重要的环节之一。如果没有高层经理人员的努力和对实行业务流程重组的时间的把握，大多数的业务流程重组就不能克服来自企业内部的阻力，因而，企业永远也不能彻底实行业务流程重组。

其次，重组的团队还应包括进行重组时由高层经理人员指定的管理者，此管理者主要负责一个或者若干个具体的流程，他的责任是确保该流程的顺利改造和正常运作。

最后，重组的团队还应包括一部分现有流程中的"内部人"和一部分"外部人"。"内部人"可以为某个相关的重组流程，根据自己对此流程的长处和短处的了解提供改进的措施，他们也是未来流程的使用者和最终受益者。"外部人"能够提供一些重新设计流程的创新性的建议，给流程重组带来新的思路。

此外，在一些较大的或多方的重组项目中，重组的团队还包括筹划指导委员会，它能够在全局性协调重组过程中的各个方面起作用。

总之，组建并且培训重组的团队非常重要，这个团队是支持重组工程的"基础设施"，对业务流程重组的成功有着巨大的影响。

（二）分析阶段

该阶段的主要工作：对现有流程进行量化分析，通过模拟现有流程来加深团队对目前流程的理解，找出现有流程在使用目前的技术、现有的组织结构下的瓶颈问题。从而在重组的过程中对那些出现的问题有清醒的认识，对重组的方向有清楚的把握。

（三）设计阶段

该阶段的主要工作：通过分析阶段的结果，先建立一个新的业务流程模型，确定新流程的信息需求，然后需要全面考虑新技术的影响，确定怎样通过信息技术来支持这些需求。

该阶段首先充分考虑股东、客户价值等的影响，制定出多个可供选择的设计方案，再通过顾客分析模型的确定将不同的流程选择转化成顾客的需求。最后再将多个备选方案呈报重组指导委员会，或者企业的董事会审批。

（四）实施阶段

实施阶段的主要工作包括以下几方面的内容。

1. 流程的实施

组织在实验的基础上建立一个新的流程，企业应该依据自身的特点，选择合适的实施方式（如突变式还是渐进式，全面实施还是逐步推广）来进行流程的实施。

2. 数据的转化

为了使新的数据系统能在重组过程中发挥作用，必须用新的数据淘汰以前用来支持旧流程的30%～40%的数据。

3. 培训员工

开发相应的培训课程，对员工进行观念和技术上的培训。

4. 评估流程

在整个业务流程重组实施之后，还要进行的工作是对流程进行指导并对流程的特性进行评估，包括对质量和数量特性值的动态控制。特性值包括流程特性（周期长度、成本、顾客满意度和质量等）、IT 特性（系统的使用、工作时间的缩短和纸张的节约等）及生产率指数（每小时订单处理量和每周销售额等）。

以上实现业务流程重组的步骤只是重新设计企业的一般过程，并不意味着按这些步骤去执行就一定会成功。业务流程重组不仅是单纯的技术问题，而且是一种思维的转变、一种管理的创新。

下面以奥的斯（Otis）公司的服务流程重组为例，来具体说明企业如何实行业务流程重组及其为企业带来的成果[1]。

电梯销售利润受经济周期的影响，而售后服务收入则比较稳定，因此，服务市场一直是电梯制造商争夺的热点之一。

奥的斯公司是北美最大的电梯制造商之一，它的售后服务包括维修和保养。奥的斯早期的售后服务旧流程如图 5-5 所示。管理者发现，一个维修工程师一天最多服务一两个客户，主要原因在于寻找公用电话复机的时间太长了，于是公司为工程师配备了无线手提电话和便携式计算机，客户可直接拨通工程师的手机进行联系，工程师到现场后，可从计算机里调出客户的资料，供维修时参考。工作结束后，工程师把最新的情况输入计算机，传回总部，以备更新。奥的斯售后服务新流程如图 5-6 所示。

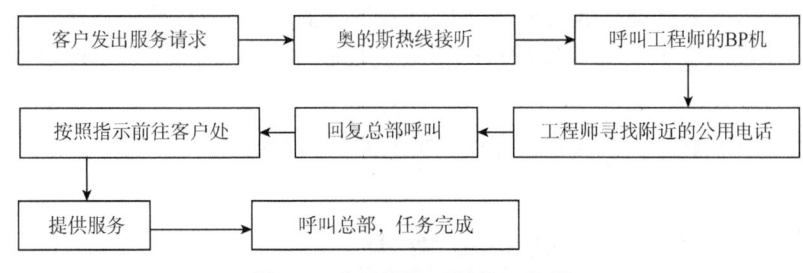

图 5-5 奥的斯售后服务旧流程

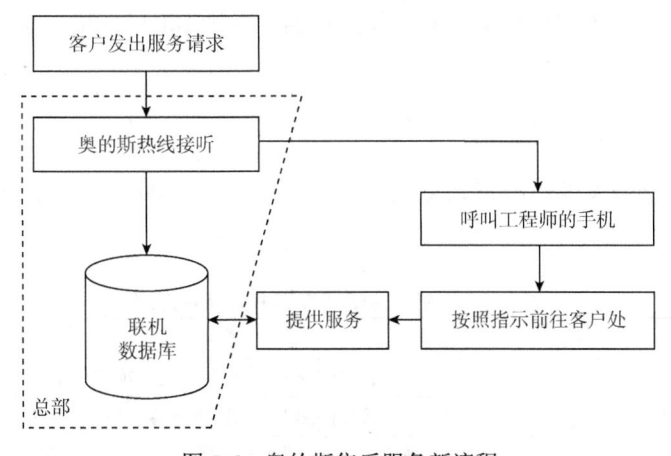

图 5-6 奥的斯售后服务新流程

奥的斯公司应用新兴的网络技术等信息平台来优化流程，起到了简化工作环境和提

---

[1] 温燕武. 西子奥的斯公司电梯改造业务流程优化研究. http://www.docin.com/p-1191050234.html. 2012-10-30.

高效率的作用。

由此可见，随着业务范围的扩大、组织规模的扩张，组织流程的种类和涉及的部门岗位也日益复杂。单靠人工方式无法解决，必须依靠信息技术，实现部分流程的自动化。当前，计算机技术和现代通信技术，尤其是智能化手机等多功能通信工具的运用使信息采集、存储、传递、处理更精确、快捷、高效，在当今的信息时代，流程型组织要依靠信息技术使流程更通畅。流程型组织与信息技术关系紧密。尤其在信息技术普遍应用的社会，信息平台为组织内部和外部各种流程的顺畅提供了基础。

业务流程重组虽然能够给企业带来巨大的收益，但也包含巨大的风险。例如，2001年，英国某调查机构对全球600个业务流程重组项目进行调查，结果是：45%的项目取得负面效益；30%的项目与预期差距甚远，只有25%的项目取得成功。项目取得成功的企业，其实施时间基本上处于1990~1995年，1995年以后的企业项目失败率占大部分比例。专家们认为，业务流程重组在实施中易出现的问题是：流程重组未考虑企业的总体经营战略思想，忽略作业流程之间的联结作用，未考虑经营流程的设计与管理流程的相互关系。

五、业务流程重组的适用情况

（1）某个企业在自己相关的连锁企业中采用业务流程重组获得成功的情况。
（2）企业需要通过调整战略和进行重构来解决企业竞争力下滑的情况。
（3）企业领导认识到业务流程重组能大大提高企业竞争力，而企业又需要扩张的情况。
（4）企业面临破产不采取业务流程重组只能倒闭的情况。

第四节 系统总体规划方案书

管理信息系统的系统规划阶段的工作结束后，整理并形成的文档资料是系统总体规划方案书[1]。

一、系统总体规划方案的组成

系统总体规划方案的组成可以参见系统总体规划方案书的简要提纲中的内容，如表5-7所示。

表 5-7 系统总体规划方案书的简要提纲

提纲	说明
引言	说明系统的名称、目标、功能和项目的由来
现行组织系统概况	组织目标和战略、业务概况和存在的主要问题
新系统的总体方案	对新系统的简要说明，分析对组织的意义和影响，提出一个主要方案及几个辅助方案。 （1）新系统的目标； （2）新系统的概念框架（信息系统建模）；

---

[1] 刘仲英. 2012. 管理信息系统. （第2版）. 北京：高等教育出版社. 346-347.

续表

提纲	说明
新系统的总体方案	（3）新系统的功能规划（功能图）、流程规划（流程图）、数据规划（数据库）； （4）新系统的平台规划（软件、硬件、网络）； （5）新系统的开发方式（自行开发、委托开发、合作开发、购买商品化软件或应用软件包二次开发）； （6）新系统的开发计划（进度和项目组织）； （7）新系统的开发预算（总经费＝平台投资＋系统集成费＋人工费＋不可预见费）； （8）系统开发组织设计（企业主要决策者之一、业务骨干、企业信息中心人员、开发方技术人员）
可行性分析	（1）管理可行性分析：从管理人员对开发应用项目的态度和管理方面的条件进行分析； （2）经济可行性分析：从支出、收益及两者之间的关系进行分析； （3）技术可行性分析：对提出的主要技术路线进行分析； （4）社会可行性分析：从组织内外部的社会环境入手进行分析
方案的比较	在比较多个方案的基础上，给出系统开发的计划
结论	对可行性结果做出结论，并予以解释。结论可以是以下5种之一： （1）可行，立即开发； （2）需要增加资源才能开始开发； （3）条件暂不成熟，推迟到某些条件具备之后才能开发； （4）需要对目标进行某些修改才能开发； （5）不能或者没有必要开发

在表 5-7 中，新系统的功能规划是指在充分理解业务过程和数据类的基础上，建立业务过程（或管理功能）和数据类（或项）之间的关系形成的 U/C 矩阵，对两者的关系进行分析。通过 U/C 矩阵识别子系统，并进行系统总体逻辑结构规划，识别功能模块。新系统的流程规划是指选择核心业务流程，进行流程分析，识别出关键流程及需要重组的流程，勾画重组后的业务流程图，直至流程重组完毕，形成系统性的流程规划方案。新系统的数据规划是指在流程重组的基础上，对流程所产生、控制和使用的数据进行识别和分类。首先定义数据类，然后进行数据规划，如按时间长短可以将数据分为历史数据、年报数据、季报数据、月报数据、日报数据等。

二、系统总体规划方案的审核

系统总体规划方案书完成后，进入审核工作。系统总体规划方案反映了系统开发人员对系统开发的看法，这个看法应该在正式会议上讨论。

（一）系统总体规划方案的审核人员

系统总体规划方案的审核人员由企业主要决策者、部门管理者、系统开发人员、外聘专家等组成。

他们能够共同探讨找出系统总体规划方案中所反映的系统开发人员对系统开发的看法的不足之处，并做出尽可能符合实际的判断。

（二）系统总体规划方案的审核结果

系统总体规划方案的审核人员经过多方面的审核，可能会出现两种结果。
（1）审核人员同意所提出的系统总体规划方案，按照方案书中的建议，要么立即开发，要么增加资源后开发，要么待时机成熟后开发，要么修改目标后开发，要么不能或者没有必要开发。

（2）审核人员对所提出的系统总体规划方案中的某些问题的判断存有争议，意见不统一。如果争议点不影响整个问题的结论，那么求同存异，把问题留到详细调查时解决；如果争议点影响整个问题的结论，那么重新侧重于调查有争议的问题。

总之，系统总体规划方案书审核通过以后，将作为下一阶段开发工作的依据，还需要签订一份正式的系统总体规划方案书文本。

本 章 小 结

管理信息系统的系统规划是按照结构化系统开发方法进行管理信息系统开发建设的第一个阶段。它是关于管理信息系统发展的长远计划，是对管理信息系统的目标和战略、实现策略和方法、实施方案等内容所做出的统筹安排。

本章在介绍了规划、管理信息系统的系统规划概念的基础上，简要说明了企业战略规划与信息系统规划的关系。在介绍了信息系统规划的任务、特点、作用、内容及诺兰阶段模型的基础上，对常用的规划的方法——企业系统规划法、关键成功因素法和战略目标集转换法的基本思想和步骤进行了说明。从本质上说，以上三种方法都是从实现企业战略目标出发去寻求管理信息系统的支持。此外，本章介绍了业务流程重组的概念、基本思想、本质等问题。在信息系统规划中，之所以还需要考虑企业业务流程重组问题，为了提高企业的竞争能力，必须根据企业的发展战略对业务流程重新进行整合，使企业能够摆脱濒临破产、倒闭、竞争力下滑的困境。最后，本章简单介绍了系统总体规划方案的组成和审核内容。

思 考 练 习 题

1. 什么是规划？什么是管理信息系统的系统规划？
2. 简述系统规划的意义、任务和特点。
3. 简述系统规划的作用和工作内容。
4. 简述诺兰阶段模型六个阶段的内容、实用意义。
5. 简述制定系统规划的时机及原因。
6. 制定系统规划时采用的企业系统规划法、关键成功因素法的优缺点分别是什么？
7. 企业系统规划法的基本思想是什么？简述其主要步骤。
8. 关键成功因素法的基本思想是什么？简述其应用步骤。
9. 试述 U/C 矩阵的应用步骤及其在系统规划中的作用。
10. 如何理解信息技术和组织是业务流程重组实现的手段？

第六章 管理信息系统的分析

本章学习目标

1. 了解系统分析的任务和目的;
2. 掌握系统分析的步骤和每一步应产生的成果;
3. 能分析并画出具体的组织结构图、管理功能图;
4. 能分析并画出具体的业务流程图、数据流程图;
5. 了解数据字典和复杂处理逻辑的描述方法;
6. 了解新逻辑方案和系统分析报告的主要作用和内容。

系统分析,又称逻辑设计,是管理信息系统开发过程中十分重要的阶段,特别是对较大规模系统的开发,系统分析工作做得好坏,直接影响整个系统的成败。系统规划阶段已对现行系统进行了宏观的调查,但还不够具体,还不能作为系统设计阶段的设计依据。系统分析是在系统规划的指导下,对系统进行深入详细的调查研究,确定出新系统的逻辑方案,为系统设计阶段提供具体的设计依据。

第一节 系统分析概述

一、系统分析的任务和目的

系统分析的主要任务是在充分认识原有手工系统或信息系统的基础上,通过问题识别、可行性分析、详细调查、确定新系统的管理模式和管理模型,最后完成新系统的逻辑方案设计,或称逻辑模型设计。逻辑方案不同于其后系统设计阶段的物理方案,系统分析的任务是解决"做什么"的问题,它侧重于从业务全过程的角度进行分析,而系统设计的任务是解决具体"怎样做"的问题。

系统分析的目的是将用户的需求及解决方法和内容分析清楚并确定下来。这些需要确定的内容包括:开发人员对现有组织管理状况的了解;用户对信息系统功能的需求;业务和数据的流程是否通畅、是否合理;管理功能和管理数据之间的关系和指标体系;

旧系统管理模式改革和新系统管理方法的实现是否具有可行性等。系统分析确定的内容是今后系统设计、系统实施的基础。

二、系统分析的主要步骤和内容

系统分析阶段的主要步骤如下：系统初步调查、可行性分析、系统详细调查、用户需求分析、新系统逻辑方案的确定。每一步骤的目标、关键问题及主要成果如表 6-1 所示。表中各步骤的主要成果是今后系统设计的重要文件，特别是可行性分析报告和系统分析说明书更为重要。可行性分析报告是系统任务可否下达的决策依据。系统分析说明书是整个系统分析阶段的分析总结，是系统分析人员和用户交流的重要手段，是系统设计阶段的重要依据。

表 6-1 系统分析的主要步骤和内容

步骤名称	目标	关键问题	主要成果
初步调查	明确系统开发的目标和规模	是否开发新系统？若开发，提出新系统的目标、规模、主要功能的初步设想，估算系统开发所需资源	系统开发建议书
可行性分析	进一步明确系统开发的目标、规模与功能，提出系统开发的初步方案与计划	系统开发的管理可行性、经济可行性及技术可行性研究，制定系统开发初步方案与开发计划	可行性分析报告、系统设计任务书（或签合同书）
现行系统详细调查和用户需求分析	详细调查现行系统的功能、业务流程和数据流程的要求，弄清用户对新系统的功能、业务流程和数据流程的要求	现行系统的结构、业务流程和数据流程的详细分析，具体问题的认定；现有系统的功能、业务流程和数据流程要做哪些改变	绘制组织现有的组织结构图、管理功能图、业务流程图、数据流程图及数据字典
新系统逻辑方案的确定	把反映用户需求的新系统应具备的功能全面、系统、准确、详细地描述出来	采用数据流程图、数据字典表达系统的逻辑模型（建模），并用先进的管理模式和管理模型对其优化	组织的新系统逻辑模型及系统分析报告书

注意上述的各步骤完成之后都有相应的决策活动，即由主管部门组织审定，具体如下。

（1）初步调查完成之后要对系统开发建议书进行审定，如果同意，则安排可行性分析。

（2）可行性分析完成后要对可行性分析报告进行审定，如果同意，下达系统设计任务书（或签协议，签合同）。

（3）现行系统调查完成之后要审查现行系统的调查报告，如果满意，则进行新系统逻辑方案的确定。

（4）新系统逻辑方案确定之后审查新系统逻辑模型及系统分析报告书，如果同意，则批准进入系统设计阶段。

第二节 系统初步调查和可行性分析

一、初步调查

由于开发管理信息系统的需求一般是由用户提出的，通常用户缺乏对管理信息系统的全面认识，而且他们不能提出定量的目标。因此，为了避免开发工作的盲目性和风险性，必须首先对组织进行初步调查、问题识别、确定系统目标，并进行可行性分析。此时，还没有进入全面的开发工作，所进行的调查只是为了进行可行性分析，因此，调查工作不需要过于详尽，只对组织的情况做些粗略调查就够了。可见，初步调查阶段的主要任务就是要明确系统开发要解决的主要问题和目标，论证系统开发的必要性和可能性，即从系统分析人员和管理人员的角度看新系统有无研发必要和可能性。

1. 初步调查的内容

调查内容包括组织全貌和信息需求情况两个方面。

（1）组织全貌包括概况、组织目标、现行系统情况、简单历史、人员基本情况、面临的问题、中长期计划及主要困难等。如是企业，还可调查了解产品、产值、利税、体制及改革情况等。

（2）信息需求情况指组织的各职能部门需要管理的数据，各部门产生的数据及频度等。另外还要调查了解组织内外部环境的信息来源与去向。

2. 初步调查的方法

调查方法主要有询问、开调查会、实习和查阅有关资料等。

二、可行性分析

开发新系统的要求往往来自于对原系统的不满，原系统可能是手工系统也可能是正在运行的信息系统。由于存在的问题可能涉及各个方面，内容分散，甚至含糊不清，这就要求系统分析人员针对用户提出的各种问题和初始要求进行识别，通过可行性分析确定开发新系统的必要性。

类似于其他工程项目，任何一个工程项目在正式开工之前，都要先组织一个专业的团队对预开工的项目进行初步调研，进行可行性分析并形成可行性分析报告，如果报告结论认为可行，即可制定项目实施计划并执行；如果报告结论认为不可行，则应提出终止该项目的建议。其目的就是避免造成新项目盲目开工造成的各方面损失。

可以说，可行性分析其实是在高层次上进行的一次大大简化了的系统分析与设计，即使分析的结论是不可行，所花费的精力也并不白费，因为它避免了一次更大的浪费。

1. 可行性分析的任务和内容

可行性分析的任务是通过初步调查分析，明确开发应用项目的必要性和可行性。必要性来自实现开发任务的迫切性。例如，企业如能尽快开发信息系统将给企业带来较大的经济效益或提高产品质量等。而可行性则取决于企业是否具备开发信息系统的资源和条件。这项工作需建立在初步调查的基础上。如果领导或管理人员对信息系统的需求不迫切，或者条件尚不具备，就是不可行，不能盲目开发新系统。

可行性分析的内容主要如下。

（1）管理上的可行性，指管理人员对开发应用项目的态度和管理方面的条件。通常，新项目的研发必须得到主管领导的支持，因为信息系统的研发涉及企业的人、财、物等各种资源，没有主管领导的支持是不能进行的。如果高中层管理人员的抵触情绪很大，也有必要等一等，积极引导，找出问题，创造条件。管理方面的条件主要指管理方法是否科学，相应管理制度改革的时机是否成熟，规章制度是否齐全及原始数据是否完备等。

（2）技术上的可行性，指应分析当前的软、硬件和通信技术能否满足对系统提出的要求，如增加存储能力、实现通信功能、提高处理速度等。此外，还要考虑开发人员的水平，因信息系统属于知识密集型的系统，对技术要求较高，如果缺乏足够的技术力量和研发经验，或者内外部技术人员配合不当，则难以成功。

（3）经济上的可行性，指预估费用支出和对项目的经济效益进行评价。在预估费用支出时，不仅要考虑计算机和通信设备费用，而且要考虑外围设备费用、软件开发费用、人员培训费用和将来系统投入运行后的日常费用，如管理、维护、通信和备品费用。经济效益应从两方面综合考虑：一部分是可以用钱衡量的显性的效益，如加快流动资金周转，减少资金积压等；另一部分是难以用钱表示的隐性的效益，如提供更多的更高质量的信息，提高取得信息的速度、提高组织的信誉等。

除以上三方面外，也可根据预开发系统的特点进行社会可行性、环境可行性等方面的分析。

2. 可行性分析报告

可行性分析的结果要用可行性分析报告的形式编写出来，内容包括：①系统简述；②项目的目标；③所需资源、预算和期望效益；④对项目可行性的结论。

可行性分析结论应明确指出以下内容之一：①可行，立即开发；②条件暂不成熟，推迟开发；③现行系统仍能满足要求，没有必要开发新系统；④不能成功，不可行。

可行性分析报告要在有关管理人员尽量取得一致认识，并在主管部门批准之后方可实施，继而进入对系统进行详细调查的阶段。详细的可行性研究报告文档格式及主要内容见本章附录1。

第三节 系统详细调查概述

一、系统详细调查的目的和原则

系统详细调查的对象是现行系统，包括手工系统和管理信息系统。系统详细调查的目的在于完整地掌握现行系统的状况，发现问题和薄弱环节，收集资料，分析用户对新系统的需求，为下一步确定新系统的管理模式、管理模型和进行新系统的逻辑设计做好准备。

系统详细调查应遵循用户与技术人员共同参与的原则，即由使用部门的业务人员、主管人员和设计部门的系统分析人员、系统设计人员共同合作进行。设计人员虽然掌握计算机、通信等信息技术，但对使用部门的业务不够清楚，而管理人员则熟悉本身业务而不一定了解信息技术，两者结合，就能互补不足，能更深入地发现现行系统存在的问题，共同研讨解决的方案。

二、系统详细调查的内容与方法

系统详细调查的主要内容包括对现行系统的目标、组织结构、业务功能、业务流程、数据流程的调查和分析。信息系统所处理的信息是渗透于整个组织之中的，系统分析员必须从具体组织的实际情况出发，逐步抽象，才能得到组织中信息活动的全貌。

系统详细调查的方法多种多样，经常使用的有以下几种。

（1）发放问卷调查法。可以用来调查系统普遍性的问题，由初步调查结果可得到组织的基本情况。

（2）召开调查会。这是一种集中调查的方法，适合于了解宏观情况。

（3）参加业务实践并收集原始单证和数据。开发人员亲自参加业务实践，不仅可以获得第一手资料，而且便于开发人员和业务人员的交流，使系统的开发工作接近用户，使用户更了解新系统。对于复杂的计算过程如能亲自动手算一算，对以后设计和编写程序设计说明书都是很有益的一步。一个好办法是在这个阶段就收集出一套将来可供程序调试用的原始单证、实际数据和输入输出表格等，并加以分类、标记说明，这对系统的具体设计和实施阶段的程序编写、考核程序的正确性很有用处。

（4）查阅组织内外部的有关资料。可从不同角度调查组织所在领域的规则、职责，以及组织的经营情况等。

（5）特殊问题的专题调查。某些特殊问题或细节的调查，可对有关的业务人员做专题访问，仔细了解每一步骤、方法等细节。

（6）不同用户和管理人员向开发人员介绍情况。对于有些开发人员没有考虑到的，又对系统研发有影响的问题，也要及时提醒用户和管理者主动向开发人员介绍情况，避免遗漏。

以上各种调查方法，可以根据系统调查的具体需要，单独或结合使用。总的原则是，以了解清楚现状为最终目标。

三、系统详细调查中应注意的问题

系统详细调查是一项繁重的工作，涉及业务面很广，因此合理地选择组织和协调各方面工作的方法是很重要的，它决定了详细调查工作能否顺利进行。实际中，系统详细调查阶段应注意以下几个问题。

（1）调查前要做好计划和用户培训。根据系统需要，明确调查任务的划分和规划，列出必要的调查大纲，规定每一步调查的内容、时间、地点、方式和方法等。对用户进行培训或发放说明材料，让用户了解调查过程、目的，并参与调查的整个过程。这样便于开发人员和用户的协调，而且可以使调查有序、高效。

（2）调查与分析整理相结合。调查中得到的资料要及时整理，发现不相容的情况及遗漏问题应及时补充调查，以得到合理的解释。

（3）调查结果采用图标工具表达。为了便于分析人员和管理人员之间进行业务交流和分析问题，在调查过程中应尽量使用各种形象、直观的图标工具。图标工具的种类很多，通常用组织结构图描述组织的结构，用管理业务流程图和表格分配图描述管理业务状况，用数据流程图描述和分析数据、数据流程及各项功能，用判断树和判断表等描述处理功能和决策模型。

四、详细调查与初步调查的区别

1. 前提条件和目的不同

初步调查的目的是明确问题，以及系统开发要解决的主要问题和要实现的目标，论证系统开发的必要性和可能性，为编写可行性分析报告做准备，前提是系统项目还不一定做。而详细调查是在已确定系统项目要做的前提下展开的，详细调查的目的是弄清现行系统的基本功能及信息流程，为新系统逻辑模型提供基础。

2. 内容不同

初步调查的重点是了解系统的概况及与外部的关系，包括资源情况、能力情况、外部影响情况等。详细调查的重点在于更详细和更具体地了解系统的内部情况，从而可以提供在新系统设计时改进或更换的内容。

不重视详细调查会导致对新系统信息需求的考虑不充分，因为详细调查的主要任务在于理解现有业务问题和信息需求。新系统的建立总是以现有系统为基础的，只有弄清楚现有系统哪些是合理的、必要的，哪些是需要改进的、增加的，才能建立合适的新系统。因此，详细调查是建立新系统的前期工作和基础工作。如果这一阶段工作没做好，不但逻辑模型设计做不好，而且以后的物理设计和实施工作都会受到影响，因此系统分析员一定要做好系统的详细调查。

第四节　系统详细调查——管理业务调查

管理信息系统的本质是基于现代信息技术的信息处理系统，是提高管理水平的一种手段和工具。要达到提高管理水平的目的，开发人员还必须对现行管理业务的组织结构、管理功能和管理业务流程等展开详细调查。另外，管理信息系统的运行离不开环境的影响，所谓环境，指不包括在本系统之中但又对本系统产生较大影响的因素的集合。管理系统是信息系统的环境，所以，管理信息系统的运行环境也必须在调查之列。这里的环境可包括组织结构、规章制度及管理人员的素质等。

一、组织结构调查

组织结构指的是一个组织（部门、企业、学校等）的组成及这些组成部分之间的隶属关系，可用"组织结构图"来描述。通过了解组织结构可掌握各平行部门之间、上下级各部门之间的业务关系和信息流关系，也可初步了解哪些部门需要或不需要管理信息系统的技术支持。以一般商业企业为例，组织结构图如图6-1所示。

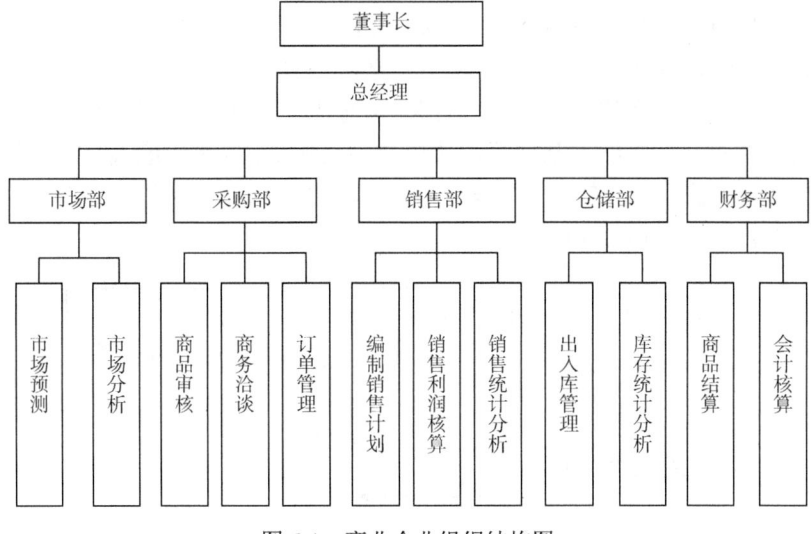

图 6-1　商业企业组织结构图

二、管理功能调查

管理功能调查是对组织中各部门的原有手工系统或信息系统的管理功能进行调查，了解当前各部门的管理功能和存在问题，为后续系统设计的功能划分打好基础，通常用"管理功能图"来描述组织中各部门的管理功能及层次关系。例如，会计核算部门的管理功能可用会计核算部门的管理功能图来表示，如图 6-2 所示。

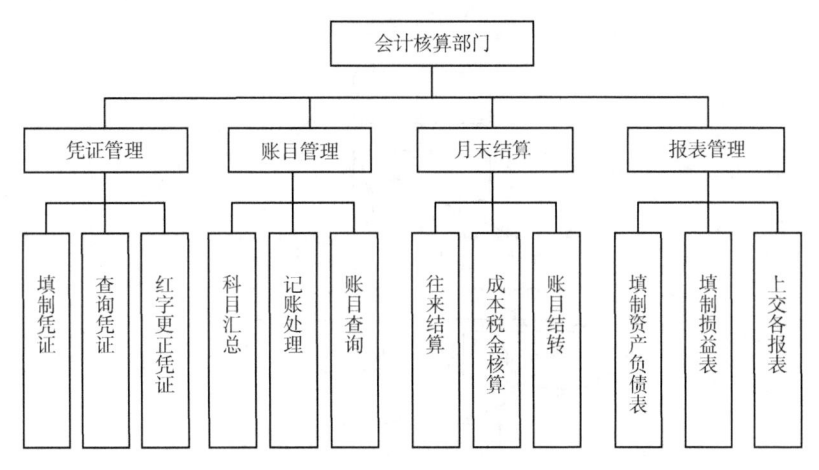

图 6-2　会计核算部门的管理功能图

三、业务流程调查与分析

组织结构图描述了在组织边界之内各部门之间的隶属关系，管理功能图描述了组织中各部门的主要业务功能情况，这只是一种粗略的描述。为了弄清各部门的信息处理工作中，哪些与信息系统建设有关、哪些无关，就必须了解组织的业务流程，明确系统规划中业务流程规划对流程改革与创新的要求，对原有业务流程存在的问题做具体分析、认定。系统分析员应按照业务活动中信息流动过程，逐个调查所有环节的处理业务、处理内容、处理顺序和对处理时间的要求，弄清各环节需要的信息内容，信息来源、去向、处理方法、提供的时间和信息形态等。有关的调查情况可以用"业务流程图"来表示。

业务流程图描述了组织中某项管理功能的作业顺序、各单位或人员之间的业务关系及单据（或数据）流向。一般采用业务流程的标准图符或行业习惯的图符来描述。常用业务流程图标准图符如图 6-3 所示。

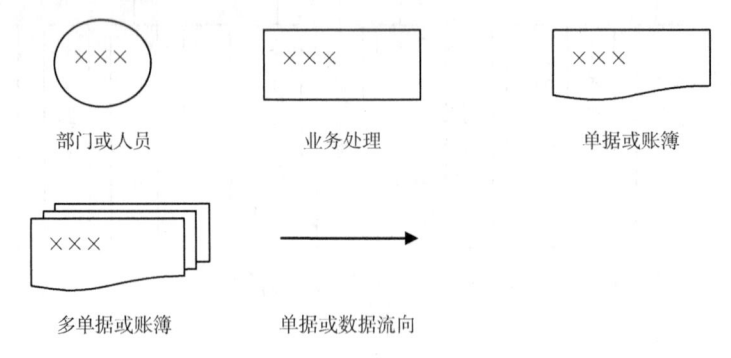

图 6-3　业务流程图常用图符

例如，依据会计核算部门的管理功能和业务流程，画出该部门的业务流程图如图 6-4 所示。

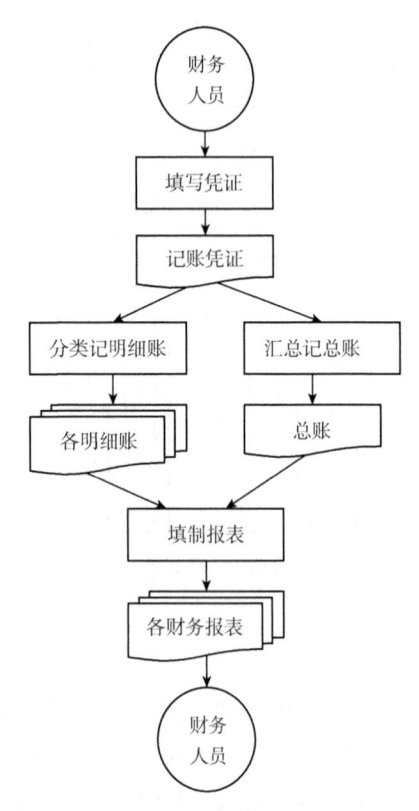

图 6-4　会计核算系统的业务流程图

第五节 系统详细调查——数据流程调查

采用业务流程图来描述管理功能的业务流程简单易懂，便于业务人员和技术人员的理解和交流，但无论采用业务流程的标准图符还是行业习惯的图符来描述，这类图通常都是由熟悉业务的人员理解和使用的，也可以说是一种面向业务人员的图符描述方法。而对于管理信息系统进行业务分析的专业人员，为便于采用计算机对业务流程进行实际的数据处理，通常使用下面介绍的数据流程图（data flow diagram，DFD）来描述组织中某管理功能的业务流程。实际应用中，数据流程图同样也可以作为业务人员和技术人员都容易理解的交流工具。

一、数据流程分析

数据流程分析（data flow diagram analysia，DFDA）是把组织内部手工或原信息系统中数据的流动情况抽象地独立出来，舍去具体组织机构、信息载体、处理工具、物资、材料等，单从数据流动过程来考察实际业务的数据处理模式。数据流程分析主要包括对信息的流动传递、处理、存储等分析。数据流程分析的目的是发现和解决数据流程中的问题。这些问题可能使数据流程不通畅、前后数据不匹配、数据处理过程不合理等。一个畅通的数据流程是今后新系统实现这个业务处理过程的基础。

数据流程分析源于结构化分析，是一种以数据流程图技术为基础的、自顶向下、逐步求精的系统分析方法。

数据流程分析的核心特征是"分解"和"抽象"。所谓分解，是指将一个复杂的问题按照内在的逻辑，划分为若干个相对独立的子问题，从而简化复杂问题的处理。所谓抽象，是指将一个具有某些相似性质的事物的共同之处概括出来，暂时忽略其不同之处，或者说，抽象是抽象出事物的主要的本质的特征而暂时不考虑它们的细节。

例如，如图6-5中，S被分解为S1、S2、S3三个子系统，S1、S2、S3又被分解为S11、S12、S13、S21、S22、S31、S32。如果子系统仍然比较复杂，还可以再进一步分解。如此下去，直到每个子系统足够简单，能清楚地被理解和表达为止。

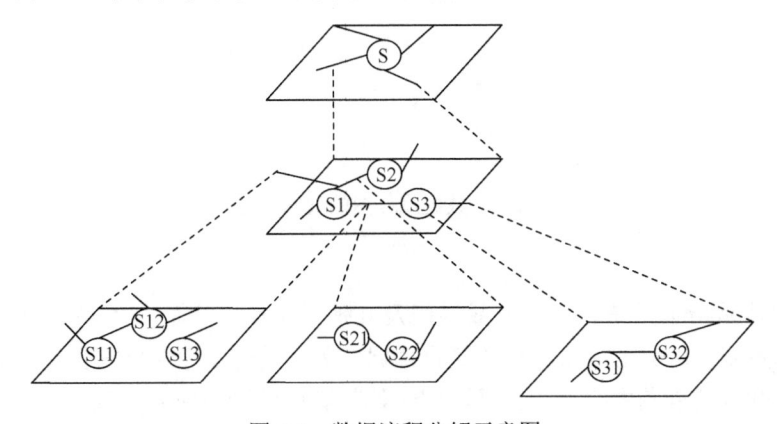

图6-5 数据流程分解示意图

分解和抽象实质上是一对相互有机联系的概念。图6-5中，自顶向下的过程，即从顶层到第二层再到第三层的过程，称为"分解"；自底向上的过程，即从第三层到第二层再到顶层的过程，称为"抽象"。也就是说，下层是上层的分解，上层是下层的抽象。这种层次分解使我们不必考虑过多细节，而是逐步了解更多的细节。例如，图6-5中，对于顶层不考虑任何细节，只考虑系统对外部的输入和输出，然后一层层地了解系统内部的情况。

对于任何复杂的系统，分析工作都可以按照上述方式有计划、有步骤地进行，大小规模不同的系统只是分解的层次不同，通常，规模大的系统分解的层次多，规模小的系统分解的层次少。

二、数据流程图

目前的数据流程分析是通过分层的数据流程图（或称为数据流图）来实现的。数据流程图就是用图示的方法说明系统由哪些处理部分组成，以及各处理部分之间的联系、数据来源及去向。它描述了一个系统与具体实现无关的整体框架，是理解和表述系统的关键工具。数据流程图将数据从数据流程中抽象出来，通过图形方式描述信息的来龙去脉和实际流程。数据流程图描述了系统的本质、数据内容及处理功能，是业务流程中数据流动过程的描述，只与业务数据有关，而与硬软件技术具体如何实现无关，所以称为系统的逻辑模型或概念模型。

（一）数据流程图的基本符号及含义

数据流程图有四种基本元素，即外部实体、数据存储、数据流、处理逻辑。这四种元素采用的表示符号如图6-6所示。

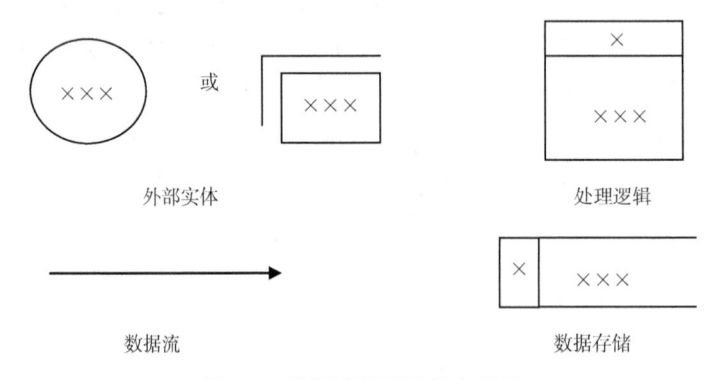

图6-6 数据流程图的基本符号

1. 外部实体

外部实体是指本系统之外的人或部门及其他子系统，它们与本系统有信息传递关系，即向本系统发送数据或从本系统接收数据。在方框内要标注外部实体的名称。为了避免在一张数据流程图中线条的交叉，同一外部实体可以出现若干次。

2. 数据流

数据流即数据流动或传输方向。数据流表示数据的流动情况，它可以是一项数据，也可以是一组数据（如订货单、往来账款等）。数据流在实际中意味着各种各样的信息传输，如数据的传递、抽取、存入等。通常在数据流符号的上方标明数据流的名称。

3. 处理逻辑

处理逻辑（又称处理过程）是一个对输入数据流进行加工、交换或输出数据流的逻辑处理过程。如果将数据流比喻成工厂中的零部件传送带，数据存储是零部件的储存仓库，那么每一个加工工序就相当于数据流程图中的处理逻辑。一般用一个长方形来表示处理逻辑，图形上部填写唯一标识该处理逻辑的编号或标志，下部填写处理逻辑的名称（如开发票、出库处理等）。

4. 数据存储

数据存储是指存放数据记录或数据文件的地方（如数据文件、票据、账本等）。通常用右边开口的长方形条表示，右部填写存储的数据记录或数据文件的名字，左边填入该数据存储的编号或标志。同外部实体一样，为了避免在一张数据流程图中出现线条交叉，同一个数据存储可以出现若干次。

（二）数据流程图的绘制方法

根据数据流程的分析方法，数据流程图的绘制应按照"自顶向下，逐层求精"的方法进行。也就是首先将整个系统当作一个简单处理功能，画出它和周围实体的数据联系过程，即一个粗略的数据流程图（顶层数据流程图），然后逐层向下分析，直到把系统分解为详细的低层次的数据流程图。数据流程图的绘制遵照业务处理的全过程。绘制数据流程图的过程，也是和相应的调查记录、数据记录反复对照的过程，因此在这个过程中能够发现处理过程不合理、数据不匹配、数据流不通畅等问题。

1. 绘制顶层数据流程图

顶层数据流程图只有一张，它说明系统总的处理功能、输入和输出。根据系统的范围、目标和用户的需求，划定系统的界面。界面内作为分析的系统，界面外与系统有数据联系的部门或事物，则认为是外部实体。

以会计核算管理系统为例，会计管理是一项十分严肃认真的工作，它要记录企业财务收支情况并产生上报给主管部门的各种财务报表。首先，把整个系统看成一个简单功能。它的输入是企业内外部发生的单据，如内部借款、外部发票等，输出是上报主管部门的各种财务报表和税务报表等，其顶层数据流程图如图6-7所示。

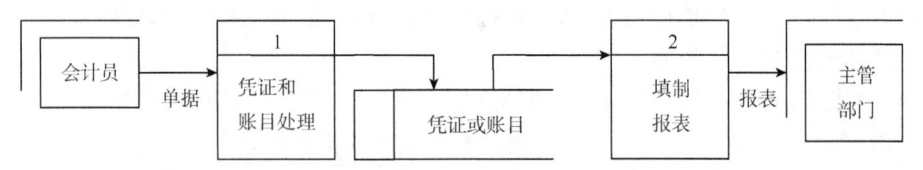

图6-7 会计核算管理系统顶层数据流程图

2. 绘制低层次数据流程图

对顶层数据流程图中的过程进行逐步分解，可得到不同层次的数据流程图。数据流程图分多少个层次，每个层次中一个功能分解为多少个低层次的功能，要根据情况而定，一般原则是将功能分解到便于技术人员和业务人员理解、交流，又便于后面的系统设计为止。通常，系统越复杂、包含范围越广，划分的层次就越多。

例如，会计核算管理一般包括凭证管理、账目管理和报表管理三部分，因此又可以展开，进而形成第二层数据流程图，如图 6-8 所示。

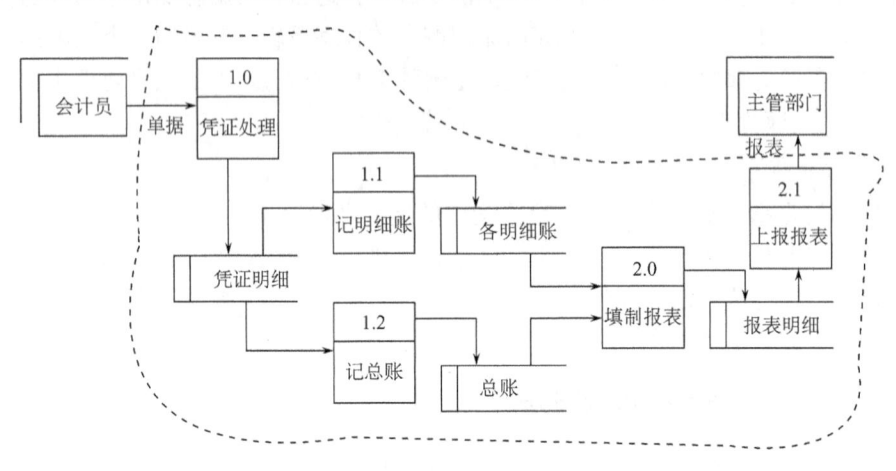

图 6-8　会计核算管理系统第二层数据流程图

如果有必要，还可以对第二层数据流程图进一步分解，得到更详细的第三层数据流程图，如各明细账存储还可以细分为现金明细账、银行存款明细账及一般明细账。

3. 绘制数据流程图的注意事项

（1）数据流程图的绘制一般由左至右进行。从左侧开始标出外部实体，然后画出由外部实体产生的数据流，再画出处理逻辑、数据流、数据存储等元素及其相互关系，最后在流程图的右侧画出接收信息的系统外部实体。

（2）父图与子图的平衡。子图是对父图中处理逻辑的详细讲述，因此父图中数据的输入和输出必须在子图中反映，即父图与子图必须平衡，或者说，父图与子图必须具备接口一致性。父图与子图的平衡要求是数据流守恒原则的体现，即对每一个数据处理功能来说，要保证分解前后的输入数据流和输出数据流的数目保持不变。

（3）数据流至少有一端连接处理框。数据流不能直接从外部实体直接传送到数据存储，也不能从数据存储直接传送到外部实体。

（4）数据存储输入/输出协调。数据存储必定有输入数据流和输出数据流，缺少任何一个则意味着遗漏了某些加工。

（5）数据处理输入/输出协调。数据处理必定有输入数据流和输出数据流。只有输入没有输出，则数据处理无须存在；只有输出没有输入的数据处理是客观不存在或错误的。

（6）合理命名、准确编号。对数据流程图的基本元素进行编号，这样有利于编写数据字典及方便系统设计人员和用户的阅读与理解。

4. 绘制数据流程图的简单示例

为便于读者绘制和理解采用数据流程图描述业务数据流的作用，下面给出几个简单示例供参考。

例1：绘制定货过程的数据流程图。

用户将订货单交某企业的业务部门做业务处理，经检验后，对不合格的订单由用户重新填写，合格的订单交仓库做出库处理：查阅库存台账，若有货则向用户开票发货，否则，通知采购员订购。订货过程的数据流程图如图6-9所示。

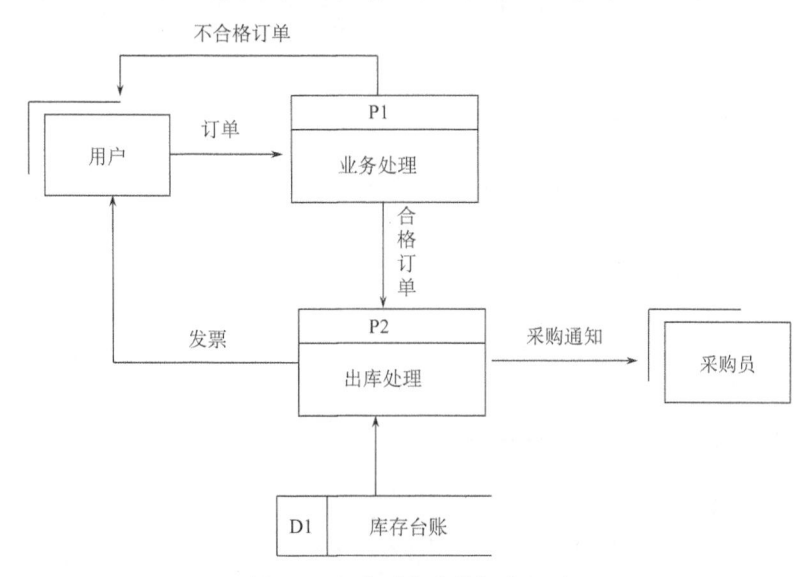

图 6-9 订货过程的数据流程图

例2：某仓库管理系统按以下步骤进行信息处理，试画出数据流程图。

（1）保管员根据当日的出库单和入库单通过出库处理和入库处理分别将数据输入到"出库流水账"和"入库流水账"，并修改"库存台账"。

（2）根据库存台账由统计打印程序输出库存日报表。

（3）需要查询时，可利用查询库存程序在输入查询条件后，到库存台账去查找，显示查询结果。数据流程图如图6-10所示。

例3：车间填写领料单数据流程图。

车间填写领料单给仓库要求领料，库长根据用料计划审批领料单，未批准的退回车间，已批准的领料单送到仓库保管员处，由他查阅库存账。若账上有货则通知车间前来领料，否则将缺货通知采购人员。数据流程图如图6-11所示。

例4：绘制储蓄所取款系统的数据流程图。

（1）查对处理。经查对账户，将不合格的取款单、存折、定期存单退回储户。

（2）取款处理。合格的取款单、存折、定期存单送取款处理。处理时要修改账户，处理结果是将存折、利息单和现金交储户，同时将定期存单、取款单存档。数据流程图如图6-12所示。

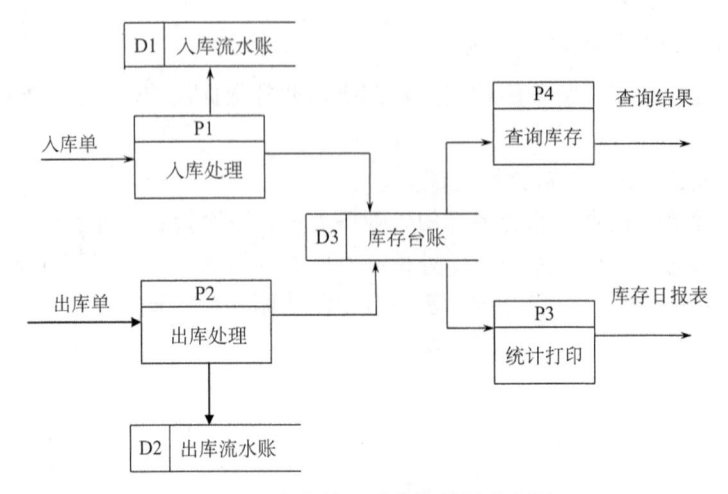

图 6-10 仓库管理系统的数据流程图

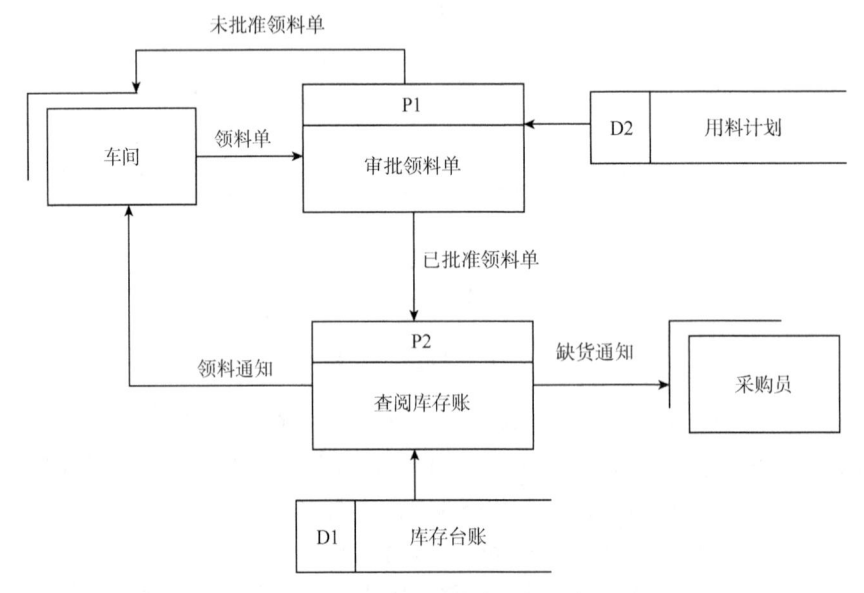

图 6-11 车间填写领料单的数据流程图

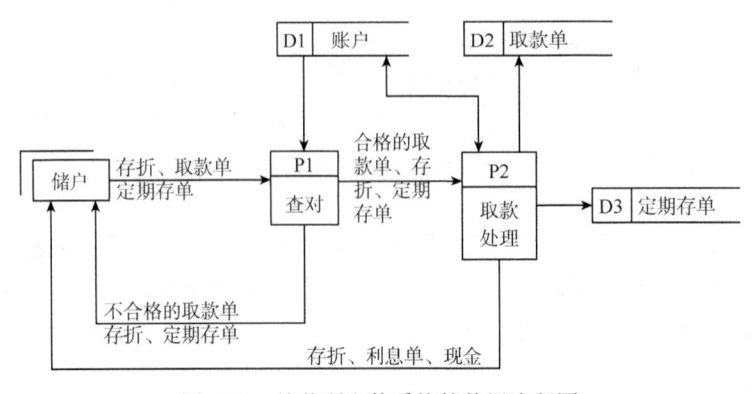

图 6-12 储蓄所取款系统的数据流程图

例 5：绘制图书馆阅览室读者借阅书数据流程图。

读者交索书单，首先查找书库文件，如无书通知读者，有书再查读者记录文件。如果有人阅读则通知读者，无人阅读则通知取书。取书后通知读者借书成功，并做修改读者记录文件处理。数据流程图如图 6-13 所示。

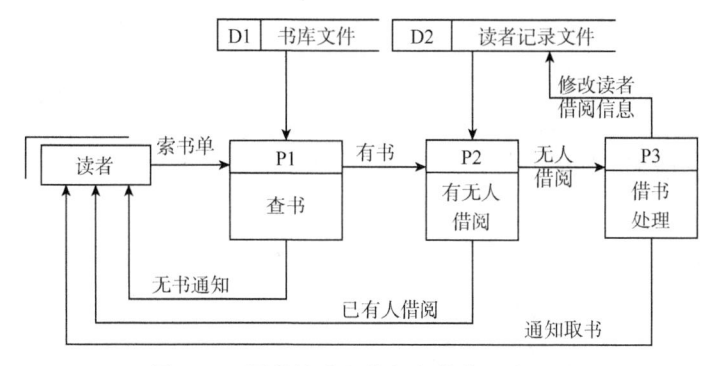

图 6-13　图书馆读者借阅书的数据流程图

三、数据字典

为了对数据流程图中的各个元素做出详细的说明，有必要建立数据字典（data dictionary，DD）。数据字典的内容主要是对数据流程图中的数据项、数据结构、数据流、处理逻辑、数据存储和外部实体等六个方面进行具体的定义。它详细地定义和解释了数据流程图上未能表达的内容，并以字典式顺序将它们组织起来，使得用户和分析员对所有的输入、输出、存储成分和中间计算有共同的理解。数据流程图配以完整的数据字典，就可以从图形和文字两个方面对系统的逻辑模型进行完整的描述。

（一）数据项和数据结构的描述

1. 数据项

数据项（数据元素）是系统中数据的最小单位。

例：数据项描述。

数据项名称：凭证编号：0001—9999。

简述：每月从 0001 重新开始编号，编号必须连续。

别名：凭证号。

长度：4 位数字。

取值含义：体现该凭证每月发生的时序关系。

2. 数据结构

数据结构描述了某些数据项之间的关系。一个数据结构可以由若干个数据项组成，也可以由若干个数据结构组成，还可以由若干个数据项和数据结构组成。

例：数据结构描述。

数据结构名称：记账凭证。

简述：依据企业发生的单据填写并作为记账依据。

组成：记账凭证。
凭证编号。
摘要。
借方科目、子目。
贷方科目、子目。
发生额。
制单人。

（二）数据流的描述

例：数据流描述。
数据流名称：单据。
简述：企业内外部发生的借款单、发票等。
数据流来源："会计员"外部实体。
数据流去向："凭证处理"处理逻辑。
数据流组成：凭证编号＋摘要＋借方科目、子目＋贷方科目、子目＋发生额＋制单人。
流通量：200 份/天；月末高峰时，400 份/天。

（三）处理逻辑的描述

1. 描述内容

例：处理逻辑描述。
处理逻辑名称：记总账。
编号：1.2。
简述：每次记总账时先自动按科目分类汇总后再记入相应总账科目中。
输入：由记账凭证提取的按科目分类汇总后的数据。
处理：
（1）由记账凭证中提取还没有记过总账的新数据，避免重复记账；
（2）按科目分类汇总，求出每个发生科目的金额总和；
（3）记入总账相应科目发生额；
（4）求出本期余额；
（5）将本次已记过总账的数据加上记账标记；
输出：处理结果存入总账数据存储。

2. 描述方法或工具

数据流程图中比较简单的计算性的处理逻辑可以在数据字典中做出定义，但是还有逻辑上的比较复杂的处理，有必要运用一些描述处理逻辑的工具来加以说明。下面介绍常用描述逻辑判断功能的几种工具和方法。

1）判断树

判断树是用来表达加工逻辑的一种工具。图 6-14 所示即为用于根据用户欠款时间长短和现有库存量情况处理用户订货方案的判断树。判断树比较直观，容易理解，但当条件多时，不容易清楚地表达出整个判断过程。

```
                    ┌─ 金额＞$500 ─┬─ 欠款＞60天——不发出批准书
检查发货单 ─┤              └─ 欠款≤60天——发出批准书、发货单
                    └─ 金额≤$500 ─┬─ 欠款＞60天——发出批准书、发货单及赊欠报告
                                   └─ 欠款≤60天——发出批准书、发货单
```

图 6-14　判断树

没有一种统一的方法来构造判断树，也不可能有统一的方法，因为它是以用结构化语言，甚至是自然语言写成的叙述文作为构造树的原始依据的。

2) 判定表

判定表（又称判断表）是采用表格方式来描述处理逻辑的一种工具，这里仍以"检查发货单"的例子来说明。表 6-2 中，条件项是针对各种条件给出的多组条件取值的组合，操作项列出了可能采取的一个或多个动作。采用判断表可清晰地表示复杂的条件组合与应做动作之间的对应关系，容易为管理人员和系统分析人员所接受。

表 6-2　检查发货单的判断表

	项目	1	2	3	4
条件项	发货单金额	＞$500	＞$500	≤$500	≤$500
	赊欠情况	＞60	≤60	＞60	≤60
操作项	不发出批准书	√			
	发出批准书		√	√	√
	发出发货单		√	√	√
	发出赊欠报告			√	

3) 结构英语表示法

这是一种模仿计算机语言的处理逻辑描述方法。它使用了由"IF""THEN""ELSE"等词组成的规范化语言，更利于直接转化为某种计算机编程语言。下面是商店业务处理系统中"检查发货单"的处理逻辑的结构英语表示方法。为了理解方便，这里将条件和应采取的动作用中文表示。

例：IF 发货单金额超过$500 THEN
　　IF 欠款超过 60 天 THEN
　　　　在偿还欠款前不予批准
　　ELSE（欠款未超期）
　　　　发批准书及发货单
　　END IF
ELSE（发货单金额未超过$500）
　　IF 欠款超过 60 天 THEN
　　　　发批准书，发货单及催款通知
　　ELSE（欠款未超期）

发批准书及发货单
END IF
END IF

以上三种方法可以交叉使用。

总之，处理逻辑说明是结构化分析方法的一个组成部分，对每一个复杂的处理逻辑都要加以说明。使用的手段，应当以结构化语言为主，对存在判断问题的处理逻辑，可辅之以判断树和判断表。

（四）数据存储的描述

例：数据存储描述。

数据存储名称：凭证明细。

简述：存放每次录入的记账凭证。

流入的数据流：依单据而录入的记账凭证数据。

流出的数据流：供明细账和总账的记账数据。

数据存储的组成：凭证编号＋摘要＋借方科目、子目＋贷方科目、子目＋发生额＋制单人。

（五）外部实体的描述

例：外部实体描述。

外部实体名称：会计员。

简述：负责制凭证的会计或出纳员。

从外部实体输入的数据流：企业内外部发生的单据。

数据字典的编写是系统开发中很重要的一项基础工作，从系统分析一直到系统设计和系统实施都要使用它。在数据字典的建立、修改和补充过程中，始终要注意保证数据的一致性和完整性。

数据字典有两种存储形式：一种是人工方式，它是把有关内容记录在纸介质上；另一种是存储在计算机中，通过一个数据字典软件来管理。

第六节 新系统逻辑方案的确定

一、确定新系统的管理模式和管理模型

确定新系统的管理模式就是要确定实现系统目标的具体思路和框架；确定具体业务的管理模型，就是要确定今后系统在每一个具体管理环节上的处理方法。这个问题一般应根据系统分析的结果和管理科学方面的知识来确定。在此无法给出统一的管理模式和具体管理模型，只能按实际情况来确定。

通常，确定新系统的管理模式，可采用集中一贯的领导体制，还是松散的管理体制，主辅分离；或主业集中，其他分流等管理模式，都应在此期间确定。

而管理模型是系统在每一个具体管理环节上所采用的方法。在老的手工系统中，受信息获取、传递和处理手段的限制，只能采用一些简单的管理模型。而在计算机技术支持下，许多复杂的计算在瞬间即可完成，这样像 MRP II 等现代管理方法的应用就具有了现实的可能性。在管理信息系统的系统分析中，就要根据业务流程和数据流程的分析结果，对每一个处理过程进行认真分析，研究每个管理过程的信息处理特点，找出相应的管理模型，这是使管理信息系统充分发挥作用的前提。

管理科学的发展在管理活动的各个层次、各个环节都形成了较为成熟的管理方法和定量化的管理模型，为管理信息系统的应用创造了条件，但在一个具体系统中应当采用的模型则必须由前一阶段分析结果和有关管理科学状况决定，因而并无固定模式。但管理作为一门科学，仍是有规律可循的。下面概略介绍一些常用的管理模型，供确定管理模型时借鉴和参考。

1. 综合计划模型

综合计划是企业生产、经营活动的总计划。常用的综合计划模型有以下两类。

（1）综合发展模型，即企业的近期发展目标模型，包括盈利指标、生产规模等。常用的模型有企业中长期计划模型、厂长任期模型、新产品开发和生产结构调整模型、中长期计划滚动模型等。

（2）资源限制模型，反映了企业各种资源对企业发展模型的制约，常用模型有数学规划模型、资源分配限制模型。

2. 生产计划管理模型

生产计划的制定主要包括生产计划大纲的编制和详细的生产作业计划。

（1）生产计划大纲的编制主要是指安排与综合生产计划有关的生产指标。常用的模型有数学规划模型、物料需求计划模型、能力需求计划模型和投入产出模型等。

（2）生产作业计划具体安排了生产产品数量、加工路线、加工进度、材料供应、能力平衡等。常用的模型有投入产出矩阵、网络计划、关键路径模型、排序模型、物料需求、设备能力平衡、滚动作业计划等。

3. 库存管理模型

库存管理有许多不同的模型，如最佳经济批量模型等。常用的是程序化的管理模型、库存物资分类法、库存管理模型等。

4. 财会管理模型

财会管理模型相对比较固定，确定一个财会管理模型主要包括以下几个方面。

（1）会计记账科目的设定（一般第一、第二级科目都由国家和各行业/部规定，第三、第四级科目由单位自定）。

（2）会计记账方法的确定（主要是借贷法和增减法）。

（3）财会管理方法（计划、决策、调整及具体的管理措施等）。

（4）内部核算制度或内部银行的建立，以及具体的核算方法等。

（5）安全、保密措施，以及与其相对应的运行制度和管理方法。

（6）文档、数据、原始凭证的保存方法与保存周期。

（7）审计和随机抽查的形式、范围和对账方法等。

5. 成本管理模型

成本管理模型主要有成本核算模型、成本预测模型、成本分析模型等。

（1）成本核算模型包括直接生产过程的消耗和间接费用的分配。用于直接生产过程消耗计算的常用方法有品种法、分步法、逐步结转法、平行结转法、定额差异法等；用于间接费用分配的常用方法有完全成本法和变动成本法。

（2）成本预算模型，主要包括数量经济模型、投入产出模型、回归分析模型、指数平滑模型等。

（3）成本分析模型，主要有实际成本与定额成本比较模型、本期成本与历史同期可比产品成本比较模型、产品成本与计划指标模型、产品成本差额管理模型和量本利分析模型等。

6. 统计分析与预算模型

统计分析与预算模型一般用来反映销售、市场、质量、财务状况等变化情况及未来发展的趋势，内容包括市场占有率分析，消费变化趋势分析，以及利润变化、质量状况与指标分步分析，综合经济效益指标分析等。常用的预算模型有多元回归预算模型、时间序列预算模型和普通类比外推模型等。

由于管理模型是一个广义的概念，涉及管理的方方面面，同时不同单位由于环境条件各不相同，对管理模型也会有不同的要求，所以在系统分析阶段必须与用户协商，共同决定采用哪些模型。

二、确定新系统的逻辑处理方案

逻辑处理方案是系统分析阶段的最终成果，也是今后进行系统设计和实施的依据。新系统的逻辑方案主要包括：对系统业务流程分析整理的结果、对数据及数据流程分析整理的结果、子系统划分的结果、各个具体的业务处理过程，以及根据实际情况应建立的管理模型和管理方法。新系统的逻辑方案是系统开发者和用户共同确认的新系统处理模式及共同努力的方向。

本章前面各节已经对原有系统进行了大量的分析和优化，这个分析和优化的结果就是新系统拟采用的逻辑处理方案。它包括以下几部分。

1. 确定合理的业务处理流程

（1）删去或合并了哪些多余的或重复处理的过程。

（2）对哪些业务处理过程进行了优化和改动，改动的原因是什么，改动（包括增补）后将带来哪些好处。

（3）给出最后确定的业务流程图。

（4）指出在业务流程图中哪些部分由新系统（主要指计算机软件系统）完成，哪些部分需要用户完成（或者需要用户配合新系统来完成）。

2. 确定合理的数据和数据流程

（1）请用户确认最终的数据指标体系和数据字典。确认的内容主要是指标体系是否全面合理，数据精度是否满足要求并可以统计达到这个精度等。

（2）对哪些数据处理过程进行了优化和改动，改动的原因是什么，改动（包括增补）后将带来哪些好处。

（3）给出最后确定（即优化后）的数据流程图。

（4）指出在数据流程图中的人-机界面。

3. 确定新系统的逻辑结构和数据分布

功能数据分析的结果分为以下两部分。

（1）新系统逻辑划分方案（即子系统的划分）。

（2）新系统数据资源的分布方案，如哪些在本系统设备内部，哪些在网络服务器或主机上？

4. 新系统逻辑模型的运行环境

经过前面对现行系统的调查、分析和优化，提出了新的管理信息系统逻辑模型，即新信息系统将是什么、做什么和如何做。如同现行系统一样，新系统需要一定的运行环境，在系统逻辑模型中，应对新系统的运行环境提出要求或设想。

新的管理信息系统运行环境包括以下几部分。

（1）硬件设备和布局。①系统总体结构；②单机用户/网络系统；③网络拓扑结构：用星形还是其他拓扑结构。

（2）软件系统。①操作系统；②数据库管理系统；③程序设计语言；④应用/工具软件系统。

（3）机构调整和人员调整设想。

（4）规章制度和岗位职责。

三、编写系统分析报告书

系统分析报告是分析任务的最终产物，通过建立完整的信息描述、详细的功能和行为描述、性能需求和设计约束的说明、合适的验收标准，给出对目标软件的各种需求。系统分析报告又称系统报告说明书，是系统分析阶段的成果和重要文档。它反映了这一阶段调查分析的全部情况，是下一步设计与实现系统的纲领性文件。用户可通过系统分析报告来验证和认可新系统的开发策略和开发方案，而系统设计师则可用它来指导系统设计工作和作为以后的系统设计标准。此外，系统分析报告还可以作为评价项目成功与否的标准。

一份合格的系统分析报告不但要充分展示前段调查的结果，而且要反映系统分析结果——新系统逻辑方案。系统分析报告应达到的基本要求是：全面、系统、准确、翔实、清晰地反映系统开发的目标、任务和系统功能。

系统分析报告的主要内容如下。

1. 系统开发项目概述

这部分主要是对分析对象的基本情况做概括性的描述，简要说明新系统的名称、主要目标及功能，新系统开发的有关背景，以及新系统与现行系统的主要差别。

2. 现行系统概况

使用组织结构图、管理功能图、业务流程图、数据流程图、数据字典等，详细描述现行组织的目标，现行组织中信息系统的目标，系统的主要功能、组织结构、业务流程等。此外，还有对个别环节的业务处理量、总的数据储存量、处理速度要求、处理方式和现有的技术手段等扼要的说明。

3. 系统需求说明

在掌握现行系统真实情况的基础上，针对系统存在的问题，全面了解组织中各种层次用户就新系统对信息的各种需求。

4. 新系统的逻辑方案

新系统的逻辑方案是系统分析报告的主体部分。这部分主要反映分析的结果和对构筑新系统的设想，应根据原有系统存在的问题，明确提出更加具体的新系统的目标，确定新系统的主要功能、各层次数据流程图、数据字典等。主要说明的目标有组织结构图、重建或改造的业务流程图及其说明、重建或改建的信息流程（包括数据流程图、数据字典、数据存储分析、查询分析、数据处理分析）。

5. 系统实施计划

（1）对工作任务进行分解，即对开发中完成的各种工作，按子系统（或系统功能）划分，由专人分工负责。

（2）进度安排，即给出各项工作的开始日期和结束日期，规定任务完成的先后顺序。

（3）预算，即逐项列出本项目需要的劳务及经费的预算，包括各项工作所需人力及办公费。

详细的系统分析报告书文档格式及主要内容见本章附录2。

附录1　可行性研究报告文档格式及主要内容

1. 引言

1.1　编写目的

编写本可行性研究报告的目的，指出预期的读者。

1.2　背景

a. 所建议开发的软件系统的名称。

b. 本项目的任务提出者、开发者、用户及实现该软件的计算站或计算机网络。

c. 该软件系统同其他系统或其他机构的基本的相互来往关系。

1.3　定义

列出本文件中用到的专门术语的定义和外文首字母组词的原词组。

1.4　参考资料

列出用得着的参考资料。

2. 可行性研究的前提

说明对所建议开发的软件的项目进行可行性研究的前提。

2.1 要求

说明对所建议开发的软件的基本要求。

2.2 目标

说明所建议系统的主要开发目标。

2.3 条件、假定和限制

说明对这项开发中给出的条件、假定和所受到期的限制。

2.4 进行可行性研究的方法

说明这项可行性研究将是如何进行的，所建议的系统将是如何评价的，摘要说明所使用的基本方法和策略。

2.5 评价尺度

说明对系统进行评价时所使用的主要尺度。

3. 对现有系统的分析

这里的现有系统是指当前实际使用的系统，这个系统可能是计算机系统，也可能是一个机械系统甚至是一个人工系统。

分析现有系统的目的是进一步阐明建议中的开发新系统或修改现有系统的必要性。

3.1 处理流程和数据流程

说明现有系统的基本的处理流程和数据流程。此流程可用图表即流程图的形式表示，并加以叙述。

3.2 工作负荷

列出现有系统所承担的工作及工作量。

3.3 费用开支

列出运行现有系统所引起的费用开支。

3.4 人员

列出为了现有系统的运行和维护所需要的人员的专业技术类别和数量。

3.5 设备

列出现有系统所使用的各种设备。

3.6 局限性

列出本系统的主要局限性。

4. 所建议的系统

4.1 对所建议系统的说明

概括地说明所建议系统，并说明在第 2 条中列出的那些要求将如何得到满足，说明所使用的基本方法及理论根据。

4.2 处理流程和数据流程

给出所建议系统的处理流程式和数据流程。

4.3 改进之处
按 2.2 条中列出的目标，逐项说明所建议系统相对于现存系统具有的改进。

4.4 影响
说明新提出的设备要求及对现存系统中尚可使用的设备需做出的修改。

4.4.1 对设备的影响
说明新提出的设备要求及对现存系统中尚可使用的设备需做出的修改。

4.4.2 对软件的影响
说明为了使现存的应用软件和支持软件能够同所建议系统相适应，而需要对这些软件所进行的修改和补充。

4.4.3 对用户单位机构的影响
说明为了建立和运行所建议系统，对用户单位机构、人员的数量和技术水平等方面的全部要求。

4.4.4 对系统运行过程的影响
说明所建议系统对运行过程的影响。

4.4.5 对开发的影响
说明对开发的影响。

4.4.6 对地点和设施的影响
说明对建筑物改造的要求及对环境设施的要求。

4.4.7 对经费开支的影响
扼要说明为了所建议系统的开发、统计和维持运行而需要的各项经费开支。

4.5 技术条件方面的可能性
本节应说明技术条件方面的可能性。

5. 可选择的其他系统方案
扼要说明曾考虑过的每一种可选择的系统方案，包括需开发的和可从国内国外直接购买的，如果没有供选择的系统方案可考虑，则说明这一点。

5.1 可选择的系统方案 1
说明可选择的系统方案 1，并说明它未被选中的理由。

5.2 可选择的系统方案 2
按类似 5.1 条的方式说明第 2 个乃至第 n 个可选择的系统方案。

....

6. 投资及效益分析

6.1 支出
对于所选择的方案，说明所需的费用，如果已有一个现存系统，则包括该系统继续运行期间所需的费用。

6.1.1 基本建设投资
基本建设投资包括采购、开发和安装所需的费用。

6.1.2 其他一次性支出

6.1.3 非一次性支出

列出在该系统生命期内按月或按季或按年支出的用于运行和维护的费用。

6.2 收益

对于所选择的方案，说明能够带来的收益，这里所说的收益，表现为开支费用的减少或避免、差错的减少、灵活性的增加、动作速度的提高和管理计划方面的改进等。

6.2.1 一次性收益

说明能够用人民币数目表示的一次性收益，可按数据处理、用户、管理和支持等项分类叙述。

6.2.2 非一次性收益

说明在整个系统生命期内由运行所建议系统导致的按月的、按年的能用人民币数目表示的收益，包括开支的减少和避免。

6.2.3 不可定量的收益

逐项列出无法直用人民币表示的收益。

6.3 收益/投资比

求出整个系统生命期的收益/投资比值。

6.4 投资回收周期

求出收益的累计数开始超过支出的累计数的时间。

6.5 敏感性分析

敏感性分析是指一些关键性因素与这些不同类型之间的合理搭配、处理速度要求、设备和软件的配置等变化时，对开支和收益的影响最灵敏的范围的估计。

7. 社会因素方面的可能性

7.1 法律方面的可行性

7.2 使用方面的可行性

8. 结论

在进行可行性研究报告的编制时，必须有一个研究的结论。

附录2 系统分析报告文档格式及主要内容

1. 引言

1.1 编写的目的

说明编写这份需求说明书的目的，指出预期的读者。

1.2 背景

a. 待开发的系统的名称。
b. 本项目的任务提出者、开发者、用户。
c. 该系统同其他系统或其他机构的基本的相互来往关系。

1.3 定义

列出本文件中用到的专门术语的定义和外文首字母组词的原词组。

1.4 参考资料
列出用得着的参考资料。

2. 任务概述

2.1 目标
叙述该系统开发的意图、应用目标、作用范围及其他应向读者说明的有关该系统开发的背景材料。解释被开发系统与其他有关系统之间的关系。

2.2 用户的特点
列出本系统的最终用户的特点，充分说明操作人员、维护人员的教育水平和技术专长，以及本系统的预期使用频度。

2.3 假定和约束
列出进行本系统开发工作的假定和约束。

3. 需求规定

3.1 对功能的规定
用列表的方式，逐项定量和定性地叙述对系统所提出的功能要求，说明输入什么量、经怎么样的处理、得到什么输出，说明系统的容量，包括系统应支持的终端数和应支持的并行操作的用户数等指标。

3.2 对性能的规定

3.2.1 精度
说明对该系统的输入、输出数据精度的要求，可能包括传输过程中的精度。

3.2.2 时间特性要求
说明对该系统的时间特性要求。

3.2.3 灵活性
说明对该系统的灵活性的要求，即当需求发生某些变化时，该系统对这些变化的适应能力。

3.3 输入输出要求
解释各输入输出数据类型，并逐项说明其媒体、格式、数值范围、精度等。对系统的数据输出及必须标明的控制输出量进行解释并举例。

3.4 数据管理能力要求（针对软件系统）
说明需要管理的文卷和记录的个数、表和文卷的规模，要按可预见的增长对数据及其分量的存储要求做出估算。

3.5 故障处理要求
列出可能的软件、硬件故障，以及对各项性能而言所产生的后果和对故障处理的要求。

3.6 其他专门要求
如用户单位对安全保密的要求，对使用方便的要求，对可维护性、可补充性、易读性、可靠性、运行环境可转换性的特殊要求等。

4. 运行环境规定

4.1 设备

列出运行该软件所需要的硬设备。说明其中的新型设备及其专门功能。

a. 处理器型号及内存容量。

b. 外存容量、联机或脱机、媒体及其存储格式、设备的型号及数量。

c. 输入及输出设备的型号和数量，联机或脱机。

d. 数据通信设备的型号和数量。

e. 功能键及其他专用硬件。

4.2 支持软件

列出支持软件，包括要用到的操作系统、编译程序、测试支持软件等。

4.3 接口

说明该系统同其他系统之间的接口、数据通信协议等。

4.4 控制

说明控制该系统运行的方法和控制信号，并说明这些控制信号的来源。

本 章 小 结

系统分析的任务是决定新系统要"干什么"。其目的是了解用户的需求，有什么问题要用信息系统来解决，有什么好方法解决等。这就要对组织进行初步调查并据此做出可行性分析报告，只有在管理、技术、经济等方面可行的条件下才能进行下一步的详细调查。

详细调查可分阶段采用不同方法来进行，用组织结构图描述组织的隶属关系，用管理功能图描述各部门的具体功能，用业务流程图描述各部门的业务流程，用数据流程图描述数据流在各部门和部门间的传递。最后，对数据流程图的各元素用数据字典加以说明，并用先进的管理模式和管理模型对其优化，得到新系统的逻辑模型作为下一步系统设计的基础。

系统分析需要技术人员和业务人员密切配合才能成功。

思考练习题

1. 系统分析的任务和目的是什么？
2. 信息系统研制前为什么要做可行性分析？解释管理、技术、经济方面可行性的含义。
3. 初步调查与详细调查有何不同？试述详细调查的主要步骤和每一步成果。
4. 组织结构图、管理功能图、业务流程图、数据流程图和数据字典分别描述组织的哪些内容？
5. 试画出你熟悉的一个单位(如你所在的学院)的组织结构图和某部门管理功能图。
6. 试画出你熟悉的某项业务（如学生入学报到）的业务流程图和数据流程图。

7. 某商店商品入出库管理业务流程如下。仓库保管员按采购部送来的入库单登记库存台账。发货时，发货员根据销售部送来的发货单将商品出库，并发货，同时填写三份出库单，其中一份交给仓库保管员，由他按此出库单登记库存台账，出库单的另外两联分别送销售部和会计部。试按以上业务流程画出业务流程图和数据流程图。

8. 某单位员工工资和奖金每月统计发放流程如下。考勤员每月根据员工出勤计算出"考勤表"；部门主管每月根据员工业绩计算出"业绩表"；员工每月工资和奖金分别从这两个表中取数据计算形成"工资和奖金台账"，再由此台账取数据生成员工工资发放条，发放到员工手中。请画出该业务的数据流程图。

9. 假设国内电话业务收费标准如下。①本地电话：本地网营业区内通话费前3分钟0.20元，以后每分钟0.10元；本地网营业区间通话费每分钟0.40元。②长途电话：国际电话每分钟8元，中国港澳台电话每分钟2元，中国内地长途电话每分钟0.7元。如果是IP电话，则国内电话每分钟2.4元，港澳台电话每分钟1.5元，中国内地长途电话每分钟0.3元，每天0:00~7:00和节假日长途电话通话费减半（IP电话不享受半价优惠）。

请绘制该电话业务收费计算的判断树或判断表。

10. 找一个你熟悉或感兴趣的企业进行调研，按本章教材规范为该企业完成一份系统分析报告书的主要内容。

第七章 管理信息系统的设计

本章学习目标

1. 了解系统设计的任务和目标;
2. 掌握系统设计的步骤和每一步应产生的成果;
3. 能分析并画出具体系统的功能结构(模块)图;
4. 掌握不同系统平台的特点,能画出具体系统的平台网络拓扑图;
5. 掌握代码的作用、设计原则和各种代码的特点;
6. 了解数据库设计、输入输出设计的基本原则。

第一节 系统设计概述

一、系统设计的任务和目标

(一)系统设计的任务

系统设计是管理信息系统开发过程中的一个重要阶段。系统分析阶段所建立的逻辑模型解决系统"干什么"的问题,而系统设计阶段产生的物理模型解决系统"怎么干"的问题。系统设计的任务就是在已经获得批准的系统分析报告的基础上,根据系统分析产生的逻辑模型,将其转化为系统的物理模型,即利用现有条件科学、合理地设计出系统的实施方案,解决逻辑模型中所提出的功能问题,因此,系统设计也称作系统物理设计。

(二)系统设计的目标

一般来说,企业建立基于计算机的信息系统是为了提高信息处理效率和增强信息处理功能。系统设计的优劣直接影响到新系统的质量和经济效益。为了评价一个设计方案的优劣,通常可以采用以下设计目标。

1. 系统的运行效率

不同的管理信息系统平台采用不同的指标来衡量系统的运行效率。一般影响运行效率的因素有计算机硬件及其组织结构、计算机处理过程的设计质量和中间文件的数量、文件的存取方式、程序的编写质量等。通常，可综合测评系统的处理速度、响应时间、处理能力等指标来检验运行效率。

2. 系统的可靠性

可靠性是指系统受到外界干扰时的抵御能力和恢复能力。可靠性衡量指标有平均故障间隔时间和平均维护时间。前者指前后两次发生故障的平均时间，反映了系统的安全运行时间；后者指故障后平均每次所用的修复时间，反映系统可维护性的好坏。

3. 系统的灵活性

为保持系统经久耐用，不断适应用户变化需求，要求系统具有很强的环境适应性，为此，系统应具有较好的开放性和结构的可变性。

4. 系统的经济性

经济性指在满足系统需求的前提下，尽可能减少系统的开销。一方面，在硬件投资上不能盲目追求技术上的先进，而应以满足应用需要为前提；另一方面，系统设计中应尽量避免不必要的复杂性，减少处理费用。

5. 系统的安全性

系统的安全性是指系统的硬件和软件免遭故意或偶然损害的能力，保护数据不丢失、不泄露、不改动和不被销毁的能力，限制数据传播范围（保密）的能力。

二、系统设计的步骤和内容

（一）系统总体设计

总体设计包括三部分内容。

（1）系统功能结构（或称功能模块）设计：完成子系统和功能模块的划分，并用功能结构图描述划分结果。

（2）系统平台设计：依据系统要求完成计算模式和网络拓扑结构的选择。

（3）系统硬软件及网络配置方案设计。

（二）系统详细设计

详细设计包括四部分内容。

（1）代码设计。代码设计就是通过设计合适的代码形式，使其作为数据的一个组成部分，用以代表客观存在的实体、实体的属性，以保证它的唯一性，便于计算机处理。

（2）数据库（文件）设计。根据系统分析得到的数据流图和数据字典，再结合系统业务流程图，确定出数据文件的结构设计或数据库（文件）的设计。

（3）输入/输出设计。输入/输出设计主要是对以记录为单位的各种输入/输出报表格式的描述。另外，对人-机对话格式的设计和输入/输出装置的考虑也在这一步完成。

（4）处理流程设计。处理流程设计是根据模块的功能和系统处理逻辑的要求，设计出程序流程图，为程序员进行程序设计提供依据。

（三）系统设计报告书的编写

系统设计报告书是系统设计阶段的最终成果，它从系统设计的主要方面（含系统总体设计和详细设计）说明系统设计的指导思想、采用的技术方法和设计结果，是新系统的物理模型，也是系统实施阶段工作的主要依据。

第二节 系统总体设计

系统总体设计根据系统分析的要求和组织的实际情况对新系统的总体结构形式和可利用的资源进行大致设计，它是一种宏观、总体上的设计和规划。系统总体设计的主要内容包括系统功能结构设计、系统平台设计、系统硬软件及网络配置方案设计。

一、系统功能结构设计

（一）系统功能结构设计的任务和原则

系统功能结构设计的主要任务就是采用结构化设计方法，将整个系统合理地划分成多个功能模块，正确地处理模块之间和模块内部的联系，以及它们之间的调用关系和数据联系，定义各模块的内部结构等。

系统功能结构设计的原则有以下几点。

1. 分解-协调原则

整个系统是一个整体，具有整体目标和功能。但这些目标和功能的实现又是由相互联系的各个组成部分共同工作的结果。按照系统工程的观点，解决复杂问题的一个很重要的原则，就是把它分解成多个易于解决、易于理解的小问题分别处理。在处理过程中根据系统总体要求协调各部分的关系。协调是分解过程的逆过程，它将分解的模块组织起来，考察它能否达到系统总的目标，使其发挥总体作用。在实际系统中，这种分解和协调都有一定的要求和依据。

分解的依据主要有以下几个。

（1）按系统的功能进行分解。系统有多个功能，将每个功能分解成不同的模块。

（2）按管理活动和信息运动的客观规律进行分解。将不同的管理活动分解成不同模块，或者按信息处理的前后顺序分解成不同的模块。

（3）按信息处理的方式和手段进行分解。当对不同的数据采用不同的处理方式时，可以将其分解成不同的模块。

（4）按系统的工作规程进行分解。当系统的工作规程不同时，将其分解成不同的模块。

（5）按用户工作的特殊需要进行分解（如有保密和其他要求）。当用户的工作有不同的要求时，将其分解成不同的模块。

（6）按开发、维护和修改的方便性进行分解。按开发的先后顺序分解成不同的模块，或者说按维护的不同性质分解成不同的模块。

总之，分解的目的是使模块的功能单一化、简单化，从而使整个系统的问题处理起来更容易。

协调的依据主要有以下几个。

（1）目标协调。考察各分解的模块组织起来能否达到目标上的协调。各模块的运行目标是否与总体目标相一致，应该采用一致的目标要求。

（2）工作进程协调。考察各模块的运行进程是否一致、协调，应该采用一致的工作进程。

（3）工作规范和技术规范协调。采用一致的工作规范和技术规范。

（4）信息协调（指信息的提供和收回）。考察各模块的数据和信息是否协调致，数据处理前后是否衔接，信息是否一致。

（5）业务内容协调（如某些业务指标的控制）。考察各模块对业务内容的处理指标是否一致，时间进度及精度要求是否一致。

2. 信息隐蔽、抽象的原则

上一阶段只负责为下一阶段的工作提供原则和依据，并不规定下一阶段或下一步工作中要负责决策的问题，即上层模块只规定下层模块做什么和所属模块间的协调关系，不规定怎么做，以保证各模块的相对独立性和内部结构的合理性，使得模块与模块之间层次分明，易于理解、易于实施、易于维护。

3. 自顶向下的原则

首先抓住总的功能目标，然后逐层分解，即先确定上层模块的功能，再确定下层模块的功能。

4. 一致性原则

要保证整个系统设计过程中具有统一规范、统一标准、统一文件模式等。

5. 面向用户的原则

每个模块必须功能明确，接口明确，用户易于理解，坚决消除多重功能和无用接口。

（二）结构化设计思想

结构化设计思想是一个发展的概念。最开始被提出是受结构化程序设计的启发，经过众多管理信息系统学者的不断实践和归纳，现渐渐明确。结构化方法提出了一种用于编制模块结构图、评价模块结构图设计优劣及设计出良好系统结构的方法。

结构化设计方法是从数据流图出发，逐步产生系统的总体结构。它将系统看成一个模块，然后按任务和功能逐步将其分解成更具体的模块，直到模块足够简单、明确，使编程人员能按照模块的处理过程描述进行编程为止。用结构化设计方法设计的系统结构清晰、具有层次关系。

管理信息系统的各子系统可以看作是系统目标下层的功能。其中每项功能还可以继续分解为第三层、第四层……甚至更多的层次。从概念上讲，上层功能包括（或控制）下层功能，越上层功能越笼统，越下层功能越具体。功能分解的过程就是一个由抽象到具体、由复杂到简单的过程。所谓功能结构图就是按功能从属关系画成的图表，图中每一个框称为一个功能模块。功能模块可以根据具体情况分得大一点或小一点。分解得到的最小的功能模块可以是一个程序中的一个处理过程，而较大的功能模块则可能是完成某一任务的一组程序。

结构化设计思想主要有以下三个要点。

1. 系统性

就是在功能结构设计时，全面考虑各方面情况。不仅考虑重要的部分，也要考虑次重要的部分；不仅要考虑当前亟待开发的部分，也要考虑今后扩展的部分。

2. 自顶向下的分解步骤

将系统分解为子系统，各子系统功能总和为上层系统的总功能，再将子系统分解为功能模块，下层功能模块实现上层的模块功能。这种从上往下进行功能分层的过程就是由抽象到具体、由复杂到简单的过程。这种步骤从上层看，容易把握整个系统的功能，不会遗漏，也不会冗余，从下层看各功能容易实现。

3. 层次性

上面的分解是按层分解的，同一个层次的抽象度是一致的，各层具有可比性。如果某个层次各部分的抽象程度相差太大，那极可能是划分不合理造成的。例如，用结构化设计方法分解的会计核算子系统功能结构图如图 7-1 所示。

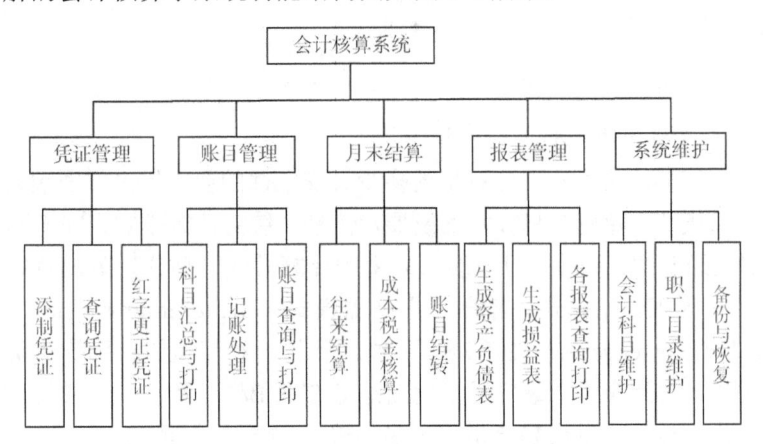

图 7-1 会计核算系统功能结构图

结构化设计方法的基本原则有以下几点。

（1）系统的结构设计要充分利用数据流程图，尽量和实际系统相对应，这样当实际系统变化时，只需对系统中的对应部分做出相应的修改即可。

（2）将系统划分成功能单一、简单、易理解的模块。

（3）采取"自顶向下，逐步求精"的方法进行设计，即系统的设计按层次进行，先设计顶层模块，然后将顶层分解成若干模块，再以这些模块为基础进行下层模块的设计。

（4）遵循低耦合高内聚的模块设计原则。低耦合指模块之间的耦合度低，即模块之间的相互影响程度低。耦合度高低主要和传递数据量的多少、类型相关。高内聚指模块内部的聚合度高，即模块内部之间联系紧密。内聚度高低主要和内部功能是否一致、目标是否一致相关。

（5）应用模块设计技巧进行模块的分解、合并。这些技巧主要包括模块的输入与输出、模块分解的大小标准、模块的作用范围和控制范围等。

（三）模块化设计思想

功能结构图中各层功能与新信息系统数据流程图中的处理（功能）是对应的。在图 7-1 中，会计核算子系统被分解为凭证管理、账目管理、月末结算、报表管理和系统维护五个功能，其中每个功能还可以继续分解下去。经过层层分解，可以把一个复杂的系统分解为多个功能较单一的功能模块。在结构化设计方法中，系统的物理实体是模块。输入、输出和逻辑功能是模块的外部属性，运行程序和内部数据是模块的内部属性。这种把一个信息系统设计成若干模块的方法称为模块化。其基本思想是将系统设计成由相对独立、功能单一的模块组成的结构，从而简化研制工作，防止错误蔓延，提高系统的可靠性。一方面，各个模块具有相对独立性，可以分别加以设计实现；另一方面，模块之间的相互关系（如信息交换、调用关系）则通过功能模型予以说明。各模块在这些关系的约束下共同构成一个统一的整体，完成系统的功能。在这种模块结构图中，模块之间的调用关系非常明确、简单。每个模块可以单独地被理解、编写、调试、查错与修改。模块结构整体上具有较高的正确性、可理解性与可维护性。

二、系统平台设计

系统平台设计可以分为计算模式和网络拓扑结构的设计两个方面。

1. 计算模式（或体系结构）的设计

根据信息系统的规模大小、信息量的多少、安全性的要求等多方面因素，可为系统选择不同的计算模式。随着信息技术的发展，信息系统的计算模式也在不断地演变和发展。前面章节已经介绍，目前信息系统可采用的计算模式可划分为单机模式、主机/终端模式、文件服务器/工作站模式、客户机/服务器模式（client/server system, C/S）和浏览器/服务器模式（brower/server, B/S）等多种。目前，对管理信息系统的研发，早期的技术已很少采用，实际应用中最广泛采用的是 C/S 或 B/S 结构模式，或是两种结构混合构成的模式。由于今后的发展趋势是将更多地采用 B/S 结构模式，这里，仅就 B/S 与 C/S 结构模式的优缺点列出。

（1）B/S 简化了客户端。它无须像 C/S 模式那样，不同的客户机上安装不同的客户应用程序，而只需安装通用的浏览器软件。这样不但可以节省客户机的硬盘空间与内存，而且使安装过程更加简便、网络结构更加灵活。

（2）B/S 简化了系统的开发和维护。系统的开发者无须再为不同级别的用户设计开发不同的客户应用程序了，只需把所有的功能都实现在 Web 服务器上，并就不同的功能为各个组别的用户设置权限就可以了。各个用户通过 HTTP 请求在权限范围内调用 Web 服务器上不同的处理程序，从而完成对数据的查询或修改。

（3）B/S 使客户的操作变得更简单。对于 C/S 模式，客户应用程序有自己特定的规格，使用者需要接受专门培训。而采用 B/S 模式时，客户端只是一个简单易用的浏览器。无论是决策层还是操作层的人员都无须培训，就可以直接使用。B/S 模式的这种特性，还使管理信息系统维护的限制因素更少。

（4）B/S 特别适用于网上信息发布，使得系统的管理信息的功能有所扩展。这是 C/S 所无法实现的。

虽然 B/S 模式有着自身独到的优点，但是与 C/S 模式相比还存在一些不足。例如，B/S 模式的交互能力较弱；B/S 模式采用点对多点、多点对多点这种开放的结构模式，并采用 TCP/IP 这一类运用于 Internet 的开放性协议，导致其安全性较差；对于相同的任务，B/S 完成的速度比 C/S 要慢，使得 B/S 模式不利于处理大量数据。

系统设计人员可以根据系统特点，灵活地为不同的子系统或模块设计不同的体系模式，或将两种模式交叉混合使用。

对比 B/S 模式，适合采用 C/S 模式的子系统应具备以下特点：①处理的数据量大，计算速度要求快，安全性要求高；②要求具有较强的交互性；③使用范围小，地点固定。

2. 网络拓扑结构的设计

网络拓扑结构一般有总线形、星形、环形等结构。在网络选择上应根据应用系统的地域分布、信息流量进行综合考虑。通常，应尽量使信息流量最大的应用放在同一网段上。

三、系统配置方案设计

（一）系统硬件平台的配置

硬件的选择取决于数据的处理方式和运行的软件。管理业务对计算机的基本要求是速度快、容量大、通道能力强、操作灵活方便，但计算机的性能越高，其价格也就越昂贵，因此，在硬件的选择上应全面考虑。一般来说，如果数据处理是集中式的，系统应用的目的是利用计算机的强大计算能力，则可以采用主机-终端系统，以大型机或中小型机作为主机，可以使系统具有较好的性能。若是企业管理等应用，其应用本身就是分布式的，使用大型主机主要是为了利用其多用户能力，则不如微机网络更为灵活、经济。

确定了数据的处理方式以后，在计算机机型的选择上则主要考虑应用软件对计算机处理能力的需求，包括：①计算机内存；②CPU 速度和性能；③输入、输出和通信的通道数目；④显示方式；⑤外接存储设备及其类型。

由于现在微机在性能上已经有了很大提高，甚至超过了早期大型机的水平，而价格又相对较低，一般企事业单位选择微机作为硬件支撑环境较为适宜。

（二）系统网络平台的配置

信息系统可能采用 C/S 或 B/S 网络式结构。由于存在多个商家的多种产品，也面临着网络设备的选型问题。

1. 网络的逻辑设计

通常首先按软件将系统从逻辑上分为若干子系统，然后按需要配备设备，如主服务器、主交换机、分系统交换机、子系统集线器、通信服务器、路由器和调制解调器等，并考虑各设备之间的连接结构。

2. 网络操作系统

目前，流行的网络操作系统有 UNIX、Windows 等。UNIX 历史最早，是唯一能够适用于所有应用平台的网络操作系统；Windows 由于其软件平台的集成能力，随着 Windows 操作系统的发展和 C/S 模式向 B/S 模式延伸，无疑是有前途的网络操作系统。

（三）系统软件平台的配置

计算机软件总体上划分成两类：系统软件和应用软件。前者用于管理与支持计算机系统资源及操作的程序；后者处理特定应用的程序。

在系统开发过程中，软件工具的选择对系统开发至关重要，软件平台主要包括如下几类。

1. 操作系统

操作系统目前有很多，如 UNIX 及其变种、Windows、Linux 等，其中代表主流发展方向的有 Windows、UNIX。

2. 数据库管理系统

数据库管理系统是管理信息系统的基础。选择数据库管理系统时主要考虑如下几个方面。

（1）应是国际上流行的，要支持关系数据模型。
（2）支持结构化查询语言 SQL。
（3）具有远程数据存取和分布式处理功能。
（4）具有良好的安全保密性能。
（5）原来使用的数据库需要升级换代，所选的新的数据库应与原来数据兼容或有开发工具进行转换。
（6）数据库管理系统的选择要和硬件选型、操作系统选择、网络环境建立同时进行。目前市场上数据库管理系统种类较多，如 Oracle、DB2、SQL Server、Mysql、FoxPro、Access 等，Oracle、DB2 均是大型的数据库管理系统，是开发大型管理信息系统的首选，FoxPro、Access 在小型管理信息系统中较为流行，而 SQL Server、Mysql 则适用于中型管理信息系统的开发。

3. 编程设计语言

常用的编程设计语言有 C、Pascal、BASIC 等。若系统采用 OO 方法进行分析与设计，最好选用 OOPL 来编程，如 C++、Java。如果系统采用 B/S 架构，可以考虑 ASP、JSP、PHP。

4. 辅助工具

选择合适的辅助工具十分重要。例如，集成开发环境（integrated development environment，IDE）提供了多种工具帮助程序员进行编程，如灵巧的编辑器、上下文相关帮助和调试工具。VisualStudio、JBuilder、Eclipse、PowerBuilder 都是良好的集成开发环境。对开发人员来说，CASE 工具能帮助生成重要的系统模型，自动检查模型的完整性，能根据模型生成程序代码，如 Rational Rose 就是支持 UML 建模的工具。

5. 商业化软件

在商品化软件选型过程中，应考虑以下几个因素：①软件是否能够满足用户的需求？②软件的流程与企业业务流程是否相近？③软件是否具有足够的灵活性？④软件是否能够获得长期、稳定的技术支持？

第三节　系统详细设计

一、系统代码设计

代码设计是一个科学管理的问题。设计出一个好的代码方案对于系统的开发工作极为重要。它可以使很多机器处理（如某些分类统计、校对查询等）变得十分方便，另外还能将一些现阶段计算机很难处理的工作变得很简单。

（一）代码及其作用

1. 定义

代码（code）是人为确定的代表客观事物（实体）名称、属性或状态的符号或者这些符号的组合。

2. 作用

在系统开发过程中设计代码的作用有以下几点。

（1）唯一化。在现实世界中有很多东西如果不加标识是无法区分的，这时机器处理就十分困难。所以能否将原来不能确定的东西，唯一地加以标识是编制代码的首要任务。最简单、最常见的例子就是职工编号。在人事档案管理中不难发现，人的姓名在很小的单位里都很难避免重名，不能用姓名来唯一地标识职工。为了避免二义性，唯一地标识每一个人，可以使用职工代码。

（2）规范化。唯一化虽是代码设计的首要任务。但如果仅仅为了实现唯一化，编制的代码可能就是杂乱无章的，使人无法辨认，而且使用起来也不方便。所以在唯一化的前提下还要强调编码的规范化。例如，财政部关于会计科目编码的规定，以"1"开头的表示资产类科目；以"2"开头的表示负债类科目；以"3"开头的表示权益类科目；以"4"开头的表示成本类科目等。规范化的代码便于计算机处理。

（3）系统化。系统所用代码应尽量标准化。在实际工作中，一般企业所用大部分编码都有国家或行业标准。如果企业需要自行编码，如商品编码、部门编码、零部件码等，就应该参照其他标准化分类和编码的形式来进行。

（二）代码设计的原则

一个良好的设计既要保证处理问题的需要，又要保证科学管理的需要。在实际分类时必须遵循以下几点原则。

（1）必须保证有足够的容量，要足以包括规定范围内的所有对象。如果容量不够，不便于今后变化和扩充，随着环境的变化这种分类很快就会失去生命力。

（2）按属性系统化。分类不能是无原则的，必须遵循一定的规律。根据实际情况并结合具体管理的要求来划分是分类的基本方法。分类应按照处理对象的各种具体属性系统地进行。比如在线分类方法中，哪一层次是按照什么属性来分类，哪一层次是标识一个什么类型的对象集合等都必须系统地进行，只有这样的分类才比较容易建立，比较容易为别人所接受。

（3）分类要有一定的柔性，不至于在出现变更时破坏分类的结构。所谓柔性是指在一定情况下分类结构对于增设或变更处理对象的可容纳程度。一般情况下，在柔性好的系统中增加分类不会破坏其结构。但是柔性往往还会带来别的一些问题，如冗余度大等，这都是设计分类时必须考虑的问题。

（4）注意本分类系统与外系统、已有系统的协调。任何一项工作都是从原有工作的基础上发展起来的，因此分类时一定要注意新老分类的协调性，以便于系统的连接、移植、协作，以及新旧系统的平稳过渡。

（三）代码的设计方法

目前最常用的分类方法概括起来有两种：一种是线分类方法；一种是面分类方法。它们在实际中各有不同的用途。

1. 线分类方法

线分类方法是目前用得最多的一种方法，尤其是在手工处理方式下它几乎成了唯一的方法。线分类方法的主要出发点是：对一种编码实体，首先给定母项，母项下分若干子项，由对象的母项分大集合，由大集合确定小集合……最后落实到具体对象。分类的结果形成了一层套一层的线性关系。我们要编码的实体如果是工厂的产品（当然也可以是职工、会计科目等），编码结果可参见图7-2。

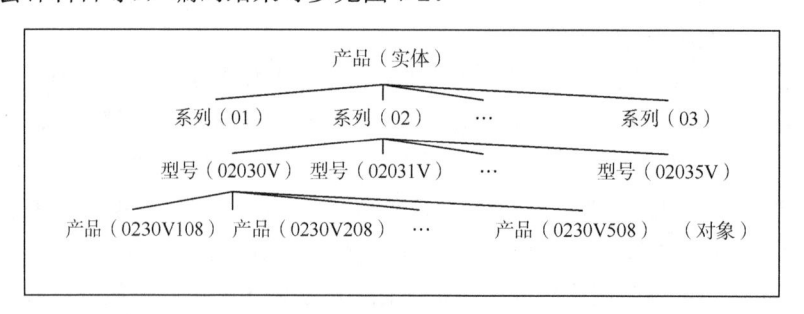

```
┌─────────────────────────────────────────────────────────────┐
│                        产品（实体）                          │
│         ┌──────────────┬──────────────┐                      │
│      系列（01）      系列（02）  …    系列（03）               │
│                                                              │
│      型号（02030V）  型号（02031V） …  型号（02035V）          │
│                                                              │
│   产品（0230V108） 产品（0230V208） … 产品（0230V508） （对象） │
└─────────────────────────────────────────────────────────────┘
```

图 7-2 产品应用线分类方法示例

线分类划分时要掌握两个原则：唯一性和不交叉性。线分类方法有以下几个特点。

（1）优点：①结构清晰，容易识别和记忆并容易进行有规律的查找。②与传统方法相似，对手工系统有较好的适应性。

（2）缺点：结构不灵活，柔性较差。

2. 面分类方法

一个编码实体可能具有多方面的特性，如果在编码的结构中，为这些特性各自规定一个位置，就形成该编码实体的面分类方法。例如，在表 7-1 中，编码 3212 表示材料为钢的 ¢1.0mm 圆头的镀铬螺钉。

与线分类方法不同，面分类方法有以下几个特点。

（1）柔性好，面的增加、删除、修改都很容易。

（2）可实现按任意组配面的信息检索，对机器处理有较好的适应性。

（3）缺点是不易直观识别，不便于记忆，编码的利用率低。

表 7-1 面分类方法示例

材料	螺钉直径	螺钉头形状	表面处理
1——不锈钢	1——¢0.5	1——圆头	1——未处理
2——黄铜	2——¢1.0	2——平头	2——镀铬
3——钢	3——¢1.5	3——六角形状	3——镀锌
		4——方形头	4——上漆

面分类中的属性不具有层次性，都是独立的。而线分类中的各属性具有层次性，不是独立的。这是面分类与线分类最明显的区别。

（四）代码的种类

代码种类是指分类问题的一种形式化描述。如果分类问题解决得较好，代码问题就变成了一个简单的字符表示问题。编写代码的常用字符可以是数字、字母或字母数字混合类型。由于计算机对汉字的处理比较复杂，汉字不宜用来作为代码的字符，目前常用的代码种类归纳起来有以下几种形式。

1. 顺序码

以某种数字或字母顺序形式编码。例如，用 4 位十进制数表示的职工编码可以从 0001～9999 连续编码；住宅小区的楼宇可用 A、B、C 编码等。一般各种票据的编号都是顺序码。顺序码的优点是编码简短，易于管理，但它除了唯一地标识编码对象，不能说明任何其他附加的信息，加新码则排在最后，删除则造成空码。在信息系统的设计工作中，纯粹的顺序码是很少使用的，一般只作为其他编码方案中细分类的补充说明。

2. 区间码

1）数字区间码

依据编码所代表实体的需要，通常或优先以纯数字符号形式编码。数字区间码是各类管理中最常用的一类编码形式。区间码又称区段码或块码，它将数据项或顺序码分成若干区段，每一区段代表编码实体的部分属性，码中数字的值和位置都代表一定意义，普通区间码的各区段间编码的排列可有一定的关联关系，如果各区间编码的排列有严格的层次关系，则称为层次区间码。

例如，某家公司采用 6 位数字区间码对职工编码，00～09 为分公司编码，10～19 为科室编码，20～29 为职工编码。又如，我国的居民身份证采用的是一个 18 位的区间码，前6位表示地区编码，中间8位表示出生年月日，15～16位表示户口所归属的派出所，第17位表示性别，第18位是校验位。再如，我国目前使用的邮政编码就是6位的层次区间码，如150018。前两位表示省（自治区、直辖市），中间两位表示地、市，后两位表示支局。区间码其优点是可靠，易于进行分类、排序、检索等操作处理，而且也较易理解和记忆。在实际应用中需要时，区间码可允许适度扩充。

2）混合区间码

依据业务需要，或随着管理和编码实体发展和变化的需要，通常可在原有纯数字符号形式编码的区间码基础之上增加字符形式编码来扩充编码，如我国现有的身份证和汽车牌照编码管理都在需要的编码区间里增设了字符 A、B、C……或汉字等，如京A-R0123。

3. 助记码

以纯字符（英文、汉语拼音等）或数字和字符混合形式编码，通常编码长度不固定，助记码是在各类管理中最常用的另一类编码形式，这类编码常用于程序设计中的字段名、变量名或数据库中的表名编码。例如，在开发一个财务管理信息系统时，在数据库设计中，所有的表名均以 T_开始，视图名以 V_开始。在产生各种账目和视图时，明细账用 T_MXZ 表示，关于明细账的视图用 V_MXZ 表示。这就是一个典型的纯字符码。又如，TV-C-9 和 TV-C-51 分别表示电视机彩色 9 英寸和 51 英寸，GB599 和 GB23016 分别表示国家标准的某类编码，IEEE 802.X 表示某类网络协议标准名称的编码。这种编码的优点是可辅助记忆，易于识别，易于表现对象的系列性；缺点是不易校对和反映分类的结构。

（五）代码的校验

代码非常重要，因此不能出错。为了保证输入代码的正确性，最好能对代码进行校验。代码的校验就是人为地按某种规律添加少量的位数，通过核对可以确保代码正确性的措施。

1. 录入代码时可能出现的错误

第一，人的眼睛识别容易产生错误，也可能由于操作失误产生错误。例如：①识别错误：1/7，0/O，Z/2，D/O，S/5……②易位错误：12345/13245……③双易位错误：12345/13254……

第二，随机错误：出现上述两种或两种以上的错误。

2. 避免代码录入出现错误的办法

在设计好的代码后再人为地增加一位，作为代码的组成部分。增加的一位即为校验位。校验位在使用中没有特别性，仅作校验用。例如，设计好的代码共5位，增加校验位后共6位。使用时，应录入包括校验位在内的完整代码，代码进入系统后，系统先取出该代码校验位前的各位，按照确定代码校验位的算法（具体算法不同，可人为确定）进行计算，并与录入代码的最后一位（校验位）进行比较，如果相等，则录入代码正确；否则录入代码错误。

3. 校验位的确定步骤

设有一组代码为 $C_1C_2C_3C_4\cdots C_i$。

第一步：为设计好的代码的每一位 C_i 确定一个权数 P_i（权数可为算术级数、几何级数或质数）。

第二步：求代码每一位 C_i 与其对应权数 P_i 的乘积之和 S。
$$S=C_1\times P_1+C_2\times P_2+\cdots+C_i\times P_i\ (i=1,2,3,\cdots,n)$$

第三步：确定模 M。

第四步：取余 $R=S\ \text{MOD}\ (M)$。

第五步：校验位 $C_{i+1}=R$。

最终代码为 $C_1C_2C_3C_4\cdots C_iC_{i+1}$。

使用时录入 $C_1C_2C_3C_4\cdots C_iC_{i+1}$。

例如，原设计的一组代码为 5 位，如 12345。按算术级数法确定权数为 6，5，4，3，2。求代码每一位 C_i 与其对应权数 P_i 的乘积之和 S。

$$\begin{aligned}S&=C_1\times P_1+C_2\times P_2+\cdots+C_i\times P_i\ (i=1,2,\cdots,n)\\&=1\times 6+2\times 5+3\times 4+4\times 3+5\times 2\\&=6+10+12+12+10\\&=50\end{aligned}$$

人为确定模 M，这里取 $M=11$。

取余 R，$R=S\ \text{MOD}\ (M)=50\ \text{MOD}\ (11)=6$，即 $50/11=4\cdots\cdots 6$

校验位 $C_{i+1}=R=6$

最终代码为 $C_1C_2C_3\cdots C_iC_{i+1}$ 即 123456

使用时录入 123456。

类似地，如果按几何级数法确定权数为 32、16、8、4、2，则原代码 12345 的乘积之和为 32+32+24+16+10=114。

以 11 为模除乘积之和，余数作为校验码：
$$114/11=10\cdots\cdots 4$$

最终代码为 123454。

如果按质数法确定权数为 17、13、7、5、3，则原代码 12345 的乘积之和为 17+26+21+20+15=99

以 11 为模除乘积之和，余数作为校验码：
$$99/11=9\cdots\cdots 0$$

最终代码为 123450（注意：以 11 为模时，若余数是 10，则按 0 处理）。

（六）代码的应用举例

代码的应用范围很广，几乎所有计算机信息系统中所处理的对象都具有编码。

1. 图书情报检索

通过输入某个作者的姓名或文献名即可检索出所需的资料。值得注意的是，这类检索方式有一个前提，那就是必须看过这份资料或知道这份资料（否则怎么能知道书名、作者名等信息）。这个前提与大多数科技工作者去查资料时的本意并不相符。作为一名科技工作者，最希望的工作方式是去了解和查阅该研究领域里迄今为止自己还不知道的最新学术动向。而上述功能却无法做到这一点，所以要达到这一目的就必须对资料本身进行编码（亦称关键词或主题词）。

2. 网络数据库资料检索

网络数据库资料检索是目前用得最广的领域之一。根据普通检索和高级查询的要求输入不同的项目，达到检索的目的。它可通过输入关键词、起始和终止日期，使用户检索出它所需要的资料。例如，要检索与供应链有关的资料，可在关键词中输入"供应链"、起始日期 2000.1，即可检索到各种已入网的期刊自 2000 年 1 月至今所有在关键词中含有"供应链"的文献，无须知道作者和期刊名。这类检索是通过资料本身的编码实现的。

二、系统数据存储设计

信息系统的主要任务是通过大量的数据获得管理所需要的信息，这就必须存储和管理大量的数据。因此，建立一个良好的数据组织结构和数据库，使整个系统都可以迅速、方便、准确地调用和管理所需的数据，是衡量信息系统开发工作好坏的主要指标之一。

数据组织结构和数据库设计，就是要根据数据的不同用途、使用要求、统计渠道、安全保密性等因素，决定数据的整体组织形式、表或文件的形式，以及决定数据结构、类别、载体、组织方式、保密等级等一系列问题。

一个好的数据库应该充分反映信息流变化的状况，充分满足组织的各级管理要求。同时还应该使后续系统开发工作方便、快捷，系统开销（如占用空间、网络传输频度、磁盘或光盘读写次数等）小，使系统易于管理和维护。

一般数据库系统提供了两种建立数据库的方式。一种是用数据定义语言（data definition language，DDL）来建立数据库结构；另一种是通过交互的点菜单方式来建立数据库结构，后者是比较简单流行的方式。目前，建立一个数据库在技术实现上越来越简单，相对而言，分析和建立数据的整体结构工作却变得越来越重要了。

（一）数据库设计

早期的数据存储设计是由文件系统完成并管理的，数据文件设计就是根据文件的使用要求、处理方式、存储量、数据的活动性及硬件设备的条件等因素，合理地确定文件类别，选择文件介质，决定文件的组织方式和存取方法。由于文件系统的数据管理目前已很少使用，这里，我们只简要介绍使用数据库技术如何完成数据存储设计。

数据库设计是在选定具体的数据库管理系统如 Oracle、Mysql 等基础上建立数据库的过程。数据库设计除用户需求分析外，还包括概念结构设计、逻辑结构设计和物理结构设计三个阶段。由于数据库系统已形成了一门独立的学科，所以把数据库设计原理应用到管理信息系统开发中时，数据库设计的几个步骤就与系统开发的各个阶段相对应，且融为一体，它们的对应关系如图 7-3 所示。

```
数据库设计步骤          管理信息系统开发步骤
用户要求分析   →   系统分析（详细调查）
概念结构分析   →   系统分析（逻辑模型）
逻辑结构设计   →   系统设计（详细设计）
物理结构设计   →   系统设计（详细设计）
```

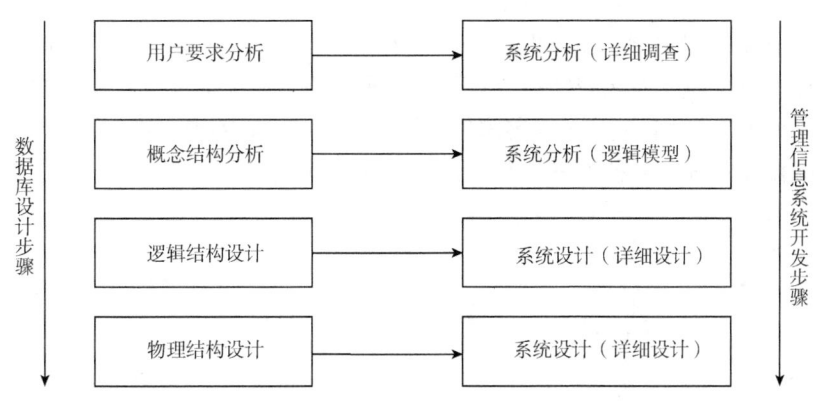

图 7-3　数据库设计与系统开发设计的关系

1. 数据库的概念结构设计

概念结构设计应在系统分析阶段进行。任务是根据用户需求设计数据库的概念数据模型（简称概念模型）。概念模型是从用户角度看到的数据库，它可用前面章节中介绍的 E-R 模型表示。

2. 数据库的逻辑结构设计

逻辑结构设计是将概念结构设计阶段完成的概念模型转换成能被选定的数据库管理系统支持的数据模型。目前通常将概念模型（即 E-R 模型）转换为关系数据数据库支持的关系数据模型。

E-R 模型转换为关系数据模型的规则如下。

（1）一个实体集用一个二维表来表示，实体集的所有属性就是表的属性，实体集的码就是表的码。

（2）一个 1∶1 联系可以转换为一个独立的二维表，与该联系相连的各实体集的码及联系本身的属性均成为此表的属性。每个实体集的码均是该表的码。另一种方法是将一个 1∶1 联系并入任一端实体集，即在该端实体集的表中增加另一端实体集的码和联系本身的属性，后一种方法较好（有时还可以将两端实体集合成一个实体集，并选择任一端实体集的码作为主码）。按后一种方法的转换，如图 7-4 所示。

班主任（职工号，姓名，性别，班级号）
　　　　　　　　　　　　　外码

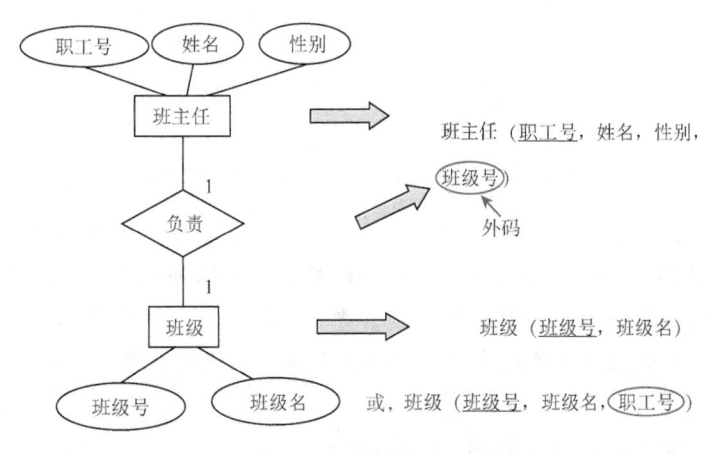

班级（班级号，班级名）

或，班级（班级号，班级名，职工号）

图 7-4　一个 1∶1 联系并入任一端实体集

（3）一个 1：n 联系可以转换为一个独立的二维表，与该联系相连的各实体集的码及联系本身的属性均成为此表的属性。而表的码为联系相连的 n 端实体集的码。另一种方法是将一个 1：n 联系并入 n 端实体集，即在 n 端实体集的表中增加 1 端实体集的码，后一种方法较好。按后一种方法的转换，如图 7-5 所示。

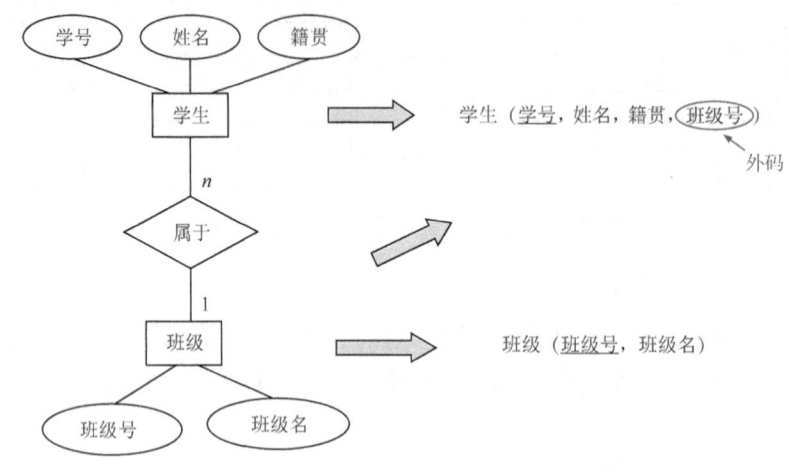

图 7-5　一个 1：n 联系并入 n 端实体集

（4）一个 m：n 联系用一个二维表来表示，与该联系相连的各实体集的码及联系本身的属性均成为此表的属性。而表的码为联系相连的各实体集的码的组合。转换实例如图 7-6 所示。

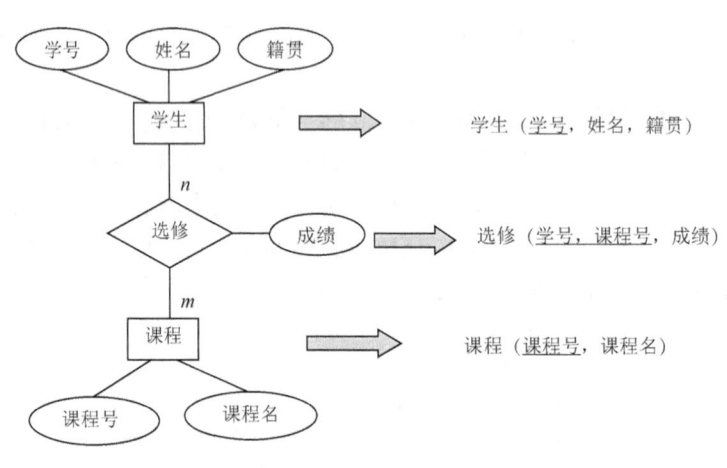

图 7-6　一个 m：n 联系用一个二维表来表示

（5）对三个以上实体间的多元联系，以及同一实体集的实体间的自联系，根据相同的转换规则，按联系的不同类型进行相应的转换。这类转换如图 7-7 所示。

根据上述转换规则，对于综合情况，见图 7-8 所示的一个教学 E-R 模型图。

图 7-8 中的实体和联系就很容易转换成对应的关系数据模型（属性根据需要自行添加，E-R 图上略去）。

（1）学生（学号，姓名，性别，年龄，…）；

第七章　管理信息系统的设计

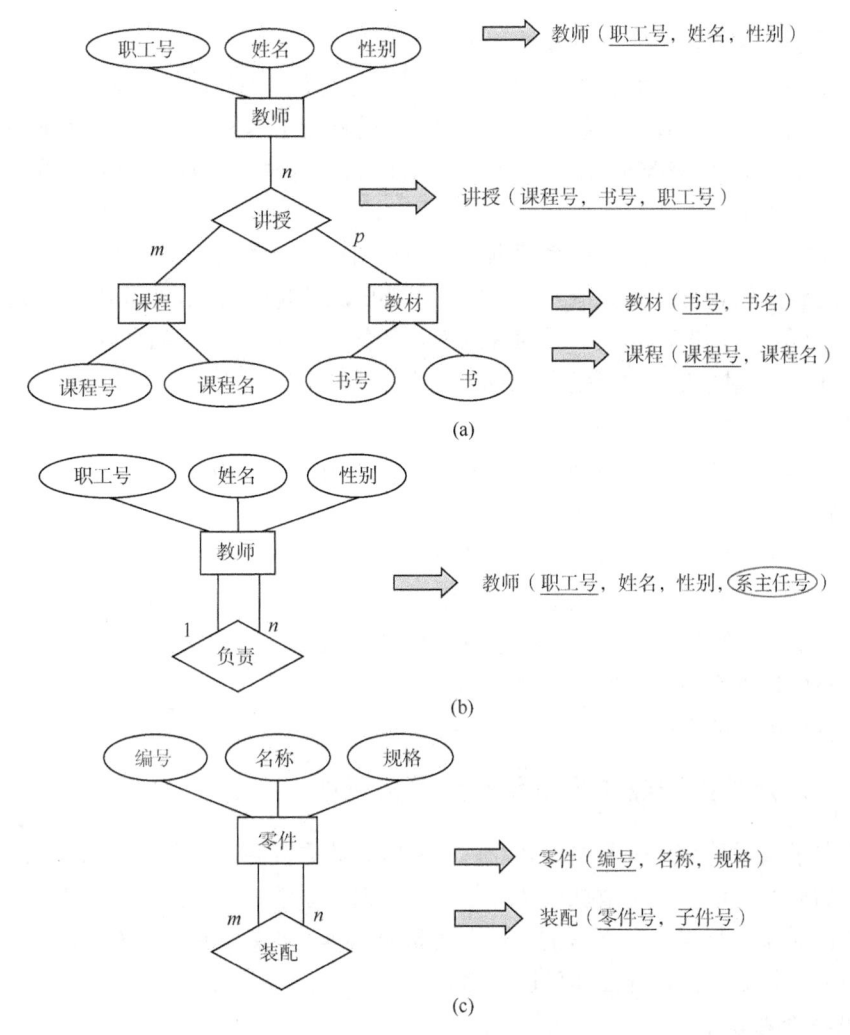

教师（职工号，姓名，性别）

讲授（课程号，书号，职工号）

教材（书号，书名）

课程（课程号，课程名）

(a)

教师（职工号，姓名，性别，系主任号）

(b)

零件（编号，名称，规格）

装配（零件号，子件号）

(c)

图 7-7　三个以上实体集间的多元联系及同一实体集的实体间的自联系

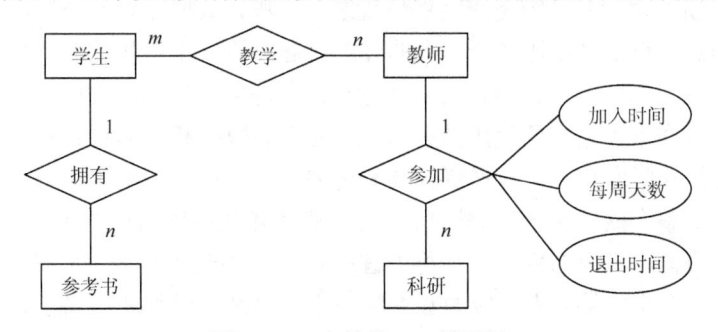

图 7-8　一个教学 E-R 模型图

（2）教师（教工号，姓名，性别，职称，…）；

（3）参考书（书名，作者，出版社，单价，学号，…）；这里的学号作为外码，体现学生和参考书之间一对多联系；

（4）科研（项目号，名称，负责人，金额，…）；

（5）教学（<u>学号</u>，<u>教工号</u>，成绩，…）；

（6）参加（<u>项目号</u>，<u>教工号</u>，加入时间，每周天数，退出时间，…）；

通常不同型号的计算机系统配备的 DBMS 的性能不尽相同。因此，数据库设计人员还需深入了解具体 DBMS 的性能和要求，以便将一般数据模型转换成所选用的 DBMS 能支持的数据模型。

逻辑结构设计阶段提出的关系数据模型应尽可能符合第三范式的要求。到此为止，数据库的逻辑结构设计并未完成。下一步是用 DBMS 提供的数据描述语言 DDL 对数据模型进行精确定义，即所谓的关系模式定义。例如，SQL 中的 CREATE 命令，其作用类似于 DDL，可用来定义逻辑数据结构。

3. 数据库的物理结构设计

物理结构设计是为数据模型在设备上选定合适的存储结构和存取方法，以获得数据库的最佳存取效率。

物理结构设计的主要内容包括以下几点。

（1）库文件的组织形式，如选用顺序文件组织形式、索引文件组织形式等。

（2）存储介质的分配，如将易变的、存取频繁的数据存放在高速存储器上，稳定的、存取频度小的数据存放在低速存储器上。

（3）存取路径的选择等。

（二）确定数据资源的分布和安全保密属性

在建立了数据的整体关系结构之后，还要确定数据资源分布和安全保密属性。其中数据资源的分布是针对网络数据库（或称分布数据库系统）而言的，而安全保密属性的定义则是针对某些特殊信息而言的（如财务数据等）。如果是单机系统，并且没有保密和安全要求，则这一步设计工作可以省略。

1. 数据资源分布

如果所规划和设计的系统是在网络环境之下，那么数据库设计必须考虑整个数据资源在网络各结点（包括网络服务器）上的分配问题；否则下一步的网络建立、功能模块设计和系统实现工作就无法按预定的方案进行。考虑数据资源分配的原则是：同一子系统的数据尽量放在本子系统所使用的机器上，公用的数据和最后统计汇总类数据放在服务器上。在设计数据库和分配数据资源时一定要注意考虑这一原则；否则数据资源分配不当，将会造成整个网络系统数据通信紧张，从而降低系统运行效率。

考虑数据资源合理分布的一个最好方法是在加工整理以后的 U/C 矩阵中，将一个子系统（图中的一个小方块）内对应的数据放在本子系统的计算机设备上，将在本子系统内产生（即小方块内有 C 的数据）而且又要被其他子系统调用（即在图中同一列还有具他若干处有 U）的数据项，在本子系统产生之后送到网络服务器上供其他各子系统调用。

2. 数据的安全保密定义

一般 DBMS 都提供自己定义数据安全保密性的功能。系统所提供的安全保密功能一般有 8 个等级（0～7 级）4 种不同方式（只读、只写、删除、修改），而且允许用户利用这 8 个等级的 4 种方式对每一个表自由地进行定义。

定义安全保密性的方法一般有以下几种。

（1）原则上所有文件都定义为 4 级，个别优先级特别高的办公室（终端或微机的入网账号）可定义为高于 4 级的级别，反之则定义为低于 4 级的级别。

（2）统计文件（表）和数据录入文件一般只对本客户端定义为只写方式，对其他客户端则定义为只读方式。

（3）财务等保密文件一般只对本客户端（如财务科等）定义为可写、可改、可删除方式，对其他客户端则定义为只读方式，而且不是每个人都能读，只有级别相同的高级别用户才能读。

三、系统输入、输出与驱动界面设计

（一）输入、输出与驱动界面设计的意义

输入、输出与驱动界面设计是管理信息系统与用户的界面，一般而言，这类设计对系统开发人员并不重要，但对用户却尤为重要。

（1）它是一个组织系统形象的具体体现。

（2）它能够为用户建立良好的工作环境，激发用户努力学习、主动工作的热情。

（3）符合用户习惯，方便用户操作，使目标系统易于为用户所接受。

（4）为用户提供易读易懂的信息形态。

（二）输入设计

输入设计对系统的质量有着决定性的影响。输入数据的正确性直接决定处理结果的正确性，如果输入数据有误，即使计算和处理十分正确，也无法获得可靠的输出信息。输入界面是管理信息系统与用户之间交互的纽带，决定着人-机交互的效率及信息系统软件的外观形象。设计的任务是根据具体业务要求，确定适当的输入形式，使管理信息系统获取管理工作中产生的正确信息。输入设计的目的是提高输入效率，减少输入错误。

1. 输入设计的原则

输入设计包括数据规范和数据准备的过程。在输入设计中，提高效率和减少错误是两个最根本的原则。

1）控制输入量

与计算机处理相比，数据输入相对缓慢，在数据输入时，系统大多数时间都处于等待状态，系统效率将显著降低；同时，数据录入工作一般需要人的参与，大量的数据录入往往浪费很多人力资源，增加系统的运行成本。因此，在输入设计中，应尽量控制输入数据总量，只需输入基本的信息，而其他可通过计算、统计和检索得到的信息则由系统自动产生。

2）减少输入延迟

输入数据的速度往往成为制约信息系统运行效率的瓶颈，为减少延迟，可采用批量

输入、周转文件等方式。

3）减少输入错误

输入过程中应采用多种输入校验方法和验证技术，减少输入错误。

4）避免额外步骤

在输入设计时，应尽量避免不必要的输入步骤，当步骤不能省略时，应仔细验证现有步骤是否完备、高效。

5）输入过程应尽量简化

输入设计在为用户提供纠错和输入校验的同时，还应保证输入过程简单易用，不能因为查错、纠错而使输入复杂化，增加用户负担。

2. 输入设计的内容

1）输入界面设计

根据具体业务要求确定。

2）输入设备选择

输入设计首先要确定输入设备的类型和输入介质，目前常用的输入设备有以下几种。

（1）键盘—磁盘输入装置。由数据录入人员通过客户端录入，经拼写检查和可靠性验证后存入磁记录介质（如磁带、磁盘等）。这种方法成本低、速度快，易于携带，适用于大量数据输入。

（2）光电阅读器。采用光笔读入光学标记条形码或用扫描仪录入纸上文字。光符号读入器适用于自选商场、借书等少量数据录入的场合，而纸上文字的扫描录入读错率较高。另外，收、发料单，记账凭证通过扫描之后难以存入对应的表中。

（3）终端输入。终端一般是一台联网微机，操作人员直接通过键盘键入数据，终端可以在线与主机联系，并及时返回处理结果。

（4）语音录入设备或其他。

3）输入设计的重要内容之一是设计好原始单据的格式

研制新系统时，即便原系统的单据很齐全，一般也需要重新设计和审查。设计原始单据的原则有以下几点。

（1）便于填写。原始单据设计要保证填写得迅速、正确、全面、简易和节约，具体地说应做到填写量小、版面排列简明、易懂。例如，会计软件的记账凭证格式设计。

（2）便于归档。单据大小要标准化、预留装订位置，标明单据的流动路径。

（3）单据的格式应能保证输入精度。

3. 输入数据正确性校验

在输入时校对方式的设计非常重要。特别是针对数字、金额数等字段，没有适当的校对措施做保证是很危险的。所以对一些重要的报表，输入设计一定要考虑适当的校对措施，以减少出错的可能性。但保证绝对不出错的校对方式是没有的。

1）输入错误的种类

（1）数据本身错误，指由于原始数据填写错误等引起的输入数据错误。

（2）数据多余或不足，这是在数据收集过程中产生的差错，如数据（单据、卡片等）

的散失、遗漏或重复等原因引起的数据错误。

（3）数据的延误。数据延误也是数据收集过程中产生的差错，不过它的内容和数量都是正确的，只是由于时间上的延误产生了差错。这种差错多由开票、传送等环节的延误引起，严重时会导致输出信息毫无利用价值。因此，数据的收集与运行必须具有一定的时间性，并要事先确定产生数据延迟时的处理对策。

2）常用的校对方式

（1）人工校对，即录入数据后再显示或打印出来，由人进行校对。这种方法比较适合少量的数据或控制字符输入，对大批量的数据输入就显得太麻烦，效率太低。这种方式在实际系统中很少有人使用。

（2）二次键入校对，二次键入是指将同一批数据两次键入系统的方法。输入后系统内部再比较这两批数据，如果完全一致则可认为输入正确；反之，则将不同部分显示出来有针对性地由人来进行校对。它是目前数据录入中心、信息中心录入数据时常用的方法。该方法最大的好处是方便、快捷，而且可以用于任何类型的数据符号。尽管该方法中二次键入在同一个地方出错，并且错误一致的可能性是存在的，但是这种可能性出现的概率极小。

（3）根据输入数据之间的逻辑关系校对：利用会计恒等式，对输入的记账凭证进行借贷平衡的检验。输入物资的收、发料单，产品的入、出库单，均可采用先输入单据上的合计值，然后逐项输入数据，计算机将逐项累计输入，比较累计值与合计值，达到校对目的。

（4）用程序设计实现校对：对接收数据字段，若在数据库设计时已知取值区间（可允许取值的上、下限）或取值集（如性别的取值集为男或女，产品的取值集为该单位所有产品集合……），可通过设置取值区间检验，或利用输入数据表的外键（取值集所在表的主键）进行一致性检验。对日期型数据一定要进行合法性和时效性检验。

4. 出错的改正方法

出错的改正方法应根据出错的类型和原因确定。

1）原始数据错

发现原始数据有错时，应将原始单据送交填写单位修改，不应由录入人员或原始数据检查人员修改。

2）机器自动检错

当机器自动检出错误时，出错的恢复方法有以下几种。

（1）待输入数据全部校验并改正后，再进行下一步处理。

（2）舍弃出错数据，只处理正确的数据。这种方法适用于做动向调查分析的情况，这时不需要太精确的数据。

（3）只处理正确的数据，出错数据待修正后再进行同法处理。

（4）剔除出错数据，继续进行处理，出错数据留待下一运行周期一并处理。这种方法适用于运行周期短而剔除错误不致引起输出正确性显著下降的情况。

5. 出错表的设计

为了保证输入数据正确无误，数据输入过程中需要通过程序对输入数据进行严格的校验，发现有错时，程序应当自动打印出错信息一览表（即出错表）。出错表可由两种程序打印：一种是以数据校验为目的的程序；另一种是边处理、边做数据校验的程序。

6. 输入设计的评价

（1）输入界面是否明晰、美观、大方。

（2）是否便于填写，符合工作习惯。

（3）是否便于操作。

（4）是否有保证输入数据正确性的校验措施。

（三）输出设计

输出设计的任务是使管理信息系统输出满足用户需求的信息。输出设计的目的是正确及时地反映和汇总各管理部门需要的信息。信息能否满足用户需要，直接关系到系统的使用效果和系统的成功与否。尽管有些用户可能直接使用系统或从系统输入数据，但都要应用系统输出的信息，因此，系统设计过程与实施过程相反，不是从输入设计到输出设计，而是从输出设计到输入设计。

1. 输出设计的内容

（1）输出信息使用情况，包括信息的使用者、使用目的、信息量、输出周期、有效期、保管方法和输出份数等。

（2）输出信息内容，包括每张报表所对应的输出项目、精度、信息形式（文字、数字）。

（3）输出格式，最终信息的提供形式，如表格、报告、图形的格式要求。

（4）输出设备，如打印机、显示器、绘图仪、其他各种外设等。

（5）输出介质，与输出设备相对应。

2. 输出设计的方法

在系统设计阶段，设计人员应给出系统输出说明，这个说明既是将来编程人员在软件开发中进行实际输出设计的依据，也是用户评价系统实用性的依据，因此，设计人员要能选择合适的输出方法，并以清楚的方式表达出来。输出形式主要有以下几种。

1）表格信息

表格信息是系统对各管理层的输出形式。

2）图形信息

图形信息一般用来表示详细信息。管理信息系统用到的图形信息主要有直方图、圆饼图、曲线图、地图等。图形信息在表示事物的趋势、多方面的比较等方面有较大的优势，在进行各种类比分析中，有数据报表不具备的显著作用。其表示方式直观，很受决策用户欢迎。

3）图标

图标也可用来表示数据间的比例关系和比较情况。由于图标易于辨认，无须过多解释，在信息系统中的应用也日益广泛。输出设计要在一定规范指导下进行，以便产生易于理解的输出。根据系统数据接口设计中的要求，设计出满足对内（在系统之间）、对外的各种信息需求。输出设备可以有多种，如显示屏、打印机、磁盘、光盘等，其输出设计具有不同的特点。如激光打印机，可以预先组织一页内容然后打印，为输出设计中有效地集成多个图形提供了方便，因而极大地改变了输出设计的内容和方法。

3. 输出报告

输出报告定义了系统的输出。输出报告中既标出了各常量、变量的详细信息，也给出了各种统计量及其计算公式、控制方法。

设计输出报告时要注意以下几点要求。

（1）方便使用者。

（2）要考虑系统的硬件性能。

（3）尽量利用原系统的输出格式，确需修改时应与有关部门协商，征得用户同意。

（4）输出表格要考虑系统发展的需要。例如，是否有必要在输出表中留出备用项目，以满足将来新增项目的需要。

（5）输出的格式和大小要根据硬件能力进行认真设计，并试制输出样品，经用户同意后才能正式使用。

设计输出报告之前应收集好各项有关内容，填写到输出设计书上，这是设计的准备工作。

为了提高系统的规范化程度和编程效率，在输出设计上应尽量保持输出内容和格式的统一性，也就是说，同一内容的输出，对于显示器、打印机、文本文件和数据库文件应具有一致的形式。显示器输出用于查询或预览，打印机输出提供报表服务，文本文件格式用于为办公自动化系统提供剪辑素材，而数据库文件可满足数据交换的需要。在打印输出时，报告纸有专用纸和通用白纸两种。专用纸上事先已印有表头和文字说明等信息，使用时可直接套打。通用白纸则需打印表头、格式及说明信息。

4. 输出设计评价

（1）能否为用户提供及时、准确、全面的信息服务。

（2）是否便于阅读和理解，符合用户的习惯。

（3）是否充分考虑和利用了输出设备的功能。

（4）是否为今后的发展预留一定的余地。

（四）驱动界面设计

信息系统在实际使用中，用户如何与系统交互，即用户如何使用信息系统呢？这就是系统驱动界面设计，它并不属于输入输出设计。通常可以有两种驱动方式，一种是命令问答式的驱动方式，由系统多次提问，使用者多次输入答案，通过一问一答来使用系统，这在早期的信息系统或简单系统中经常采用，操作较麻烦；另一种是菜单驱动方式，菜单是系统整体功能结构的具体体现，菜单的形式可以多种多样，但应使用户用尽可能少的操作找到所需要的功能，同时应在功能描述上明确无误，目前信息系统的使用界面多数是菜单驱动方式。

四、处理流程设计

系统设计中最细致的工作就是处理流程的设计,由于这部分设计内容与具体编程实现关系密切,本书把它归入系统实施部分。

应该了解的是,总体设计决定了整个系统的框架,代码设计和数据库设计是系统处理的基础设计,输入、输出设计为界面设计,而将这些设计组成一个完整的系统就需要处理流程设计。处理流程设计是模块级的设计,它需要在总体设计的指导下,应用代码设计、数据库设计和输入、输出设计的成果来实现。

从另一方面来讲,处理流程设计的任务是设计出所有模块和它们之间的相互关系(即联结方式),并具体地设计出每个模块内部的功能和处理过程,为程序员提供详细的技术资料。具体的设计工具可采用传统的 IPO(input-process-output)图、控制(程序)流程图、问题分析图等结构化设计方法。如图7-9所示为一个简单的控制(程序)流程图。(其中,处理框中 a%b 是求模运算,就是求 a 除以 b 之后的余数)。

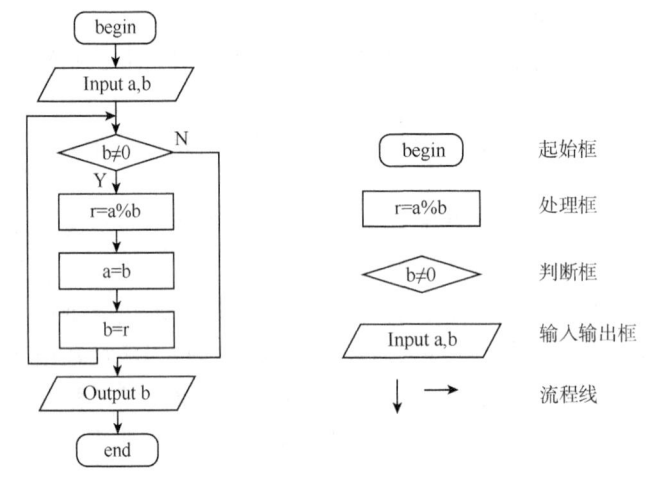

图7-9 一个简单的控制(程序)流程图

五、编写系统设计报告书

系统设计报告书是系统设计阶段的成果,它从系统设计的主要方面说明系统设计的指导思想、采用的技术方法和设计结果,是新系统的物理模型,也是系统实施阶段工作的主要依据。一般可包含如下内容。

(1)概述:系统的功能、设计目标及设计策略、项目开发者、用户、系统与其他系统或机构的联系、系统的安全和保密限制等内容。

(2)系统设计规范:程序名、文件名及变量名的规范化说明、数据字典的说明。

(3)系统结构:系统的功能结构(模块)图、各个模块的输入处理输出图(IPO 图)。

(4)系统平台及网络拓扑图。

(5)计算机系统的配置。①硬件配置:主机、外存、终端与外设、其他辅助设备。

②软件配置：操作系统、数据库管理系统、编程语言、软件工具、实用程序。③网络配置：路由器、交换机、网卡、网线等网络设备。

（6）代码设计：各类代码的类型、名称、功能、使用范式及要求等。

（7）数据库设计。①数据库总体结构：各个数据文件的逻辑关系，通信要求。②文件结构设计：各类文件的数据项名称、类型及长度等。③文件存储要求：访问方法及保密处理。

（8）输入、输出设计：各种数据输入方式的选择、输入数据的格式设计、输入数据的校验方法，以及输出介质、输出内容及格式。

（9）系统安全保密性设计：关于系统安全保密性设计的相关说明。

（10）系统实施方案及说明：实施方案、进度计划、经费预算等。

实际应用中，详细的系统设计报告书又可具体分解为系统总体设计、系统详细设计、数据库设计及系统测试设计等。由于篇幅所限和技术差异比较大，这里不再赘述，有兴趣的读者可参考相关书籍。

本 章 小 结

系统设计阶段是将系统分析阶段的逻辑模型转化为物理模型，解决系统"怎么干"的问题。系统设计的目标是使系统的运行效率高、灵活性好、经济实用和安全可靠。

总体设计包括三部分：①功能结构（模块）设计完成子系统和功能模块的划分；②系统平台设计完成计算模式和网络拓扑结构的选择；③完成系统的具体硬软件和网络设备的配置。

详细设计包括四部分：①代码设计用代码唯一地代表客观存在的实体或属性，便于计算机处理；②数据库（文件）设计是根据数据流图确定出数据文件或数据库的结构设计；③输入、输出与驱动界面设计是对以记录为单位的各种人-机对话格式或报表格式的描述；④处理流程设计根据模块的功能和系统处理逻辑的要求，设计出程序流程图，为程序员进行程序设计提供依据。

思考练习题

1. 系统分析和系统设计的任务和阶段模型有怎样的联系？
2. 系统设计的目标有哪些要点？各要点意义如何？
3. 总体设计包括三部分任务，每一部分的作用和成果是什么？
4. 设计阶段的"系统功能结构（模块）图"与分析阶段的"管理功能图"有什么异同？
5. 画出你熟悉的（如图书借阅系统、铁路购票系统等）一个系统功能结构（模块）图。
6. 试述C/S和B/S结构各自的优缺点及适用场合。
7. 代码设计的作用和原则有哪些？举例说明几种常用代码的适用场合。

8. 设一组代码为五位，其对应的权重为 1、2、1、2、1，模为 9，试问 34256 代码的校验位是多少。

9. 图书馆数据库中对每个借阅者保存的记录包括读者号、姓名、性别、年龄、地址、单位，对每本书保存有书号、书名、作者、出版社，对每次借书保存有读者号、书号、借出日期和应还日期。要求画出该图书馆数据库的 E-R 图。

10. 找一个你熟悉或感兴趣的企业进行调研，按本章教材规范为该企业完成一份系统设计报告书的主要内容。

第八章 管理信息系统的实施

本章学习目标

1. 了解和掌握系统实施的任务、内容；
2. 明确程序设计的原则、标准和方法；
3. 了解软件开发工具；
4. 了解系统测试与调试的目的、方法和步骤；
5. 了解人员培训的方式和内容；
6. 了解系统试运行的过程，掌握系统转换的主要方式和转换时机的选择。

开篇案例：从上海财经大学教学管理系统看管理信息系统的实施

2004年1月16日，是上海财经大学新学期开学的第一天。在学校教务处，人们没有看到学生选课的拥挤场面，究其原因是学校启用了教学管理系统。借助这套系统，学生可在任何地方联网，通过输入自己的账号，进入教学管理系统进行选课。

1. 成效——提高了工作效率

上海财经大学使用教学管理信息系统后，工作时间、工作地点的限制得以突破，不仅学校、教师、学生之间的沟通环节缩减，而且教职员工的工作量大大减少，工作效率也提高了很多。主要的成效表现在以下两个方面。

（1）在排课、排考方面。教学管理信息系统启用以前，排课、排考需要1~2个月，现在通过教学管理信息系统只需要1~2周。在选课方面，运用此套系统之前，学校采取的方法是机房分批选课，即每批100~200名学生在教师的安排监控下在学校机房统一选课；而现在，学生可随时随地进入教学管理系统进行选课。系统能够支持1000~1500名学生同时在线选课，并且能够根据选课的人数情况，对人员进行随机的筛选，实现了相对的公平合理性。

（2）在评教工作方面。以前评教的方法是人工向学生发放1万~2万份评教表，然后人工统计评教结果，统计工作量为3人用1~2周的时间完成，评教率约为50%。而现在，通过评教系统，学生只需要上网填写调查表，提交即可。系统会自动生成试卷统计评教结果，统计工作量为1人用半天的时间完成，评教率超过90%。同时，学生可以在学期中随时通过系统向教师提出有关教学的各种建议和意见,大大增强了师生之间沟通的效果。

2. 难点——专业化定制要求高

目前,高校正处于学年制向学分制转变的改革阶段,这对教学管理提出了更高的要求。此外,学校的管理模式也由学校一级管理逐渐转变为学校、院系二级管理。传统的教学管理方法已经无法满足形势的发展需要。

当时上海财经大学还没有设立信息化办公室,教学管理信息系统的建设工作便由学校教务处的人来承担。他们分赴清华大学、西南交通大学、复旦大学等高校实地考察,结果发现各大学使用的及市场上现有的一些教学管理系统各功能模块之间基本上是独立的,用户只能把它作为一个辅助工具来使用,而上海财经大学需要的教学管理系统应该是整个学校的一个管理平台,对每一个学生从进校到毕业能够在一个统一的流程中进行管理。最终,具有教育行业信息化实施经验的上海金仕达多媒体有限公司(以下简称金仕达)中标,成为上海财经大学教学管理信息系统的提供商。

针对系统的开发,金仕达软件开发部经理张心涛表示:"在没有前例的情况下,开发这样一套系统的工作是非常艰苦的。我们需要调查分析出上海财经大学教学中的各种不同需求,针对这些不同的需求开发不同的功能模块,最后整合成一个完整的管理信息系统。"

谈及系统开发的技术,张心涛如数家珍:"金仕达为上海财经大学开发的教学管理信息系统全部采用 B/S 架构,系统维护和升级都非常方便,只要更新服务器就可以了。同时,系统采用 Java 开发,无论在 Windows 还是 Unix/Linux 上均可以运行,对平台没有限制。"

2003 年 1 月 28 日,历时一年零五个月,金仕达为上海财经大学量身定制的教学管理信息系统得以验收。登录上海财经大学的教学管理信息系统,该系统具有教师模块、学生模块、院系模块、各类信息查询及统计、系统管理等功能模块。网上评教、教师工作量统计、排课/排考、网上选课、成绩管理、毕业审核/学位审核等功能成为上海财经大学教学管理信息系统的特色功能。这些特色在 2004 年年初的开学期间有突出的表现。

3. 投资——软硬件的比例为 1∶1

有些高校教学管理信息系统采用 C/S 架构,其数据库公开在学校网络中,容易被攻击。就系统的安全问题,上海财经大学教学管理系统全部采用 B/S 三层架构,实现了用户表示层、逻辑应用层和数据资源层的有效分离,大大降低了数据库服务器被攻击的可能性,保证了数据库的安全。而且一旦客户流程发生变化,只要修改逻辑应用层即可达到要求,迅速适应需求变更的情况。

上海财经大学在构建这套系统时,软硬件的总投入是 60 万元,用来购买软硬件的费用基本上是 1∶1,这与国际上的信息化投资比例一致。

系统起用之初,正赶上学生选课。有一天,100 多名学生同时在线,系统一下子慢了下来。看到这种情况,金仕达的工作人员非常着急,紧急召集开发人员对程序和服务器的应用进行优化,很快解决了问题。

就该系统存在的问题,金仕达的工作人员表示:"系统中自动排课的功能还不尽如人意。当然，一次开发不可能全部到位，我们可以针对客户的实际需求，为客户提供二次开发，对产品功能进行调整，凸显客户的个性化，不断完善这套教学管理信息系统。"

（资料来源：06城规班小组. https: //max. book118. com/html/2016/1228/77929766. Shtm. 2016-12-30.）

通过本章的开篇案例可以看出，系统设计完成后便进入系统实施阶段，系统实施就是将系统分析和设计的结果转换为能够在计算机上实际运行的系统的过程，属于系统开发周期的后期阶段。具体而言，就是建立软、硬件的支持环境，进行应用程序的编制，系统数据的准备，人员的培训，系统的测试和调试、转换及用户验收和培训等。在系统实施阶段，将投入大量的人力、物力和财力，使用部门可能会进行组织机构调整，人员、设备、工作方法、流程将发生较大变化甚至重大变革。因此，系统实施是信息系统开发的重要阶段之一。

第一节 系统实施概述

系统实施是管理信息系统开发工作的后期阶段，是一项涉及各级管理人员、系统开发技术人员、系统测试人员、系统操作和维护人员的组织协调，系统应用场地、设备和资金的调配管理，持续时间长且十分复杂的系统工程。与系统分析、系统设计阶段相比，该阶段工作量大，投入的人力、物力多，组织管理工作繁重是其主要的特点。

系统开发人员，特别是项目负责人，应针对系统实施阶段的特点，制定合理和周密的实施计划，组织协调好各方面的任务，随时检查工作进度和质量，完成好新旧系统的转换工作。

一、系统实施的任务

系统实施的任务是以系统设计方案为依据，把系统设计阶段所得到的目标系统（物理模型）转变为可以运行的信息系统，它是真正解决系统"具体做什么"的问题。它将系统的设计付诸实现，经过调试之后，转入系统运行阶段。

二、系统实施的内容

（一）物理系统的实施

管理信息系统的物理系统的实施包括：根据系统设计阶段所确定的系统物理配置方案购置计算机系统和通信网络系统设备；购置好计算机及网络产品后，按照安全、规范和实用的原则，进行机房的建立和安装并调试设备。

1. 计算机系统的实施

计算机系统的设备购置主要考虑以下几方面的问题。

1）环境的要求

计算机系统对环境有一定的要求，其中包括机房的清洁度、温度、湿度和电源等多种因素。计算机应置于通风、干燥、非阳光直射的环境中,工作温度为 10~35℃。良好的环境对提高计算机系统的可靠性是十分重要的。

2)计算机硬件的准备

硬件包括计算机主机、输入/输出设备、存储设备、辅助设备(稳压电源、空调设备等)等。硬件准备工作主要是购置、安装和调试硬件设备。它是系统实现的一个重要环节。

目前市场上不同厂家和型号的计算机产品为计算机系统的实施提供了广阔的选择空间。购置计算机系统不仅要本着能够满足管理信息系统的设计要求原则,还要考虑具有合理的性能价格比,良好的可靠性、可扩充性与稳定性,良好的来自供应商的售后服务和技术支持等问题。在硬件购置中,应特别注意的是对易损件的购置要有充分的备件。

由于计算机系统涉及的设备比较复杂,所以当计算机设备到货后,应该由专人负责马上按订货合同进行开箱验收。检查设备的工作状况,检测与用户使用有关的各种功能。

计算机系统的安装与调试任务、系统运行用的常规诊断校验系统都由供货方负责完成,并负责操作人员的培训。

3)计算机软件的准备

计算机软件的准备是系统实施阶段最主要的工作任务之一。计算机软件配置包括操作系统(如 Unix、Windows 系列、Linux 等)、数据库管理系统(如 Oracle、DB2、SQL Server、MySQL 等)及一些应用程序。在进行计算机硬件准备的同时,也要进行计算机软件的准备。计算机软件配置的得当和完善,有利于计算机硬件系统发挥其应有的功能,这些软件有些需要购买,有些需要组织人力编写。首先,应根据系统设计报告购置系统软件及应用程序的开发工具,并对之进行消化和二次开发,使之适应系统的要求;其次,应编写和调试应用程序,以实现系统的功能;最后,测试系统,以保证系统能够完成设计功能并能正常运行。

2. 网络系统的实施

管理信息系统通常是一个由通信线路把各种设备连接起来组成的网络系统。网络系统的实施主要包括通信设备的安装、电缆线的铺设及网络性能的调试等工作。

常用的通信介质包括有线通信介质(如双绞线、同轴电缆和光缆)和无线通信介质(如激光通信、微波和红外线)。

(二)程序设计

程序设计是系统实施阶段的主要内容,程序设计的任务是为新系统编写程序,即由相应的程序设计人员根据系统设计报告中模块处理过程描述,把系统设计阶段详细设计的结果转换成用某种计算机编程语言编写成的程序。具体设计过程详见本章第二节程序设计。

(三)系统的测试与调试

为了保证系统的质量和可靠性,对编制完成的程序要按照系统目标和功能要求进行系统的测试与调试。具体的测试与调试过程详见本章第三节系统测试与调试。

（四）人员培训

人员培训是系统实施阶段必须完成的一项工作。人员培训的过程实质上也是考验和检查系统结构、硬件设备及应用程序的过程。在培训过程中，通过操作人员对系统的不断了解和认识，可将发现的问题及时反馈给开发人员，开发人员再对系统进行及时的改进和完善，从而有利于实现系统目标。具体的人员培训方式和内容详见本章第四节人员培训。

（五）系统试运行和系统转换

在系统实施阶段完成了上述四项主要任务后，要使系统能够真正代替现有工作，还需要进行系统的试运行，完成系统的转换和用户的验收。

系统试运行包括数据准备和系统初始化等过程，它是系统正式转换的前期准备阶段。

系统转换是系统调试工作的延续。一个新的管理信息系统经过调试并验收合格，即可交付用户使用。由于一个企业（或组织）的管理工作是连续进行的，所以管理信息系统也必须随之连续地工作，当新的系统交付用户使用时，就有一个新旧系统的交替过程，这种由新系统替换旧系统的过程就是系统转换。

系统转换的目的就是保证新旧系统平稳、可靠交接，使整个新系统能交付用户使用。系统转换的关键任务就是选择转换方式和转换时机，系统试运行和系统转换的具体内容详见本章第五节系统试运行和系统转换。

第二节 程序设计

计算机处理是依赖于程序的，而程序是用计算机语言编写的能解决某类问题的一系列语句或指令。管理信息系统的环境准备妥当后，即可进行管理信息系统的程序设计。管理信息系统的程序设计与普通的程序设计不同，它一般是基于一定的数据库平台，使用选定的程序语言和软件开发工具，根据系统设计报告中对各个功能模块的功能描述，如输入/输出的格式、数据库的格式及模块的处理功能等，编制出正确、清晰、易理解、可维护和工作效率高的程序源代码。

一、程序设计原则

为了保证程序设计工作正确而顺利进行，一方面，程序设计人员必须仔细阅读系统设计的全部文档资料，充分理解程序模块的内部过程和外部接口；另一方面，编程人员必须深刻地理解、熟练地掌握和正确地运用程序设计语言及软件开发环境和工具，以保证功能的正确实现。

在进行程序设计时，应尽量使用通用的标准方法，这样可以尽可能地降低开发成本，减少编程工作量。保持整个系统开发过程的规范化，不但可以提高开发效率，还便于系统的调试、维护与二次开发。程序设计不是系统开发的目标，实现系统分析与设计中提出的方案与计划才是系统开发的最终目的。因此，要尽可能地借用已有的成熟程序模块和各种开发工具软件开发包，更好、更快地完成系统实现的任务。

二、程序设计标准

程序设计的目的是编写出能满足系统设计功能的要求，并能正确运行的系统。程序设计工作完成后，是否达到了最初的目的和要求，需要进行衡量和检查。衡量和检查的标准恰恰就是程序设计的标准。程序设计标准应包括以下几方面的内容。

（一）可靠性

可靠性是指系统运行的可靠性，它是衡量程序设计工作的首要技术标准，主要包括以下两方面的内容。

1. 程序或系统的安全可靠性

程序的可靠性是指编制的程序能保证系统的安全及程序运行可靠。它也是衡量系统质量的首要标准。例如，数据存取的安全可靠性、数据通信的安全可靠性和操作权限的安全可靠性，这些工作一般都要靠系统分析和设计来严格定义。

2. 程序或系统运行的可靠性

程序或系统运行的可靠性是指程序不仅在正常情况下能正常工作，而且能应对非正常情况，不致产生意外的操作和造成系统瘫痪，从而避免严重损失。系统运行的可靠性是非常重要的，在任何时候它都应该作为程序设计的首要标准，这一点只能靠调试时严格把关来保证。

（二）规范性

编写程序要求具有规范性。程序的规范性是指系统各功能模块及每个功能模块中各子功能模块的划分、各子功能模块程序的书写格式和命名、变量的定义和解释语句等都应该按照整个系统的统一规范进行。这对于今后程序的阅读、修改、维护及功能扩充都是十分必要的。

（三）可读性

程序的可读性是指程序清晰，没有太多繁杂的技巧，易读懂、易理解。可读性对于大规模工程化地开发软件非常重要。因为，可读程序是今后维护和修改程序的基础。从系统的生命周期中可以看出，系统投入运行后，就要进入使用和维护阶段，当运行的系统出现问题或错误时，就不可避免地要对源程序进行修改，所以，从软件维护的角度来看，程序设计人员在保证程序可靠性的同时，还必须保证程序的可读性，如果程序的可读性不强，除了程序设计人员，其他人很难读懂，则无法进行程序的维护和修改，无法修改的程序是没有生命力的。因此，程序的可读性应该是程序设计的另一个重要标准。

（四）可维护性

在管理信息系统的使用过程中，系统需求可能会随着环境的变化而变化，因此，需要对系统功能进行完善和调整，即对程序进行补充和修改。

可维护性是指程序各部分之间相互独立，不与子程序以外的其他数据关联。也就是说，不会发生那种在维护时"牵一发而动全身"的连锁反应。由于管理信息系统的寿命一般是 3~10 年，程序维护的工作量庞大，所以，一个规范性、可读性和结构划分都很好的程序模块，其可维护性也是比较好的。因此，可维护性也是衡量程序设计工作的一个重要指标。

（五）健壮性

健壮性是系统能够识别并禁止错误的操作和数据输入，不会因错误操作、错误数据输入及硬件故障而造成系统崩溃。

（六）高效率

程序的效率是指程序能否有效地利用计算机资源，主要是指系统运行速度和存储空间等指标。好的程序设计应该做到程序占用的存储空间尽量少，程序运行完成规定功能的速度尽量快。

总之，在程序设计时，一般小程序的设计主要强调程序的正确性和效率，大型程序的设计则倾向于首先强调程序的可维护性、可靠性和可读性，然后才是效率。

三、程序设计方法

程序设计方法是指按照一定的规则书写程序结构。目前采用的程序设计方法主要有结构化程序设计方法（structured programming，SP）、速成原型式的程序开发方法、面向对象的程序设计方法及可视化的程序设计技术。

（一）结构化程序设计方法

结构化程序设计方法，由 E. Dijkstra 等人在 20 世纪 60 年代后期提出，被人们称为软件技术发展史上继子程序和高级语言后，具有重要影响的第三个里程碑。结构化程序设计方法成为存储程序计算机问世以来对计算机软件领域影响最大的一种程序设计理念。结构化程序设计是指"用一组标准的准则和工具从事程序设计，这些准则和工具包括一组基本控制结构，自顶向下的扩展原则，模块化和逐步求精"。结构化程序设计的主要目标是将程序划分为许多独立的功能模块，减少每个功能模块的复杂性。结构化程序设计主要包括以下两个方面。

1. 限制使用 GOTO 语句

结构化程序设计方法规定了三种基本结构，即顺序结构、选择结构和循环结构。从理论上讲，只用顺序、选择和循环三种基本结构就能表达任何一个只有一个入口和一个出口（即"单入口单出口"）的程序逻辑。程序中往往不需要使用 GOTO 语句。但有些特殊的处理，比如，从某循环中跳出，使用 GOTO 语句更直截了当，因此，有些程序设计语言还是提供了 GOTO 语句，这样程序员在编写程序时就可能使用 GOTO 语句。

结构化程序设计方法要求尽可能少地使用 GOTO 语句，如果无限制地使用 GOTO

语句，将使程序结构杂乱无章，难以阅读，不便于修改。

2. 自顶向下的模块化设计

自顶向下的模块化设计的具体操作过程是：首先，对程序高度概括，将其看作是一个最简单的控制结构，即功能结构。其次，为了完成这个功能，需要进一步将其分解成若干个较低一层的模块，每个模块分别完成上层功能中一个较小功能。最后，对扩展出来的每一个下层模块反复运用上述处理方法，一层一层地逐步细化，逐层分解，直到最后分解、细化成最低一层，每一个模块都非常简单、功能很小，能够很容易地用程序语句实现为止。这样就将程序划分为大小适当、功能明确、具有一定独立性并容易实现的子程序，从而把一个复杂程序的设计转变为对各子程序的设计。

总之，在系统程序框架实现阶段，采用结构化程序设计方法是比较合适的。结构化程序设计的优点如下：一方面，易于理解，使用性和维护性较强；另一方面，可以提高程序设计工作的效率，降低软件开发成本。

结构化程序设计的不足是：结构化程序设计不能解决所有的软件困难，其中有两个问题是不能靠结构化程序设计方法解决的：一个是程序中的许多错误是由不合格的软件说明书引起的；另一个是问题本身的定义有错而浪费了许多时间，致使程序设计工作的效率降低。

对于一个系统分析和设计非常规范，各个子功能模块划分得比较细致和功能比较单一的功能模块程序设计来说，过分强调完全按照结构化程序设计方法实施就没有多少实际意义了。

（二）速成原型式的程序开发方法

在系统各个功能模块的程序实现阶段，速成原型式的程序开发方法是非常有效的，它可以充分利用现有的资源，快速、高效地实现系统各个功能模块。使用此方法的具体步骤是：首先，将系统中具有类似功能的、带有普遍性的子功能模块（如报表子功能模块、菜单子功能模块、查询子功能模块、统计分析和图形子功能模块等）选出来，并将它们集中起来。其次，寻找是否有能利用的现有应用程序或可以利用的软件开发工具，如果找到了所需的程序和软件，就可以直接采用或稍加修改后使用，否则，应考虑开发一个能够适合于各种功能模块的通用模块，并利用这些工具生成这些程序的原型模块。最后，在这些原型模块的基础上，根据各个模块自身实际的具体要求进行修改，以实现系统各功能模块的程序设计工作。

（三）面向对象的程序设计方法

面向对象的程序设计是目前流行的程序设计方法。它以对象作为思维的出发点，以对象和类为基本构件，以方法、消息和继承性为基本机制。面向对象的程序设计方法一般应该与面向对象设计方法（object-oriented design，OOD）的内容相对应，它是一个简单、直接的映射过程，即将 OOD 中所定义的对象直接用面向对象程序设计语言，如 C++、Java 等来引用即可。例如，用 C++ 中的函数和计算功能来引用 OOD 对象中的处理功能等。在系统实现阶段，面向对象的程序设计优点是其他方法所无法比拟的。

在面向对象的程序设计方法中，每个对象既是一个独立存在的实体，又有各自的属性和行为，彼此以消息进行通信，对象的属性只能通过自己的行为来改变，实现了数据封装，这便是对象的封装性。而相关对象在进行合并分类后，又可能共享某些性质，通过抽象使多种相关对象表现为一定的组织层次，低层次的对象继承高层次对象的特性，这便是对象的继承性。另外，对象的某一种操作在不同的条件下可以实现不同的处理，产生不同的结果，这就是对象的多态性。现有的面向对象的编程语言都不同程度地实现了对象的以上三个性质。

（四）可视化的程序设计技术

Microsoft 公司推出了 Visual Basic，其中 Visual 是"可视化"的意思。Visual Basic 可以说是可视化语言的先驱，它能使程序设计人员不再受 Windows 编程的困扰，能够"所见即所得"地设计标准的 Windows 界面，减少程序设计人员的编程工作量。目前常用的可视化语言有 Visual Basic、Visual C++等。

可视化程序设计技术的主要思想是：用图形工具和可重用部件来交互地编制程序。它把现有的或新建的模块代码封装于标准接口封包中，作为可视化程序设计编辑工具中的一个对象，用图符来表示和控制。可视化程序设计技术中的封包可能由某种语言的一个语句、功能模块或数据库程序组成，由此获得的是高度的平台独立性和可移植性。在可视化程序设计环境中，用户还可以自己构造可视控制部件，或引用其他环境构成的符合封包接口规范的可视控制部件，增加了程序设计的效率和灵活性。

总之，虽然面向对象的程序设计语言能够提高程序的可靠性、可重用性、可扩充性和可维护性，但是用户界面的开发工作变得越来越复杂，有关这部分的代码所占比例也越来越大。面向对象的程序设计方法和可视化的程序设计开发环境的结合使系统开发变得容易，促进提高了应用程序的开发效率，缩短了开发周期，降低了开发成本，对应用软件界面风格的统一，有很好的易用性。

四、软件开发工具的选择

在编制程序时，虽然可以使用结构化程序设计方法、面向对象的程序设计方法及可视化程序设计技术等，但是使用这些方法和技术进行程序设计还需要有相应的软件开发工具来支持。软件开发工具是指用来辅助软件开发、维护和管理的软件。利用软件开发工具可以克服应用程序由程序设计人员逐行编写的弊端，从而避免手工编程错误，提高了系统的开发效率。目前常用的软件开发工具大致分为编程语言、数据库管理、可视化编程、专业系统及客户/服务器五类，本节将简单介绍这些软件开发工具。

（一）编程语言类

编程语言类开发工具主要是指由传统编程工具发展而来的函数丰富、逻辑功能强的一类程序设计语言，如 C 语言、C++语言等。这些语言大多都是编译型语言，一般不具有很强的针对性，只是提供一般程序设计命令，因此，其适应范围较广，原则上任何功能模块都可以使用它们来编写。但是，这类开发工具最大的缺点是针对性差，程序设计工作量大。

（二）数据库管理类

数据库管理系统是管理和操作数据库的主要工具。目前市场上提供的关系型数据库管理系统包括 Oracle、DB2、SQL Server、My SQL 等。数据库管理系统是一种操纵和管理数据库的大型软件，用于建立、使用和维护数据库。用户通过数据库管理系统访问数据库中的数据，数据库管理员也可以通过数据库管理系统进行数据库的维护工作。它可使多个应用程序和用户用不同的方法在同时或不同时刻去建立、修改和询问数据库。

（三）可视化编程类

结合面向对象技术，提供了一个运用对象的编程环境。其特点是为用户提供了一种可以跨越多个软件平台的通用语言，如 Visual Basic、Visual C++等。软件开发人员只要掌握一种核心的语言，就可方便地与其他软件联结，可以看到相同的用户界面。可视化编程开发工具一般应用于管理软件和数据处理软件的开发。

（四）专业系统类

专业系统类开发工具是在可视化、面向对象的开发工具基础上发展起来的，它不但具有这些工具的功能，而且更加综合化、图形化，因而使用起来更加方便。目前，专业系统类开发工具主要有 Excel、SDK、SQL、OPS 等。Excel 主要用于经营分析和图形处理，该工具的统计功能很强，使用简单、方便，图形功能也很强；SDK 主要用于帮助开发和生成 C 语言程序模块；SQL 可以帮助开发和生成各种复杂的查询模块；而 OPS 能帮助表达知识和建立知识库系统，主要用于知识处理。这类工具最显著的特点是针对性较强，可以帮助用户开发出相对较为深入的信息处理模块。

（五）客户/服务器类

客户/服务器类工具可以弥补编程人员在使用传统的软件开发工具时，必须要考虑每一个模块的各种可能性的不足。它可以在原有开发工具的基础上，将原有工具变为一个个既可被其他工具调用，又可调用其他工具的"公共模块"。这样，今后在系统的开发工作中就可以综合使用各类工具的长处，更快、更好地实现一个应用系统。例如，在 Visual Basic 应用程序模块中，可以通过 ADO 直接调用 Access，这时 Visual Basic 应用程序模块是客户，Access 应用程序是服务器，利用两者的综合，从而实现一个实际应用系统的功能。

第三节 系统测试与调试

任何软件系统，特别是管理信息系统这样的大型软件系统，都不可能是完美无缺的。软件是否存在问题，只有通过测试和调试才能确认。

一、系统测试与调试的目的

系统测试的目的是找出程序中的错误，而调试的目的是定位错误并修改程序以修改错误。调试一般由系统开发人员来承担，它是一种主动性的工作；而测试往往由专门的测试人员来进行，测试的目的是证明程序有错，而不是证明程序的正确性。应该把查出新错误的测试看作成功的测试，把没有发现错误的测试看作失败的测试。G. J. Myers 把测试的目的归纳如下：①测试是为了发现程序中的错误而执行程序的过程；②好的测试方案是能够发现迄今为止尚未发现的错误的测试方案；③成功的测试是发现了至今尚未发现的错误的测试。

二、系统测试与调试的方法与步骤

（一）系统测试的方法与步骤

1. 系统测试的概念

测试是运用一定的测试技术和方法，为了发现程序和系统中的错误而执行程序的过程。根据开发阶段的各种文档或程序精心设计测试用例，并利用测试用例来运行程序，以便发现错误。系统测试的意义不仅在于发现系统内部的错误，人们还通过某些系统测试，了解系统的响应时间、事务处理吞吐量、载荷能力、失效恢复能力及系统实用性等指标来做出综合评价，从而保证系统开发成功。

2. 系统测试方法

在管理信息系统的系统测试活动中，人们可以使用不同的测试方法。每种测试方法的思路和出发点不同，手段也有所不同。总体来说，管理信息系统的系统测试应包括软件测试、硬件测试及网络测试等。其中，硬件测试和网络测试可以根据具体的性能指标来进行，而管理信息系统开发工作主要是对软件进行的，因此，更多的是研究软件测试。软件测试包括动态测试方法和静态测试方法。下面分别对这两种软件测试方法简单加以介绍。

1）动态测试方法

动态测试方法是通过在计算机上直接运行被测程序，来发现程序中的错误。动态测试方法又包括黑盒测试方法（black-box testing）和白盒测试方法（white-box testing）两种。

（1）黑盒测试方法。黑盒测试又称功能测试或数据驱动测试。黑盒测试方法是将程序看作一个黑盒，测试人员完全不考虑程序内部的逻辑结构和内部特性，只依据程序的需求规格说明书，检查程序的功能是否符合它的说明。黑盒测试的目的是发现以下几类错误：①是否有不正确或遗漏的功能；②在接口上，输入信息是否能被正确接收，能否输出正确的结果；③是否有数据结构错误或外部信息访问错误；④性能上是否能够满足预定要求；⑤是否有初始化或终止性错误。

（2）白盒测试方法。白盒测试又称结构测试或逻辑驱动测试。白盒测试方法是将程序看作一个透明的白盒,即完全了解程序的内部结构和处理过程。它允许测试人员利用程序内部的逻辑结构及有关信息,设计和选择测试用例,对程序所有逻辑路径及过程进行测试。通过在不同点检查程序状态,确定实际状态与预期状态是否一致、是否相符。白盒测试主要对程序模块进行如下检查:①至少测试一遍程序模块所有独立的执行路径;②至少测试一遍对所有逻辑的判定——取"真"与取"假"两种情况;③在循环的边界和运行的范围内执行循环体;④测试内部数据结构的有效性。

白盒测试方法虽然是穷尽路径测试法,但它不能发现程序中的所有错误,也就是说,通过白盒测试并不能证明程序是完全正确的。

2)静态测试法

静态测试方法不涉及程序的实际执行,是通过被测程序的静态审查,找出动态测试无法查出的错误,它一般用人工方式脱机完成,故也称为人工测试。静态测试法主要包括程序审查会(code inspections)、人工运行(walkthroughs)和桌前检查(desk checking)三种方法。

(1)程序审查会。人工测试源程序可以由程序编写者本人非正式地进行,也可根据测试内容组织审查小组,由程序审查小组进行的称为程序审查或编码审查。小组成员一般包括组长、程序编写者、程序的测试者等。小组成员一般有 3～5 人。进行会审时,先由程序编写者逐个阅读和讲解程序,再由程序的测试者逐个审查、提问,然后展开热烈的讨论,以揭示错误的关键所在。通常为了使审查小组的每一位成员都能更好地进行对照检查,提高审查的效果,审查小组为每一位成员准备了一份常见错误清单,以及需要准备的材料,包括有待审查的程序文档、控制流程图和有关要求规范。

(2)人工运行。人工运行也称为走查,它与程序审查会一样,也是小组阅读程序的一种测试方法。它和程序审查会有很多相同之处:也要组建测试小组,小组成员通常也是 3～5 人,参加人员应是没有参加该项目开发的有经验的程序员。二者都需要提前提供相应的资料,以便小组成员熟悉被测试内容。二者的不同之处是它们的工作步骤不同,人工运行在预先熟悉有关资料的前提下,需要使用人工方式将测试数据输入被测程序,即由人代替计算机沿着程序逻辑把这些测试数据走一遍,监视追踪程序的状态,即检查变量的值,以便发现程序中的错误。

(3)桌前检查。桌前检查是一种早期使用的静态检查方法。它是由一个人来进行的,也可看作一个人参加的程序审查会或人工运行。该方法由程序员在程序通过编译之后、进行单元测试之前,对源程序代码进行分析、检验并补充相关的文档,目的是发现程序中的错误。

3. 系统测试步骤

系统测试主要包括模块测试、集成测试、系统测试和验收测试四步,每一步都是在上一步的基础上进行的。

(1)模块测试。模块测试是以系统的程序模块为对象进行测试,目的是根据模块的功能说明,检验模块是否有错误,以保证每个模块作为一个单元能够正确运行。通常情况下,模块测试的方案设计比较容易,发现的错误主要是编码和详细设计方面的错误。

应该说，模块测试比系统测试更容易发现错误，能更有效地进行排错处理，是系统测试的基础。

（2）集成测试。集成测试是将经过模块测试的模块按照设计要求组装起来形成一个子系统进行测试。主要目的是发现与接口有关的问题。

（3）系统测试。系统测试是将经过测试的子系统装配成一个完整的系统来进行测试，以检查系统是否达到了系统分析的要求。系统测试主要解决各子系统之间的数据通信、数据共享等问题，测试系统是否满足用户要求。在这个测试过程中，不仅要发现设计和编码的错误，还要验证系统是否提供需求说明书中指定的功能，而且能验证系统的动态特性是否符合预定要求。在这个测试步骤中发现的往往是软件设计中的错误，也可以发现需求说明中的错误。

（4）验收测试。在系统测试完成后，要对整个软件系统进行测试，这就是验收测试。验收测试是在用户积极参与下把系统作为单一的实体进行测试，测试内容与系统测试基本一样，而且主要使用实际数据（系统将来要处理的数据）进行测试。验收测试的目的是验证系统确实能够满足用户的需求，同时考察系统的可靠性和运行效率，在这个测试中往往发现的是系统需求说明书中的错误。

经过上述的测试过程，软件基本满足开发的要求，测试宣告结束，经验收后，将软件提交给用户。

（二）系统调试的方法与步骤

系统测试的目的是尽可能多地找出程序中的错误，但是，发现错误并不是最终目标，改正错误才是最终目标。因此，在成功的测试之后，必须进一步诊断和改正程序中的错误，这是调试的任务。调试是要找出错误的具体位置，一旦确定了错误的位置，就要设法解除这个错误，使之完全符合设计要求。在大型软件的研制过程中，系统调试工作一般占50%左右，因此，系统的调试工作是非常重要的。

1. 系统调试的方法

在调试过程中，最关键的问题是如何在众多的程序中找出有错误的语句。下面分别以试探法、回溯法、折半查找法、归纳法和演绎法为例，简单介绍确定错误位置的方法。

（1）试探法。这种方法的思路是调试人员先分析错误的表现形式，猜想错误的大致位置，然后使用一些简单、常用的纠错技术，获取程序中被怀疑区域的有关信息，判断猜想是否正确，经过多次试探，找到错误的根源。这种方法与个人经验有关。因为效率比较低，这种方法只适合于小程序。

（2）回溯法。回溯法包括以下两种形式：①正向追踪。正向追踪是指调试人员沿着程序的控制流，从头开始追踪，使用输出语句检查一系列中间结果，以找到最先出现错误的地方。②逆向追踪。逆向追踪是指调试人员从发现错误症状的源头开始回溯，即人工沿着程序的控制流往回追踪程序代码，一直到找出错误的根源或确定故障的范围为止。这种方法对于小程序而言是一种比较好的调试方法，往往能把故障范围缩小在程序的一小段代码中。当程序规模越来越大时，回溯的路径数目很多，因此，彻底回溯就变成完全不可能了。

（3）折半查找法。折半查找法也称为对分查找法。其过程是以程序的中点为界，注入某个值进行查找。如果已经知道每个变量在程序内若干个关键点的正确值，则可以用赋值语句输入这些变量的正确值，然后检查程序的输出。如果输出结果是正确的，则错误在程序的前半部分；否则，错误在程序的后半部分。对于程序中有错误的部分再重复使用这个方法，直到把错误范围缩小到容易诊断的程度为止。但是，折半查找法并不适用于所有的程序。

（4）归纳法。归纳法就是从个别推断一般的方法。此方法从一些线索（错误征兆）出发，通过分析这些征兆之间的关系而找出错误。其具体做法是：首先，收集有关数据，即列出已经知道的关于程序哪些部分做得对、哪些部分做得不对的一切数据；其次，分析整理数据，研究数据之间的关系，分析出错的规律，在这一步中最重要的是找出矛盾，即什么条件下出现错误，什么条件下不出现错误；再次，通过分析出错规律，提出关于故障的一个或多个假设；最后，证明假设，若假设能解释原始测试结果，则假设得到证实，否则要重新分析，提出新的假设，直到最终发现错误原因。

（5）演绎法。演绎法是从一般到特殊的推理，即从一般原理或前提出发，经过删除或精化的过程推导出结论的一种调试方法。其具体做法是：首先，列出所有可能成立的原因或假设；其次，一个一个地排除；最后，证明剩下的原因确实是错误的根源。

2. 系统调试的步骤

系统调试大致经过程序调试、子系统调试和系统调试三步。

（1）程序调试。程序调试也称模块测试或单调。调试内容包括：检查程序的内容是否正常、程序的功能是否符合设计要求、模块程序的技术性能怎么样和软件界面是否友好等。程序调试经常要使用数据，这些数据在调试前必须经过精心挑选，测试数据必须覆盖正常数据、异常数据及错误数据等。例如，用空数据文件参加测试，检查程序能否正常运行，就是采用异常数据进行调试。

（2）子系统调试。子系统调试也称分调。它是在单个程序调试完成后，将几个密切相关的程序组合在一起进行调试。这一步工作的重点主要是：调试接口、检查各个模块之间接口关系是否正确、系统逻辑关系是否正确及通信规则是否合理。

（3）系统调试。系统调试也称系统总调。系统调试主要检查各子系统之间的接口是否正确合理，系统运行功能是否达到系统目标的要求，系统安全可靠性如何。这一步骤查出的往往是模块间相互关系方面的错误和缺陷，一般由系统分析员和程序员合作完成。

第四节　人员培训

管理信息系统是一个人机系统，系统投入运行后，需要很多人，如上机操作人员、数据录入人员、管理人员等参与其中的工作。他们将承担系统中人工过程的处理和计算机的操作工作。通常，这些人中的大多数是来自现行系统，他们精通原来的业务，但缺乏计算机知识，为了保证系统的测试、调试和运行的顺利进行，应根据他们的基础，在系统交付使用前对他们进行不同层次、不同岗位和不同程度的培训，使他们了解和掌握新的处理步骤和操作方法。

一、培训方式

不同管理层的权限与职责不同，对业务内涵的掌握要求也就不同。因此，可以采用以下几种培训方式。

1. 会议形式的培训方式

外聘业内专家和先进企业的代表，以讲座或研讨会等的会议形式加强管理层对信息管理的认识。

2. 宣传形式的培训方式

通过宣传栏、辩论赛、宣传册等形式向相关部门灌输信息管理理念。

3. 实践中学习形式的培训方式

根据系统运行的进度和实际情况，定期对管理层进行业务和技术培训，提高管理效率。

4. 专业化形式的培训方式

采取外聘业内专家对企业员工授课、委派企业员工到先进企业进修等专业化形式。

二、培训内容

人员培训内容主要包括：系统概貌及整体结构、系统分析设计思想、计算机系统操作与使用、系统操作中的各种注意事项、软件工具的使用、汉字输入方式、系统输入方式和操作方式、系统流程和所涉及的各种技术问题、系统在运行过程中可能出现的故障及排除方法、文档资料的分类及检索方式、数据收集与统计渠道、其他注意事项等。

企业管理人员与企业技术人员的培训内容应各有侧重。

企业管理人员的培训重点应该是信息技术基本概念与一些结合具体项目的基础知识，如信息系统的基本概念、计算机基础知识、管理方法、本企业信息系统介绍、本企业信息系统的操作方法等。对管理人员的培训要结合企业实际，通过培训使各级管理人员明确开发与应用信息系统对企业生存与发展的重要意义，使他们在了解与掌握基本概念的基础上打消顾虑，能积极参与信息系统的开发，为下一步的应用做好准备。

企业技术人员的培训应该把重点放在管理知识与管理规范方面。其中，系统操作人员的培训是与编程和调试工作同步进行的，主要培训内容包括系统使用到的关键术语等。系统维护人员的培训则要从项目的背景及对企业目标的支持等内容入手。

三、培训管理

为了保证人员培训工作能够真正获得成效，促使管理人员处理好当前工作与未来知识储备二者之间的关系。人员培训工作应与管理人员的工作绩效评定结合起来，对培训的效果进行考核。具体方式包括分阶段地在培训后进行考试、竞争上岗等。

第五节 系统试运行和系统转换

系统实施的最后一步是新系统的试运行和新旧系统的转换。它是系统测试和调试工作的延续。

一、系统试运行

系统试运行是指在系统没有正式转换之前，选择一些系统子项目来进行的试验性运行，其目的是完成新系统的数据整理输入和初始化工作。它是系统正式转换的前期准备，不影响原系统的正常运行。系统试运行阶段的主要工作包括：对系统进行初始化，输入初始数据；记录系统运行的状况；核对新旧系统的输出；对新系统的各项性能（如运算速度、传递速度、查询速度、输出速度等）进行实际测试等。

（一）数据准备

在现行系统中有许多需要继续使用的数据，因此，需要进行数据准备工作。数据准备是指从旧系统中整理出新系统运行所必需的基础数据和资料，即把旧系统中的数据加工处理为符合新系统要求的格式。其具体工作包括：历史数据的整理、数据资料的格式化、分类和编码、个别数据及项目的调整等。在整理过程中，若发现信息缺少和不一致等情况，应由有经验的管理人员来补充或修改，并把整理出来的数据转化为系统要求的格式。数据准备好以后，如果原系统是采用手工方式处理数据的，那么，还需要将准备好的数据录入到计算机中。没有一定基础的数据准备，系统调试将不能很好进行，这就好比一个工厂建成后，因为没有原材料而无法投入生产。因而，要保证所开发系统运行正确，今后能够为管理和决策提供支持和服务，必须要重视数据的准备工作。

（二）系统初始化

管理信息系统从开发到投入运行要经历一个系统初始化过程。系统初始化主要包括：对系统的运行环境和资源进行设置，对系统运行和控制参数进行设定，数据加载，系统与业务工作的同步调整等内容。其中，由于在系统运行之前需要将大量的原始数据一次性输入系统及正常的业务活动中，并且不断产生新的数据信息，也需要及时输入系统中，所以数据加载是工作量最大且时间最紧迫的重要环节。

系统初始化过程中的数据加载是新系统启动的先决条件，应突击完成并确保输入数据的正确性。数据加载可以采用手工方式，即全部过程均只能人工进行，也可以采用计算机系统，即可通过计算机进行数据格式转换。

二、系统转换

（一）系统转换的主要方式

系统转换也称为系统切换，其主要方式包括直接转换方式、并行转换方式和逐步转换（试点过渡转换）方式三种。

1. 直接转换方式

直接转换方式是指在确定新系统运行准确无误时，立刻启用新系统，终止旧系统运行，中间没有过渡阶段。直接转换方式示意图如图 8-1 所示。

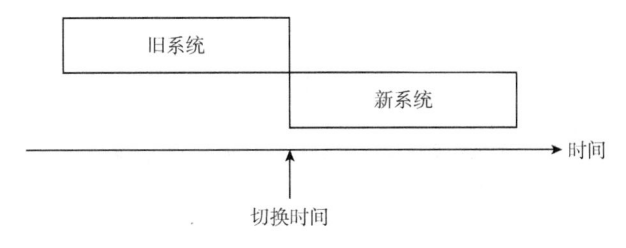

图 8-1 直接转换方式示意图

直接转换方式的优点是简单、费用少；缺点是风险大。因为新系统没有试用过，很可能出现预料不到的问题，一旦出现问题，会造成巨大的损失。因此，采用这种方式时，应采取一些预防措施，例如，使旧系统保持在随时可以启动的状态，以便一旦新系统出现问题，旧系统尚能顶替工作。这种转换方式一般适用于一些处理过程不太复杂、数据不很重要的系统。

2. 并行转换方式

并行转换方式是指新系统与旧系统同时运行一段时间，对照两者的输出，利用旧系统的数据对新系统进行检验。当并行时间结束、新系统运行准确无误时，新系统替代旧系统。并行转换方式示意图如图 8-2 所示。

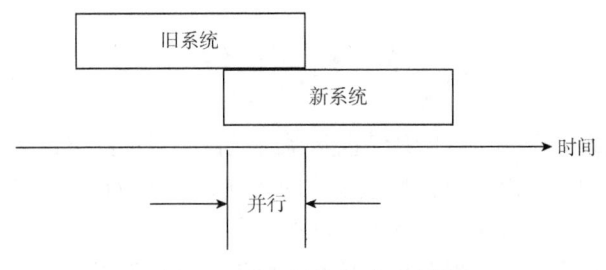

图 8-2 并行转换方式示意图

对于较复杂的大型系统，并行转换方式提供了一个与旧系统运行结果进行比较的机会，可以对新旧系统的时间要求、出错次数和工作效率给以公正的评价。当然，由于新系统与旧系统并行工作，消除了使用尚未认识的新系统时的惊慌与不安。新旧系统并存的时间应视业务内容而定，短则 2～3 个月，长则半年～1 年，转换工作不应急于求成。在银行、财务和一些企业的核心系统中，这是一种经常采用的转换方式。

并行转换方式的优点是切换期间工作不间断，而且新旧系统可以相互对比、审核，可靠性强，风险小；缺点是费用高。

3. 逐步转换（试点过渡转换）方式

逐步转换（试点过渡转换）方式是指先采用新系统的某一部分代替旧系统，作为试点，最后完全代替旧系统。逐步转换（试点过渡转换）方式示意图如图 8-3 所示。

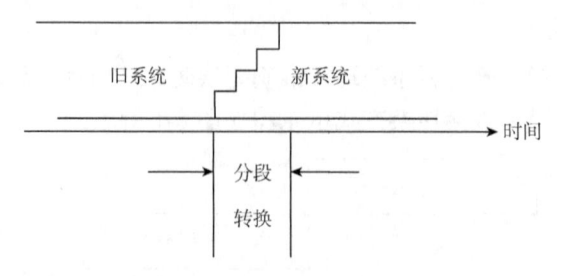

图 8-3 逐步转换（试点过渡转换）方式示意图

逐步转换（试点过渡转换）方式的优点是切换平稳、可靠和易于管理，既能防止直接转换方式产生的危险性，又可以避免并行转换方式费用高的问题产生；缺点是旧系统在已转换部分和未转换部分出现如何衔接的问题，这类接口多且又十分复杂。此方式常用于大型系统或较为复杂的系统的转换。

（二）系统转换时机的选择

系统转换时机是指什么时候进行系统转换。企业要根据自身的特点和管理信息系统的具体情况来选择。一般系统转换时机包括一个新的业务周期的来临、企业业务的忙闲周期和企业改制时。例如，某商业企业进行主副业改制，企业的组织结构发生了重大变革。系统转换一般发生在企业改制以后这个时机，系统转换后在运行过程中总会发生一些意想不到的情况，这就要求尽可能做好记载、分析其中的原因并制定应对政策，从而使新系统能按照设计要求正常运行。

本 章 小 结

系统实施是系统开发的最后阶段，也是系统设计阶段的结果最终在计算机系统上实现的阶段。本阶段的主要内容包括物理系统的实施、程序设计、系统的测试与调试、人员培训、系统试运行和系统转换。系统实施的任务是以系统设计方案为依据，把系统设计阶段所得到的目标系统（物理模型）转变为可以运行的信息系统，它是真正解决系统"具体做什么"的问题。将系统的设计付诸实践，经过调试之后，转入系统运行阶段。系统实施的最后一步是系统试运行和系统转换，系统转换的主要方式包括直接转换方式、并行转换方式和逐步转换（试点过渡转换）方式。上述转换方式各有优缺点，因此，企业要根据自身的特点和管理信息系统的具体情况来选择，在转换时还要注意系统转换时机的选择。

思考练习题

1. 简述管理信息系统的系统实施阶段的主要任务和内容。
2. 简述程序设计的标准和方法。

3. 什么是测试？白盒测试方法和黑盒测试方法的主要区别是什么？
4. 什么是调试？调试的目的是什么？方法有哪些？
5. 简述测试与调试的区别。
6. 人员培训主要有哪几种方式？
7. 简述系统试运行阶段的主要工作内容。
8. 系统的转换方式有哪几种？各自的优缺点是什么？实际应用中应如何根据具体的条件选用不同的转换方式？

第九章

管理信息系统的运行、维护、安全和评价

本章学习目标:

1. 掌握信息系统运行及维护的目的和内容;
2. 了解信息系统运行的安全管理;
3. 了解信息系统管理部门及信息人员道德修养。

第一节 系统的运行管理

通过测试交付使用后进入系统运行和维护阶段。在系统运行期间,可能会出现系统功能、软件、硬件、网络环境等方面的问题,因此,配备专门的人员及时发现、分析、解决存在的问题,保证系统正常运行是非常必要的。

一、信息系统的日常运行管理

信息系统投入使用后,日常管理工作是烦琐而细致的。日常运行管理活动主要包括日常信息处理和系统运行情况的记录。它们是信息系统管理、维护的依据,是信息系统正常发挥作用,产生其应有效益的保障。

(一) 日常信息处理内容

信息系统投入使用后,日常运行管理的工作量较大,主要包括数据录入、信息处理及信息服务等工作。

数据录入包括迅速、准确地收集数据,校验数据确保数据的完整,以及迅速、准确地将经过校验的数据输入计算机。数据的收集、校验及录入人员不仅要具备熟练的专业技能,更要求具有很强的工作责任心。

信息处理是信息系统的主要功能,按照业务逻辑对收集的数据进行处理。处理的结果将直接或间接应用于信息服务过程。

信息服务工作主要包括数据更新、统计分析、生成报表、数据的复制及保存、与外界的定期数据交流等。要求操作人员是经过严格培训的,清楚地了解各项操作规则,了

解各种情况的处理办法。

（二）系统运行情况记录

信息系统运行情况记录是系统管理、评价的依据，也是系统修复的重要参考资料。信息系统的管理人员从系统运行开始就应注意收集和积累系统运行情况的详细资料。记录应由当事人在事件发生的当时当地完成，强调记录的真实性、准确性、规范性。需要记录的内容主要包括以下几个方面。

（1）系统的工作量记录。工作量记录的是系统功能的最基本的数据，反映系统的工作负担及所提供信息服务的规模。例如，开机的时间，操作人员每天（周、月）提供的报表数量、录入数据的数量、系统中积累的数据量、修改程序的数量、数据使用的频率、所提供的信息服务的规模等。

（2）系统的工作效率记录。系统的工作效率记录指系统为了完成信息处理工作所占用的人力、物力及时间等资源的情况。例如，记录完成一次季度报表的编制所占用的人力、物力及时间等资源的情况。

（3）系统提供的信息服务质量记录。系统质量记录反映系统满足用户需求的程度，如信息是否及时提供，能否满足临时性的信息需求，信息用户对处理结果的精确程度、提供的方式是否满意等。

（4）系统的维护修改情况。信息系统中的数据、软件和硬件都有各自检查、维护、更新和修改的工作规程。这些工作都要有详细及时的记载，包括维护工作的内容、时间、执行人员等。这是系统安全正常运行的保证，同时有利于系统的评价及进一步扩充。

（5）系统的故障情况。一旦系统运行过程中出现故障，需及时地记录下故障的发生时间、故障的现象、故障发生时的工作环境、处理的方法、处理的结果、处理人员、善后措施、原因分析、影响范围等重要信息。

二、信息系统运行的人员配置与管理

运行管理工作中必然要涉及具有不同知识水平及技术背景的人员。这些人员能否互相配合、协调一致发挥作用，是系统运行管理成败的关键。具备较强专业素质的人员配备及切实可行的人员管理措施是信息系统运行管理的重要内容。

（一）信息系统运行的人员配置

信息系统是信息技术与管理结合的人机系统。信息系统运行管理部门主要成员包括系统管理员、数据库管理员（database administrator，DBA）、网络管理员等。

1. 系统管理员

系统管理员是系统运行中重要的技术人员之一。其主要职责包括：①安装和配置新的硬件、软件及网络服务；②进行操作系统升级、更改配置；③连接其他系统；④执行数据备份；⑤排除故障，调整和优化系统性能；⑥编写和更新系统配置文档；⑦参与制定、完善突发事件（含灾难事件）重要信息系统的应急方案和灾备恢复方案，以及回答有关计算机系统的技术问题。

2. 数据库管理员

数据库管理员全面管理和控制数据库系统，负责管理和维护数据库服务器。高级的数据库管理员除了具备较强的技术能力，还应该是自信的、好奇的，具备较强的学习能力、坚韧的意志力及较强的沟通能力。数据库管理员的职责主要包括：①对数据库进行定期健康性的检查和故障处理；②数据库的备份与恢复；③数据库的安全及权限管理；④数据库系统的性能优化、迁移和升级；⑤数据库的规划和部署，以及制定各相关人员数据库操作规范等。

3. 网络管理员

网络管理员一般简称网管，主要通过规划、监督来控制网络资源的使用和网络的各种活动，使网络的性能达到最优。网络管理员的主要职责包括：①对网络设备进行健康性检查；②网络系统流量、性能的监控；③处理和登记网络系统变更；④网络架构规划；⑤制定数据中心网络系统安全策略，以及参与制定、完善突发事件重要信息系统的应急方案和灾备恢复方案。

（二）信息系统运行的人员管理

信息系统运行过程中涉及各类人员，这些人员各司其职、互相配合，共同实现系统的管理功能。他们互相配合和发挥各自作用的程度高低是系统成败的重要因素之一。人员的管理主要包括明确权责、检查和评价、培训三个方面的内容。

1. 明确权责

必须明确规定人员的职权范围，明确规定各类人员在各项业务活动中的具体工作内容、工作责任、工作方式和工作次序等。

2. 检查和评价

每项工作都应有评价指标，这些指标应该是客观的、可以达到的，并且要真正按这些标准去衡量各类人员的工作。为了确保评价的准确性，应尽量避免定性度量，而应采用定量的度量方式。例如，系统的运行速度是程序员工作情况的衡量标准之一。

3. 培训

对工作人员进行培训，提高员工的工作能力，改善工作质量。培训内容应以与运行管理紧密相关的知识和技能为主，同时，可以增加不同部门之间的知识交叉学习，促进部门间人员及业务的沟通，提高企业整体管理水平。

三、信息系统的运行制度

为了保证信息系统正常运行，必须明确规定各类人员的职权范围，建立和健全信息系统管理体制。全面完善的运行管理制度是系统正常运行的保证。信息系统的运行制度主要包括机房管理制度、技术文档管理制度、信息系统运行操作规程、信息系统修改规程、运作日志等。这里主要介绍机房管理制度。

信息系统运行机房必须要有一套严格的管理制度，它是系统运行人员必须严格遵守的行为规范。机房是企业存放小型机、服务器、路由器等重要计算机和网络设备的地方。

信息系统的运行、数据的存储、业务的处理等重要工作都在此完成。运维管理部门的主要职责就在于专用机房的管理。

机房管理制度主要包括以下内容。

（1）工作人员操作行为规范。例如，开机、关机、登记运行日记、异常情况处理等。

（2）机房硬件设备安全使用制度。例如，应定期检查、整理硬件物理连接线路，定期检查硬件运作状态，禁止在服务器上进行试验性质的配置操作等。

（3）机房软件及数据安全使用制度。例如，定期检查软件的运行状况，进行数据和软件日志备份等。

（4）机房资料、文档安全管理制度。例如，资料、文档等要有效组织、整理和归档备案，重要资料、文档应进行加密、存储和备份。

（5）机房环境管理制度，包括温度、湿度、清洁度控制、空调监控、漏水监控等。

除此之外，还有出入机房人员的规定、机房用电安全、机房消防安全、与外界信息交流的管理、机房财产登记和保护等各项机房管理制度。

第二节 信息系统的维护

信息系统的维护是信息系统运行管理阶段的重要内容。解除系统运行中发生的故障和错误、为适应环境变化对原系统做局部的更新等系统维护工作，将长期伴随系统运行过程。系统维护的目的是使系统不断得到改善和提高，使系统运行始终处于最佳状态。

一、系统维护的定义及类型

系统维护是为了应对信息系统环境和其他各种因素的变化，为保证系统正常运行而采取的一切活动。根据系统维护原因的不同，维护工作可分为以下四类。

（一）更正性维护

更正性维护（corrective maintenance）是诊断和改正错误的过程。内容包括纠正代码错误、改正软件功能上的缺陷、排除实施中的错误使用等。这些通常是在开发阶段已经出现而在系统测试阶段未被发现的错误。据统计，这方面的维护工作量占整个维护工作量的 17%～21%。

（二）适应性维护

为了适应硬件、系统软件和外界环境的变化，使软件能适应新的环境而进行的程序修改和扩充称为适应性维护（adaptive maintenance）。例如，操作系统版本升级、计算机的更新换代引起的软件转换，以及数据库和数据存储介质的变动等。

（三）完善性维护

在软件的正常使用过程中，为了满足用户新的需求而修改或增加软件功能的活动称为完善性维护（perfective maintenance）。例如，对处理效率和编写程序的改进。实践表明，在维护活动中，完善性维护所占的比重最大，约占整个维护工作的 50%。

（四）预防性维护

预防性维护（preventive maintenance）是为了适应未来可能发生的软硬件环境变化，主动增加新的预防性功能，提高软件的可维护性和可靠性，确保新系统有较长的使用寿命。这方面的维护工作量约占整个维护工作量的 4%。

二、信息系统维护的主要内容

（一）软件维护

软件维护是系统维护中最重要也是工作量最大、耗资耗时耗人力最多的一项工作。软件维护主要在出现运行错误、业务处理发生变化、程序处理效率低等问题时进行。在修改程序后要进行正确性验证，并填写程序修改登记表，确保维护文档的完整性，为后期维护工作提供参考依据。

（二）数据维护

数据维护工作包括确保数据文件的安全性、完整性、正确性，保护数据库，避免不合法使用造成的数据破坏、泄露和修改；做好数据库的维护、备份、转储与恢复工作。

（三）代码维护

代码变更由代码管理部门组织进行。变更内容要以书面形式描述。代码变更后要指定负责人贯彻使用新代码。

（四）设备维护

系统的设备维护主要包括日常的设备保养和故障发生后的设备维修。要定期检修设备并且保证在发生突发性的设备损坏后能够及时修复。设备维护都应由专人负责，在完成设备维护后要详细记录设备检修情况和设备故障维修情况，以保证系统正常有效运行。

三、信息系统维护的过程

信息系统维护需要成立专门组织、配备专业的维护人员，有计划、有步骤地进行。系统维护的过程如下。

（一）明确维护目标，建立维护组织

确定进行维护工作所应遵循的原则和规范。信息系统投入运行后，应设置系统维护主管，专门负责整个系统维护的管理工作。对系统功能模块进行划分，分别配备维护人员。维护人员的任务是熟悉并仔细研究所负责部分系统的实现过程。每个维护申请都必须通过系统维护部门和相关业务部门的共同审查批准后，才能予以实施，以便从业务功

能和技术实现两个角度控制维护内容的合理性和可行性。

（二）安排维护计划

维护工作应当是有计划、有步骤地统筹安排。应当按照问题的严重性和管理部门对维护工作确定的优先顺序制定计划。维护计划应包括维护人员、维护范围、所需资源、维护费用和维护进度安排等。

（三）系统维护实施

维护主管向维护人员分配任务，制定完成期限和其他具体要求。维护人员根据维护计划开展维护工作，当维护任务完成后，维护人员要将整个维护过程以书面报告形式递交维护主管。

（四）验收维护成果

当维护任务完成后，维护主管组织技术及相关业务人员对维护修改部分进行测试和验收，最后根据验收标准进行验收。

第三节 系统的安全管理

信息安全管理是一项涉及技术、社会、经济等多方面问题的复杂工作。1994 年 2 月 18 日，国务院颁布的《中华人民共和国计算机信息系统安全保护条例》中明确指出："计算机信息系统的安全保护，应当保障计算机及其相关的和配套的设备、设施（含网络）的安全，运行环境的安全，保障信息的安全，保障计算机功能的正常发挥，以维护计算机信息系统的安全运行。"由此可见，信息系统安全管理的目标是让所有信息系统的资源及处理安全稳定、准确完整。

一、信息系统的脆弱性及面临的威胁

信息系统的安全问题可以从其自身的脆弱性及其所面临的威胁两个方面来考虑。

（一）信息系统的脆弱性

1. 信息系统本身的安全漏洞

信息系统的开发过程复杂，程序设计人员的素质差异、片面追求时间和工期等因素导致了系统本身的安全漏洞。系统安全漏洞主要表现在以下几个方面。

（1）操作系统的安全漏洞。例如，输入/输出非法访问、访问控制混乱、访问保护机制不健全、系统本身的 BUG 等。

（2）数据库系统的安全漏洞。例如，非法访问数据库；恶意破坏数据库或未经授权非法修改数据库数据；数据库数据在网络上传递时受到攻击，如搭线窃听；不正确的访问引起数据库数据错误等。

（3）口令设置的漏洞。例如，口令设置过于简单，多台机同一口令，长时间不更改口令，善意泄露口令给第三方人员等。

（4）遗留的陷门。例如，利用陷门在程序中建立隐蔽通道，植入隐蔽的病毒程序等。

（5）协议的安全漏洞。例如，TCP/IP 在设计中存在安全问题等。

2. 网络信息系统安全缺陷

网络信息系统是计算机技术和通信技术的结合。计算机系统的安全缺陷和通信链路的安全缺陷共同构成网络信息系统的安全缺陷。一些普遍存在的安全缺陷包括网络的规模、电磁辐射和电磁泄漏、搭线和串音。

（二）面临的威胁

信息系统面临的威胁主要从影响系统的外部因素方面考虑。主要表现在以下几个方面。

1. 人为威胁

信息系统本身存在的安全漏洞，使得信息系统的保密性、完整性、可靠性等都受到了潜在的威胁。一旦发生就可能会造成巨大的经济损失。与人员有关的系统威胁分为两种：一种是偶然事故，由一时的操作错误、过失造成，这种事故发生的机会较多；另一种属于计算机犯罪，是有目的的恶意操作，威胁可能来自竞争对手的蓄意破坏，也可能是网络黑客。

2. 计算机病毒

在《中华人民共和国计算机信息系统安全保护条例》中，计算机病毒（computer virus）被明确定义为"编制或者在计算机程序中插入的破坏计算机功能或者破坏数据，影响计算机使用并且能够自我复制的一组计算机指令或者程序代码"。定义指出病毒具有程序性、传染性、破坏性的特点。随着计算机和 Internet 的日益普及，计算机病毒已成为目前网络信息系统面临的主要威胁。计算机病毒引起的信息系统崩溃和重要数据丢失可能给企业和社会造成巨大的损失。

3. 环境与自然灾害

信息系统面临的环境灾害主要包括电力故障、电磁辐射、灰尘等。自然灾害包括火灾、水灾、雷电和地震等。这些事件可能直接威胁网络信息安全，必须采取相应的预防和恢复措施。

二、信息系统的安全策略

网络信息安全与保密涉及面很广。为了防范意外或人为地破坏信息系统的运行，或非法使用信息资源，需要各种安全工具和防御措施，需要协调一致的安全管理计划。

（一）信息系统实体与运行环境安全

信息系统的实体安全就是采取措施保护计算机服务器、数据存储、系统终端、网络、通信设备等计算机设备、设施免受地震、水灾、火灾和其他环境事故的破坏。这是整个信息系统安全运行的基本要求。

运行环境安全是指对计算机网络的中心机房及其延伸点应有防雷电设施和防电磁干扰设施，机房内应具备防水防火设施，安装防盗报警装置。此外，还要提供良好的接地和稳定的供电环境，对主机房电源要有完整的双回路备份机制，为核心设备配置与其功耗相匹配的稳压及不间断电源（uninterruptible power system，UPS）。

（二）信息系统软件安全

防止由软件质量缺陷或安全漏洞导致的对信息系统的非法控制。软件安全策略分为系统软件安全策略和应用软件安全策略。

1. 系统软件安全策略

（1）安全的操作系统。操作系统是应用软件运行的平台。操作系统的安全是信息系统安全的前提条件。目前存在的操作系统软件均存在漏洞，所以，在选择操作系统时应既考虑其稳定性和安全性，又要考察供应商是否能提供良好的售后服务并能及时提供操作系统的升级和打补丁等。

（2）安全的数据库管理系统。数据库管理系统管理的是企业大量的重要数据信息，在数据的存储和处理过程中要保证信息系统数据的正确性、完整性、有效性和保密性。应制定严格的数据库安全策略，确保数据库管理系统安全运行、如用户访问权限、数据加密、数据备份等。

2. 应用软件安全策略

信息系统应用程序应是安全、可靠和可扩展的。为保证应用软件的安全，应从软件开发阶段开始加强开发质量的控制。通过加强容错设计、安排较长时间的试运行等策略，开发出可靠的系统应用程序。

（三）数据安全

数据安全可以从数据处理安全与数据存储安全两方面考虑。数据处理安全指有效防止数据在处理过程中遭受数据库损坏或数据丢失。系统存储安全是指保证系统存储的数据不丢失、不破坏、不被修改或盗用。

（四）联网的安全防范

联网的安全防范是防范和抵御数据及其他计算机网络资源可能受到的攻击，保证网络资源不被非法使用和访问，保护网上数据流的安全性和完整性。

1. 数据加密

数据加密（data encryption）是保护数据存储和传输的一种主动防卫手段。它以加密的格式存储和传输敏感数据。密码系统由算法、明文、密文、密钥四部分组成。数据加密技术是指将原始信息（即明文）经过加密钥匙及加密函数转换，变成无意义的密文，而接收方则将此密文经过解密函数、解密钥匙还原成明文。

常用的加密类型有两种，即对称加密与非对称加密。采用何种加密算法要结合具体应用情况。在利用数据加密保护数据的同时，应加强密钥的管理，建立密钥的层次结构，利用密钥保护密钥。重点是保证最高层次密钥的安全，并且经常更换各层次的密钥。

2. 身份认证

身份认证是对访问的用户进行身份鉴别和验证的安全控制手段。通过对用户身份进行认证，识别出冒名入侵者，以保证数据的完整性和安全性。

目前，计算机及网络系统中常用的身份认证方式主要有以下几种。

（1）用户名/密码方式。这是最常用的身份认证方法，但这种方式的安全系数并不高。例如，大多数系统的登录界面要求用户输入用户名、密码进行验证。

（2）智能卡认证。智能卡是一种内置集成电路的芯片（如磁卡、IC 卡等），芯片中存有与用户身份相关的数据。智能卡由合法用户随身携带，登录时必须将智能卡插入专用的读卡器读取其中的信息，以验证用户的身份。智能卡通过硬件不可复制性来保证用户身份不会被仿冒，然而由于每次从智能卡中读取的数据是静态的，通过内存扫描或网络监听等技术还是很容易截取到用户的身份验证信息，所以还是存在安全隐患。

（3）数字签名认证。数字签名（digital signature）技术是将摘要信息用发送者的私钥加密，与原文一起传送给接收者。接收者只有用发送的公钥才能解密被加密的摘要信息，然后用 HASH 函数对收到的原文产生一个摘要信息，与解密的摘要信息对比。如果相同，则说明收到的信息是完整的，在传输过程中没有被修改，否则说明信息被修改过。数字签名为防止交易中抵赖行为的发生、保证信息传输的完整性、对信息发送者的身份认证提供了技术手段。

（4）生物识别技术。生物识别技术是一种快速发展的计算机安全技术，是通过可测量的身体或行为等生物特征进行身份认证的一种技术。生物特征分为身体特征和行为特征两类。身体特征包括声纹、指纹、掌形、视网膜、虹膜、人体气味、脸型、手的血管和 DNA 等；行为特征包括签名、语音、行走步态等。其中，指纹识别技术目前广泛应用于门禁系统、微型支付等领域。

3. 访问控制

访问控制（access control）的功能可以防止非法的用户进入受保护的任何资源。允许合法用户访问受保护的资源，同时防止合法的用户进行非授权的访问。

常用访问控制策略主要包括以下几种。

（1）入网访问控制。入网访问控制是网络访问的第一层访问控制。它控制哪些用户能够登录到服务器并获取网络资源，控制准许用户入网的时间和准许他们在哪台工作站入网。用户的入网访问控制可分为三个步骤：用户名的识别与验证，用户口令的识别与验证，用户账号的缺省限制检查。三道关卡中只要任何一关未过，该用户便不能进入该网络。

（2）网络监控。利用网管软件进行网络监控提供网络系统的配置、故障、性能及网络用户分布方面的基本管理。分析系统设备行为、性能、流量、故障、配置和变更等。

（3）防火墙（firewall）。网络防火墙技术是保证企业计算机网络不受"黑客"攻击的一种控制性质的网络安全措施。防火墙由软件和硬件设备组合而成，是在内部网和外部网之间、专用网与公共网之间的界面上构造的保护屏障。在企业内网与互联网或其他网络间的双向通信中，防火墙为用户提供了一个过滤和安全转发访问请求的控制点。防火墙将过滤所有的网络通信，检查其密码或其他安全码是否正确，并只允许授权访问进出网络。

（五）系统化的管理

系统化管理强调必须同时从政策法规、管理与技术三个层次上采取有效措施确保网络信息安全与保密。企业应当建立相应的网络安全管理办法，加强内部管理，建立合适的网络安全管理系统、安全审计和跟踪体系，提高整体网络安全意识。

1. 重视安全检测与评估

做好操作系统安全性、可靠性和保密性的检测与评估工作。对实际运行网络进行监测和评估是必要的，国际上已经为此制定了许多相关的标准，我国也已经建立了十几个不同专业的检测评估中心。

2. 严格的安全管理组织和制度

成立安全管理组织机构，制定完善的安全策略、措施和制度，协调各方面的安全事宜；建立业务运行安全责任和监督制度、人事安全管理制度、培训和奖惩制度等。

3. 健全信息系统运行管理规范

要确保系统稳健运行，必须建立行之有效的系统运行维护机制和相关制度。比如，建立健全中心机房管理制度，信息设备操作使用规程等；落实系统使用与运行维护工作责任制；加强对相关人员的培训和安全教育，减少误操作；妥善保存系统运行、维护资料，做好相关记录，并定期组织应急演练，以备不时之需。

（六）事故应急处理

事故应急处理是为了避免灾难性后果发生所采取的预防及应对措施，主要的措施如下。

1. 数据备份

数据备份是指为防止系统出现操作失误或系统故障导致数据丢失，而将全部或部分数据集合从应用主机的硬盘或阵列复制到其他的存储介质，以便在系统遭受破坏或其他特定情况下，可以重新加以利用。备份工作是必不可少的组成部分，其意义不仅在于防范意外事件的破坏，而且还是历史数据保存归档，以及进行历史数据查询、统计和分析的依据。备份工作的核心是恢复，一个无法恢复的备份，对于任何系统来说都是毫无意义的。能够安全、方便而又高效地恢复数据，才是备份系统的真正生命所在。

2. 设备冗余

根据信息系统应用需要，应设计和配备必要的冗余设备。对可靠性要求高的系统，可以考虑采用服务器主机双机热备、磁盘阵列，甚至配备备用网络，建立异地容灾备份中心等方式。对于中小企事业单位的一些信息系统，可兼顾系统的可靠性和经济性，考虑以较少的投入实现冗余设计。

3. 应急预案

"再稳健的系统也会出问题。"应事先制定应急预案，将灾难带来的损失降到最低。

数据备份和设备冗余是应急处理的基础，应在此基础上形成应急预案。应急预案是针对可能发生的突发事件，为迅速、有效、有序地开展应急行动而预先制定的方案，是可实施的计划和步骤。它是标准化的反应程序，用以明确事前、事发、事中、事后的各个进程中，谁来做、怎样做、何时做，以及相应的资源和策略等的行动指南。只有认真做好应急预案实施的各类准备工作，才能把事故与灾害所造成的人员伤亡或财产损失降到最低。

4. 应急响应

信息系统应急响应是指确认或排除信息系统的突发事件。它是出现安全问题的后备动作。应急响应的目的是保证信息系统运行的连续性。应事先做好应急保障准备，即必须在信息安全事件发生前完成应急预案、应急队伍、人员培训、经费保障、应急演练、通信联络制度、监督检查制度、技术储备与保障等。在应急响应时，先确定信息系统安全事件的级别（原则上分一般、较大、重大、特别重大四级），然后启动相应的应急预案，清除或抑制事件对业务系统产生的影响，恢复业务系统的运行，并开展相应的事后分析等。

5. 灾难恢复

2001年国家标准化管理委员会发布了《信息安全技术　信息系统灾难恢复规范》，该规范指出，灾难恢复工作应包括制定、维护和升级灾难恢复规划，灾难备份中心的日常运行，关键业务功能在灾难备份中心的恢复和重续运行，主系统的灾后重新运作和从灾难备份中心重新回到主中心运行的过程，还涉及突发事件发生后的应急响应。

企业应建立灾难恢复的组织机构，明确职责。灾难恢复的组织机构由管理、业务、技术和行政后勤等人员组成。设立灾难恢复领导小组、灾难恢复规划实施小组和灾难恢复日常运行小组。也可以聘请和委托具有相应资质的外部专家和外部机构承担实施小组及日常运行小组的部分或全部工作。另外，组织应与相关管理部门、设备及服务提供商、电信、电力部门和新闻媒体等保持联系和协作，以确保在灾难发生时能及时通报情况和获得适当支持。

第四节　系统的评价

系统评价是指对信息系统的功能和性能进行全面的检查、估计和评审，包括将系统实际实现的指标与系统规划、设计的指标进行对比以确定目标系统的实现程度，同时，对目标系统将来能够产生的经济效益进行评估。

评价的目的是检查系统目标、功能及各项指标是否达到了设计要求、系统的各种资源（人、财、物，以及硬件、软件资源等）是否得到充分利用、经济效益是否理想，找出系统的薄弱环节，提出改进意见，并指出系统改进和扩展的方向等。

系统评价的主要依据是系统日常运行记录和现场实际监测得到的数据。评价的结果可以作为系统维护、更新及进一步开发的依据。系统评价是由开发人员和用户共同进行的，通常为了更客观准确，一般在新系统投入运行一段时间以后再对新系统进行全面评价。在此之后要定期地对系统运行状况进行追踪和监督，并做出评价。

一、系统评价的指标体系

信息系统的评价是一项难度较大的工作，属于多目标评价问题，目前大部分的系统评价还处于非结构化的阶段，只能就部分评价内容列出可度量的指标，不少内容还只能用定性方法做出叙述性的评价。评价指标可分为性能指标、经济指标和管理指标三种。

（一）系统性能指标

（1）系统的总体水平，包括系统的总体结构、地域与网络规模的合理性、所采用技术的先进性等。

（2）系统功能与层次，如功能的数量与难易程度或对应管理层次的高低等。

（3）信息资源利用的深度，如企业内部与外部信息的比例、外部信息的利用率等。

（4）系统的质量，如正确性、可靠性、可扩展性、可维护性、灵活通用性、可移植性、效率等。

（5）系统的安全与保密性，如系统安全保密措施的完整性、规范性与有效性。

（6）系统文档的完备性，如系统文档资料的规范性、完备性与正确程度。

（二）系统经济指标

（1）系统投资额。

（2）系统运行费用。

（3）系统的效益。

（4）投资回收期。

（三）系统管理指标

（1）改进组织结构及运作方式，提高人员素质。

（2）改进企业形象，提高企业知名度，增加用户满意度，提高全体员工的自信心和工作热情。

（3）提高企业管理水平、优化管理流程。

（4）增强部门之间、管理人员之间的协作，提高企业的凝聚力。

（5）完善企业的规章制度、工作规范。

二、系统评价报告

系统评价结束后应形成系统评价报告。系统评价报告既是对新系统开发工作的评定和总结，也是今后进行系统维护的依据。

系统评价报告的主要内容如下。

（1）摘要、系统名称、功能。

(2) 背景、系统开发者、用户。
(3) 参考资料、设计任务书、合同、文件资料等。
(4) 系统性能指标评价。
(5) 系统经济指标评价。
(6) 结论。
(7) 系统存在的不足和改进建议。

第五节 信息管理部门和人员修养

随着信息技术的发展，目前几乎每个稍具规模的企业都设置了信息管理部门。该部门全面负责企业信息管理工作，而且随着信息技术在企业内部的应用范围越来越广，信息部门在企业内部的地位正在逐步提升。

一、信息管理部门的发展

信息技术的巨大作用和成就，使各行各业对信息管理部门的存在和重要性有了认同。信息管理部门的发展是与信息技术在企业中应用的程度及其在企业中的地位直接相关的。以下四种形式的信息管理部门清晰地体现了信息管理部门的发展情况。

1. 企业职能部门下设置电脑部

图 9-1 是一种较低级的组织方式。信息系统为特定的职能部门服务。最初只在数据量大、运算工作较多的财务部门、统计部门设置计算机部，以提高信息处理速度、保证信息准确性等。

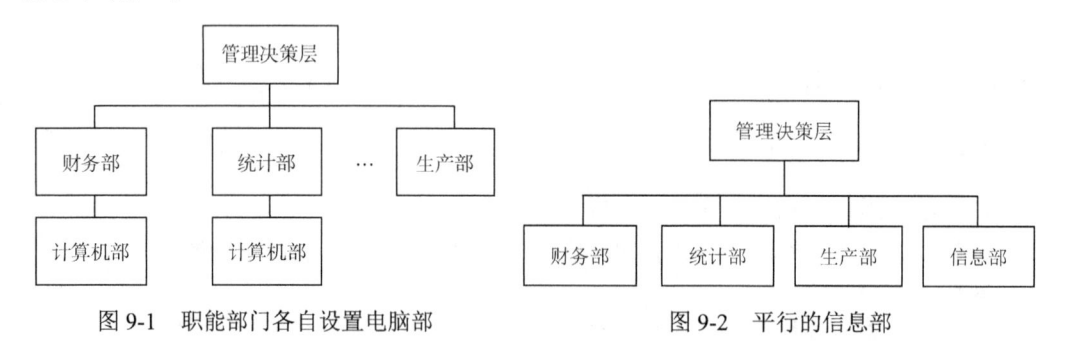

图 9-1 职能部门各自设置电脑部

图 9-2 平行的信息部

2. 平行的信息管理部门

企业建立信息部，统一负责企业信息系统的运行管理，如图 9-2 所示。信息部与其他职能部门平行。其特点是信息资源可以被企业各个职能部门共享，但信息部的决策能力较弱。这种方式下的信息系统地位较前种方式有所提高。

3. 矩阵式信息管理部门

这种组织架构形式如图 9-3 所示。企业各职能部门设置归信息部领导的信息室，可以加强信息部对各职能部门业务的支持，同时，便于信息部对信息资源的全面掌控。

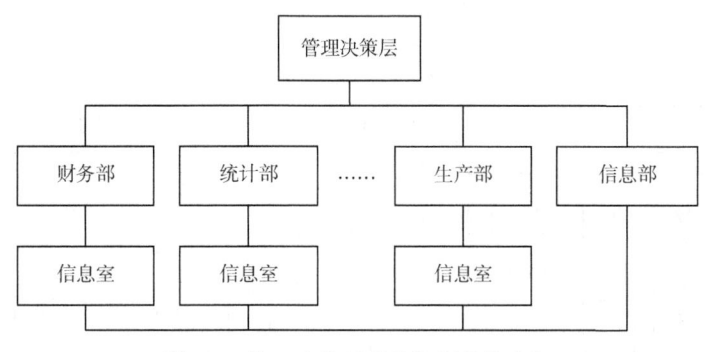

图 9-3　管理决策层直接控制的信息部

4. 信息主管负责的信息管理部门

信息主管又称首席信息官（chief information officer，CIO），领导信息管理部门各分支工作，其最主要职责是负责关于信息化建设的战略性的和方向性的工作，如信息化规划、信息资源的配置、信息人才队伍的建设，以及参与组织高层的决策。

CIO 应该具备较强的组织能力和领导能力，具有商业头脑和谈判、沟通与解决冲突的技能。我国的 CIO 队伍尚处于成长中，还没有形成被认可的 CIO 阶层，真正称职的 CIO 并不多。目前，我国的 CIO 主要来自计算机背景的专业人士和知晓信息技术的管理专家。

图 9-4 所示的 CIO 式组织形式，明确了信息系统在组织中的重要性，更加便于信息中心与其他职能部门的沟通和协调，更好地发挥信息系统的作用。

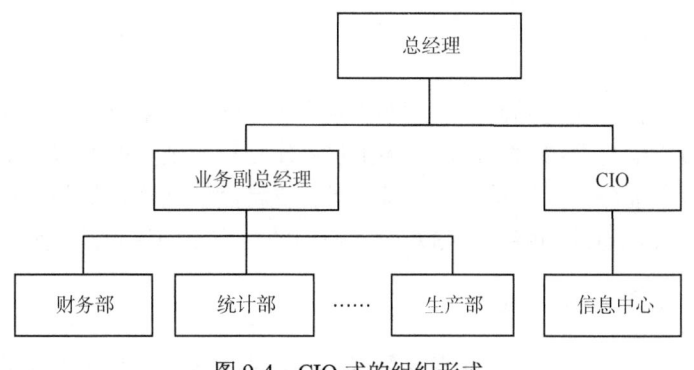

图 9-4　CIO 式的组织形式

二、信息管理部门的设置

由于企业规模不同，目前我国企业内的信息管理部门在结构、称谓和人员组成上有一定的差别，规模比较大的，分工也较细，一般按部、中心、室、组来划分。人员的组成以计算机和信息管理与信息系统专业的人才为主。信息人员大都较年轻，具有较高学历，各有技术或管理专长。一般而言，信息人员的收入相对较高，看重成就感。因此，信息人员的招聘、培养和管理等工作也有其特殊性。目前人才市场高水平的复合型信息人才仍欠缺，人才流动现象比较突出。

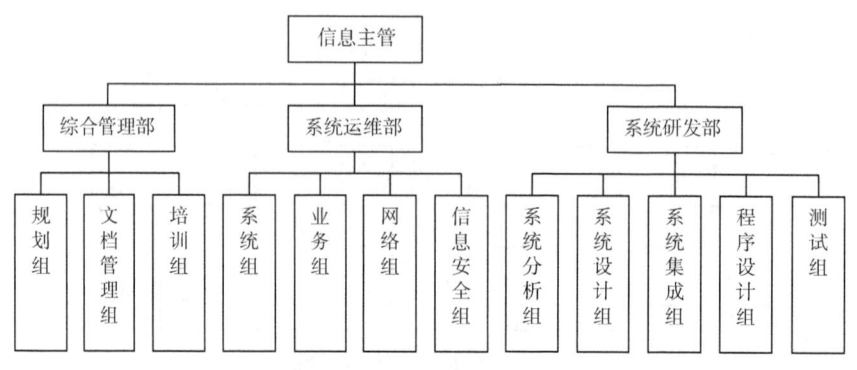

图 9-5　企业信息管理部门

图 9-5 显示了企业信息管理部门的主要分支机构。信息主管全面管理信息化建设，向组织的最高领导负责。综合管理部负责综合性工作，包括制定信息化规划、向各业务部门提供计算机及信息系统的使用等有关知识、进行文档管理，以及信息管理部门的内部事务管理等。系统开发部承担信息系统的开发、升级，以及业务部门的业务更新、调整，各企业的系统研发部一般结合具体业务管理划分，这样企业间差异较大，也有按项目开发划分为系统分析、设计、集成、程序设计、测试等部门的。一些企业不自主开发信息系统，也就没有研发部。系统运维部负责保证信息系统的正常运行：系统组负责系统的管理，由系统管理员组成。业务组负责与业务部门沟通，解决与业务相关的问题。网络组负责网络的建设和管理，保证网络的正常运行，由网管组成。信息安全组主要负责与信息系统安全有关的问题。

三、信息部门的职责

信息管理部门的职责是随其发展逐渐形成和完善的，其主要职责是管理正在开发或实施的项目；负责信息系统的正常运行和维护；建立和实施企业内信息系统使用的指南和制度；向企业各业务部门提供信息技术服务；支持企业战略目标的实现。由于信息技术具有更新快、发展迅速的特点，信息管理部门的工作是充满挑战性和创新性的。

四、信息人员的职业道德

信息人员的工作会涉及较多的重要数据，受利益等因素驱动时，信息人员可能会做出损害企业或社会的行为。作为信息人员，应该清楚地知道什么是道德的、合法的行为。目前，很多企业和组织制定了信息人员应该遵守的道德方面的详细政策。例如，企业大都规定，企业的计算机和网络属于企业资源，只能用于公务。

信息技术职业联合会（Association of Information Technology Professionals，AITP）制定的信息系统专业人员道德要求的部分内容如下。

（1）负责保护受委托的所有信息的隐私性和机密性。
（2）不误传或隐瞒与局势密切相关的信息。
（3）不为个人利益或任何未授权的目的而使用雇主的资源。
（4）不为个人利益或个人的满足感而探索计算机系统的漏洞。

（5）支持、尊重和遵守法律法规。

（6）不为个人利益，以非授权方式使用他人的机密知识或个人信息。

（7）尽最大努力，令相关人员以对社会负责任的方式使用自己的工作成果等。

目前，对职业道德引起的问题还缺乏行之有效的防范控制机制，为了提高企业信息人员的整体职业道德水平，除了采用技术手段进行监控防范，还应注重建设企业的信息道德文化，规划并制定实施策略。建立企业信息道德的工作内容如下。

（1）建立企业道德信条，让企业内外的人员和组织了解企业的道德观。

（2）建立企业道德规范，规定企业的道德标准，指导信息人员行为。

（3）组织道德相关活动，如对员工进行道德信条和道德规范等相关知识培训，审核各部门落实道德信条的情况等。

本 章 小 结

信息系统要提供高质量的信息服务，就必须对其运行实施科学管理。该管理的内容包括日常运行的管理、制定运行管理组织和制度、系统维护管理等。

信息系统的安全管理是为了防范意外或人为破坏信息系统的运行。了解信息系统的脆弱性及其面临的威胁，掌握安全应对策略是信息系统安全管理的主要内容。安全管理策略包括实体与环境安全、软件安全、数据安全、联网安全防范、系统化管理、灾难恢复等。

信息管理部门随着信息技术的应用而产生和发展，信息管理部门在企业中地位的变化，带来了信息管理部门的发展变化。CIO作为信息管理部门的总负责人，主要任务是有效利用信息技术和信息资源，增加组织竞争力。

思考练习题

1. 信息系统的日常运行管理包括哪些主要内容？
2. 如何保证信息系统的运行质量？
3. 什么是信息系统安全？影响信息安全的主要因素有哪些？
4. 信息系统安全管理的内容有哪些？
5. 什么是一个好的系统运行？如何达到好的运行？

第十章 面向对象开发方法

本章学习目标

1. 了解面向对象的编程思想；
2. 掌握面向对象开发方法的关键过程；
3. 了解统一建模语言 UML 的建模过程；
4. 对面向对象开发工具有一定的了解。

管理信息系统的开发方法有多种，其中常见的是结构化方法和面向对象（object-oriented，OO）的开发方法。本章主要讲述面向对象的开发方法，首先介绍面向对象的基本概念和面向对象开发方法的优点，然后介绍面向对象的系统分析、系统设计和系统实施的步骤，最后介绍统一建模语言（unified modeling language，UML）等面向对象开发方法工具并结合案例加以实现。本章的重点在于以下几个方面：①了解传统的技术方法和面向对象方法的主要区别；②掌握面向对象的关键概念和基本原理；③明确面向对象开发方法的关键过程；④了解面向对象的工具。

第一节 面向对象的基本思想和关键概念

一、面向对象的基本思想

从本质上来说，面向对象是一种看待问题世界的方法。在说明面向对象之前，首先看看与之相对的另外一种看待问题世界的方法——面向过程的方法。

以面向过程的观点看待世界，则世界是一个大的系统，这个大系统由许多小的系统组成，小的系统由更小的系统组成，系统之间有着密切的联系；每个系统都有其产生和结束的生命周期，系统的开始和结束之间具有因果关系，环环相扣、井井有条。如果将大系统中的每一个子系统和影响这个大系统的因素都分析出来，就能完全描述这个大系统的行为特征。所以，以面向过程的观点，用计算机来模拟问题世界，首要的工作就是将这个系统的构成描绘出来，把构成大系统的各个子系统的因果关系都定义出来；然后通过所谓"结构化"的设计方法，将每个子系统的运行过程描绘出来，形成可以控制的、范围较小的子系统；如此层层分解下去。通常，面向过程的分析方法，要求找到整个过程的起点，然后按照设计好的系统运行路线，分析构成系统的每一个子系统，再分析子系统的起点和终点，直至达到整个过程的终点。这个解决问题过程中的每一部分都是整个过程链上不可分割的一环。"结构化"的方法，强调的是程序的模块化、结构化，反映了软件系统的确定性和按顺序执行的风格。对于重复使用的程序，可以通过子程序调用的方法实现。另外，这种编程方法对数据的使用是通过程序调用数据文件的方式实现的，也就是说，程序和数据是分开的。这种编程方法相对于早期的编程方法来说，有了很大的进步，使得系统的可读性、易维护性大大提高。

接下来我们再看看面向对象的方法。面向对象技术将问题世界看成是众多"对象"组成的，每个对象都有自己的特点和功能。也就是说，每个对象都有自己的数据和程序；对象之间是相互独立的，不具有直接的因果关系；对象通过自己的行为向外界其他对象传递"消息"，对象也接受其他对象传来的"消息"；对象之间通过这种消息传递机制相互联系。对象接受什么样的消息、进而产生什么样的行为，再次向外界传递什么样的消息，完全是由它自己的属性特点决定的。对象之间的这种相互联系和影响，构成了一个整体的问题世界。而在没有外力的时候，对象则保持着"静止"状态。以面向对象的观点来分析模拟问题世界，开发者不必找到所有事件的起点，也不必设计整个系统变化发展的每一个细节。这种方法需要做的是找到构成问题的一个个"对象"，认清每个对象的特点，在接到外部"消息"的时候能够做相应动作。这就是面向对象的观点。

显然，面向对象不是看待世界的唯一正确的观点，但确实是一种较为自然的、易于理解的世界观，尤其在面对复杂问题时它更是一种有效的方法。后面我们还会说明面向对象开发方法的许多优点。因而当 SmallTalk、C++、Java 等面向对象的程序设计语言出现的时候，便受到了普遍的欢迎，得到了广泛的应用。

让我们进一步理解面向对象方法。这里的关键是对"对象"的理解。对象可以理解成一个实体、一种关系，通俗来说，就是某种"东西"。一张票据、一台计算机可以是"对象"；一个页面按钮、按钮上的文字也可以是"对象"。

从外界看对象，这些独立的对象有一系列奇妙的特性。例如，"对象"有着坚硬的外壳，从外部看来，它就像一个黑匣子，除了用来与外界交互的消息通道，外界不需要了解对象的内部构造；再如，对象可以和其他对象结合在一起形成新的对象，结合后的对象的特征是前两者特征的总和；可以从一个对象"产生"一系列新的对象，这些新的对象将拥有其父辈对象的特征，也就是所谓的继承，但是这些新的对象也可以拥有其父辈不曾有的新的特性；对象可能拥有的行为都是定义好的，但是同一个定义的行为，面对不同的"消息"，会做出不同的动作……

从对象看外界，对象无须知道它身处的整个世界是怎么回事，也不必知道它的行为是如何贡献给这个世界的。它只知道与它有着联系的邻居们（这称为"依赖"），并与它们保持着信息交流的关系。同时，即便在消息伙伴之间，每个对象也仍然顽固地保护着自己的内部秘密，只允许其对象通过消息传递机制和方法的调用进行交流。

看到这里，也许有人会更加迷惑了，难道这个世界不应该有明确的因果关系吗？这些看起来更像乌合之众的所谓"对象"拼合在一起，怎能形成这个规律的、分工明确的世界呢？想想我们身处的真实的世界，就更能理解由"对象"构成的世界了：每一个人甚至一草一木都有着自己独有的特征和能力，谁也不关心世界的起源和末日，然而正是无数的依据自己的天性存在着的个体，构成了这个精彩无比的世界。对象也是这样，一旦我们确定了一系列特征和规则，把符合规则要求的对象组织起来形成特定的结构，它们就能拥有某些特定的能力；给这个结构一个推动力，它们就能做出规则所要求的行为。

面向对象技术的普及从根本上改变了人们对信息的看法，也改变了开发信息系统的方法。面向对象技术在当今的软件领域无所不在，越来越多的系统开发人员使用面向对象程序设计方法编写软件，使用面向对象数据库管理系统生成数据库，使用面向对象的分析和设计技术设计新的系统。

二、面向对象的关键概念

（一）"对象"的概念、特点

前面对对象的概念已经进行了描述，对象可以是有形的事物，也可以是抽象的事物。例如，你在看这本书，那么这本书就是一个对象（图 10-1）；放下这本书你和你的同学们开会讨论这本书，那么这个会议也是一个对象。它是抽象的、摸不到的，但是实际存在的一件事情。众多简单的对象可以组成一个复杂的对象，众多复杂的对象又组成更为复杂的对象，就这样层层组合，构成一个大的系统。

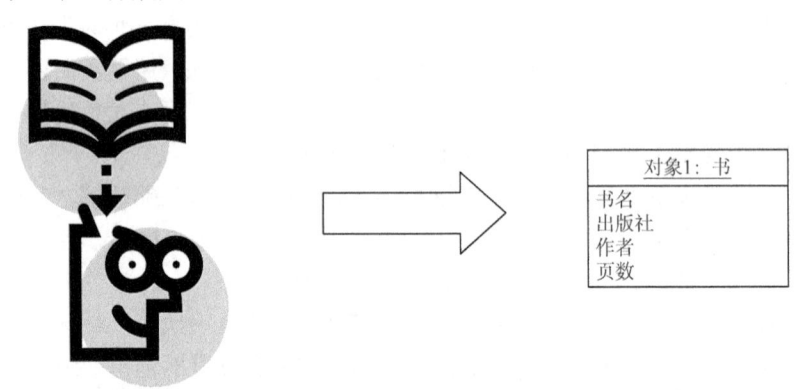

图 10-1 一本书就是一个对象

在一个应用程序中，对象在哪里呢？就像现实世界中对象无处不在一样，在面向对象的程序中对象也是无处不在的。一个输入界面就是一个对象，一个按钮也是一个对象。在系统中，对象是用来描述客观事物的一个实体，具有静态特征和动态的行为，是构成整个系统的基本单位。

属性（attribute）：每一个对象都有自己的属性。这些属性也可以理解成对象拥有的数据、对象的参数。比如，一个按钮是一个对象，它必然拥有一些数据来说明它的位置坐标、大小、颜色等，这些数据就是按钮的属性，说明了按钮的状态。当然这些数据可以在编程的时候确定，也可以在程序执行的过程中确定或改变，也就是说对象的状态是可以改变的。

行为（behavior）：每一个对象都有自己的功能，称为行为、操作、方法或服务。行为对对象的数据产生影响，可以改变对象的状态，比如点击某个按钮，可以保存数据。对象在不同的状态下可以产生不同的行为。

通过上面的描述，现在可以为对象下个定义：对象是封装（encapsulation）了状态和行为的、有明确边界和标识的实体。状态用属性和关系表示，行为用操作、方法和状态机表示，标识是指对象在其存在期间拥有唯一的名称。

（二）"类"的概念、特点

一些对象具有相同或相似的属性和行为，我们把这些共性抽象出来，提出类（class）的概念。可以把类看成是一个模板，由这个模板可以产生许多对象，这些对象具有模板描述的共同特点，当然，具体的对象也可以在模板给定的属性和行为的基础上进行变动，具有自己独特的属性和行为。

类的出现使得面向对象编程更具乐趣、更加方便。编程的时候不必为每个对象编写代码，只需要找到一个相关的类，声明这个对象是这个类的实例。

类具有层次性。一个类可以派生出许多其他的类，这时我们把这个类称为父类，这些派生出来的类称为子类。子类仍然可以继续派生出他自己的子类。父类拥有的属性和方法可以被子类继承下来，子类也可以扩展自己的属性和方法。在 Java 语言中，许多基础的类不必我们编写，Java 事先给定了一些基础的类，通过这些类，我们可以构造出一些新的类。另外，程序员也可以直接使用其他人或自己已经编写的类，在新的系统开发项目中使用。因此，有了类的概念，面向对象编程的程序代码的可重用性大大提高了。

（三）"消息"

如果没有沟通，任何组织系统都不能有效地工作。在面向对象技术中，对象组成了系统，对象之间也要彼此通信。这就是面向对象的消息（message）传递机制。对象之间只能通过消息进行通信，而不允许在对象之外直接地存取对象内部的属性。这也是由面向对象的封装性引起的，它使得消息成为对象之间唯一的动态联系方式。消息传递是对象之间通信的手段，一个对象向另外一个对象发送消息，用来改变接收方的属性或者告知接收方进行一定的行动。显而易见，一个消息应当包含接收方的对象名、调用的操作和相应的参数。消息只告诉对方进行什么操作，但并不指出如何操作。

对象之间的消息传递机制，大大减少了数据的复制，还能保证对象封装的数据结构和程序的改变不会影响到系统的其他部分。面向对象中常用函数调用体现消息传递，有的时候，发出消息的对象会要求接收方在接到消息后返回数据，有的时候不要求返回数据。

在面向对象技术中，众多对象组成了整个系统，对象之间的消息传递机制使得对象之间保持联系，改变对象的属性状态，整个系统因此运转起来。

第二节 实行面向对象开发方法的优越性

一、传统开发方法存在的问题

(一) 从系统开发的角度看

传统的软件开发方法把数据和过程分割开来，将二者看作是相互独立的部分。数据用来表达实际问题中的信息；过程是程序执行代码，用来处理这些数据。程序员在开发系统时要考虑数据的结构和类型的一致性。当数据的结构和类型发生改变的时候，其对应的处理程序也要发生改变。对于一个复杂庞大的系统来说，开发的工作量巨大，程序中可以重用的成分很少。面向对象通过父类和子类的继承关系，可以方便地构造具有相似功能的对象，使得程序开发的工作量减少。

传统的开发方法强调的是区分和分解系统的功能，由此产生的软件系统的可维护性差，如果需求发生了变化，整个系统就要有很大的变动，甚至重新设计。面向对象的方法基于稳定的对象和类。它首先强调区分来自应用领域的对象，然后进行软件设计。由于这种开发方法是建立在应用领域自身的基础之上的，所以能够更好地支持需求的变化。即使需求发生了变化，大多数的对象类也可以保持基本不变；如果要修改，也可以通过继承性方便地实现。

(二) 从系统的稳定性角度看

当把数据和过程分离时，经常存在使用错误的数据和使用错误的模块的可能。对于一个复杂大型的系统，维护数据和程序的一致性，成为成本较大的一项工作。另外，程序的维护难度大。当一处发生变动时，相关的数据、其他部分的程序都要变动，存在隐患。

面向对象把数据和过程封装在对象中，当一个对象的数据发生变化的时候，不会对整个系统产生影响。这种封装性保证了数据与过程的一致性，从而保证了系统的稳定性。

二、面向对象开发方法的特征

(一) 封装性

前面说过，面向对象的一个主要特点是数据和过程的整合。在一个对象里既有数据也有行为。这些细节对外是隐藏的，这就是面向对象的另一个重要原则——封装。封装又称为信息隐藏，因为它向用户隐藏了细枝末节。它反映了事物的独立性，使对象对外形成一道屏障，只保留有限的对外接口与外界发生联系。当我们站在对象外观察对象时，只需注意它对外呈现的行为，而不必关心它内部的细节。这样，当对象的方法改变时，只要接口不变，对象的客户在访问时不会有任何危险。对象的隐藏或封装部分是它们私有的实现部分，可见的属性和方法是公共接口。封装性只暴露对象的行为的客户角度的视图，保护对象免受外部的干扰。它减少了程序代码的相互依赖性，保证了程序设计的灵活性和可重用性。

（二）继承性

在前面说到类的时候，我们提到父类的特性可以被子类继承。继承是面向对象技术的一个重要概念，有必要在这里单独说明一下。父类也称基类或超类，子类是父类派生出来的，也称为派生类。这意味着父类包含子类共有的特性，更具有通用性；子类继承了父类的通用性，同时可以通过扩展或重写父类的特性而具有自己的特性，子类更具有特殊性。子类继承了它的父类的特性，也继承了父类的父类的特性，这样层层继承下去。利用继承，我们只要在原有的类的基础上进行修改增补，就可以得到新的类，这大大减少了系统开发的工作量。继承是实现软件重用或泛化的重要手段。例如，在图形用户界面中，系统向用户提出不同类型的问题，我们不必为每一个问题从头编制程序，只需编制一个 Question 类，每一个问题是一个 Question 的特例，通过调用一个函数 askUser（）即可实现。

继承可分为单一继承和多重继承。单一继承是指一个子类只有一个父类；多重继承是指一个子类有多于一个的父类。继承又可分为实现性继承和接口性继承。实现性继承是指被派生的类继承其父类的属性和行为，接口性继承是指被派生的类仅仅实现其父类的接口方法。

（三）多态性

子类从父类继承了属性和操作，但是这种继承不一定是原封不动的继承，一些子类可以将继承来的操作改变。多态性（polymorphism）是指同一个操作作用于不同的对象可以有不同的解释，并产生不同的结果。也就是说，将消息发送给不同的对象时，接收的对象将根据它所属类中定义的操作去执行，因而产生不同的结果。多态性体现了面向对象技术的灵活性。

（四）易维护性

在面向对象的观点来看，系统是由众多对象组成的，对象之间的相互作用和影响使系统得以运转起来。而每一个对象都是封装了数据和操作的实例，这种封装性，增强了整个系统的稳定性，当少数对象发生变动时，对整个系统的影响不是很大，维护起来比较容易。另外，当系统需要增加新的对象类的时候，一般不需要从头编写类的代码，只需要找到已有的相关的类，进行继承即可，只需对部分代码进行修改。这样编写代码的工作量大大减少，这就是所谓的可重用性，这就是继承性、多态性带来的好处。显而易见，面向对象技术相对于传统的面向过程的结构化开发方法来说，维护起来更加容易。

（五）更符合人类对客观世界的认知模式

面向对象，从计算机系统开发的角度来看是一种方法论；从更广义的角度来看，是一种看待客观世界的认知模式。从本质上说，面向过程还是面向对象属于古已有之的认识论问题。我们可以把世界看成是由一系列的事件过程组成的，然而当我们面对的世界的宽度和广度足够大的时候，要想把这些事件过程一丝不差地刻画出来就成了一件不容易的事情。从另一个角度，以对象的观点看待世界，即认为世界的本质是由对象组成的，平时看上去互相无关的独立的对象在不同的驱动力和规则下产生运动，然后这些过程便展现出了我们这个生动的世界。从面向过程角度看，世界的一切都不是孤立的，它们相互紧密地联系在一起，缺一不可、相互影响、互相作用，并形成一个个具有严格因果律的系统；而更多的系统组成了更大的系统，所有系统之间的联系也是紧密和不可分割的。

前面提到了面向对象具有的封装性、继承性、多态性和易维护性等特点，然而，这些并不是面向对象技术得到重视的主要目的。传统的面向过程的开发方法，以及 DFD、E-R 图、U/C 矩阵等在软件开发方法中也曾有着巨大的影响，以至于今天在许多开发项目中仍然使用。然而，软件系统越来越复杂、庞大，系统复杂程度达到一定极限，人们用传统的方法处理系统、维护系统就显得力不从心了。有了对象的概念，人们可以通过提升抽象级别来构建更大的、更复杂的系统。这种应对复杂系统的能力，才是面向对象方法流行的真正理由。面向对象方法之所以会兴起，是因为这种认识论能够帮助我们构造更为复杂的系统，来解释越来越复杂的现实世界。认识到这一点，我们就应该知道比掌握具体的技术更重要的是掌握认识论所采用的方法和分析过程。只有掌握了方法，才能更自如地使用工具。

第三节　面向对象的开发过程

面向对象的开发过程大体上来说分为系统分析、系统设计和系统实施三个阶段，下面分别说明。

（一）系统分析

系统分析是对问题领域进行分析，明确需要解决的问题是什么，系统因而需要做些什么。面向对象分析（object-oriented analysis，OOA）是围绕对象进行的。

1. 分析问题、描述需求

为了建立一个系统，开发人员首先要明确系统的需求，即系统要完成哪些功能。这个过程需要开发人员反复多次地与用户交流、沟通和明确。然后得到具体、详尽的书面的需求描述。

接下来，要给出用户使用该系统的不同过程的描述。面向对象强调要从用户的角度来描述系统，这就是"用例"描述。用例描述了用户在不同场景下对系统的使用情况。用例描述要尽可能全面。

2. 识别对象和类

在用例描述的基础上，找出系统中客观存在的对象，包括识别与系统交互的外部实体、与系统交互的人员的角色、实际问题中的概念实体、系统运行中可能出现的事件等。一般可以从需求的描述中找出名词、短语的方法来识别可能的潜在对象。

对于对象的识别、筛选可以参考 Codd 和 Yourdon 的建议。

（1）潜在对象的信息应当对系统的运行是必要的。

（2）对象必须有一组可标识的操作，并且对象用这些操作为其他对象提供服务。

（3）对象应当有有意义的属性。

（4）为对象定义的有关属性应当适合对象的所有实例。

（5）为对象定义的有关操作应当适用对象的所有实例。

（6）对象应当是软件需求模型的必要成分，与设计和实现方法无关。只有潜在对象尽可能满足这些条件时，才会成为合格的对象。

3. 构造对象模型（属性、行为）

对于对象的属性要仔细分析。对于客观存在的实体，应当将其作为对象处理，而不应当作为某个对象的属性。对于属性还要考虑简洁、尽量减少冗余，例如，一个属性可以从另外一个属性导出，则考虑仅用其中一个属性。

识别对象的行为的目的是确定对象的操作。一般通过用例分析对象的状态—事件—响应，找出对象可能的行为，进而确定对象的操作。

4. 构造对象动态模型（对象之间的关系）

前面步骤定义了对象及其具有的属性和操作，接下来要确定对象之间的关系。

首先，识别对象所属的类，具有相似的属性和行为的对象同属于一个类。

其次，形成不同层次的类之间的关系，比如父类和子类。

在系统分析阶段，主要是确定对象之间的静态关系，对象之间的消息传递机制是动态的，放到系统设计阶段更合适。

通过面向对象分析得到的模型称为 OOA 模型。这一步的主要工作是研究问题域和用户需求、发现对象、定义对象的属性和操作。OOA 模型是抽象层次较高的系统模型，它忽略了针对具体实现的细节。

（二）系统设计

很多人都不太清楚分析和设计的差别，原因是分析工作被模糊化，经常的情况是弄清楚需求以后直接进行设计，如详细的表结构、类方法、属性、页面等，然后就进行开发。实际上，分析和设计是有显著差别的。

从工作任务上来说，分析做的是需求的计算机概念化，设计做的是计算机概念实例化。

从抽象层次上来说，分析是高于实现语言、实现方式的；设计是基于特定的语言和实现方式的。因此，分析的抽象层次高于设计的抽象层次。

从角色上来说，分析是系统分析员承担的，设计是设计师承担的。

从工作成果来说，分析的典型成果是分析模型和组件模型，设计的成果是设计类、程序包。

换句话说，系统分析是在不考虑具体实现语言和实现方式的情况下，将需求在软件架构和框架下进行的计算机模拟。系统分析的目的是确定系统应当做成什么样的设想，而系统设计的目的是将这些设想转化为可实施的步骤。

用建筑工程进行类比，分析相当于绘制设计图，而设计则相当于绘制施工图。分析的工作决定应该是什么样子；而设计的工作则是决定采用什么材料，使用什么工艺。

面向对象设计（object oriented design，OOD）的主要工作是在 OOA 的基础上考虑系统实现的问题，进行系统的结构设计和详细设计。OOD 模型的抽象层次较低，包含与计算机具体实现有关的设计细节。OOD 要考虑的计算机实现条件包括硬件选择、操作系统的选择和网络设施的选择、数据库的选择、编程语言的选择等。

OOA 和 OOD 两者之间没有十分明确的界限。允许 OOA 表述的问题域信息不完整，可以重复进行 OOA，也可以在 OOD 阶段完善细化。

1. 体系结构设计

体系结构设计包括系统总体结构设计、分布方案、并发控制、人机交互、数据管理等。在这个过程中可能增加一些对象类、对 OOA 阶段的对象类进行补充修改，也可能对 OOA 阶段的类之间的关系进行改动。

对整个系统的体系进行划分，如分成人机交互子系统、数据库管理子系统等。但是这种子系统的划分不同于面向过程开发方法中的子系统划分，面向对象开发方法是通过对类进行划分归纳，形成类集团的方式体现的。

2. 对象设计

对象设计也可以称为详细设计。在 OOA 中已经给出了对象基本属性和操作，这一步要进一步细化、完善。在这一步中，还要对对象类型进行识别，对象分为实体对象、接口对象和控制对象。实体对象是在问题域中直接认识到的对象，它代表了要为之存储的数据的实现或抽象的东西。接口对象是一种技术性的对象，用于连接应用软件和外界系统或用户，如用户接口屏幕，实体对象的数据通常都是经由接口对象与外界联系的。控制对象主要用来协调实体对象和接口对象的活动。实体对象在 OOA 阶段中已经被识别过了，在 OOD 阶段要识别接口对象和控制对象。

接口对象的服务包括：从系统外部获得信息和为外部提供信息；为用户和主要设备安排接口对象；对于特制的图形用户接口（graphical user interface，GUI）分别建立接口对象；对于其他类型设备，如输入输出设备，安排接口对象。

对于控制对象的识别，要考虑其能否承担某项功能。控制对象通常是暂时的或瞬间的，只存在于某一时间的发生过程中，在实体对象和接口对象之间起到了缓冲作用。凡是不属于实体对象或接口对象的，都是控制对象。

接下来要确定实体对象、接口对象和控制对象之间的各种关系，包括对象之间的静态关系和动态关系，完善对象类结构图。实体对象的静态关系在 OOA 阶段已经确定，需要确认的是接口对象、控制对象之间的静态关系。动态关系是指消息连接。通常实体对象不关心接口对象和控制对象，与它们没有消息连接，仅仅接受接口对象或控制对象发出的消息请求。接口对象和控制对象接到事件的触发，向实体对象发出消息。

OOD 阶段的成果是 OOD 模型，其中的对象、对象的属性、操作和对象之间的关系，都必须是明确的，都应当是所选择的编程语言可以实现的。

（三）系统实施

在这一阶段中，要根据 OOD 形成的 OOD 模型，使用选定的面向对象编程语言进行编码，形成系统的软件代码，包括面向对象应用程序架构的构建、面向对象程序编写等。目前有的工具，可以实现从 OOA、OOD 到编码的直接转换，即可以完成 OOA 模型、OOD 模型的构建，然后根据这些模型直接形成 Java 代码。因而这一阶段的工作量，在整个面向对象开发过程中所占的比重不是很大。

第四节　面向对象的建模工具

一、面向对象的系统建模

从面向对象方法来看，当对象们被按规则组合起来以后，就能表达预期的功能。其实世界就是这样组成的。例如，组装一台个人计算机，买来键盘、主机、显示器，这时每个"对象"看上去都互无关系，然而当它们按规则组合起来之后，按下一个键，显示器上便会有所反应。

然而，接下来的问题出现了：我们说了利用零件能够组装出我们需要的功能，但是，此时我们不知道零件是怎么来的，难道零件是无缘无故突然出现的吗？符合规则的标准零件是如何设计和制造出来的？通过这样的组装，可以实现这个结构、可以完成特定的功能，用另外的一些零件、换另一个组装规则，能不能完成这个特定的功能？比如，不是买来主机，而是买来机箱、主板、CPU、内存等组成主机，不是也可以吗？

零件是标准的，组装规则是可以变化的，这意味着可以任意改变规则来组合它们。显然，即使是任意组装，它们也必然表达了某一种特定的功能。那么随意组装出来的结构表达了什么功能呢？上述疑问实质上体现了现实世界和对象世界的差距，即使面对简单的传统商业模式，我们仍有如下困惑。

对象是怎么被抽象出来的？现实世界和对象世界看上去差别是那么大，为什么要这么抽象而不是那么抽象呢？对象世界由于其灵活性，可以任意组合，可是我们怎么知道某个组合就正好满足了现实世界的需求呢？什么样的组合是好的，什么样的组合是差的呢？抛开现实世界，对象世界是如此的难以理解，如果只给一个对象组合，那么怎样才能理解它表达了怎样的含义呢？

我们把世界看作是由许多对象组成的，但是现实世界和对象世界之间存在着一道鸿沟，这道鸿沟的名字就叫抽象。抽象是面向对象的精髓所在，也是面向对象的困难所在。实际上，要想跨越这道鸿沟，我们需要一种把现实世界映射到对象世界的方法、一种从对象世界描述现实世界的方法、一种验证对象世界行为是否正确反映了现实世界的方法——UML。准确地说，是 UML 背后所代表的面向对象分析设计方法，正好架起了跨越这道鸿沟的桥梁。接下来看看 UML 是如何解决这些问题的。

UML 是在多种面向对象建模方法联合的基础上形成的，它的出现在面向对象领域受到了广泛的关注，并逐渐成为描述软件系统结构和设计蓝图的建模语言的工业标准。

它可以应用于各种系统建模,包括从企业信息系统到基于 Web 的应用。

UML 是可视化的。这里可视化的含义并不是指 UML 的图形是可以用眼睛看到的,而是指 UML 通过它的元模型和表示法,把那些通过文字或其他表达方法很难表达清楚的、隐晦的潜台词用简单直观的图形表达和暴露出来,准确而直观地描述复杂的含义。把"隐晦"的变成"可视"的,也就是把文字变成图形,这才是 UML 可视化的真正含义。

UML 是一种建模语言,是架设在现实世界和软件编码之间的桥梁。UML 在目前是如此的流行,以至于提到面向对象技术必然要涉及 UML。

二、面向对象的建模过程

使用 UML 建模,大体步骤是首先建立从现实世界到业务领域的模型,然后从业务模型出发建立概念模型,最后从概念模型到设计模型。

(一)从现实世界到业务模型

建立模型是人们解决现实世界问题的一种常用手段。我们通常接触到的建立模型是指为了解决某个问题而建立一个数学模型,通过数学计算来分析和预测,找出解决问题的办法。从理论上说,建立模型是指通过对客观事物建立一种抽象的方法,表征事物并获得对事物本身的理解,再把这种理解概念化,并将这些逻辑概念组织起来,形成对所观察的对象的内部结构和工作原理的便于理解的表达。模型要能够真实反映客观事物就需要有一个论证过程,使得模型建立过程是严谨的,并且结果是可追溯和可验证的。对于一种软件建模方法来说,为现实世界建立逻辑模型也要是严谨的、可追溯和可验证的,除了描述清楚需求,还要能很容易地将这个模型转化为计算机也能够理解的模型。

我们所处的这个现实世界充满了丰富多彩但杂乱无章的信息,要建立一个模型并不容易。建立模型的过程是一个抽象的过程,所以要建立模型,首先要知道如何抽象现实世界。如果我们站在很高的抽象层次,以高度归纳的视角来看这个世界的运作,就会发现现实世界无论多复杂,无论是哪个行业,无论做什么业务,其本质都是由人、事、物和规则组成的。人是一切的中心,人要做事,就会使用一些物,并产生另一些物,同时做事需要遵循一定的规则。人驱动系统,事体现过程,物记录结果,规则是控制。建立模型的关键就是弄明白有什么人,什么人做什么事,什么事产生什么物,中间有什么规则,再把人、事、物之间的关系定义出来,一个模型也就基本成型了。那么 UML 是不是提供了这样的元素来为现实世界建立模型呢?答案是肯定的。

第一,UML 采用被称为参与者(actor)的元模型作为信息来源的提供者,参与者代表了现实世界的"人"(图 10-2)。参与者是模型信息来源,也是第一驱动者。换句话说,要建立的模型的意义完全由参与者决定,所建立的模型也是完全为参与者服务的,参与者是整个建模过程的中心。UML 之所以这样考虑,是因为最终计算机的设计结果如果不符合客户需求,再好的设计也等于零。与其在建立计算机系统后因为不符合系统驱动者的意愿而需推倒重来,还不如在一开始就从参与者的角度,为将来的计算机系统规定好它必须实现的那些功能和必须遵守的参与者的意志,由驱动者来检验和决定将来的计算机系统要如何运作。另外，在这个顾客就是上帝的时代，以参与者，也就是"人"为中心还顺应了"以人为本"这一时代的要求，更容易提高客户满意度。

第二，UML 采用被称为用例（use case）的一种元模型来表示驱动者的业务目标，也就是参与者想要做什么并且获得什么（图 10-3）。这个业务目标就是现实世界中的"事"。而这件事是怎么做的，依据什么规则，则通过被称为业务场景（business scenario）和用例场景（use case scenario）的 UML 视图来描绘，这些场景便是现实世界中的"规则"。最后，UML 通过被称为业务对象模型（business object model）的视图来说明在达成这些业务目标的过程中涉及的事物，用逻辑概念来表示它们，并定义它们之间的关系。业务对象模型则代表了现实世界中的"物"。

图 10-2 参与者

图 10-3 用例

人、事、物、规则就是这样被模型化的。本书的后续章节将详细介绍 UML 这一建模方法，这里只是简单地引用了这些 UML 名词。

UML 通过上面的元模型和视图捕获现实世界的人、事、物和规则，于是现实信息转化成了业务模型，这也是面向对象方法中的第一步。业务模型真实映射了参与者在现实世界的行为，图 10-4 展示了这种映射关系。

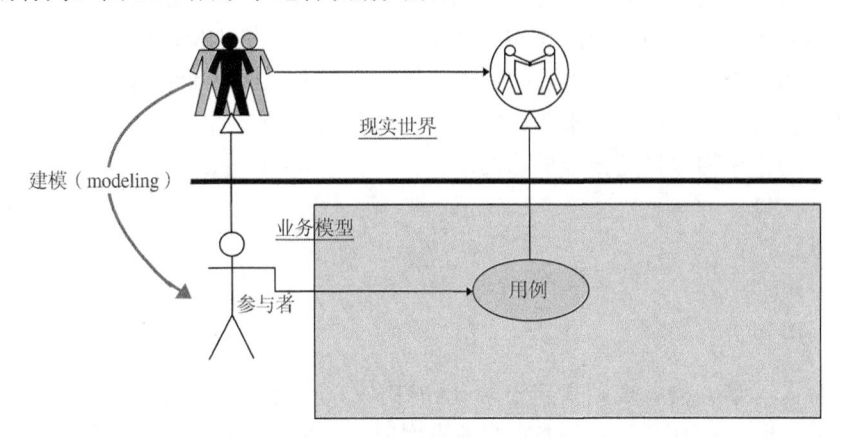

图 10-4 从现实世界到业务模型

得到业务模型仅仅是一个开始，要想将业务模型转化为计算机能理解的模型，还有一段路要走。这其中最重要的一步便是概念模型。

（二）从业务模型到概念模型

虽然现实世界被业务模型映射并且记录下来，但这只是原始需求信息，距离可执行的代码还很遥远，必须把这些内容再转换成一种可以指导开发的表达方式。UML 通过被称为概念化的过程（conceptual）来建立适合计算机理解和实现的模型，这个模型称为分析模型（analysis model）。分析模型介于原始需求和计算机实现之间，是一种过渡模型。分析模型向上映射了原始需求，计算机的可执行代码可以通过分析模型追溯到原始需求；同时，分析模型向下为计算机实现规定了一种高层次的抽象，这种抽象是一种指导，也是一种约束，计算机实现过程非常容易遵循这种指导和约束来完成可执行代码的设计工作。

事实上，分析模型在整个分析设计过程中承担了很大的职责，起到了非常重要的作用。绘制分析模型要用到的最主要的元模型如下。

边界是面向对象分析的一个非常重要的概念。从狭义上说，边界就是大家熟悉的界面，所有对计算机的操作都要通过界面进行。从广义上说，任何一个事物都分为里面和外面，里外之间的任何交互都需要有一个边界（图 10-5）。例如，参与者与系统之间的交互，系统与系统之间的交互，模块与模块之间的交互等。只要是两个不同职责的簇之间的交互都需要有一个边界，换句话说，边界决定了外面能对里面做什么"事"。在后续的章节中，我们会感受到边界的重要性，边界能够决定整个分析设计的结果。

原始需求中领域模型中的业务实体，映射了现实世界中参与者实现业务目标时所涉及的事物，UML 采用实体类来重新表达业务实体（图 10-6）。实体类在不丢失业务实体信息的条件下重新归纳和组织信息，建立逻辑关联，添加那些实际业务中不会使用到，但是执行计算机逻辑时需要的控制信息等。这些实体类可以看作是业务实体的实例化结果。

边界和实体都是静态的，本身并无动作。UML 采用控制类来表述原始需求中的动态信息，即业务或用例场景中的步骤和活动（图 10-7）。从 UML 的观点来看，边界类和实体类之间、边界类和边界类之间、实体类和实体类之间不能够直接相互访问，它们需要通过控制类来代理访问要求。这样就把动作和物体分开了。考虑一下，实际上在现实世界中，动作和物体也是分开描述的。

边界类　　　　　　　　实体类　　　　　　　　控制类

图 10-5　　　　　　　　图 10-6　　　　　　　　图 10-7

只要有人、事、物和规则（定语），就能构成一个有意义的结果，无非是是否合理而已。分析类也是应用这个道理来把业务模型概念化的。由于所有的操作都通过边界类来进行，能做什么、不能做什么由边界决定，所以边界类实际上代表了原始需求中的"事"；实体类则由业务模型中的领域模型转化而来，它代表了现实世界中的"物"；控制类则体现了现实世界中的"规则"，也就是定语；再加上由参与者转化而来的系统的"用户"，这样一来，"人"也有了。有了人、事、物、规则，我们就可以依据业务模型中已经描绘出来的用例场景来组合这些元素，让它们表达特定的业务含义。

另外，在这个阶段，还可以对这些分析类从不同的视角进行归纳和整理，以表达软件所要求的一些信息。例如，包、组件和结点，软件架构和框架也通常在这个阶段产生。

图 10-8 展示了从业务模型到概念模型的转化过程。

经过概念模型的转换，业务模型看起来对于计算机来说可理解了，但是要得到真正可执行的计算机代码，还有一步要走：我们需要将概念模型实例化，即再次转化为计算机执行所需要的设计模型。

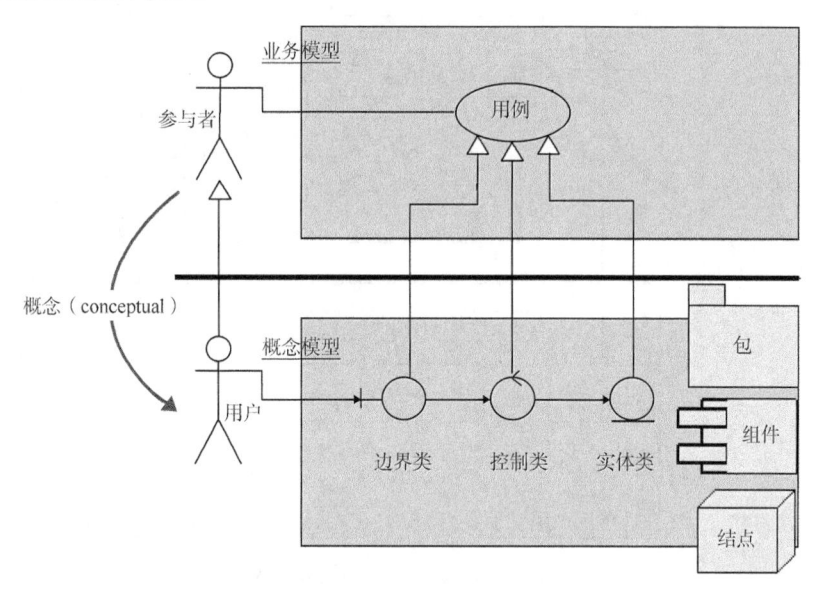

图 10-8 业务模型到概念模型

（三）从概念模型到设计模型

概念模型使我们获得了软件的蓝图，获得了开发软件所需要的所有内容，以及所有必要细节。这就类似于我们已经在图纸上绘制出了一辆汽车所有的零部件，并且绘制出如何组装这些零部件的步骤，接下来的工作就是制造或者购买所需的零部件，并送到生产线上去生产汽车。

设计模型的工作就是制造或购买零部件、组装汽车的过程。在大多数情况下，实现类可以简单地从分析类映射而来。在设计模型中，概念模型中的边界类可以被转化为操作界面或者系统接口；控制类可以被转化为计算程序或控制程序，如工作流、算法体等；实体类可以转化为数据库表、XML 文档或者其他带有持久化特征的类。这个转化过程也是有章可循的，一般来说，可以遵循的规则如下。

（1）软件架构和框架。软件架构和框架规定了实现类必须实现的接口、必须继承的超类、必须遵守的编程规则等。例如，当采用 J2EE 架构时，Home 和 Remote 接口就是必需的。

（2）编程语言。各类编程语言有不同的特点，例如，在实现一个界面或者一个可持久化类时，采用 C++还是 Java 作为开发语言会有不同的设计要求。

（3）规范或中间件。如果决定采用某个规范或采用某个中间件，实现类还要遵循规范或中间件规定的那些必需特性。

实际上，软件项目可以选择不同的软件架构和框架，可以选择不同的编程语言，也可以选择不同的软件规范，还可以购买不同的中间件，因此，同样的概念模型会因为选择不同而得到不同的设计模型。图10-9展示了从概念模型到设计模型的转化过程。

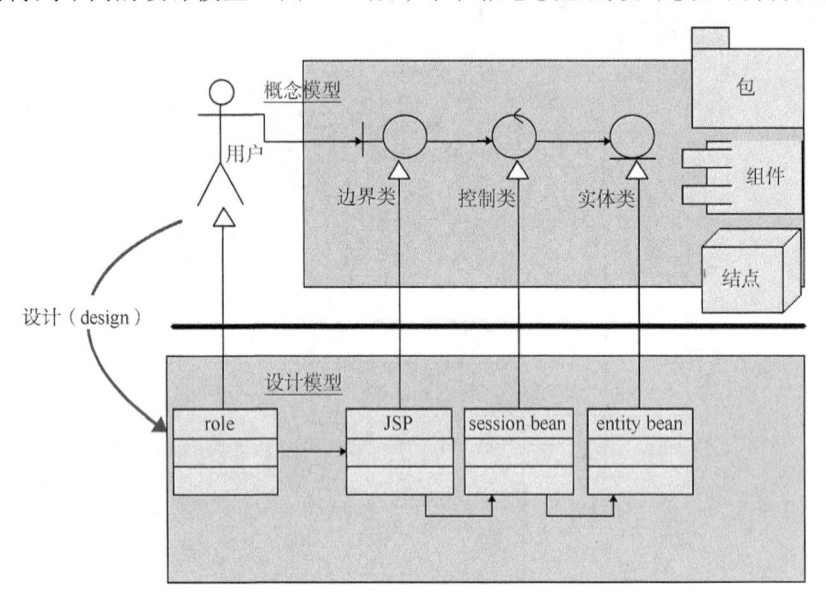

图10-9 从概念模型到设计模型

三、常见的UML视图

从面向对象的角度来定义需求，会用到几个相互分离又互相影响的面向对象模型或图。这几种图不都是必需的，一般用其中的3～4个即可以准确地定义需求。其中，类图、对象图、用例图属于静态建模；协作图、顺序图、状态图、活动图、交互概观图和定时图等属于动态建模；包图、构件图、部署图和复合结构图等属于系统架构建模。以下介绍其中几个主要的图。

（一）类图、对象图

类图的目的是识别组成新系统的对象并进行分类。在类图中，还要识别对象的属性或特性。通常，用一个综合图来显示整个系统中所有的类和关系。

设计类图是对类图的扩展，它增加了属性和方法等细节（图10-10）。设计类图的输入信息来源于类图、交互图、状态图。

设计类图是类图的一个变体。类图表示一系列的类及它们之间的关系。因为分析阶段是一个发现需求的过程，所以一般我们很少关心属性和方法的细节。在面向对象设计阶段，类的属性有一个特征，称为可见性，它表示其他类是否可以访问该属性，每个属性都有一个类型定义，例如，字符型或数字型。在设计阶段，我们希望细化这些项，并且定义传给方法的参数、方法的返回值及方法的内部逻辑。因此，虽然分析阶段和设计阶段的类图是很相似的，但是设计阶段的类图更加完善。

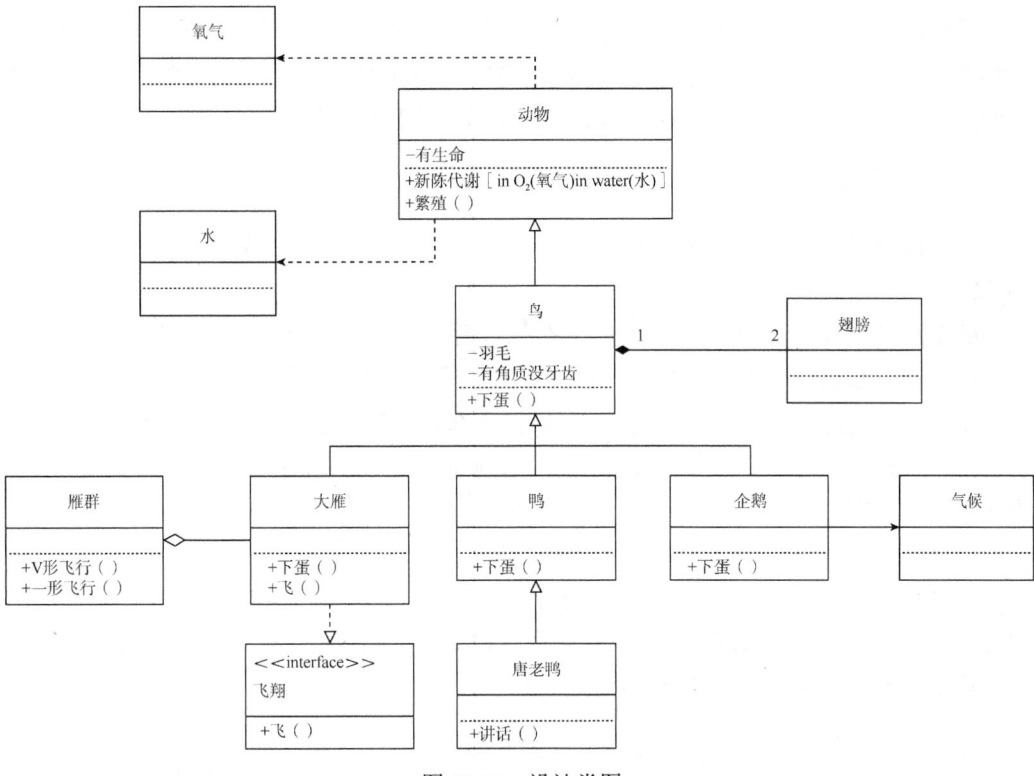

图 10-10　设计类图

(二) 用例图

用例图是一种用以显示不同用户角色和这些用户如何使用系统的图。其目的是识别新系统的"使用"情况，即识别如何使用系统。用例图从本质上讲是事件表的延伸，是用来记录系统必须拥有的功能的简便方法。有时可以用一个综合的用例图来描述整个系统，有时可以用一些小型的用例图组成用例模型（图 10-11）。

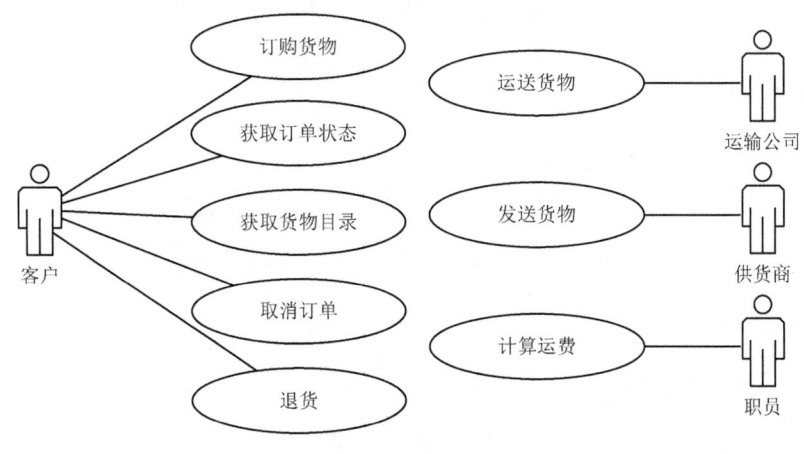

图 10-11　用例图

用例图的目标是提供一个系统的概览，包括使用这个系统的参与者和这个系统执行的功能。从这个意义上说，它定义了系统的范围，因此用例图与关联图类似。但是单个用例图在标识系统支持的功能方面，更像一个数据流程图片段。

（三）交互图

交互图是显示对象之间交互关系的图，它或者是一个顺序图，或者是一个协作图（图10-12）。

顺序图是一种用于表示用例对象之间消息序列的图，协作图是一种用以显示对象如何被协调在一起以执行用例的图。其目的是识别那些协作完成任务的对象。比如说，某个系统的业务用途之一是"记录客户订单"，那么协作图将会识别所有涉及的对象。为了记录客户订单，需要一个客户对象、一些库存对象和一个新订单对象等。一个单一的协作图用以识别对象，并展示这些对象的相互作用，以及对象之间所发送的用于执行功能的消息。一个系统中，一般会用到较多的协作图。

顺序图与协作图所表达的信息是一样的，只是显示方式有些差异。顺序图以图形化的方式表达消息之间的顺序，说明协作对象间的顺序。顺序图的目的是通过页面上的标识图形来表示消息的顺序。执行顺序从上到下。

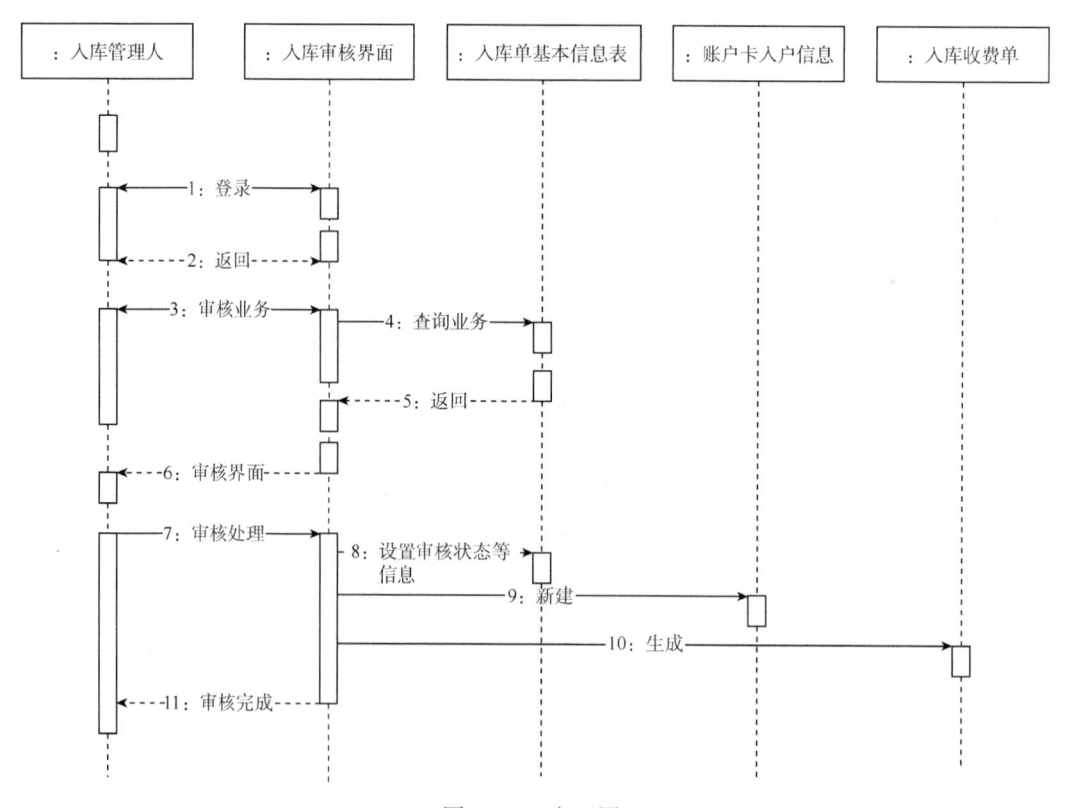

图 10-12　交互图

（四）状态图、包图

状态图是一种用以表示对象在生命周期和转换期情况的图。一个状态图描述了每个对象的状态和行为。每个对象类都含有一个状态图。在状态图的内部是动作陈述，这些动作陈述在最终的系统中变成了逻辑，每个类中的逻辑称为方法。在面向对象方法中，对象具有行为。每个对象是类的一个实例，每个对象具有完整的生命周期，即从创建到销毁的过程。一个对象在系统内以某种方式开始存在，在它的生命周期中，它处于某种状态并且会从一种状态转换到另外一种状态。这些状态，以及从一种状态到另一种状态的转换在状态图中都能显示出来。

包图是一个高层图，它通过给出哪个类应该包括在哪个子系统中来记录子系统。包图信息主要来源于用例图和类图。包图用于标识一个完整系统的各个主要子部分。在一个大的系统中，通常要把系统分成许多子系统。通过包图可以确定哪些类属于哪部分。

四、支持UML建模的工具软件介绍

在面向对象开发时，UML提供了有效的建模语言，然而要形成符合UML规范的电子文档并不是简单的事情。目前常用的工具有Rational Rose、Visio。Rational Rose是一种基于UML的专用建模工具，功能十分丰富，可以满足各种类型的项目开发，使用起来相当便捷和有效。但是它的体积十分庞大，而且价格相当昂贵。Visio是微软Office的一个组件，它并不是专门为描述UML设计结果而存在的，但是它包含UML的图形，可以画出UML的一些元素图形。但是Visio在描述软件构件之间的关联性方面，能力还是非常有限的，所以它只能产生一些相对简单的UML图，使用起来不是很方便。

JUDE（Java and UML developers' environment）是一个小巧实用的UML建模软件，目前的JUDE5.5不到10M，支持UML2.0，可以画类图、用例图、状态图、活动图、对象图、时序图、协作图、组件图和部署图，还集成了思维导图、工程合并、协作开发等十余项特色功能。它还可以导入Java源文件直接建模，也可以导入Rose的MDL文件。重要的是它还可以直接将模型导出成Java源文件、HTML和文本格式。当然，同Rose等大型软件相比，它的功能还不是十分强大，但是足以应付一般的开发工作。另外，JUDE是完全免费的，其是一个纯Java开发的软件，可以跨平台在各种主流操作系统中使用。它的版本更新快，以满足用户所提出的新要求和修复前一版本可能存在的问题。它的功能完善，速度快，易操作，易上手，得到了全球数十万用户的认同。

UMLet是一款用户界面简单、免费且开源的UML建模工具。它能够快速地构建UML序列图、活动图等，并且可以将原型导出为eps、pdf、jpg、svg等格式。我们还可以在Eclipse下面创建自定义的元素。UMLet既可以独立运行，还可以作为Eclipse的插件运行在Windows、OSX和Linux平台上。

ArgoUML是一款开源的UML建模工具，支持所有UML 1.4的标准图形。它可以运行在任何Java平台上，并且支持10种语言（地区语言而不是编程语言）。它用Java构造，并遵守开源的BSD（berkeley software distribution）协议。

第五节　面向对象的编程语言

面向对象的编程语言至少应是基于类的，同时具有继承性等方面的特性。下面介绍几种典型的面向对象编程语言。

一、Simula 和 Smalltalk 语言

面向对象的基本思想来源于 Simula 语言。该语言是 Dahl 和 Nygaard 等在 1967 年设计的，当时取名为 Simula67，在 1986 年被称为 Simula。它沿用了 ALGOL60 的数据结构和控制结构，引入了对象、类和继承等概念，但并不支持多重继承。信息隐藏是通过"保护"类来实现的。它以重载的方式支持多态性。为了提高效率，类型检查可在编译时静态进行。如果其特性被声明为 virtual，那么可以在运行时进行类检查。Simula 有一个专用的类库，其中包含离散事件模拟所需要的基本类。Simula 模拟背景的另一个价值是它有一套独特的并发特性，用以支持并发的应用程序的运行。

后来最有影响的面向对象的语言是 Smalltalk，起源于 20 世纪 60 年代。实际上它不仅仅是一种语言，更是一个完整的编程环境，它包括编辑器、类层次浏览器和许多第四代语言的特征。Smalltalk 确立了消息传递的思想，把消息传递作为对象之间的主要通信方式。Smalltalk 是一个强类型语言，具有垃圾回收机制，所有的连编都只能在运行时完成。它是人们广泛承认的真正的面向对象语言，引入了图形界面思想，引入了元类的概念。元类就是类的类，由此引出了抽象的概念，一个元类可以被定义成类构造的一个模板。它的缺点是效率不高，内存开销大，不支持持久性对象，只能在运行时检测到消息错误等。

二、C 扩展语言

Objective-C 和 C++是对现有 C 语言进行扩展以支持面向对象的特性。Objective-C 是基于普通 C 语言的语言，通过增加额外的数据类型而扩展了 C，提供 Smalltalk 语言元素大部分功能的库。它的应用面不是很广。

C++是在 20 世纪 80 年代初期设计的，已有多个版本。它在 C 语言的基础上扩充而成，增加了数据抽象、继承机制、虚函数，以及其他改善 C 语言的结构成分，使之成为一种灵活、高效和易于移植的面向对象语言。其主要变化是引入了一种新的初等类型 class（类）。像 C 那样，C++也依赖于库来提供语言的扩充，C++能够和现有的大量的 C 代码实现互操作。因此，C++是面向对象思想和实用性的折中，是目前使用最为广泛的一种混合型面向对象语言。C++支持抽象、继承和动态连编，同时支持静态类型和动态类型。它不提供自动废料存储单元收集功能，这必须通过编写程序来实现，或者通过编程环境提供的合适的代码库予以支持。

C++的优点是：可在操作系统的任何层次上做任何事情；是现有的面向对象语言中运行速度较快的；C++编译器十分流行，C++编程使用者广泛。

C++的缺点是：缺乏自动废料回收管理，指针的大量使用难以保证软件在运行时

的安全。

三、Eiffel 语言

Eiffel 语言的主要设计者是 Interactive Software 公司的 Bertrand Meyer。它是一种目标明确的面向对象语言，试图解决正确性、健壮性、可移植性及效率问题。Eiffel 语言的主要特点是，类是唯一的程序构造单位，不仅是程序模块，也是类型。Eiffel 程序是类的结构化集合，没有主程序的概念。

Eiffel 中的特征分为属性和例程。这里的例程相当于方法。类的例程是可作用于对象的操作。例程又分为过程和函数，前者修改对象的状态，后者原则上不能修改对象的状态，但是可以送回某一个状态值。特征可以定义为私有的或是公有的。

Eiffel 的断言机制是它的一大特色。断言使其具有说明形式化属性的能力。断言可以表达为前置条件和后置条件，也可表示类的不变式。每当调用一个例程时，前置条件总会强制执行一个检查，当例程结束或者返回值时，不需保证后置条件为真，并且一旦建立了一个对象或者调用例程，不变式总是应该为真。如果前置条件、后置条件、不变式检查中出现了不满足的情况，即发生异常，系统进入异常处理。提供这些机制有助于正确性证明的实现。

Eiffel 既可以作为设计语言，也可以作为编程语言。设计可实现一系列高层次的类，之后将方法增加进去。这降低了把形式化设计转换为代码时的错误风险。Eiffel 语言小而易学，还有一个综合性编程环境和高质量的类库。许多人都认为 Eiffel 是现有的最好的面向对象语言，并且在许多项目中取得了成功，但是出于种种原因没有得到广泛的应用。

四、Java 语言

1995 年，SUN 公司推出的网络编程语言 Java 已经是 Internet 上的主力语言，这是因为，它是一种 Web 语言，提供安全性和并发性支持，小的 Java 程序可以作为 Applet 在浏览器上运行。它的语法类似于 C++，但是它是一种纯粹的面向对象语言，具有内存自动回收管理、不允许指针等优点，使软件更安全。Java 是业界公认的跨平台通用语言，得到强大的后续支持。

Java 的突出特点是具有 Java 虚拟机。Java 编译成伪代码（字节代码），需要虚拟机来解释执行。Java 虚拟机几乎可在所有的平台上运行，这就提供了独立于平台的可移植性，但这是以降低性能为代价的。Java 的异常处理类似于 C++的异常机制，但是更加严密。Java 有自己的对象请求代理技术——RMI（远程方法调用）实现跨网络地访问其他 Java 应用程序。

五、C#语言

C#是由微软公司开发的一种新的面向对象编程语言。这里的#是指在 C++的基础上又多了两个＋，排列一下就是#。这意味着 C#是 C++精炼之后的产物。它在某些方面与 Java 类似，如没有指针、可做废料收集工作、什么都是对象等。但它是一种全新的编程语言,有自己的编译器、自己的语法规则,它是微软的.NET前锋。它使得程序员可以快速地编写各种基于微软.NET平台的应用程序。由于C#精心的面向对象设计,使它成为构建各类组件的理想的语言。使用简单的C#语言结构,可使组件方便地转化为XML网络服务,从而使它们可以由任何语言在任何操作系统上通过Internet进行调用。C#既提高了开发的效率,又消除了很多C++中常见的编程错误。由于C#对.NET框架的支持,加之语言本身容易学习和表达能力强,它成为.NET平台中最适合的本机(native)语言。

C#具有许多优势,如简单性、现代性、面向对象、类型安全性和出色的版本处理技术等。

第六节 案例:网上会议文件审批系统

本节通过一个案例,详述如何运用面向对象方法对一个网上会议文件审批系统建模,说明如何进行面向对象的软件系统建模。本节所使用的案例来自一个具体的工程项目,但经过了一定的简化(如对工作流部分进行了简化)。这样做是为了注重对面向对象方法的理解与应用,而不陷入过于琐碎和繁杂的业务细节,但该案例仍然是较为完整的。对该系统的开发,首先用用例图描述系统的需求,然后进行面向对象的分析与设计。

(一)系统的功能需求

电子政务中,有一项重要的工作,就是在网上进行文件审批。本节所要讲述的会议文件审批系统就用于此类工作。

如下的文字描述是软件开发人员根据某市某局提交的需求进行整理的。

某市某局,需要在内部举办两种形式的会议:召集下属区县及局内相关部门开会,召集局内相关处室开会。

每种会议都有如下流程。

第一,由某处室的负责人,根据需要安排该处室的工作人员起草会议文件。

第二,起草后的文件,经过该处的负责人批阅后,或返回起草人进行重新修改,或同意后向局办公室主任提交会议申请。

第三,根据当前局内的会议场地和招待所的使用情况,办公室主任对本次会议的举行给出意见;或把意见反馈给提交文件的处室负责人,说明不能按期进行的理由;或把文件提交给局领导进行进一步审批。

第四,局领导审批后,把意见反馈给局办公室主任。

第五,若局领导不同意,办公室主任把有关文件返回给提交该文件的处室负责人,处室负责人做消会处理;若局领导同意,办公室主任通知办公室工作人员,经办开会的各项事宜。

第六,办公室工作人员通知服务中心,安排会议场所和食宿,并向相关单位发会议通知。

第七，相关单位收到会议通知后，要向局办公室回复。

第八，会议结束后，召集会议的处室要形成会议纪要。

用户单位还提供了如下的文件格式样本（此处进行了整理和简化）。

（1）会议文件起草通知单。

处室负责人：×××　　日期：×××

内容：××××××××××××××××××××××

其中的内容含有会议名称、会议主题、会议内容、起草人等信息。

注：处室负责人起草该通知单，交给处室工作人员。

（2）会议文件。

起草人：×××　　起草日期：××××

内容：××××××××××××××××××××××

注：处室工作人员起草会议文件，交给处室负责人。

（3）处室负责人批文。

处室负责人：×××　　批示日期：×××

内容：××××××××××××××××××××××

注：处室负责人对会议文件审批后，把意见形成批文。该批文或交给处室工作人员，指示其做进一步修改，或提交给办公室主任。

（4）办公室主任批文。

办公室主任：×××　　批示日期：××××

内容：××××××××××××××××××××××

注：办公室主任审批某处室负责人提交的材料，把审批意见形成批文，该批文或交给处室负责人，或交给局领导。

（5）局领导批文。

局领导：×××　　批示日期：××××

内容：×××××××××：××××××××××

注：局领导审批办公室主任提交的材料后，把意见形成批文，交给办公室主任。

（6）通知拟订会议纪要通知单。

处室负责人：×××　　日期：×××

内容：××××××××××××××××××××××

注：开完会后，处室负责人起草该通知单，交给处室工作人员，让处室工作人员整理会议材料，并形成会议纪要。

（7）通知拟订发布会议通知单。

办公室负责人：×××　　日期：××××

内容：××××××××××××××××××××××

注：办公室主任起草该通知单，交给局办公室工作人员，让其通知相关单位。

（8）会议通知（服务中心）。

办公室工作人员：×××　　发送日期：××××

通知标题：××××××

内容：×××××××××××××××××××××××××××××

注：局办公室工作人员起草该通知，发给服务中心。

（9）会议通知（与会单位）。

办公室工作人员：×××　　发送日期：××××　　通知标题：××××××

内容：×××××××××××××××××××××××××××××

其中的内容含有会议主题、与会单位及人员、会议召集人、会议时间、会议地点和会议内容等信息。

注：局办公室工作人员起草该通知，发给相关与会单位。

（10）会议纪要。

纪要人：×××　　纪要日期：××××

内容：×××××××××××××××××××××××××××××

其中的内容含有会议主题、与会人员、会议召集人、会议时间、会议地点、与会部门、会议内容、会议召开情况、决议或结论等信息。

注：处室工作人员编制会议纪要，交给档案室。

（11）消会签署单。

签署人：×××　　签署日期：××××

内容：×××××××××××××××××××××××××××××

注：处室负责人签署此单后，不再对本次会议进行其他处理。

（二）需求捕获

首先通过建立界面原型，初步理解客户对系统的要求，然后再确定参与者和用例，建立用例图，以此捕获与描述需求。

1. 建立界面原型

系统中所要处理的事物是各类文件，而且这些文件分别由相关的人员进行处理。为了进一步掌握与确定各种文件是如何被处理的，有必要与客户商讨一下他们要如何处理文件。通过与客户协商，绘制出图 10-13～图 10-15 所示的几个界面。

在开始使用系统时，首先要进行登录。与登录相关的操作是注册与修改密码，如图 10-13 所示。

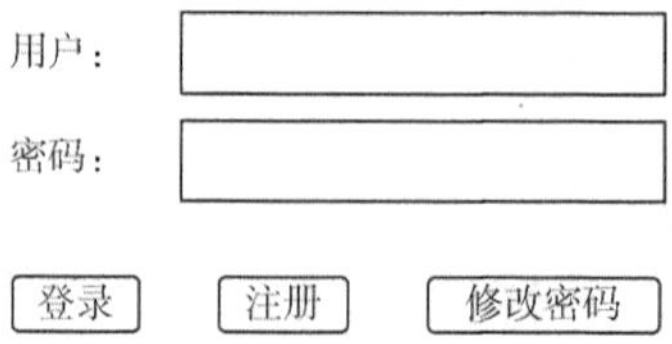

图 10-13　系统初始界面图

图中的登录、注册、修改密码是按钮，后两个在登录成功后才有效。登录成功后显示的一个界面是文件箱页面，如图 10-14 所示。

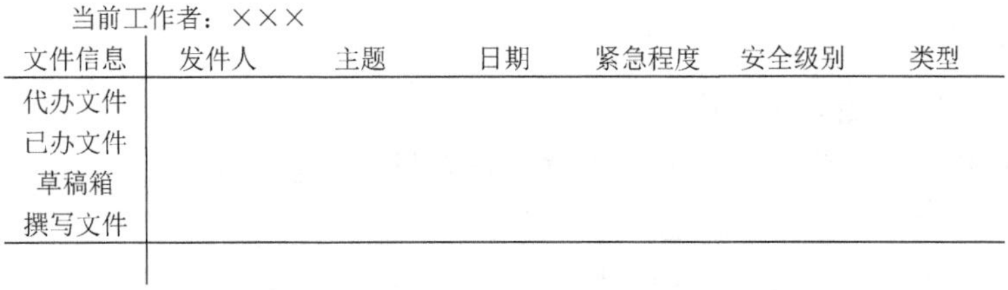

当前工作者：×××						
文件信息	发件人	主题	日期	紧急程度	安全级别	类型
代办文件						
已办文件						
草稿箱						
撰写文件						

图 10-14　文件箱页面图

点击"待办文件"则列出收到但还没有开始办理的文件；点击"已办文件"，则列出已经提交过的文件。在双击待办文件或已办文件中的一个文件后，系统要显示所选中的文件的内容。

点击"草稿箱"，则列出正在办理但没有提交的文件。在双击草稿箱中的文件或点击撰写文件后，要弹出如图 10-15 所示的工作台页面。

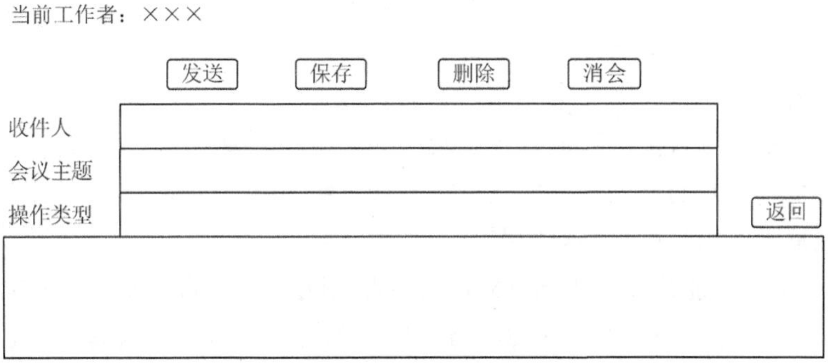

当前工作者：×××

[发送]　[保存]　[删除]　[消会]

收件人 _____
会议主题 _____
操作类型 _____　　　　　　　　　　　　[返回]

图 10-15　工作台页面图

图中[发送]、[保存]、[删除]、[消会]和[返回]均为按钮，操作类型为需求中的功能之一，最下面的文本框是编辑文件的地方。

2. 识别参与者

在前面所描述的需求中，涉及如下的人员或单位。

（1）处室工作人员。

（2）局办公室工作人员。

（3）办公室主任。

（4）处室负责人。

（5）局领导。

（6）与会单位。

（7）服务中心。

（8）档案室。

前五类人员要使用上述界面。按照系统责任的要求，后三类单位的软件系统也要与本系统进行直接交互。这样上述人员或单位的软件系统都是该系统的参与者。

3. 识别用例

对前面提出的功能需求，现归纳如下。

（1）处室负责人召集会议，通知处室工作人员起草会议文件。
（2）处室工作人员撰写或修改会议文件。
（3）处室负责人批示会议文件，指示处室工作人员修改会议文件。
（4）处室负责人写会议申请，提交给办公室主任批示。
（5）办公室主任批示会议申请，指示处室负责人消会。
（6）办公室主任向局领导提交会议申请文件。
（7）局领导批示会议申请文件，返回办公室主任。
（8）办公室主任阅读局领导批示后指示处室负责人消会。
（9）处室负责人消会。
（10）办公室主任通知办公室工作人员安排会议。
（11）办公室工作人员通知服务中心安排食宿。
（12）办公室工作人员向与会单位发出会议通知。
（13）办公室工作人员接收服务中心及与会单位的回复。
（14）处室负责人通知处室工作人员撰写会议纪要。
（15）处室工作人员撰写会议纪要。

通过上述认识，能够看出上述 15 项功能都反映了系统的内外交互情况。由于功能（1）与（3），（5）与（8），以及（12）与（13）在处理上都很相似或功能上很接近，可分别把它们合为一项。对于（13），此处假定局办公室工作人员，通过电话或电子邮件等形式，确认服务中心及与会单位是否已经收到通知，而不考虑其他情况，故该案例不实现此项功能。按照合并后的功能需求列表，现设立 12 个用例：通知起草或修改文件、起草或修改文件、提交会议申请、指示处室负责人消会、向局领导提交、消会、局领导回复、指示通知、通知安排食宿及会所、通知与会单位、通知形成纪要、形成纪要并归档。

4. 建立用例模型

通过到目前为止掌握的需求，初步地了解了系统所要完成的功能。为了便于进一步地详细描述各用例，首先要分析一下如何组织系统中所涉及的各类文件。从上述的需求中可以看出，系统中要处理的事物是各种文件，且这些文件分别由相应的人员和单位处理。按照常识，与一个会议有关的所有文件应该放在一个文件袋或文件夹中。这里假设是放在一个文件夹中。当一个处室负责人签发了会议文件起草通知单后，就创建了一个文件夹。最初文件夹内只有会议文件起草通知单，随后经过不同人员的处理，其中的文件逐渐增多（即用文件夹进行公文流转），直到放入消会签署单或者放入会议纪要为止。

图 10-16 为会议审批系统的用例图。

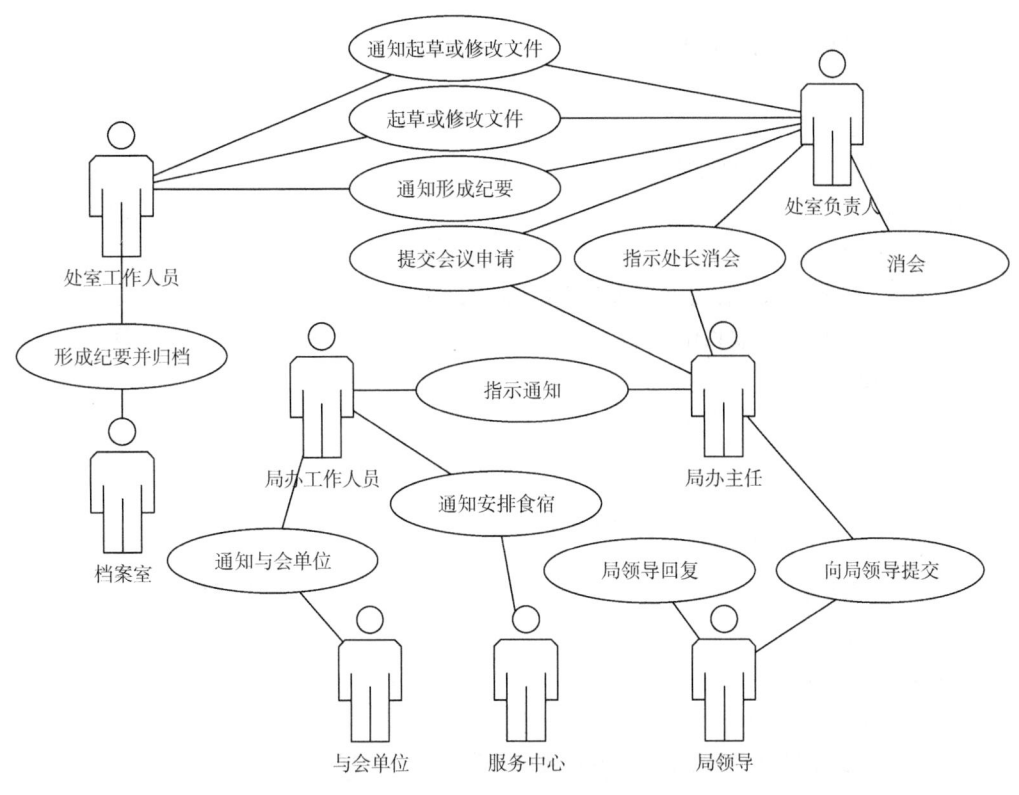

图 10-16 会议审批系统的用例图

1）用例 1：通知起草或修改文件

处室负责人欲通知起草会议文件或通知修改会议文件，发请求。

    显示工作台页面
填写文件内容，发控制命令
  if 保存
    if 会议主题没有填写 or 会议主题与已有的会议主题重名
    显示错误信息，返回本工作台
  endif
  if 为新文件
    新建一个会议文件夹
  endif
  记录文件内容，形成会议文件夹中的处室负责人的通知部分（或者为起草文件通知单，或者为修改文件批示）
    通知工作人员操作成功
  endif
  if 发送
    if 没保存，提示保存，返回到本工作台 endif
    if 收件人为空，或者不是处室工作人员

         显示提示信息返回到本工作台
    endif
  发送
  通知工作人员操作成功
    endif
    if 删除
      删除刚创建的会议文件夹及其文件起草通知单
      通知工作人员操作成功
    endif
    if 返回
      返回上级页面
    Endif

2）用例2：起草或修改文件
处室工作人员接到起草或修改文件的指示后，发出起草或修改文件的请求。
      显示起草文件工作台
填写起草单的各项内容，发控制命令
    if 保存
      记录起草单的各项内容，形成会议文件夹的文件起草部分
      并通知工作人员操作成功
    endif
    if 发送
      if 没保存，提示保存，返回到本工作台 endif
      if 收件人为空或收件人不是本处的处室负责人，
      则给出提示信息，返回到本工作台
      endif
      发送
      提示成功
    endif
    if 删除
      删除会议文件夹的文件起草部分
      通知工作人员操作成功
    endif
    if 返回
      返回上级页面
    Endif

3）用例3：通知形成纪要
处室负责人欲通知处室工作人员撰写会议纪要，发请求。
      显示工作台页面

填写通知内容，发控制命令
  if 保存
   形成会议文件夹的会议纪要通知部分
   通知操作成功
  endif
  if 删除
   删除会议文件夹的本次通知
   通知操作成功
  endif
  if 发送
   if 没保存，提示保存，返回到本工作台 endif
   if 收件人为空或者不是处室工作人员
    显示提示信息，返回本工作台
   endif
   发送
   通知工作人员操作成功
  endif
  if 返回
   返回上级页面
  endif

4）用例 4：提交会议申请

处室负责人欲提交会议申请给办公室主任，发请求。
  显示工作台页面
填写批示内容，发控制命令
  if 保存
   形成会议文件夹中的会议申请部分
   通知操作成功
  endif
  if 删除
   删除会议文件夹的处室负责人本次会议申请部分
   通知操作成功
  endif
  if 发送
   if 没保存，提示保存，返回到本工作台 endif
   if 收件人为空或者不是办公室主任
    显示提示信息，返回本工作台
   endif
   发送

通知工作人员操作成功

endif

if 返回

返回上级页面

endif

5）用例 5：指示处室负责人消会

办公室主任欲做消会批示，发请求。

显示工作台页面

填写消会原因，发控制命令

if 保存

形成文件夹的办公室主任批示意见部分

通知操作成功

endif

if 删除

删除文件夹的办公室主任本次批示意见部分

通知操作成功

endif

if 发送

if 没保存，提示保存，返回到本工作台 endif

if 收件人为空或者不是处室负责人

显示提示信息，返回本工作台

endif

发送

通知工作人员操作成功

endif

if 返回

返回上级页面

endif

6）用例 6：消会

处室负责人欲消会，发控制命令。

显示工作台页面

填写消会原因，发控制命令

if 保存

形成文件夹的处室负责人的消会意见部分

通知操作成功

endif

if 删除

删除文件夹中的处室负责人的本次消会意见部分

　　　　　通知操作成功
　　　endif
　　　if 发送
　　　　　if 没保存，提示保存，返回到本工作台 endif
　　　　　if 收件人为空或者不是处室负责人
　　　　　　　显示提示信息，返回本工作台
　　　endif
　　　　　按选定的会议主题，移走相关文件夹及其中的文件
　　　　　通知操作成功
　　　endif
　　　if 返回
　　　　　返回上级页面
　　　endif

7）用例 7：形成纪要并归档
处室工作人员欲撰写会议纪要，发请求。
　　　　　显示工作台页面
填写纪要内容，发控制命令
　　　if 保存
　　　　　形成会议文件夹的纪要部分
　　　　　通知操作成功
　　　endif
　　　if 删除
　　　　　删除会议文件夹的纪要部分
　　　　　通知操作成功
　　　endif
　　　if 发送
　　　　　if 没保存，提示保存，返回到本工作台 endif
　　　　　if 收件人为空或者不是档案室人员
　　　　　　　显示提示信息，返回本工作台
　　　endif
　　　　　发送
　　　　　通知操作成功
　　　endif
　　　if 返回
　　　　　返回上级页面
　　　endif

8）用例 8：指示通知
办公室主任欲通知办公室工作人员安排会议，发请求。

　　　　　　　显示工作台页面
填写通知内容，发控制命令
　　　　if 保存
　　　　　　形成会议文件夹的办公室主任的指示发通知部分
　　　　　　通知操作成功
　　　　endif
　　　　if 删除
　　　　　　删除文件夹的办公室主任的本次指示发通知部分
　　　　　　通知操作成功
　　　　endif
　　　　if 发送
　　　　　　if 没保存，提示保存，返回到本工作台 endif
　　　　　　if 收件人为空或者不是办公室工作人员
　　　　　　　　显示提示信息，返回本工作台
　　　　　　endif
　　　　　　发送
　　　　　　通知工作人员操作成功
　　　　Endif
　　　　if 返回
　　　　　　返回上级页面
　　　　endif

9）用例 9：通知与会单位
办公室工作人员欲向相关单位发出会议通知，发请求。
　　　　　　显示工作台页面
填写通知内容，发控制命令
　　　　if 保存
　　　　　　形成会议文件夹的会议通知部分
　　　　　　通知操作成功
　　　　endif
　　　　if 删除
　　　　　　删除会议文件夹的会议通知部分
　　　　　　通知操作成功
　　　　endif
　　　　if 发送
　　　　　　if 没保存，提示保存，返回到本工作台 endif
　　　　　　if 邮件地址为空
　　　　　　　　显示提示信息，返回本工作台
　　　　　　endif

            发送
            通知操作成功
        endif
        if 返回
            返回上级页面
        endif

10）用例 10：通知安排食宿及会所
办公室工作人员欲通知服务中心安排会议场所和食宿，发请求。
            显示工作台页面
填写通知内容，发控制命令
        if 保存
            形成会议文件夹的对服务中心的通知部分
            通知操作成功
        endif
        if 删除
            删除文件夹的对服务中心的通知部分
            通知操作成功
        endif
        if 发送
            if 没保存，提示保存，返回到本工作台 endif
            if 邮件地址为空
                显示提示信息，返回本工作台
            endif
            发送
            通知操作成功
        endif
        if 返回
            返回上级页面
        endif

11）用例 11：向局领导提交
办公室主任欲请求局领导批示，发请求。
            显示工作台页面
填写请求内容，发控制命令
        if 保存
            形成会议文件夹的办公室主任请示意见部分
            通知操作成功
        endif
        if 删除

　　　　　　删除文件夹的办公室主任请示意见部分
　　　　　　通知操作成功
　　　　endif
　　　　if 发送
　　　　　　if 没保存，提示保存，返回到本工作台 endif
　　　　　　if 收件人为空或者不是局领导
　　　　　　　显示提示信息，返回本工作台
　　　　　　endif
　　　　　　发送
　　　　　　通知操作成功
　　　　endif
　　　　if 返回
　　　　　　返回上级页面
　　　　endif
12）用例 12：局领导回复
局领导欲批示会议请求，向系统发请求。
　　　　　　显示工作台页面
填写批示内容，发控制命令
　　　　if 保存
　　　　　　形成会议文件夹的局领导批示意见部分
　　　　　　通知操作成功
　　　　endif
　　　　if 删除
　　　　　　删除会议文件夹的局领导批示意见部分
　　　　　　通知操作成功
　　　　endif
　　　　if 发送
　　　　　　if 没保存，提示保存，返回到本工作台 endif
　　　　　　if 收件人为空或者不是办公室主任
　　　　　　　显示提示信息，返回本工作台
　　　　　　endif
　　　　　　发送
　　　　　　通知操作成功
　　　　endif
　　　　if 返回
　　　　　　返回上级页面
　　　　endif

（三）分析

在掌握了上述的需求后，下面开始用面向对象方法进行需求分析。

1. 寻找类

我们已经知道，系统中的五种工作人员"处室负责人"、"局办公室主任"、"局领导"、"处室工作人员"和"办公室工作人员"都是参与者。在系统中设立五个类分别模拟以上五种工作人员的行为。在五个人员类中，肯定会有一些共同的特征，再设立一个类"工作人员"，作为五个人员类的一般类。

问题域中的各类文件是系统要处理的对象。现设有四类文件：会议文件、会议批文、会议通知和会议纪要。会议文件是会议的主文件，由处室工作人员起草。会议批文包括如下几种。

（1）处室负责人批文（给局办公室主任）、会议文件起草或修改通知单、整理会议纪要通知单，这些由处室负责人撰写。

（2）办公室主任批文（给处室负责人或局长）、发布会议通知单（给局办公室工作人员），这些由局办公室主任撰写。

（3）局领导批文。会议通知包括给与会单位的通知和给服务中心的通知。会议纪要由处室工作人员编制，是对整个会议情况的记录。把上述的四类文件分别作为一个类。在上一节中，我们已经初步分析了用文件夹来组织各类文件，按照这种思路，把文件夹也作为一个类。

至此，我们找到了 11 个类，分别为处室负责人、局办公室主任、局领导、处室工作人员、局办公室工作人员、工作人员、会议文件、会议批文、会议通知、会议纪要和文件夹。

2. 绘制状态机图

对于上述所找到的有关人员的类，按照系统功能需求列表，现在能理解它们的职责；对于四种文件，按照前面给出的文件格式样本也容易掌握相应文件的内容；只是文件夹连同其中的文件，看起来比较复杂，现在还不清楚如何对它们的使用。现针对类"文件夹"绘制一个状态机图。

按照文件夹的流转情况，为类"文件夹"的对象设立了九个状态，分别为①初始；②处室负责人批示；③起草；④修改；⑤办公室主任批示；⑥局领导批示；⑦会议筹备及使用；⑧形成纪要；⑨终止状态。

施加在文件夹及其中的文件上的事件有：起草（会议主文件）、修改（会议主文件）、提交、回复、消会、筹备使用和编写纪要。这些事件都是针对文件夹所发信号的响应。此外，纪要完毕和消会完毕，都表示文件夹及其内部文件使用完毕，故纪要完毕和消会完毕也是针对整个文件夹的事件。文件夹的状态机图如图 10-17 所示。

图 10-17 给出了文件夹的状态，并在转换上标明了引发状态转换的事件。需要说明的是，从初始状态开始进入"处室负责人批示"状态，引发的原因可能是按事先预定好的会议时间表当前应该举办一次会议，或者是由于突发事件的发生当前应该举办一次会

议。如果是第一次进入"处室负责人批示"状态，必须创建一个"会议批文"对象，记录处室负责人对所要起草的文件内容的要求。

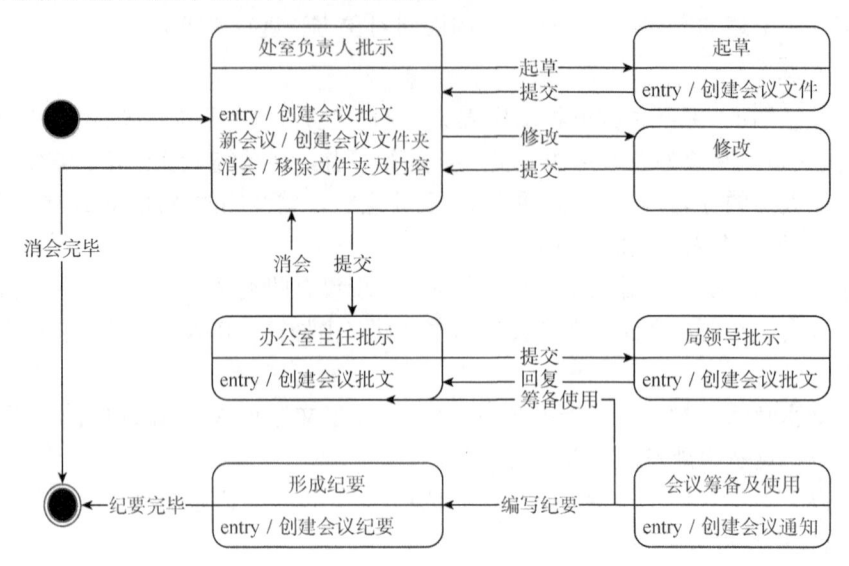

图 10-17　针对文件夹的状态机图

下面分别说明各状态内部的主要动作或活动。

首先要肯定的是，各状态内都要包括编辑、保存、删除、发送文件和返回这些动作或活动，还包括记录文件夹当前状态的动作，此处把它们统称为公共动作或活动，在下面各状态中就不再进行重复描述。

1)"处室负责人批示"状态

（1）创建"会议文件夹"对象。

（2）创建"会议批文"对象。该对象记录处室负责人对要求起草的文件内容、要求修改的文件内容、整理会议纪要通知的内容或向办公室主任提交的内容。

（3）移走文件夹中的对象及文件夹本身。针对"消会"事件，要执行此项动作。

2)"起草"状态

创建"会议文件"对象，该对象记录所起草的文件的内容。

3)"修改"状态

除公共动作或活动外，无其他的动作或活动。

4)"办公室主任批示"状态

创建"会议批文"对象，该对象记录办公室主任向处室负责人回复的要求消会的内容、向局领导提交的要求召开会议的内容或办公室工作人员交代的通知开会的内容。

5)"局领导批示"状态

创建"会议批文"对象，该对象记录局领导向办公室主任回复的关于召开会议的意见。

6)"会议筹备及使用"状态

创建"会议通知"对象：一种对象记录向服务中心通知的有关会议的内容；另一种对象记录向与会单位通知的有关会议的内容。

7)"形成纪要"状态

创建"会议纪要"对象，用该对象记录所召开的会议的情况。

3. 建立类图

让我们首先对找到的各个类进行考察，分别定义它们的属性和操作，然后再考虑它们之间的关系，进而建立类图。

1）类"工作人员"

所有的人员都拥有用户码、密码和姓名。其中的用户码是一个具有一定格式的字符串，表明该用户属于哪类人员，相应地也就能明确他具有什么权限。此外，每类工作人员都要处理文件夹。类"工作人员"中的属性为用户码、密码和姓名。

针对上述属性，设立相应的操作——"注册"、"修改密码"、"登录"和"注销"。考虑到所有的人员都要针对文件夹进行有关编辑文件的工作，并进行提交文件、保存文件、删除文件、阅读文件和浏览文件目录工作，为此设立了操作——"编辑"、"发送"、"保存"、"删除"、"阅读文件"和"浏览文件目录"。

2）类"办公室工作人员"

该类除了具有类"工作人员"的职责，它还要负责通知会议服务中心及通知与会单位，并接收回复函。为此，该类中的操作有"通知服务中心"、"接收回复函"和"通知与会单位"。

3）类"处室工作人员"

该类除了具有类"工作人员"的职责，它还要负责起草文件与修改文件及编制纪要。为此，该类中的操作有"起草文件"、"修改文件"和"编制纪要"。

4）类"处室负责人"

该类除了具有类"工作人员"的职责，它还要负责拟订召集会议的通知、指示修改会议文件、呈交办公室主任意见单、拟订编制会议纪要的通知单和消会。为此，该类中的操作有"拟订召集会议的通知"、"指示修改会议文件"、"呈交办公室主任意见单"、"拟订编制会议纪要的通知单"和"消会"。

5）类"局办公室主任"

该类除了具有类"工作人员"的职责，它还要负责拟订上报局领导批文、拟订会议安排批文和拟订消会批文。为此，该类中的操作有"拟订上报局领导的通知"、"拟订安排会议的通知"和"拟订处室负责人消会的通知"。

6）类"局领导"

该类除了具有类"工作人员"的职责，它还要负责审批。该类的操作为"审批"。上述的5个类都继承类"工作人员"。类"工作人员"中的属性的可见性均为受保护的。

7）类"会议文件夹"

我们已经针对该类绘制过状态机图，对它有了深入的认识。状态机图中的转换上的事件和内部动作或活动都是该类的操作，而且这些操作的可见性为公共的。

至此，可以确定该类应该具有操作："编辑"、"保存"、"删除"、"发送"、"返回"、"记录文件夹当前状态"、"提交"、"起草"、"修改"、"回复"、"消会"、"筹备使用"、"编写纪要"、"删除文件夹及内容"、"创建文件夹对象"、"创建会议文件对象"、"创建会议批文对象"、"创建局领导会议批文对象"和"创建会议纪要对象"。为了简便起见,把操作"删除文件夹及内容"及从操作"删除"中分离出来的"删除对象操作",通称为操作"删除文件相关信息";把最后的五个操作归并成一个操作"增加相关会议信息"。另外,把操作"编辑"、"保存"、"删除"、"返回"和"发送"调整到类"处室工作人员"中。

为类"文件夹"设立属性、"安全级别"、"紧急程度"、"会议主题"和"文件夹状态"。此外,用类"会议文件"、"会议批文"、"会议通知"和"会议纪要"作为类"文件夹"构成成分,即后四个类与类"文件夹"之间为聚合关系,其中类"文件夹"为聚集,其余为成分。

8)类"会议批文"

其中有属性"内容"、"批示人"、"批文状态"和"日期"。

9)类"会议文件"

其中有属性"内容"、"起草人"、"起草单状态"和"日期"。

10)类"会议通知"

其中有属性"内容"、"日期"、"通知状态"和"起草人"。

11)类"会议纪要"

其中有属性"内容"、"日期"、"纪要状态"和"纪要人"。

最后四个类中的属性都为私有的。对于这些私有的操作,都应该对应着一对读写操作,此处没有列出这样的操作。

上述的 11 个类及其间的部分关系如图 10-18 所示。

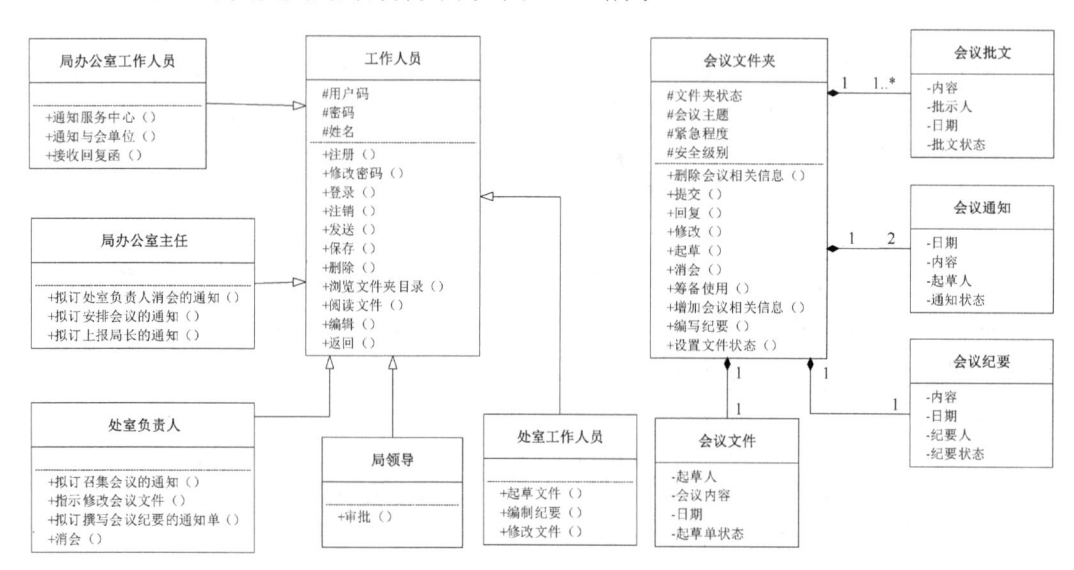

图 10-18 会议审批系统的 OOA 类图(部分)

图 10-18 中的类"处室负责人"、"局办公室主任"、"局领导"、"处室工作人员"和"局办公室工作人员"中所具有的共同的属性和操作,放在一个名为"工作人员"的类

中，这五个类再从中继承。类"会议文件夹"用类"会议文件"、"会议批文"、"会议通知"和"会议纪要"作为其构成部分，它们之间的关系为聚合关系。下面考虑剩余的类之间的关系。

在此处假设在任何时候都只有一个具体的办公室主任在主持日常的会议安排工作，其手下至少有一名工作人员，一个办公室主任也可以领导多个办公室工作人员，故在类"局办公室主任"与类"局办公室工作人员"之间有一个关联，表明二者之间是领导与被领导的关系。在类"局办公室主任"这端的多重性为1，而在类"局办公室工作人员"那端的多重性为1..*。

类"局办公室主任"与类"处室负责人"之间有一个关联，用于联系对方，以进行提交文件或返回文件。在类"局办公室主任"这端的多重性为1，在类"处室负责人"那端的多重性为1..*。同样在类"局领导"和类"局办公室主任"之间也有这样一个关联。

该局内有多个处室，每个处室至少有一名工作人员。在类"处室负责人"与类"处室工作人员"之间的关联，表明二者之间是领导与被领导的关系。在该关联的两端的多重性都为1..*，表明一名处室负责人可以领导一名或多名工作人员，一名工作人员受一名或多名处室负责人领导。

所有的人员都要操纵文件夹中的文件，故在类"工作人员"和类"文件夹"之间设立一个关联，使得类"工作人员"的对象能找到类"文件夹"的对象。该关联的两端的多重性都为1..*，也就是说，一个工作人员可以处理多份文件（也可能为属于多个会议的文件），一份文件夹及其中的文件可以由多个工作人员处理。这样，各类人员通过继承这个关联，对各类文件进行处理。

图10-19为一个完整的OOA类图。

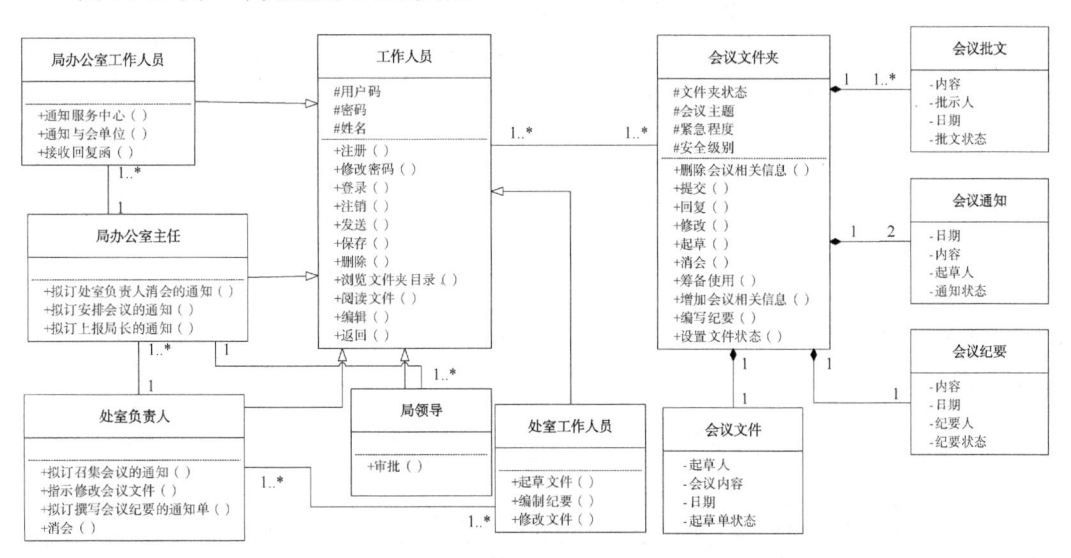

图10-19 会议审批系统的OOA类图

在图 10-19 中，类"工作人员"中的操作"保存"和"删除"分别调用类"会议文件夹"中的操作"修改"和"删除会议相关信息"，类"工作人员"中的操作"发送"调用类"会议文件夹"中的操作"提交"、"回复"、"修改"、"起草"、"筹备使用"、"消会"、"编写纪要"和"设置文件夹状态"。

4．建立顺序图

在上面的类图中，只描述了类所具有的属性和操作，以及类之间的关系。在顺序图中可以进一步地描述由类所创建的对象是如何进行交互的，即通过顺序图能清楚地描述对象之间是如何通过发消息相互协作的，并能通过消息发送的顺序明确交互的具体过程。

在上述的类图中能够看到，交互主要发生在类"处室负责人"、"局办公室主任"、"局领导"、"处室工作人员"和"局办公室工作人员"的对象之间。图 10-20 反映了这些对象之间的交互情况。图中使用的消息都是异步的，因为在对象之间发送的消息都是信号。通过发送信号，来通知对方对哪个文件进行哪种处理。

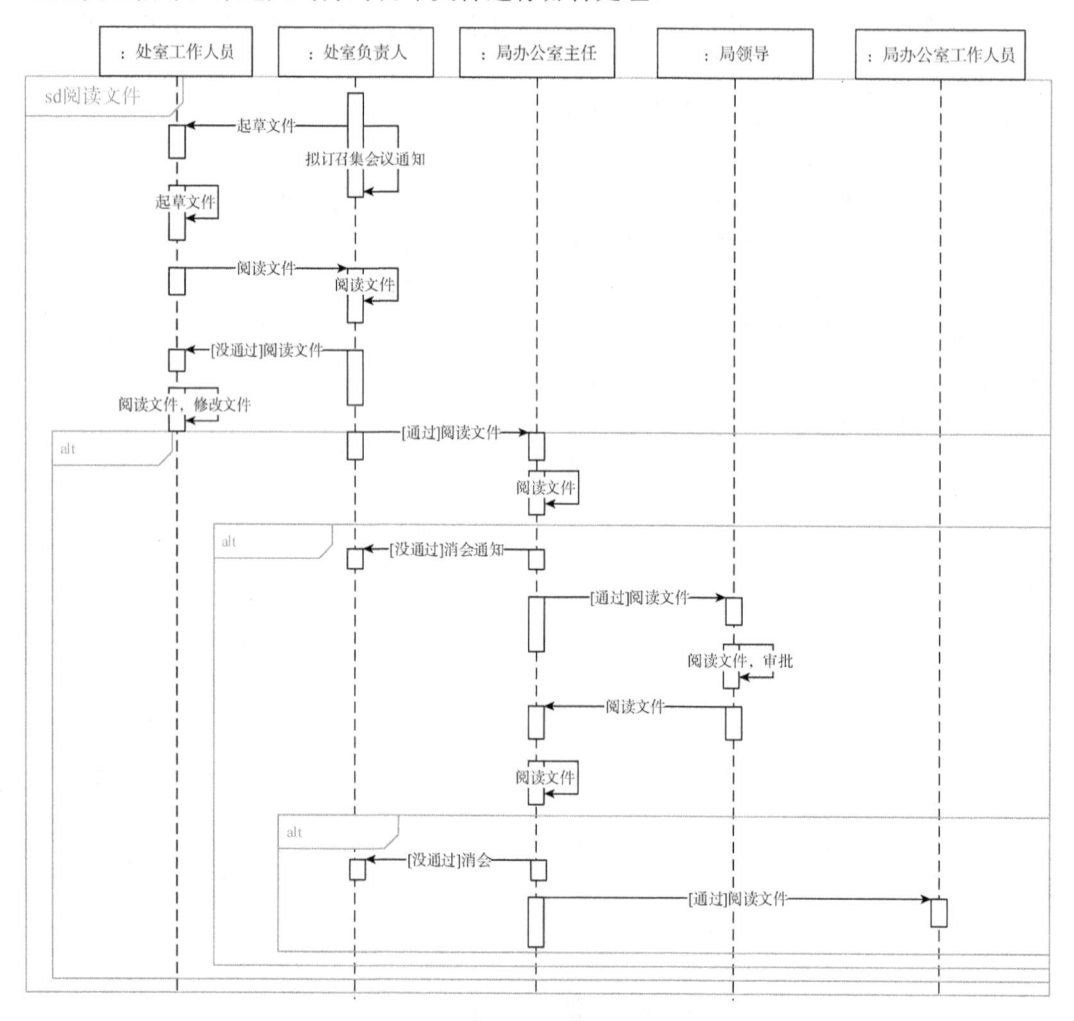

图 10-20　会议审批系统的 OOA 顺序图

（四）设计

在设计阶段，要考虑实现环境。本系统在实现方面，使用 Windows 操作系统，用 JSP 和 Java 编程，用 Oracle 数据库存储数据。整个系统，除了数据库运行在服务器上，其余的都作为一个整体，分别要运行在各客户机上。各客户机上分别有一个数据存取代理，负责与数据库联系。

由于在客户机间只是通过发信号进行通信，故在各客户机间不需要直接进行通信。各客户机对服务器端的数据库的访问而引起的并发性，由数据库本身的并发机制进行控制，故不需要对本系统的控制驱动部分进行建模。

在具体设计本系统时，要综合考虑问题域部分、人机界面部分及数据存储部分，下面详述如何建立各个部分。

下面先给出整个会议审批系统的 OOD 类图（图 10-21），然后加以详细说明。

在图 10-21 中，左部的九个类（7 个标有<<.JSP>>的类加上"文件页面控制器"和"用户页面控制器"）属于人机交互部分的类图，右边"数据存取代理"类用于数据管理，其余的均属于问题域模型。

类"文件页面控制器"和"用户页面控制器"分别用于处理页面上对文件和用户的请求。这样人机界面类（7 个标有<<.JSP>>的类）涉及的类构成了系统的视图层，类"文件页面控制器"和"用户页面控制器"构成了控制层，问题域部分的类图中的类构成了模型层。上述的设计使用了 MVC 模式。

图 10-21 中人机界面类的类名下都有标记<<.JSP>>，这表示这些类实际上是一些 JSP 页面，并不是真正的类。JSP 页面与 Java 类之间的关联用<<usebean>>进行了标记，JSP 页面之间的关联用<<link>>进行了标记，也是基于同样的原因。

对于所有永久对象的存储，都要通过数据存储代理进行操作。图 10-21 中的类"数据存储代理"中的属性"查询语句"、"更新语句"和"插入语句"，分别由操作"设置查询语句"、"设置更新语句"和"设置插入语句"设置，并分别由操作"查询"、"更新"和"插入"执行。操作"查询"的结果，放在属性"结果"之中。

下面是问题域部分的类图设计。

在类"工作人员中"，增加了属性"通讯簿"、"文件夹标识"和"数据存储代理标识"。其中的属性"通讯簿"用于记录当前登录人员可以向其发送文件的人员列表，即原来人员类之间的关系通过设立该属性得以体现。在该类中，增加了操作"查询某人是否在通讯簿"，用于在写作工作台上提交文件时，检查发送地址是否正确。

OOA 类图中的类"工作人员"里的操作"浏览文件夹目录"、"阅读文件"和"编辑"在 OOD 中发生了变化。OOA 类图中的五个人员类中的操作，在 OOD 中也发生了变化。OOA 中类"工作人员"里的操作"浏览文件夹目录"，在 OOD 中由五个人员类中的相应操作进行处理。每一个查询操作都需要一个"文件状态"类型的对象作为参数，用以指定所要查询的文件状态。例如，局办公室工作人员处理会议通知时，会议通知处于三种状态之一——待办、已办和草稿。当一个具体的局办公室工作人员登录后，他可选择其一进行查询，得到相应的文件列表。OOA 中类"工作人员"中部分操作在 OOD

模型中被提到在"用户页面控制器"和"文件页面控制器"中实现。例如，OOA 中类"工作人员"里的操作"阅读文件"所完成的功能现在由 OOD 模型中的类"阅读信件页面"和类"文件页面控制器"中的操作"查询文件"实现，后者再通过"文件夹"类的"查询会议文件"操作获取相应的文件内容。

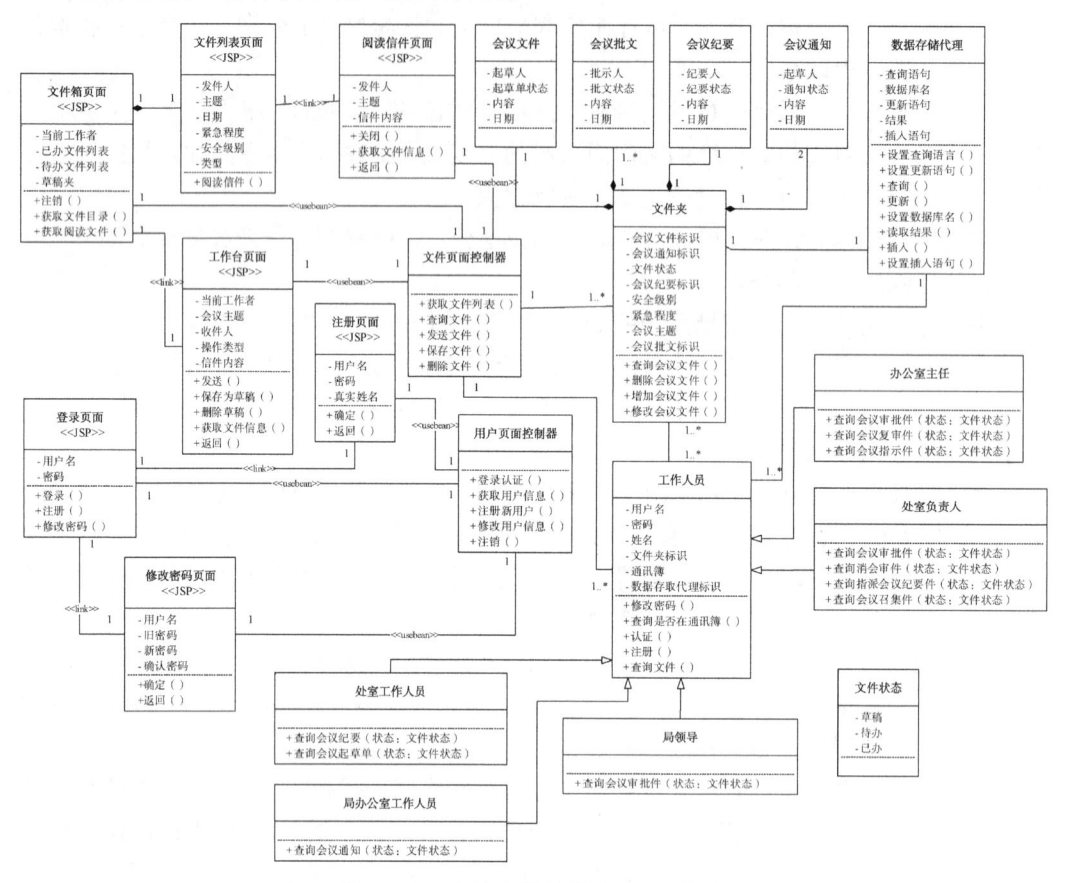

图 10-21　会议审批系统的 OOD 类图

OOA 中类"文件夹"增加了四个属性"会议文件标识"、"会议通知标识"、"会议纪要标识"和"会议批文标识"，分别用于记录该类对象的成分对象。OOA 中类"文件夹"中的操作"提交"、"起草"、"修改"、"回复"、"消会"、"筹备使用"、"编写纪要"和"修改"在 OOD 模型中合并成一个操作"修改会议文件"。

下面从人机交互的角度出发，对整个 OOD 类图进行解释。所做的解释要贯穿图 10-21 所示的整个类图。

图 10-22～图 10-24 分别用于登录、注册和修改密码。图 10-22 中的用户码是具有一定格式的，其中的前两位标识了人员类别，即局领导、处室负责人、局办公室主任、处室工作人员或局办公室工作人员；只有登录成功后，该页面上其余按钮才生效。图 10-25 与图 10-14 的含义相同。图 10-24 中下部的文本框为只读的。图 10-26 与图 10-15 的含义是一致的。

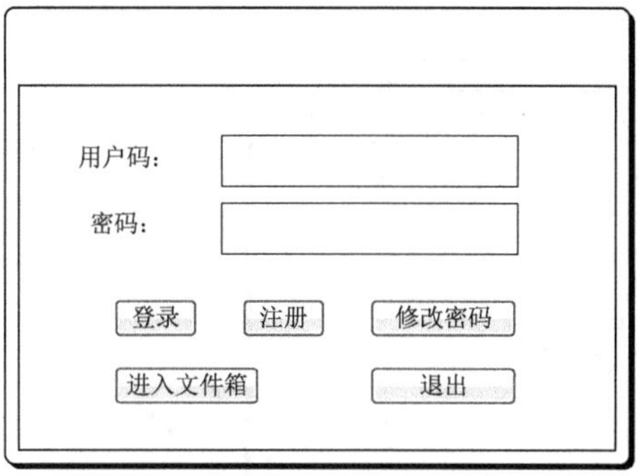

图 10-22　登录

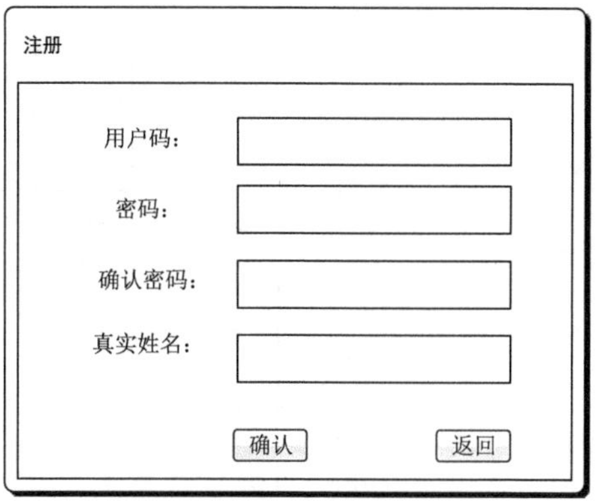

图 10-23　注册

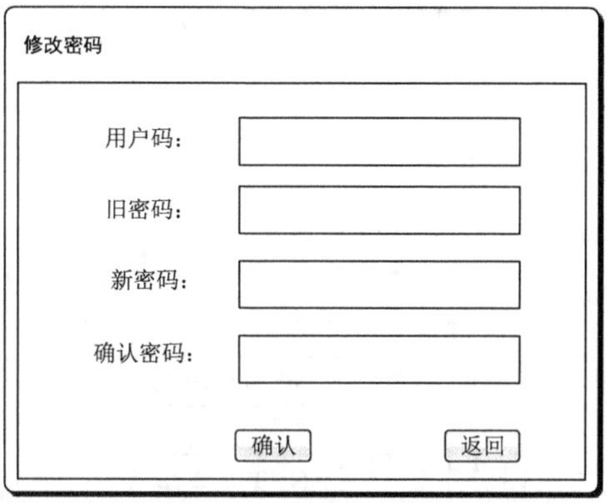

图 10-24　修改密码

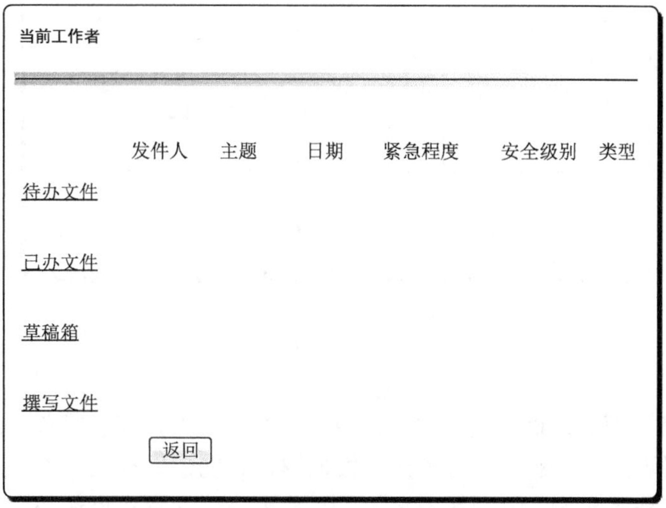

图 10-25　文件箱

每个人机界面类，分别对应着一个界面。根据前面所绘制的界面草图，现设计出图 10-26 和图 10-27 的人机界面。下面对照着所设计的界面，分别说明人机交互模型中的类的对象与其他模型中的类的对象如何交互。

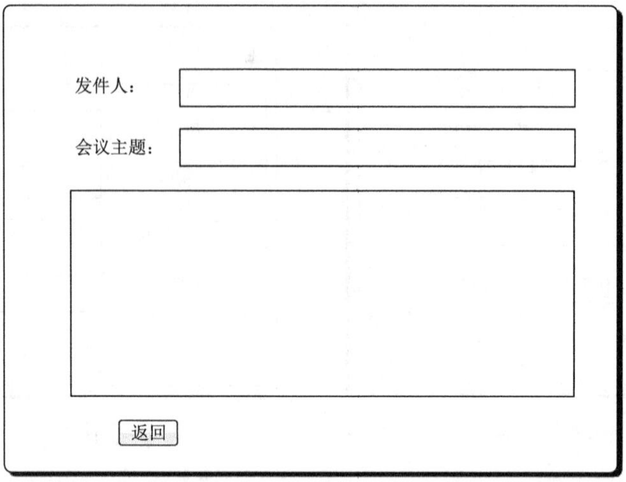

图 10-26 阅读

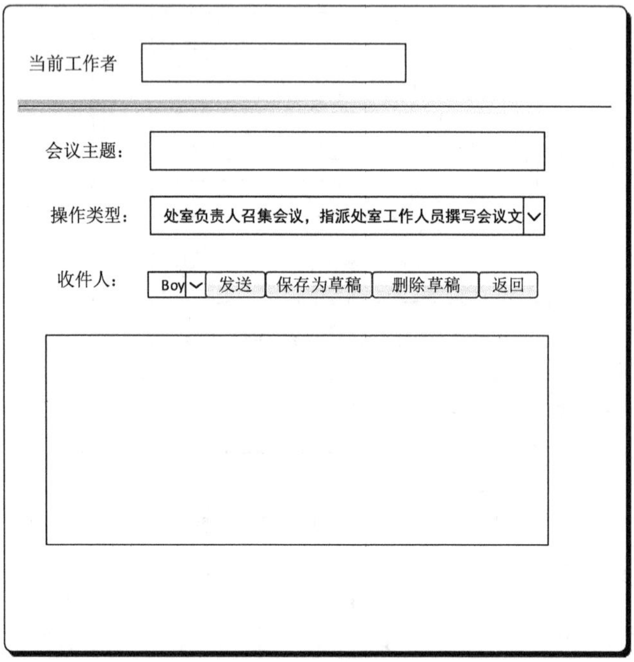

图 10-27 写作工作台

1. 登录

用户在登录界面上，输入用户码和密码后，按登录键，创建对象":用户界面控制器"，并调用其操作"登录认证"，该操作根据用户码创建五类工作人员之一的对象（以下称其为"：工作人员"），并调用对象"：工作人员"的操作"认证"。在"认证"中，创建类"数据存取代理"的一个对象"：数据存取代理"，根据用户码构造一个查询语句，再调用其操作"设置查询语句"和"查询"，以及"读取查询结果"；经过检验，如果输入的用户码和密码不正确，提示输入不正确，否则使得注册、密码修改、进入文件箱三个按钮生效；最后回到登录页面。图 10-28 为登录顺序图。

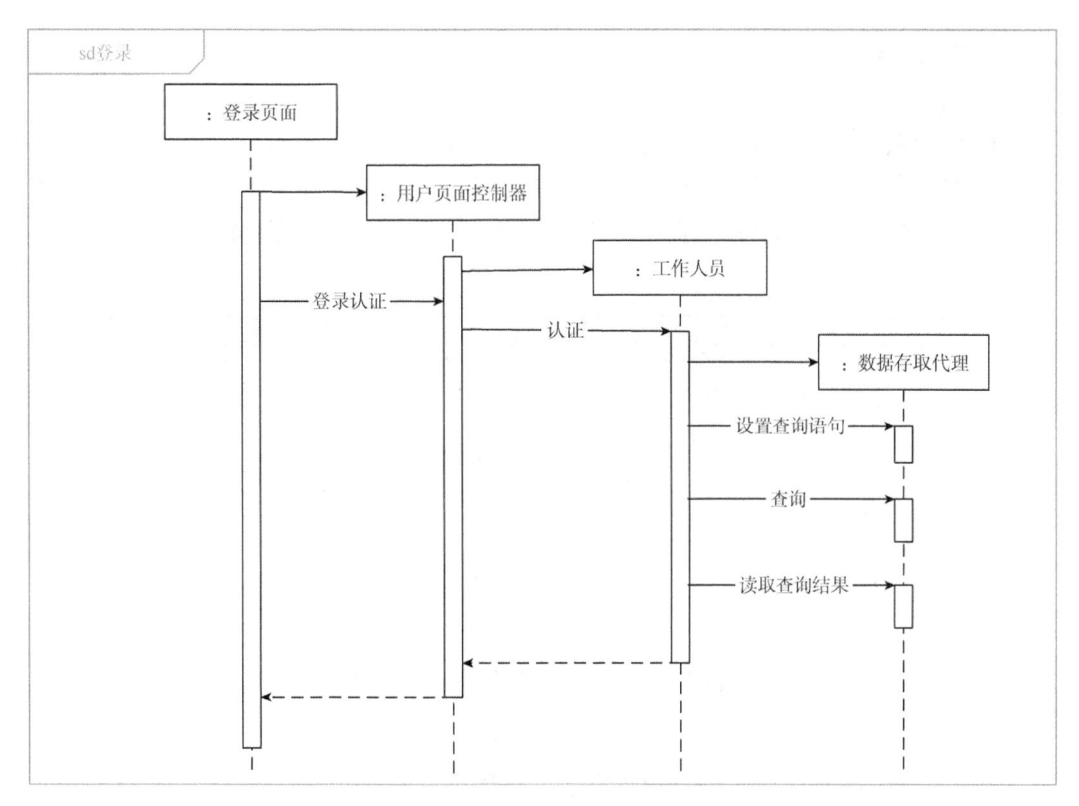

图 10-28　登录顺序图

2. 注册

用户在注册界面上，输入用户码、密码、确认密码和真实姓名后，按确认键发送注册请求。用户页面控制器接收到请求，调用对象"：工作人员"的操作"注册"。操作"注册"构造插入语句后，调用对象"：数据存取代理"的操作"设置插入语句"和"插入"，返回到注册页面，通知成功。图 10-29 为注册顺序图。

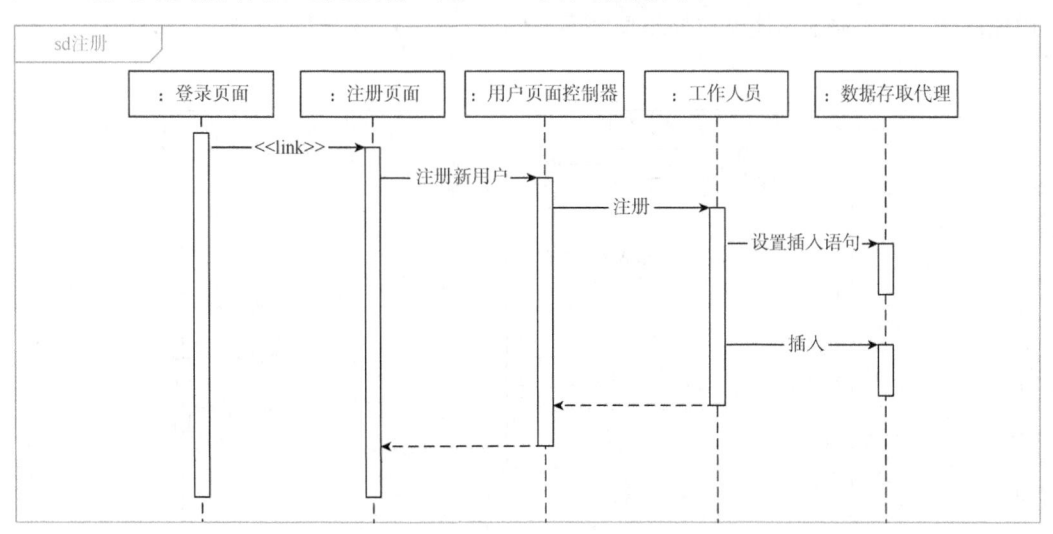

图 10-29　注册顺序图

3. 修改密码

用户在修改密码界面上，输入新密码和确认新密码后，按确认键发送请求。用户页面控制器接受请求，并调用对象":工作人员"的操作"修改密码"。

在"修改密码"中，构造更新语句，调用对象":数据存取代理"的操作"设置更新语句和"更新"，返回到注册页面，通知成功。图10-30为修改密码顺序图。

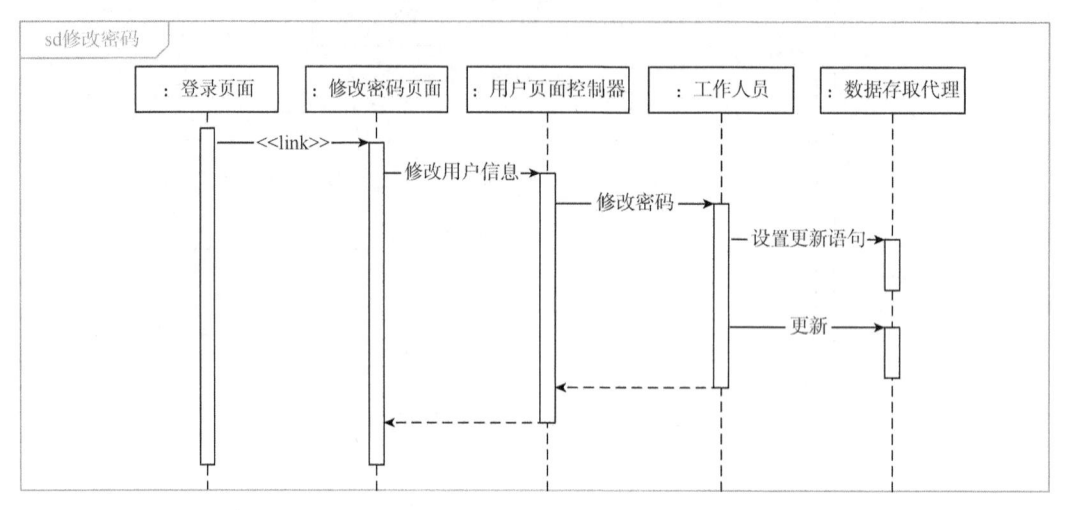

图10-30　修改密码顺序图

注：图中没有显示出新密码与确认密码不符的情况

4. 文件箱页面

用户在文件箱页面上，点击待办文件、已办文件和草稿箱之一后，创建对象"文件页面控制器"，调用其操作"查询文件"。该操作根据用户码及查询内容，调用五类工作人员之一的对象的相应操作。在相应的操作中，构造"查询"操作，调用对象":数据存取代理"的操作"设置查询语句"和"查询"，以及"读取结果"，返回到文件箱页面，通知成功。图10-31为使用文件箱页面顺序图。

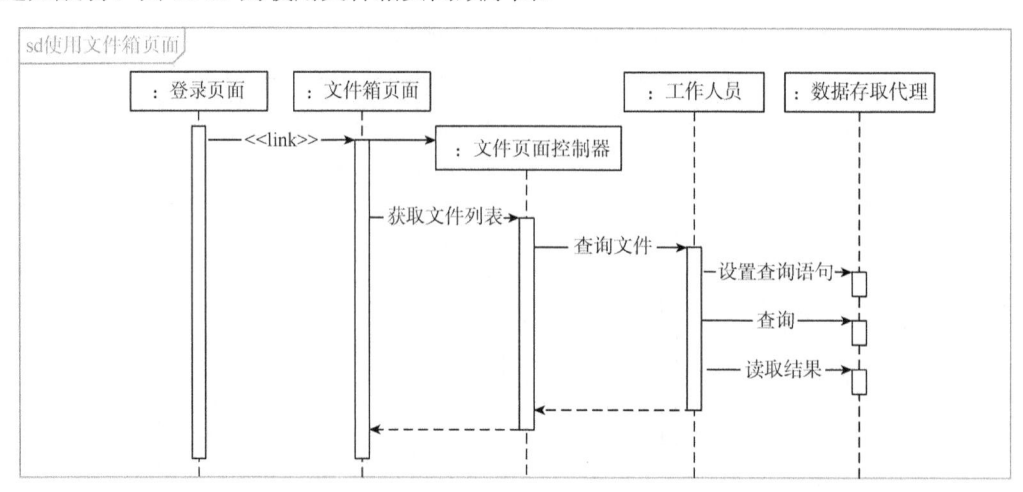

图10-31　使用文件箱页面顺序图

图中的"查询××"表示要查找的各种文件。

5. 阅读页面

在阅读页面上，根据所点击的列表中的具体文件，文件页面控制器接收到请求，并调用"：工作人员"的操作"查询文件"。在操作"查询文件"中，构造查询语句，调用对象"：数据存取代理"的操作"设置查询语句"和"查询"，以及"读取结果"。返回到文件箱页面。图 10-32 为使用阅读信件页面顺序图。

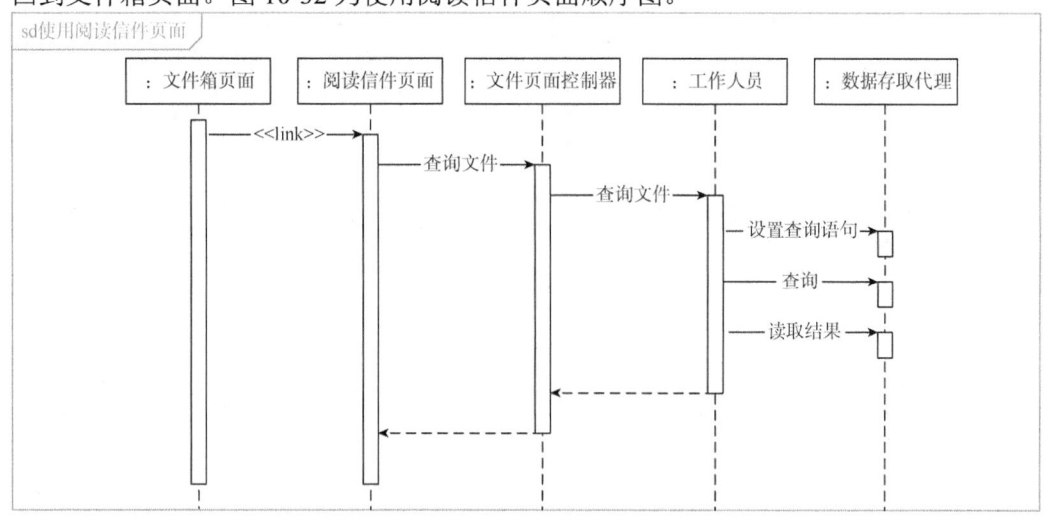

图 10-32　使用阅读信件页面顺序图

6. 工作台页面

在文件箱页面上，若点击了草稿箱中的具体文件，有如下操作。

（1）链接到工作台页面后，根据所选择的具体文件信息创建相应的对象"文件夹"及其相应成分对象，然后通过对象"：文件页面控制器"调用对象"：工作人员"的操作"查询文件"。

（2）在操作"查询文件"中，构造查询语句，调用对象"：数据存取代理"的操作"设置查询语句"和"查询"，以及"读取结果"，返回到"：工作人员"。

（3）在返回到"：工作人员"后，用查到的值，向对象赋初始值，把有关信息返回到工作台页面。

（4）用户填写完信息后，有如下操作。①若选择保存，调用对象"：文件页面控制器"的操作"保存文件"，该操作调用对象"：文件夹"的操作"修改会议文件"。操作"修改会议文件"修改对象"：文件夹"及其组成对象的属性值，并构造更新语句把对象值存放到数据库表中。②若选择返回，撤销文件夹及其组成部分对象，返回到文件箱页面。③若选择删除，工作过程同"保存"，但要在数据库中删除文件夹中的相应文件。④若选择发送，要改变文件夹及相应文件的状态，其余的同保存和发送。⑤在文件箱页面上，若选择撰写文件，处理过程与选择处理草稿箱中具体文件的过程相同，只是不再查询和向对象赋初值。

图 10-33 为选择了草稿箱中的具体文件后对象间的交互情况。

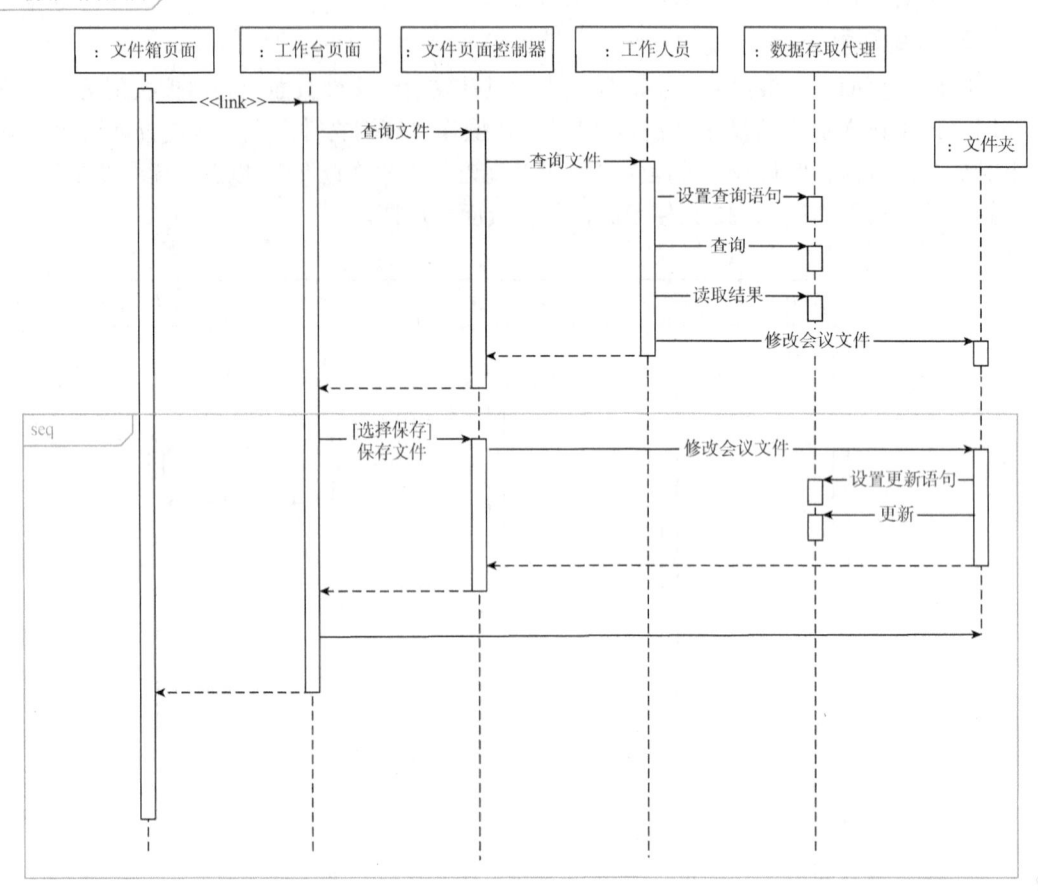

图 10-33　使用工作台页面的顺序图

表 10-1～表 10-5 为所要使用的各个数据库表的结构。

1）工作人员表

表 10-1　工作人员表

字段	类型	长度	解释
name	字符串	30	真实姓名
staffId	字符串	6	用户 ID，即用户码
password	字符串	30	密码

注：表的主键为 staffId

2）通讯簿基本表

表 10-2　通讯簿基本表

字段	类型	长度	解释
sender	字符串	6	通信发起方 ID
receiver	字符串	6	通信接收方 ID

3）操作类型表

表 10-3　操作类型表

字段	类型	长度	解释
staffed	字符串	6	用户 ID
type	字符串	30	类型

4）会议文件夹表

表 10-4　会议文件夹表

字段	类型	长度	解释
title	字符串	30	会议主题（主关键字）
state	字符串	4	文件状态：起草、修改、处室负责人批示、办公室主任批示、局领导批示、形成纪要、通知、会议筹备与使用
safelevel	字符串	2	安全级别：高、中、低
quicklevel	字符串	2	紧急程度：高、中、低
drafter	字符串	6	起草人 ID
draft	文本		起草单内容
d_state	字符串	4	起草单状态：待办、已办、草稿
readerID	字符串	6	阅读人 ID
d_date	日期		
notieer_s	字符串	6	为服务部门撰写通知的人 ID
notice_s	文本		为服务部门撰写的通知内容
n_state_s	字符串	4	为服务部门撰写的通知状态：待办、已办、草稿
n_date_s	日期		
noticer_d	字符串	6	为下属单位撰写通知的人 ID
notice_d	字符串	6	为下属单位撰写的通知内容
n_state_d	字符串	4	为下属单位撰写的通知状态：待办、已办、草稿
n_date_d	日期		
summaryer	字符串	6	纪要人 ID
summary	文本		纪要内容
s_state	字符串	4	纪要状态，有三种状态：待办、已办、草稿
s_date	日期		

注：本表的主键为 title

5）批文表

批文表保存永久类"批文"的对象中的信息。

表 10-5　批文表

字段	类型	长度	解释
title	字符串	30	会议文件主题，为与会议文件夹表连接的外键

续表

字段	类型	长度	解释
leader	字符串	6	领导 ID
content	文本		内容
type	字符串	30	类型，如消会批文等
state	字符串	4	批文状态，有三种状态：待办、已办、草稿
readerID	字符串	6	阅读人 ID
date	日期		

注：表的主键为 title 和 leader

上面已经较为详细地阐述了整个会议管理部分的 OOD 模型。限于篇幅，一些设计细节（如操作的参数和具体算法等）在本节中没有给出。

本 章 小 结

面向对象的系统开发相对于传统的面向过程的开发有许多优势，并且已经成为系统开发的主流。本章首先从面向对象的基本思想入手，介绍了面向对象的关键概念，进而概括了面向对象技术的特征和优势。面向对象开发过程包括系统分析、系统设计和系统实施三大阶段，目前已有一些成熟的开发方法。在工具层面，本章详细介绍了 UML 和支持 UML 建模的工具软件，UML 是面向对象的建模语言，有着系统的建模过程和需求表达方法，使用 JUDE 等工具可以快速高效地完成 UML 建模工作。在具体开发语言的选择方面，本章介绍了几种典型的面向对象编程语言，供读者在系统开发时选择。最后，以"网上会议文件审批系统"为例，实现了面向对象开发方法的整个过程。

思 考 练 习 题

1. 面向对象方法中的几个关键概念是什么？
2. 怎样理解对象的概念，对象有哪些特点？
3. 面向对象的开发方法相对于面向过程的开发方法有什么优势？
4. 面向对象开发方法的一般过程是怎样的？
5. 常用的面向对象的编程语言有哪些？

管理与应用篇

第十一章 管理信息系统中的项目管理

本章学习目标:

1. 了解项目管理的基本概念;
2. 掌握项目计划的制定过程;
3. 了解项目管理的组织、成本管理、质量控制、风险控制等内容。

第一节 系统开发的项目管理

信息系统开发是一项复杂而艰巨的系统工程,存在很多不确定因素。为了保证信息系统开发的顺利进行,确保开发成功,需要按项目管理方式对信息系统开发过程进行管理。

一、信息系统项目概述

(一)项目

项目(project)是为实现一个特定的目标,有效地利用资源(如时间、资金、人力、设备、材料和能源等)所做的一次性任务。项目有明确界定的目标,有具体的时间计划,包括开始时间和必须实现时间。项目要运用各种资源,同时受到资源的限制。例如,某企业要求必须在 2015 年 5 月 8 日~2017 年 5 月 8 日这一段时间内,以 500 万元的预算完成企业内部的信息化建设,项目涉及的资源包括资金、设备和相关技术人员等。

(二)项目管理

项目管理是对项目的管理活动,指为实现项目目标,在一定资源条件约束下,对项目进行有效的计划、组织、领导和控制。对信息系统实施项目管理是从全局角度对项目进行系统性的规划,采用项目经理负责制和临时动态的项目小组,对项目实施过程进行最佳控制,以期实现项目开发的最佳效益。

二、项目的生命周期

信息系统的项目生命周期（project life cycle）是指从项目开始到结束所经历的各个阶段。项目生命周期包括四个阶段。

1. 识别需求

此阶段主要解决"为什么要做""做到什么程度"的问题。客户分析存在的问题，识别出准确的需求，并以需求建议书的形式说明具体要求。需求建议书应是详细而全面的，能够清晰地阐述为满足识别出的需求所要做的工作。

2. 提出解决方案

此阶段主要解决"谁来做"的问题，将有两个以上的组织依据客户的需求建议书提出解决方案。方案内容包括基本预算、进度计划等。客户评估选择最优方案，并与中标组织协商签订合同。

3. 执行项目

此阶段主要解决"做什么""何时做""如何做"的问题。合同签订后将进入执行项目阶段，主要完成两项工作，即先制定详细的项目计划，然后控制计划执行。

4. 结束项目

此阶段完成项目收尾工作。例如，培训职能人员、帮助项目产品转移、转移人力和非人力资源到其他组织等。评估项目绩效是此阶段的一项重要工作。了解客户满意度和客户期望，总结问题并改进，以期在未来执行项目时能有所借鉴。

第二节 信息系统项目计划

项目执行阶段的首要任务是制定详细的项目计划。项目计划是系统的任务安排，确定"做什么""谁去做"，以及具体时间安排和费用分配等。制定项目计划的步骤如下：①清晰准确地定义项目目标。项目目标是执行项目要达到的期望结果。目标应是明确具体的、可行的和可度量的，并要在客户与执行项目的组织之间达成共识。②进行任务分解。将一个项目工作详细分解成易于管理的部分或工作包，针对每一个工作包确认职责。③界定每个工作包必须执行的具体活动。活动是消耗一定时间的一项明确工作，它不一定消耗人力。④以网络图的形式描绘活动，表明各种活动之间的必要次序和相互依赖性。⑤完成每项活动的时间估计。⑥依据每项活动所需的资源类型及数量，为每项活动做一个成本估算。⑦估算项目进度计划及预算，确定项目能否在预期的时间、资金、可利用资源的条件下完成。如果无法完成，检查调整工作范围、活动时间估算或资源配置等，直到制定出一个可行的、切合实际的计划。

明确可行的周全计划对项目的成功完成至关重要。项目的执行人员也应参与到计划的制定当中。很多项目延误工期、超出预算未达到预期效果，都是因为在项目开始执行之前没有制定出一个可行的计划。

一、项目任务分解结构

任务分解结构是采用分而治之的方法将一个复杂的项目分解为易于管理的若干个子任务，这些子任务还可以进一步划分形成多层次的任务分解结构。项目分解成的子任务称为工作细目。工作包是位于分支最底层的工作细目。任务分解结构是关于项目活动的全面的一览表，同时也可指明负责每一工作细目的组织或个人。任何项目的任务分解结构都不是唯一确定的，不同的人或项目组得出的任务分解结构可能是不同的。图11-1为某企业信息系统实施阶段的任务分解结构。

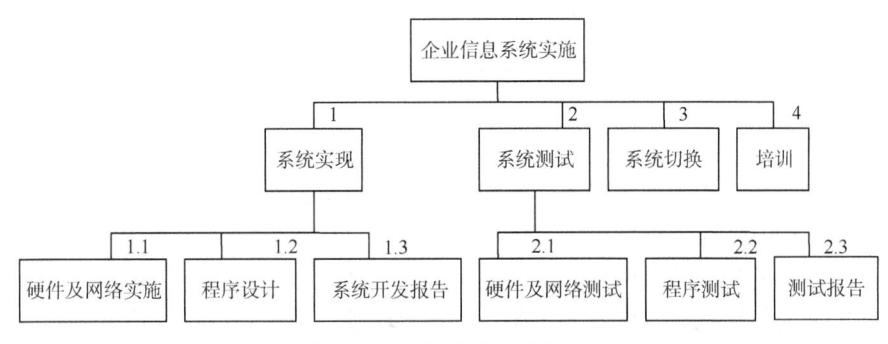

图 11-1 项目任务分解结构

每项任务分解的层数和详细程度取决于项目控制范围、人员能力、对其他任务的依赖程度等具体情况。任务分解要恰当，过多会增加项目管理和系统集成的难度；过少则对项目经理及项目组成员有更高的要求。

二、责任矩阵

责任矩阵是以表格形式表示任务分解结构中每一项工作细目由谁负责。责任矩阵在任务分解结构的基础上制定。责任矩阵中标明任务编号、任务名称、任务负责人。表11-1是与图11-1中系统实施阶段项目的分解结构相关联的责任矩阵。

表 11-1 项目责任矩阵

WBS 细目	工作细目	刘宇	王林	李斯	肖和	李月	崔林
	企业信息系统实施	P	S		S		S
1	系统实现		P	S			
1.1	硬件及网络实施		P	S			
1.2	程序设计		S	P			
1.3	系统开发报告		S	P			
2	系统测试				P	S	
2.1	硬件及网络测试				P	S	
……	……						

注：P 为主要负责人，S 为次要负责人

三、制定网络计划

明确项目目标、界定活动及完成任务分解之后,就要开始制定进度计划。安排进度计划是为了更合理地安排时间和控制时间,以达到提高效率、节约时间的目的。

对于复杂的项目,网络计划是非常有用的一种技术。从一个项目的开始到结束,把应当完成的任务用图或表的形式表示出来。常用的网络计划方法有两种:计划评审技术(program evaluation and review technique,PERT)和关键路径法(critical path method,CPM)。它们是20世纪50年代后期出现并发展起来的两种计划方法。过去,计划评审技术和关键路径法在方法上有明显的差异。现在,大多数人提到它们指的都是一般的网络图(杰克·吉多,2004)。另外,甘特图(Gantt chart)也是一种常用的进度计划安排工具。

(一)甘特图

甘特图也叫作线条图或横道图。它是1910年由亨利·甘特开发的用于描述进度计划的工具。甘特图中横轴表示时间,纵轴表示任务,横条表示活动预计需用的时间。甘特图简单明了,至今仍是小型项目的常用工具。即使在大型项目中,它也是高层管理者了解全局和基层安排进度时的有用工具。由此管理者可以直观地弄清还有哪些未完成的任务,并评估任务是提前、滞后还是正常进行。

甘特图中任务的计划和进度安排是同时进行的,手工改动计划很不方便。在绘制任务的起止时间时,考虑它们的先后顺序,但对各项任务间的关系却没有表示出来。因此,对于复杂的项目,甘特图就不能满足需要。图11-2是系统实施阶段项目经理制定的甘特图。

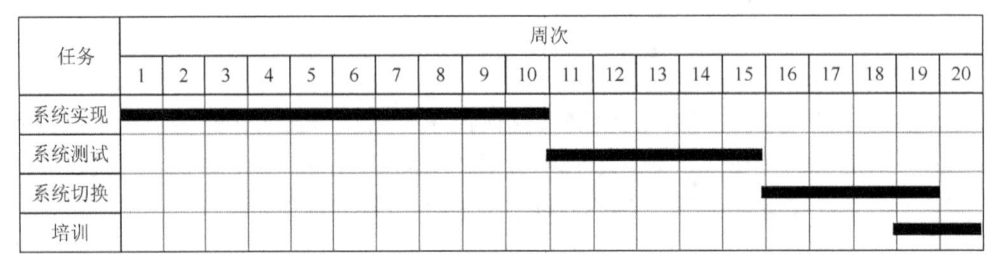

任务	周次
	1 2 3 4 5 6 7 8 9 10 11 12 13 14 15 16 17 18 19 20
系统实现	██████████
系统测试	██████
系统切换	█████
培训	███

图11-2 甘特图

(二)网络图

网络图是项目任务执行的计划图。从图中可以直观地了解项目所包含的任务、执行顺序、时间计划及相互依赖关系。绘制网络图有多种不同形式:用结点表示任务和用箭头表示任务。与甘特图相比,网络计划方法中计划和进度安排是分开的。计划产生网络图,从网络图再生成一个进度计划表。

项目团队完成甘特图之后,决定绘制一张网络图来明确任务之间的相互依存关系。绘制网络图应有一份活动和紧前事件序列表,见表11-2。在编制系统开发报告之前硬件,以及网络实施和程序设计必须都已完成。依据表11-2,项目经理绘制了如图11-3所示的项目网络图。

表 11-2 活动和紧前事件序列表

任务	紧前事件
1. 硬件及网络实施	—
2. 程序设计	—
3. 系统开发报告	1，2
4. 硬件及网络测试	3
5. 程序测试	3
6. 系统测试报告	4，5
7. 系统切换	6
8. 培训	7

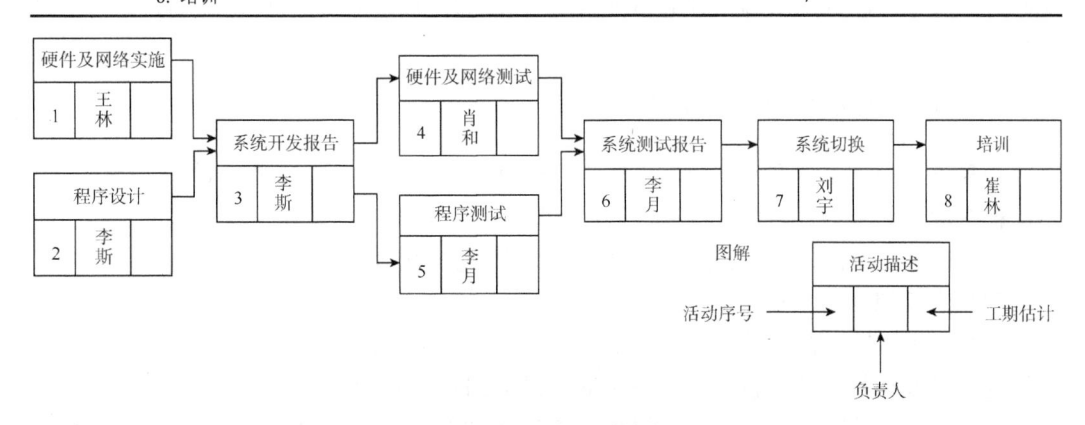

图 11-3 项目网络图

四、制定项目进度计划

制定项目进度计划就是要定义项目活动的具体时间安排。依据项目网络图、活动工期估计、预计开始时间和要求完工时间、最早开始和结束时间、最迟开始和结束时间、总时差产生项目进度表。然后，确定关键（最长）活动路径。

项目经理在制定了任务分解结构、责任矩阵、活动和紧前事件序列、网络图之后，下一步工作就是估计活动工期，制作项目进度表，如表 11-3 所示。

表 11-3 系统项目进度表

任务	负责人	工期估计	最早开始时间	最早结束时间	最迟开始时间	最迟结束时间	总时差
1. 硬件及网络实施	王林	10	0	10	−3	7	−3
2. 程序设计	李斯	15	0	15	−8	7	−8
3. 系统开发报告	李斯	2	15	17	7	9	−8
4. 硬件及网络测试	肖和	2	17	19	11	13	−6
5. 程序测试	李月	4	17	21	9	13	−8
6. 系统测试报告	李月	2	21	23	13	15	−8
7. 系统切换	刘宇	3	23	26	15	18	−8
8. 培训	崔林	2	26	28	18	20	−8

网络图中第一项任务硬件及网络实施、程序设计的最早开始时间为 0，因为硬件及网络实施预计要用 10 周完成，所以它的最早结束时间为 0＋10＝10（周），沿网络图正向推算，得出所有的最早开始/结束时间。

最迟开始/结束时间沿着网络图反向计算。项目要求完工时间——20 周是培训活动的最迟结束时间，由于培训预计用 2 周完成，所以最迟开始时间就是 20－2＝18（周），其含义是培训最迟在 18 周开始，否则，项目将不能按期完成。进度表中总时差＝最迟结束时间－最早结束时间。

关键路径是整个网络图中最长的路径。总时差值最小的活动均在关键路径上。由于总时差为负数，项目团队可以采取措施减少 8 天的开发时间，或者申请延期 8 天等方式解决。

五、信息系统项目进度控制

项目进度控制是指在事先确定的固定报告期内定期监控项目的整个过程，确保每项活动按进度计划进行。信息系统项目的进度控制是一项难度很大的工作，大量未知的情况会使项目进度和预算等超出预计情况，如数据库结构的变更、业务处理流程的变更等。

项目进度控制的步骤如下。

（1）分析进度。在项目执行过程中，要定期收集项目完成情况的数据，并将实际完成情况与进度计划进行比较分析，找出需要采取纠正措施的地方。

（2）确定应采取什么措施进行纠正。当出现实际进度早于或晚于计划进度或者发生实际成本偏离计划成本时，则需要采取相应措施对计划进行纠正。

（3）修改计划，并将纠正结果列入计划。

（4）重新计算进度和预算，估计计划纠正后的效果。如果结果不满意，则需要重复以上步骤。这是一个反复修订确认的过程。

第三节　信息系统项目成本管理

项目成本管理主要完成项目过程中成本的估计、预算和控制工作。

一、项目成本估计

成本估计是对完成各项目任务所需要的资源成本的近似估计。项目成本估计在准备项目建议书时就要进行。它包括确定项目由哪些具体活动组成、活动需要什么资源、所需资源数量，以及这些资源所需成本。

项目成本估计的具体内容不同，采用的估计方法也有区别，以信息系统项目中软件开发成本的估计为例，简要介绍几种估计方法。

1. 代码行法

代码行法属于比较简单的定量估计方法。根据开发软件功能需要的源代码行数来估计成本。代码行法计算软件开发成本的公式：软件开发成本＝每行代码的平均成本×行数。其中，源程序行数的估计主要来自开发经验和类似项目的历史数据。每行代码的平均成本主要取决于软件的复杂程度和开发人员的工资水平。

2. 任务分解法

通常先按开发阶段将软件开发项目分解为几个相对独立的任务，然后分别估计每个任务的开发成本，最后累加起来得出开发的总成本。其中，每个任务的成本＝估计完成该项任务所需人力×每人每月的平均工资。

3. 自动估计成本法

利用大量的历史数据，采用自动估计成本的软件工具来估计软件开发成本。这种方法可以大大减少估计中的人力劳动。

二、项目预算

项目预算工作将项目估计的成本汇总成项目总成本，并分摊到各项具体的工作中。

项目预算过程总体上分为两步：①为任务分解结构的各个工作包分配成本，形成各个工作包预算；②将每个工作包的预算分摊到整个工作包的工期内。

三、项目成本控制

在项目开始实施之后，就要进行定期、及时的检查和跟踪，监督实际成本的使用，进行成本绩效分析，以确保项目进展的一切都在计划和预算范围之内。成本绩效分析是成本控制中很重要的一项工作。通过分析项目的成本和效益，尽早地发现问题并采取措施纠正成本偏差。

项目成本控制工作主要包括以下内容。

（1）进行成本绩效分析，发现需要采取纠正措施的工作包。

（2）选择适合的纠正措施。

（3）依据纠正措施，修订项目计划和成本估计，避免不可能承受的改变。

信息系统项目的成本估计是一个不断修整、优化的过程。需求信息的复杂性、缺乏可供参考的类似项目，以及缺乏富有经验的专业人才等因素，都会给成本估计带来困难。适合的成本估算方法和有效的成本跟踪控制手段有助于项目经理监控项目的进度和成本。

第四节 信息系统项目质量控制

信息系统项目质量控制计划和绩效考核标准应在项目之初制定。有效的质量控制是项目成功实施的重要保证。

一、信息系统项目的质量控制标准

制定并执行适当的质量标准是项目质量管理的关键。不同的信息系统在确定衡量指标体系时，依具体情况有所区别。

信息系统项目质量标准可以从系统的实用性、安全性和适应能力三方面考虑。

（1）实用性方面：①考察系统的功能能否满足用户业务要求；②系统应是界面友好的，易学易操作；③保证较高的系统性能，处理速度、吞吐量等性能指标应能满足用户需要；④能提供必要的维护；

（2）安全方面：①避免引起故障的因素，保证系统的稳定性和可靠性；②数据是完整的、准确的和精确的；③系统应是安全的，能避免系统自身漏洞，能有效防止外来的蓄意破坏；④出现故障后，具有自动恢复的能力。

（3）适应能力方面：①具有可扩展性，升级和系统扩充较容易；②与其他系统能够兼容；③具有可移植性。

二、信息系统项目生命周期中各个阶段质量控制的关键问题

以下列出信息系统项目生命周期中各阶段质量控制要点，以供参考。

（1）系统规划阶段：①战略分析和约束条件分析是否全面；②收集的信息是否全面，可利用性如何；③管理信息系统开发的基本条件是否确实具备；④开发进度是否切实可行。

（2）系统分析阶段：①现行系统分析是否准确；②用户需求分析是否全面；③新系统逻辑模型是否准确、合理。

（3）系统设计阶段：①软硬件选择和网络方案是否合理可行；②模块的划分情况如何；③数据库设计是否合理；④测试方案和测试用例是否完备。

（4）系统实施阶段：①程序设计的目标是否达到；②测试报告是否内容规范、完整；③性能指标是否达标。

（5）系统运行阶段：①规章制度是否全面；②系统运行效率如何；③信息系统需求方满意度如何。

第五节　项目风险控制

一、项目风险控制的概念

项目风险是指在预算、进度、人力、资源、客户及需求等方面的潜在问题（常晋义，2004）。项目风险控制的任务是识别出潜在的风险，尽早采取防范行动，将其对项目的影响降到最低。

二、项目风险管理过程

风险管理过程一般包括风险识别、风险分析、风险应对、风险监督。

1. 风险识别

风险识别是风险管理的第一步，识别出整个项目过程中可能存在的风险，可以以提问的方式了解在项目和技术方面有哪些风险，并以列表的形式列出来。例如，系统模块划分是否合理、人员分配是否合理等。

2. 风险分析

采用定性和定量的分析方法对识别出的风险进行分析，确定风险对项目的影响程度。

3. 风险应对

确定风险等级，制定相应的防范措施，制定出风险应对计划。风险应对计划内容应包括识别出的风险简述、风险发生概率、应对策略和应急响应等。

4. 风险监督

在项目开发过程中要时刻进行风险的监督，包括监控已识别出的风险、识别新的风险和及时修整风险应对计划。

信息系统的开发是一项智力型、技术密集型的工作。项目成员的结构及成员的稳定性、责任心、技术和协调能力等，都将对项目的质量产生重要的影响。

项目经理、系统分析员和程序员是项目开发的主要成员。同时，由于项目组成员的技术不同、分工不同、文化修养不同，项目团队有必要通过人员的培训提高技术水平、统一团队文化，使项目成员能够胜任并出色完成本职工作。

参加培训的人员包括用户、项目负责人、系统规划员、系统分析员、系统设计员、程序员、测试人、系统培训人员、系统维护人员等。培训的内容主要涉及管理知识、项目管理知识、沟通协调技巧、交流开发经验等。培训可以采取正式或非正式的形式展开讲解和讨论。

本 章 小 结

管理信息系统开发的项目管理是对项目开发过程进行的系统性思考、全局性安排。信息系统项目管理的任务就是要制定出切实可行的项目进度计划和预算，并通过成本管理、进度控制、风险控制等措施确保交付的系统能够实现预定的目标。

思 考 练 习 题

1. 信息系统项目管理的目的、任务和主要内容是什么？
2. 信息系统项目计划制定的步骤是什么？
3. 信息系统项目管理中存在哪些风险？如何应对和防范风险？
4. 信息系统项目管理中的质量控制是怎样进行的？
5. 如何进行信息系统项目进度控制？

第十二章

管理信息系统的典型应用

本章学习目标

1. 了解和掌握企业资源计划的管理思想和功能体系；
2. 了解和掌握供应链管理和客户关系管理的概念；
3. 掌握 DSS 的基本概念和特征；
4. 理解数据仓库的定义、特点及与数据库的区别；
5. 理解数据挖掘的功能和过程。

第一节 企业资源计划

本节案例：从红塔集团 ERP 的实施来看现代应用系统在企业管理中发挥的作用

红塔集团是一家以玉溪红塔烟草（集团）有限责任公司为核心企业的大型企业集团，其前身是 1956 年成立的玉溪卷烟厂。1995 年，由当时的玉溪为主体，组成了跨行业、跨地区经营的云南红塔集团。目前，红塔集团已经成为中国最大的烟草企业。从 2000 年开始，红塔集团与 SAP 公司合作，开始了国内规模最大、涉及面最广的企业资源计划项目的实施。从 2002 年上线至今，这套管理软件已经发挥了重要作用，在红塔集团的经营管理活动中产生了效益。

红塔集团实施信息化的模式可归纳为细致模式。其含义在于，企业在实施信息化的过程中，细致梳理企业复杂的流程，将原有的流程进行合并重组，达到优化业务流程的作用。

1. 调研

从 1998 年开始，在 ERP 立项之前，红塔集团董事会对项目进行了多次调研和筹备。2001 年，红塔集团组织了一个小组到相关企业进行考察，并派信息化方面的负责人深入国内已经实施 ERP 工程的企业，如海尔、康佳及联想等 30 多家企业进行调研考察，同时，对烟草行业内的上海、长沙、昆明等厂进行全面考察和交流，为红塔集团 ERP 立项做了充分的前期调研工作。

对于红塔集团这样庞大的企业而言，实施 ERP 最大的难点还是转变观念。在 ERP 实施前，员工对 ERP 充满期待，认为实施后会减少工作量，然而，实施后却发现工作更忙。究其原因有两个：一是 ERP 实施后工作更规范、更细致，工作量增加；二是员工在接受新的模式和方法时还没有完全适应。在国内企业中，红塔集团是当时实施 ERP 模块最多的企业，投资却不是最大的。从规模上看，红塔集团处于中等偏上的水平，但是，从实施效果来看却一直被合作方德国 SAP 公司认为是中国企业应用 ERP 最好的企业之一，被列为该公司的经典案例。

2. ERP 的核心

以制造为主的红塔集团的信息化包含三个层面：生产设备自动化控制系统、生产执行系统（MES）及管理信息系统。ERP 项目是红塔集团信息化建设中的一个关键点，统领管理信息系统。

红塔集团 ERP 系统的组织结构采用面向业务流程方式，而非面向职能的方式。整个系统沿着业务流程横向展开，并整合优化业务流程；纵向则按业务管理进行分类设定。从而，不管企业的实际组织结构和人员怎么变化都能适应；或者，不论业务流程怎么变化，只要重新确定好 ERP 系统中的业务流程控制点和角色即可，这实际为企业不断的管理变革建立起长期的 IT 支撑平台。

红塔集团 ERP 系统分别从计划控制流、物流和价值流三条线展开。运用集成思想，以集成计划和预算来指导和控制业务运作，强调以财务为核心，以及物流计划的相互衔接和配合，使销售、生产和采购供应紧密地联系在一起，使企业内部的物流链高效协调地运作。同时，它把企业物流同步映射到价值流，使价值流和业务流有机集成。从不同的角度审视企业的各项业务，并最终以价值的形式表达出来，使企业的各项业务运作情况实时、准确地反映到各级管理层，规避经营风险，完成企业管理目标。

红塔集团在实施 ERP 过程中，对所有业务数据进行全面的整理，并进行了规范化和标准化编码工作，其中包括对原料、辅料、半成品、成品等物料进行了统一编码和描述，对 1 万余条固定资产数据进行了核对和规范，并对所有设备、质量、项目、人力资源主数据进行了彻底重新整理、规范和编码工作。所有信息只有一个入口，所有业务和人员共用统一的信息和数据，从而提高信息共享程度。

红塔集团在历时两年的实施中，对 500 多个现有流程进行了彻底的分析，在此基础上，吸取国内外先进的管理经验及国际规范的标准业务流程，结合自身的特点进行优化和合并，最后确定 200 多个业务流程，并在计算机系统中成功实现。

3. 全面信息化

红塔集团 ERP 工程从 2001 年开始实施，2002 年年初正式上线。

红塔集团在 2001 年实施了 ERP 系统中的生产计划与控制、物料管理、销售与分销、财务会计和管理会计等五个模块，在 2002 年实施了设备管理、质量管理、项目管理、基金管理和人力资源管理等模块，覆盖了红塔集团的工业、商业及物资公司三家公司的所有业务范围。

在实施管理软件的同时，红塔集团也搭建好自己的硬件平台。这包括建成以 622 兆速率 ATM 网为骨干、100 兆交换到桌面的网络。这张网络遍及企业各大厂区、各主要车间和办公建筑的统一的企业计算机网络系统,连接网络布线点达 6000 多个,建设了 YTT 卫星地面接收站 9 座,形成了从局域网到广域网的红塔计算机网络系统。

红塔集团内部建立企业内部网,拥有自己的服务器,开通了电子邮件服务,并实施了红塔办公自动化系统。在加工信息化建设方面,红塔集团采用 AutoCAD 网络版,实现了机械零件自动测绘,自动在计算机中形成三维实体模型功能,从而驱动加工中心加工出零件的现代化机械加工模式;在制造加工方面,从卷烟生产的打叶复烤生产线、制丝生产线、膨胀烟丝生产线,到滤嘴棒生产线及卷接包生产线的所有生产环节,全部实现了计算机自动控制。红塔集团建立了中国最大规模的自动化物流系统(货位超过 2 万个,AGV 小车 52 台),并建成了能源监控系统、电量采集和控制系统、火灾自动报警系统、空调监控系统和锅炉自动控制系统等计算机自动化监控系统。

2003 年红塔集团进行了大规模的组织结构改革、全员竞争上岗和工商企业拆分,彻底变更了组织架构,调整了业务流程。伴随着这一系列改革,整个 ERP 平台只进行了少量改动,在很短的时间内完成前后业务做到了无缝衔接,实际证明了红塔集团的 ERP 系统在整个信息化建设中处于核心地位,并且能发挥核心作用。

(资料来源:佚名.案例 5 红塔集团 ERP 应用案例.https://wenku.baidu.com/view/98552f0852ea551810a68754.html. 2012-05-07.)

问题:
(1)该案例重点说明了 ERP 项目成功实施的核心是什么?
(2)红塔信息化包含的主要内容是什么?该集团的 ERP 系统主要具有哪些功能?
(3)该案例主要做了哪些调研工作?作为一般的 ERP 项目应该做好哪些调研及准备工作?

通过以上案例可以看出,管理信息系统的建立离不开现代化管理方法,要使管理信息系统在管理中发挥作用,不仅要应用信息技术对数据进行处理,更重要的是要把先进的现代管理思想和方法融入管理信息系统的建设中,使企业的管理活动在先进的技术手段和准确及时的信息支持下,达到一个新的层次。这一点可以通过一则小故事来说明:传统煮鸡蛋的方法是讲究经验,凭感觉,这样煮出来的鸡蛋就很容易破裂。有一个英国人学煮鸡蛋,开始他也是用传统的方法把鸡蛋放到开水里煮,发现总会炸裂。因此,他决定采用新的方法煮鸡蛋,即在鸡蛋上打个孔。紧随其后的问题是:打多大的孔?孔打小了,鸡蛋还会裂;孔打大了,蛋清会在它凝固以前流出来。最后,他想出的最新方法是设计标准化打孔器。

现代化管理方法与现代化信息技术结合形成了许多现代化应用系统,由本节的案例可知,现代应用系统的发展方向之一是集成化。ERP 系统作为企业集成化应用系统,将重点放在了企业内部资源的有效管理上,特别是网络技术、通信技术的发展,为企业间的信息系统的集成提供了支持,由此产生了许多融入现代化管理方法的现代应用系统。本章先以企业资源计划、供应链管理和客户关系管理的思想来揭示现代应用系统对企业管理所产生的巨大影响。

一、企业资源计划的发展历程

(一) 古典生产存储系统

企业在传统的生产管理中存在着许多问题，其中，最主要的就是库存控制问题，企业为了保证生产活动不间断地进行，经常把原材料等物料的库存量定得很高，从而使库存投资增加，生产成本上升。为了解决这些弊端，企业在库存控制问题上采用从早期的监视库存方法到由美国管理学家 R. H. Wilson 在 1915 年提出的经济批量的方法，一直到 1934 年提出用统计方法确定订货点的方法，后经人们不断完善形成现在的古典生产存储系统。

其中，订货点法是建立在历史数据环境基础上，用预测的方法确定需求项目的方法。它的实质是着眼于"库存补充"，为了应对需求的波动设置了安全库存，当库存储备低于预先规定的数量时（即订货点），则必须进行新的订货对库存进行补充，从而用充分的库存来支持新的需求。订货点法的处理逻辑，如图 12-1 所示。

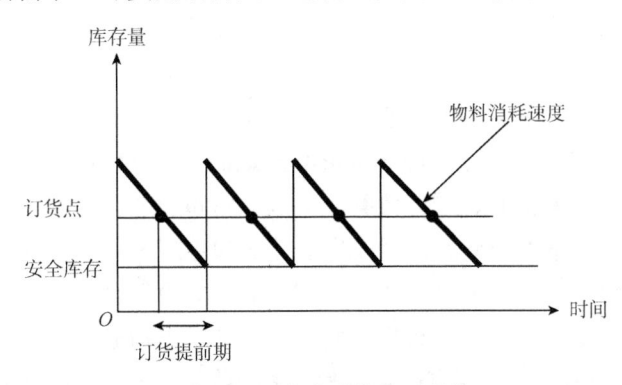

图 12-1 订货点法的处理逻辑

订货点法适用于物料需求独立、连续不变，库存消耗稳定、提前期已知、固定的情况。它的缺点是对多变市场的每一项目设置安全库存，加大了库存资金占用。

(二) MRP

计算机系统的发展，使得短时间内对大量数据的复杂运算成为可能，人们为了克服订货点法的缺陷，逐渐把注意力转向企业生产的物料需求上来，希望物料能在需要时运来，而不是过早地存放在仓库中，从而达到降低库存的目的。在 20 世纪 60 年代，美国的 J. A. Orlicky 博士提出了物料需求中的"独立需求"和"相关需求"的概念。其中，"独立需求"指需求量和需求时间由企业外部的需求（客户订购的产品等）来决定；"相关需求"指根据物料之间的结构组成关系由独立需求的物料所产生的需求（半成品、零部件等的需求）。Orlicky 博士与 O. W. Wight 等管理专家一起在深入调查美国企业管理状况的基础上，针对制造业物料需求随机性大的特点，提出了"物料需求计划"（material requirement planning，MRP）这种新的管理思想。随着计算机技术的发展，MRP 管理思想借助于计算机这一强有力的工具发展成为一种有效的管理方法。

1. 概念

MRP 是指在产品生产中对构成产品的各种物料的需求量与需求时间所做的计划。在企业的生产计划管理体系中,它一般被排在主生产计划之后,属于实际作业层面上的计划决策。

2. 基本思想

MRP 的初期为分时间段的物料需求计划,即基本 MRP。为了避免在生产管理中可能出现的一边是库存积压另一边是物料缺件的情况,它主要解决在间歇生产情况下如何保证生产计划高效运行,保证及时供应物料以满足生产需要。其基本思想是:从最终产品的生产计划(独立需求)反推出相关物料(原材料、零部件等)的需求量和需求时间(相关需求),并根据物料的需求时间和生产与订货周期,确定其开始加工或订货的时间。

与订货点法相比,MRP 的优点在于订货点控制由一维(数量)发展为二维(数量、时间),因而系统性更强、准确性更好,使库存管理水平有了很大的提高。此外,MRP 系统的输出信息能够成为诸如能力需求计划、车间作业管理和采购作业管理等其他生产管理子系统的有效输入信息,从而推进整个制造系统的管理。

3. 基本原理

在基本 MRP 的基础上,纳入采购和加工作业等环节,形成 MRP 系统。MRP 系统包含以下模块:主生产计划(master production schedule,MPS)、物料需求计划、物料清单(bill of material,BOM)、库存控制、采购订单和加工订单。

MRP 主要解决以下五个问题:①要生产什么和生产多少?②需要什么?③已经有什么?④还缺什么?⑤何时安排?其基本原理:首先,根据主生产计划计算独立需求物料的需求数量和需求日期;其次,根据物料清单自动导出构成独立需求物料的所有相关需求的物料,再由毛需求减去现有库存量和计划接收量;最后,根据每一种相关需求物料的各自提前期推导出相关需求的开始采购和生产时间。基本 MRP 的计算依据是:主生产计划、物料清单和库存信息。MRP 的逻辑流程图,如图 12-2 所示。

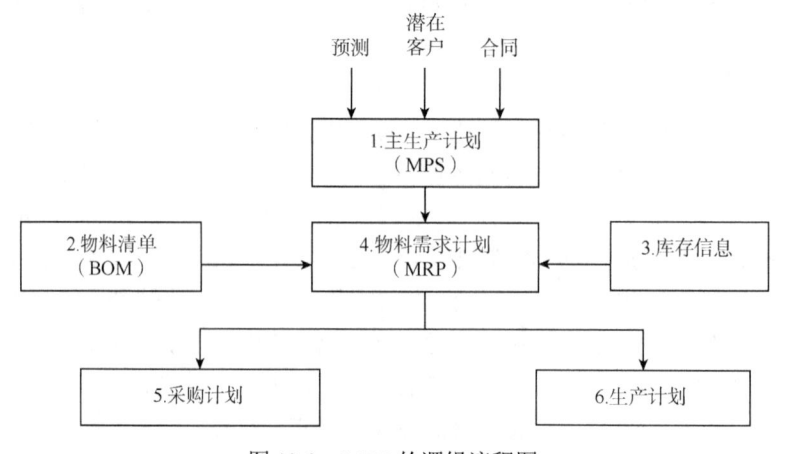

图 12-2 MRP 的逻辑流程图

1）主生产计划

主生产计划是对企业未来产品的品种、数量和时间的描述。它是独立需求计划，主要解决要生产什么和生产多少的问题。主生产计划根据客户、合同、市场预测，将经营计划或生产大纲中的产品系列具体化，使其成为物料需求计划展开的主要依据，起到了从综合计划向具体计划演变的作用。

2）物料清单

物料清单是记录企业物料之间的层次及数量关系的可供计算机识别的完整的产品结构表。它主要解决需要什么的问题。

产品结构是指构成成品（或装配件）的所有部件、组件、零件等的组成、装配关系和数量要求。圆珠笔的产品结构图，如图 12-3 所示。它是一个简化了的圆珠笔的产品结构图，大体反映了圆珠笔的构成。

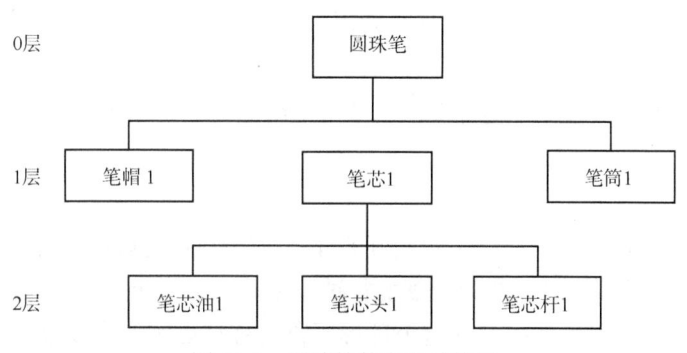

图 12-3 圆珠笔的产品结构图

在图 12-3 中，顶层是企业生产的最终产品，但它不一定就是市场销售的最终产品。笔芯是中间件，最下层就是采购件（原材料）。上层的物料称为母件（或父件），下层的物料称为母件（或父件）的子件。处于中间层的物料，既是其上层的子件，也是其下层的母件（或父件）。圆珠笔的产品结构图并不是物料清单，为了便于计算机处理，需要把它转换成数据格式，其中，MRP 系统识别物料的唯一标识就是物料的编码。圆珠笔的物料清单，如表 12-1 所示。

表 12-1 圆珠笔的物料清单

层次	母件代码	子件代码	子件名称	计量单位	数量
0		P01	圆珠笔	支	1
1	P01	MO1	笔帽	个	1
1	P01	T01	笔筒	个	1
1	P01	X01	笔芯	支	1
2	X01	XY02	笔芯油	毫升	1
2	X01	XT03	笔芯头	个	1
2	X01	XG04	笔芯杆	个	1

3）库存信息

库存信息是一个数据库，具体来说就是保存企业所有产品、零部件、在制品和原材料等存在状态下的数据库。它主要解决已经有什么的问题。主要的库存信息包括现有库存量、已分配量和安全库存量等。

（三）闭环 MRP

1. 产生背景

基本的 MRP 系统虽然解决了订货点法以库存补充为前提所产生的一些弊端，但是它必须建立在两个假设的基础上：一是生产计划是可行的，即假定能供给足够的设备、人力和资金来保证生产计划的实现；二是物料采购计划是可行的，即有足够的供货能力和运输能力来保证完成物料供应。但在实际生产中，这些假设条件很难实现。因为，能力资源和物料资源总是有限的，常常会出现生产计划无法完成的情况。所以，为了保证计划的可行性，必须把计划与资源统一起来，才能真正达到有效降低库存、提高资金利用率的目的。因此，在 20 世纪 70 年代，基本的 MRP 系统发展成了闭环的 MRP 系统。

2. 基本原理

闭环 MRP（closed-loop MRP）系统在基本 MRP 系统的基础上把能力需求计划、车间计划、采购计划等纳入 MRP 的计划执行过程中，形成一个"计划—实施—评价—反馈—计划"的环形回路。其中，在这个环形回路中强调必须要有反馈信息。闭环 MRP 能实现生产计划与生产能力二者之间的平衡。

闭环 MRP 所增加的能力需求计划（capacity requirement planning，CRP）是指对计划的可行性进行验证，并对生产所需能力进行合理配置。其核心是寻求企业生产能力与任务的平衡方案，进行必要的调整，使得企业生产进度得到优化。

闭环 MRP 的基本原理：为了保证 MRP 系统的正常运行，一方面，首先要制定切实可行的主生产计划，主生产计划的制定除了要根据市场预测、生产计划大纲、订单等情况，还要融入粗能力平衡。粗能力平衡是主生产计划与整个企业的总体能力平衡，它能够帮助找出瓶颈资源，以进行调整，从而保证能力需求与实际能力的平衡。另一方面，能力需求计划的引入是在物料需求计划之后完成的，它以 MRP 的输出为输入，由 MRP 所计算出的物料需求及工艺路线、工作中心的数据，生产设备与能力需求量、负荷量来判断生产能力是否足够，然后进行能力平衡。它是产品零部件加工的能力需求与各个工作地可用能力需求之间的平衡过程。以上两方面做到了在能力与资源两个方面均满足负荷需求。闭环 MRP 的逻辑流程图，如图 12-4 所示。

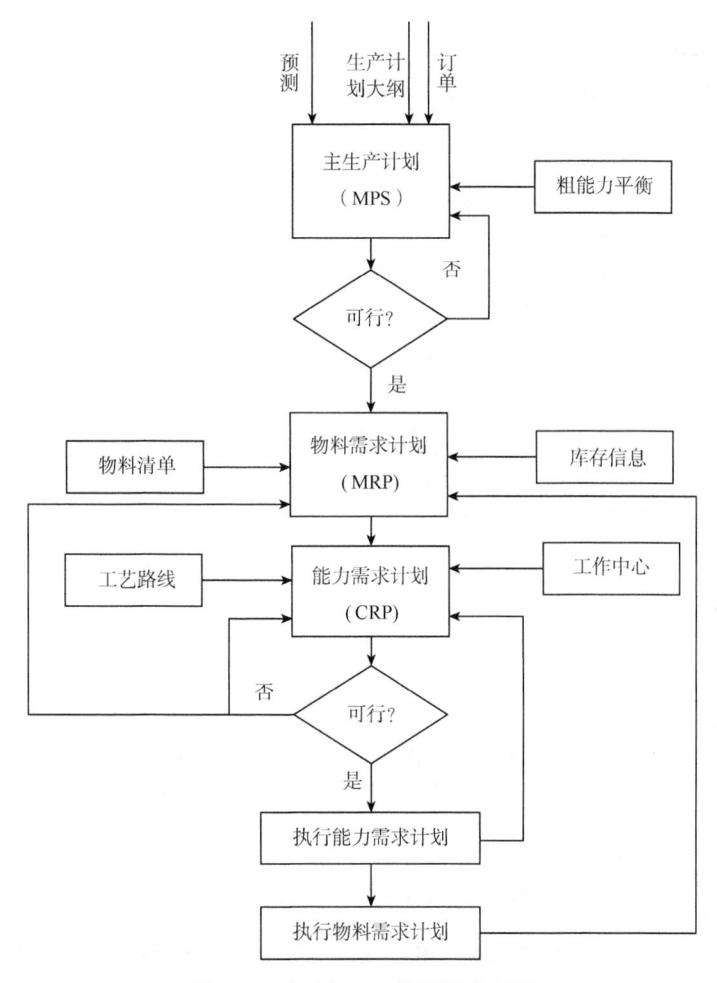

图 12-4　闭环 MRP 的逻辑流程图

（四）MRP Ⅱ

1. 产生背景

企业生产的发展和市场竞争的加剧，对企业整体管理水平提出了更高的需求，闭环 MRP 虽然解决了生产中的物料需求与生产计划的问题，但是没有解决企业管理的全部内容。因而，在 20 世纪 80 年代，人们在闭环 MRP 的基础上把生产、财务、销售、工程技术和物资供应等子系统集成起来，就构成了 MRP Ⅱ 系统。

2. 基本原理

MRP Ⅱ 是把企业集成为一个有机整体，它是站在整个企业的高度，从整体最优的角度出发，利用计算机网络对企业的各种制造资源及生产、销售、采购和财务等各个环节，进行有效的计划、组织和控制，各部分相互联系，相互提供数据，充分发挥作用，从而全方位提高了企业管理效率（如达到最优的客户服务和最小的库存投资等）。

一个完整的 MRP Ⅱ 系统应该包括以下功能：需求管理、主生产计划、物料需求计划、物料清单子系统、销售与生产管理、库存管理子系统、计划入库子系统、车间作业管理、能力需求计划、投入/产出控制、采购、配送资源计划、工具准备、财务计划接口、仿真模拟和绩效评价。MRPⅡ的主要逻辑模块，如图12-5所示。

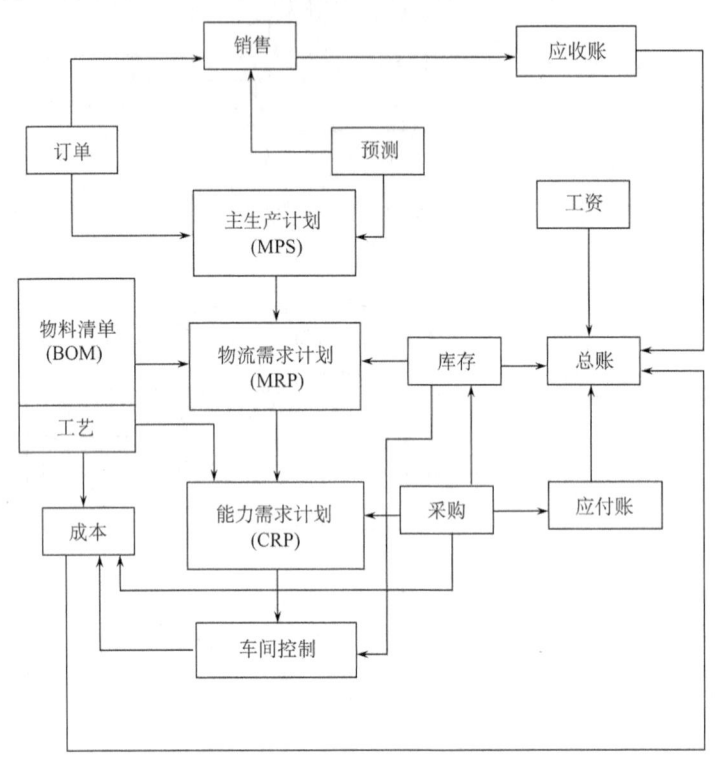

图 12-5 MRPⅡ的主要逻辑模块

从图12-5可以看出，MRPⅡ从订单及预测入手，产生MPS。系统再根据MPS、BOM与库存记录，产生MRP，MRP提供了生产计划优先级的基础。之后，系统执行CRP和车间作业计划，CRP给出了详细的能力状况分析。车间控制接收来自CRP的作业详细计划和来自库存管理的出入库信息、外加工订单信息，产生生产实际报表和生产进度报告，车间控制能力的加强使均衡生产有了切实的保证。成本管理接收来自车间控制、采购及工作中心等处的信息，产生成本报告。成本、采购、销售及库存等处产生的成本费用、应付账、应收账和库存费用等财务信息汇入总账，工资处理的结果也进入总账。这样MRPⅡ就把销售、制造和财务三大系统集成为一个统一的整体。

3. 特点

MRPⅡ的特点主要包括以下几个方面。

（1）集成一体化。MRPⅡ把企业中的生产、销售、采购和财务等各子系统有机地结合起来，形成一个面向整个企业的集成一体化的系统。其中，生产和财务两个子系统关系尤为密切。

（2）数据共享。MRPⅡ的所有数据来源于企业的中央数据库。各子系统在统一的数据库支持下工作。

（3）模拟结果，提高管理水平。MRPⅡ是一个模拟系统，它具有模拟功能，能根据不同的决策方针模拟出各种未来将会发生的结果，使企业的管理人员作为一个整体更好地协调工作，因此，它也是企业高层管理机构的决策工具。

除了以上三个主要的特点，MRP Ⅱ 还有能根据企业内外部环境的变化及时调整对策，保证生产正常运行的动态适应性的特点，以及能把物流、资金流和信息流统一起来等特点。

MRP Ⅱ 作为一种管理思想具有广泛的适应性，但其应用却与一个企业的生产环境和内部条件密切相关，不可能有固定的模式。企业在应用 MRP Ⅱ 时要选择合适的结构以适应环境的变化。

二、企业资源计划的产生背景

现代社会的目标是创新（产品、技术、管理），通过创新，企业可以获得更大的竞争优势。随着市场竞争的进一步加剧、企业竞争空间与范围的进一步扩大，在企业的管理活动中，MRP Ⅱ 存在着一定的局限性：一方面，表现在资源概念上，它始终把资源概念限制在企业内部，而没有向企业外部延伸；另一方面，表现在决策支持上，它所支持的决策问题大多都是结构化决策问题。为了实现企业内外部的综合管理，就要将企业各方面的资源进行充分调配和平衡，使企业在激烈的市场竞争中全方位地发挥足够的能力，从而获得更好的经济效益。于是，在 20 世纪 90 年代初，美国著名咨询公司加特纳公司（Gartner Group Inc.）在 MRP Ⅱ 基础上首先提出企业资源计划（enterprise resource planning，ERP）。

三、企业资源计划的概念

到底什么是 ERP？从最初给出的定义看，ERP 只是一个为企业管理服务的软件。直到全球最大的企业管理软件公司 SAP 给出了：ERP 就是"管理+IT"的概念。这个概念从管理思想、软件产品和管理系统三个方面做出了如下详细的阐述：

（1）ERP 首先是一种管理思想，它的应用范围从制造企业扩展到了其他不同的行业。它使企业的管理核心从"在正确的时间制造和销售正确的产品"，转移到了"在最佳的时间和地点，获得企业的最大利润"。其实质是在 MRP Ⅱ 的基础上进一步发展而成的面向供应链（supply chain，SC）的管理思想。

（2）ERP 是一个综合应用了客户/服务器体系、关系数据库结构、面向对象技术、图形用户界面和网络通信技术等信息产业结果，以 ERP 管理思想为灵魂的软件产品。

（3）ERP 不仅是一个软件系统，还是一个集组织模型、企业规范和信息技术、实施方法于一体的企业综合管理系统，特别是商务智能的引入，使其真正成为具有智能化控制的管理系统。

在 SAP 公司给出的 ERP 定义的基础上，我们也可给 ERP 下定义。其中有一个定义流传较广：所谓 ERP，就是指企业要对所拥有的人力、资金、材料、设备、方法（指生产技术）、信息和时间等资源进行综合平衡，优化管理，并协调企业各部门围绕市场开展业务活动，以便充分发挥企业的生产能力，取得最佳的经济效益。此定义说明：一方面，ERP 突破了 MRP Ⅱ 的局限，把供需链内的供应商等外部资源也看作是受控对象集成进来，强调供应链的管理，并且把时间作为一项关键的资源来考虑；另一方面，在 ERP 中，决策支持系统不仅提供对结构化问题的支持，而且能够辅助管理人员进行半结构化和非结构化的决策。

MRP、MRP Ⅱ 和 ERP 在信息集成范围、解决的问题和管理思想上的概念关系，如表 12-2 所示。

表 12-2　MRP、MRP Ⅱ 和 ERP 的概念关系

应用系统	信息集成范围	解决的问题	管理思想
MRP	产—供—销各部门的物料信息的集成	既不出现短缺，又不积压库存	优先级计划/供需平衡原则
MRP Ⅱ	物料信息同资金信息的集成	"财务账"与"实物账"同步生成	管理会计/模拟法支持决策
ERP	客户、供应商、制造商信息的集成	优化供需链——协同运营/合作竞争	供需链管理/敏捷制造/精益生产/约束理论/价值链

四、企业资源计划的管理思想和功能体系

（一）企业资源计划的管理思想

ERP 的核心管理思想体现在对企业内部业务流程和整个供应链的管理上，主要体现在以下几个方面。

1. 体现对企业整个供应链资源管理的思想

随着市场竞争环境的变化，企业间围绕市场的竞争日趋尖锐，企业间的竞争已经不再是单一企业间的竞争，而是企业供应链（供应商、制造商、分销商和客户等资源紧密结合）之间的竞争。这样，企业才能满足其利用全社会一切市场资源进行高效的生产经营的要求，进一步提高效率，在市场竞争中获得优势。ERP 正好满足了市场竞争的需要，实现了企业对整个供应链的管理。

2. 体现精益生产、同步工程和敏捷制造的思想

ERP 支持混合型生产方式（大批量生产和多品种小批量生产相混合）的管理，其管理思想主要体现在以下两个方面。

1）精益生产

精益生产（lean production，LP）是指少而精，不投入多余的生产要素，只是在适当的时间生产必要数量的市场急需产品。企业将供应商、销售代理商、客户及协作单位纳入生产体系，建立起在经营活动方面有益、有效，具有经济性的合作伙伴关系，进而形成了一个企业的供应链，这就是 LP 思想的核心。ERP 主张将 LP 的思想引进企业的生产管理系统，其目标是通过 LP 的实施，使管理体系的运行更加顺畅。

2）敏捷制造

敏捷制造（agile manufacturing，AM）是指企业在特定的市场和产品需求的情况下及企业原有的合作伙伴不能满足新产品开发生产的要求时，组织一个短期或一次性的由特定供应商和销售渠道组成的供应链，形成"虚拟工厂"。把供应和协作单位看成企业

组织的一部分，运用"同步工程"（simultaneous engineering，SE）组织生产，用最短的时间将产品打入市场，时刻保持产品的高质量、灵活性和多样化。这就是 AM 的核心管理思想。计算机网络的迅猛发展为 AM 的实现创造了必要的条件。

3. 体现事先计划和事中控制的思想

没有规矩不成方圆，没有控制就没有管理。控制是企业管理机制的一种功能。要实现科学而有效的控制，就必须构建科学而有效的控制机制。事后控制不如事中控制，事中控制不如事前控制，一切有效的控制方法首先就是计划方法，ERP 系统中的计划体系主要包括主生产计划、物料需求计划、能力计划、采购计划、销售执行计划、利润计划、财务预算及人力资源计划等。这些计划功能和价值控制功能已经完全集成到了整个供应链系统中。为了保证资金流与物流的同步记录和数据的一致性，ERP 完成了事先定义事务处理的相关会计核算科目与核算方式的功能，从而可以根据财务资金的状况追溯资金的流向，进一步追溯相关的业务活动，以实现事中控制和实时决策。此外，在整个供应链的实现过程中，还要纳入计划、事务处理、控制和决策功能。

（二）企业资源计划的功能体系

为了充分调配和平衡企业各方面的资源，使企业在激烈的市场竞争中全方位地发挥作用，从而取得更好的经济效益，ERP 超越了传统 MRP II 的概念，吸收了准时制生产、全面质量管理等新的管理思想，扩展了管理信息系统的范围——除了 MRP II 的制造、财务和销售等功能，还增加了分销管理、人力资源管理、运输管理、仓库管理、质量管理、设备管理、决策支持等功能，支持集团化、跨地区和跨国界运行。MRP、MRP II 及 ERP 系统所实现的功能之间的关系，如图 12-6 所示。

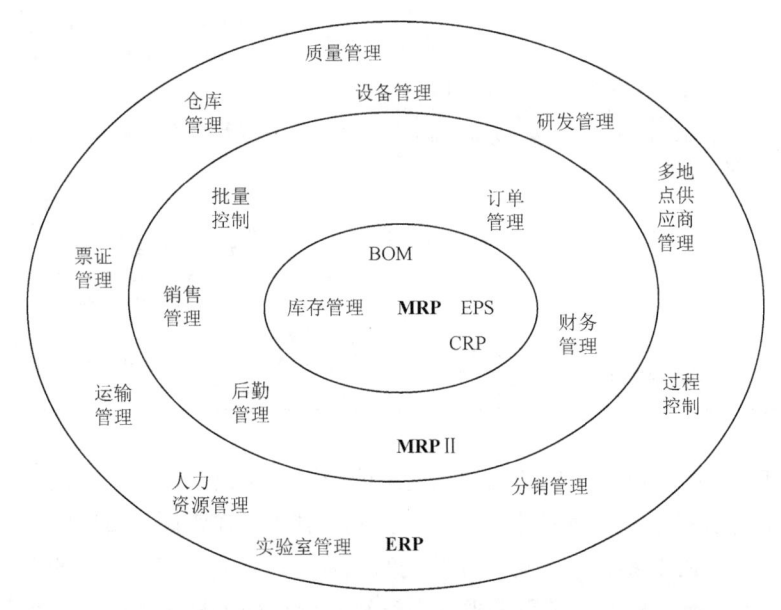

图 12-6　MRP、MRP II 及 ERP 系统所实现的功能之间的关系

迄今为止，ERP 在功能体系结构上还没有统一的标准，但是，ERP 系统的主功能子

系统由以下方面组成。

1. 支持企业整体发展战略的战略经营系统

战略经营系统的目标是在多变的市场环境中，建立与企业整体发展战略相适应的战略经营系统，实现基于 Intranet/Internet 环境的战略信息系统，完善决策支持服务体系，为决策者提供全方位的信息支持，完善人力资源开发与管理系统，既面向市场又注重企业内部人员的培训。

2. 全面成本管理系统

由于在一个不完全竞争的市场环境中，价格在竞争中仍旧占有重要的地位。ERP 的全面成本管理（total cost management，TCM）系统的作用和目标就是建立和保持企业的成本优势，并由企业成本领先战略体系和全面成本管理系统予以保障。

3. 敏捷后勤管理系统

许多企业存在着供应链影响企业生产柔性的情况。为了解决供应柔性差、生产准备周期长等制约柔性生产的瓶颈问题，ERP 的一个重要目标就是在 MRP 的基础上建立敏捷后勤管理（agile logistics management，ALM）系统来增加与外部协作单位技术和生产信息的及时交互，改进现场管理方法，从而缩短关键物料供应周期。

以上就是 ERP 的主要功能子系统，其在功能上与 MRPⅡ 的主要区别表现在资源管理范围、生产方式管理、管理功能和事务处理控制方面。ERP 与 MRPⅡ 主要功能间的区别，如表 12-3 所示。

表 12-3　ERP 与 MRPⅡ 主要功能间的区别

项目	MRPⅡ	ERP
资源管理范围	注重企业内部的人、财、物等资源的管理	注重企业完整的供应链（客户需求、企业内部的制造活动和供应商的制造资源等的集成）的管理
生产方式管理	注重把企业的生产方式划分成几种典型生产方式（如重复制造、批量生产、按订单装配和按库存生产等）的多品种、小批量生产管理	注重混合型的生产方式的管理
管理功能	注重企业内部的制造、分销和财务等管理功能	注重在 MRPⅡ 的管理功能基础上，增加支持整个供应链上物料流通体系中供、产、需各个环节间的运输管理和仓库管理；支持生产保障体系的质量管理、实验室管理、设备维修和备品备件管理；支持对工作流（业务处理流程）的管理功能
事务处理控制	注重计划的及时滚动来控制整个生产过程，实时性较差，一般只能实现事中控制	注重在线分析处理、售后服务反馈，强调企业的事前控制能力，将设计、制造、销售和运输等管理通过集成实现并行管理

ERP 与 MRPⅡ 除了以上主要的四种功能上的区别，还包括在跨国（或地区）经营事务处理方面和计算机信息处理技术方面等的区别。其中，在跨国（或地区）经营事务处理方面的区别是：ERP 系统可以运用完整的组织架构，来支持跨国经营的多国家（地区）、多工厂、多语种、多币制应用需求。在计算机信息处理技术方面的区别是：ERP 系统可以实现对整个供应链的信息进行集成管理，采用 C/S 体系结构和分布式数据处理技术，支持 Internet/Intranet/Extranet、电子商务、电子数据交换。此外，它还能实现在

不同平台上的互操作。

五、企业资源计划的发展趋势

ERP 的发展将从深度和广度两个方面进行。在深度上，ERP 将扩展对内部供应链的支持；在广度上，ERP 将面向外部全球供应链。具体发展趋势表现在以下几个方面。

1. 管理功能方面的发展趋势

新增加的工作流、电子数据交换和决策支持系统，特别融合了商务智能等功能，使得 ERP 管理的对象，从企业内部和外部的物料等资源扩大到信息资源。

2. 处理功能方面的发展趋势

ERP 将原先的生产计划与控制的联机事务处理（online transaction processing，OLTP），向下扩展到办公自动化、无纸化处理，向上扩展到决策支持的联机分析处理（online analytical processing，OLAP），横向扩展到设计和工程领域。

3. 计算机环境方面的发展趋势

ERP 的计算机环境将从传统客户/服务器环境发展到以 Web 和 Internet/Intranet 为主的网络计算环境。

4. 软件结构方面的发展趋势

ERP 不再追求大而全，将更趋于灵活、实际和面向具体用户。

5. ERP 软件应用范围的发展趋势

ERP 将覆盖制造业以外的许多领域（如商业、旅游业等）。

第二节　供应链管理和客户关系管理

一、供应链管理

（一）供应链管理理论的产生背景

随着商品市场国际化和竞争加剧，IT 技术的飞速发展，Internet/Intranet 技术和电子商务的广泛应用，企业所处的商业环境发生了巨大变化。企业为了提高客户服务水平，同时努力降低运营成本，就要采取适应竞争环境变化的行之有效的方法，其中，利用企业外部资源快速响应市场需求的管理模式得到了广泛的应用。一个成功产品的推出，需要从原料到成品再到销售与服务的一连串企业的配合。而成本的降低，也与上下游企业的配合协调紧密相关。在这种情况下，企业内部和企业间关于运作和价值增值的相应的供应链管理理论和方法得到了很大的发展。供应链管理的建立是一种跨企业的协作，覆盖了从供应商的供应商到客户的客户的全部过程，供应链的管理目标就是把这个供需的网络组织好，让这个有机组织比它的竞争对手更高效。因此，企业之间的竞争上升为供应链与供应链之间的竞争。

供应链管理理论由迈克尔·波特的价值链理论发展而来。波特在 1950 年指出，任何一个组织均可以看作是由一系列相关联的基本行为构成的,这些行为对应于从供应商到消费者的物流的流动,依次是内部后勤、运作、外部后勤、销售和市场,以及售后服务。在这些基本行为之上是四种包含各个基本行为的支持行为,它们是采购(提供输入原料)、技术开发、人力资源管理和公司基本建设(如会计、组织和控制等)。物料在企业流动的过程就是被企业的各个部门不断增加价值的过程。

每一个企业都是这样的一个价值链,越来越多的生产过程都有一条从供应商到制造商再到分销商的贯穿所有企业的"链"。相邻的企业呈现出一种需求与供应的关系,把所有相邻企业依次连接起来,就形成了供应链。

(二)供应链管理的基本概念

1. 供应链的基本概念

供应链的概念在20世纪80年代末被提出,在不同的年代,由于人们对供应链的认识程度有所不同,所以给出的定义也具有时代的特点。供应链的概念从最初强调的是物流管理过程的阶段,发展到强调是价值增值链的阶段,直至强调是"网链"的阶段。目前,供应链的概念更注重围绕核心企业的网链企业战略合作关系。

我们以马士华教授给出的供应链概念为例进行说明。马士华教授认为:供应链是围绕核心企业,通过对信息流、物流、资金流的控制,从采购原材料开始,制成中间产品及最终产品,最后由销售网络将产品送到消费者手里,将供应商、制造商、分销商、零售商直到最终用户联成一个整体的功能网链结构模式。他认为供应链是一个范围更广的企业结构模式,它包含所有加盟的节点企业,从原材料的供应开始,经过链中不同企业的制造加工、组装、分销等过程,传送给最终用户。它不仅是一条连接供应商到用户的物料链、信息链、资金链,而且是一条增值链,物料在供应链上因加工、包装、运输等过程而增加其价值,给相关企业带来收益。

2. 供应链管理的基本概念

供应链管理(supply chain management, SCM)是对供应链中的信息流、物流和资金流进行设计、规划和控制,从而增强竞争实力,提高供应链中各成员的效率和效益的管理过程。它是确保顾客满意的一个主要环节,即保证在正确的时间把正确的产品/服务送到正确的地方。

由供应链管理的概念可以看出,其核心思想就是充分利用各种现代化的信息技术(如 ERP、MRPⅡ、AM、JIT、CIMS、OPT 等),在保持一种稳定、具有活力的供需关系的同时,使各个企业实现优势互补,互利合作,从而最终实现集成、联手面对竞争、合理利用资源、获得较高利润。

(三)供应链管理的意义和作用

1. 供应链管理的意义

通过建立供应商与制造商之间的战略合作关系,SCM 的意义表现在以下几个方面。

(1)对制造商/买主:SCM 可以降低成本(降低合同成本),实现数量折扣和稳定而有竞争力的价格，改善时间管理，缩短交货提前期和提高可靠性，提高产品质量和降低库存水平，优化面向工艺的企业规划，保证更好的产品设计和对产品变化更快的反应速度，强化数据信息的获取和管理控制。

（2）对供应商/卖主：SCM 能够保证有稳定的市场需求，对用户需求有充分的了解和理解，提高运作质量和零部件生产质量，降低生产成本，提高对买主交货期改变的反应速度和柔性，获得更高的利润。

（3）对双方：SCM 可以改善相互之间的交流、实现共同的期望和目标，共担风险和共享利益，共同参与产品和工艺开发，实现相互之间的工艺集成、技术和物理集成，减少外在因素的影响及其造成的风险，降低机会主义影响和投机概率，增强解决矛盾和冲突的能力，在订单、生产和运输上实现规模效益，以降低成本，减少管理成本，提高资产利用率。

2. 供应链管理的作用

SCM 可以节约交易成本、缩短循环周期、降低库存水平、增加收入和利润及降低采购成本等。

有资料显示，SCM 能带来的效益包括：SCM 成本（占收入百分比）降低超过 10%，中型企业的准时交货率提高 15%，订单满足提前期缩短 25%～35%，绩优企业资产运营业绩提高 15%～20%，中型企业的库存降低 2%，绩优企业库存降低 15%，中型企业的增值生产率提高 15%～20%、绩优企业现金流周转周期比一般企业少 40～65 天。

3. 供应链管理的发展趋势

企业间的竞争乃至国家之间的竞争，归根结底是科技创新、管理创新等核心能力的竞争，而 SCM 之间的竞争正是科技创新和管理创新在 21 世纪的重要表现，是提高企业核心竞争力和国家综合国力的重要途径。当前，SCM 的发展趋势已经十分明显，主要表现在以下几个方面。

（1）时间与速度方面。在 SCM 的环境中，时间与速度已经被企业看作是提高企业竞争优势的主要来源，是影响市场竞争力的关键因素之一。SCM 中的各个企业只有运用各种行之有效的手段，把物流、信息流紧密结合起来，才能达到降低存货成本、满足最终用户需求和提高供应链整体竞争水平的目的。

（2）组织精简方面。为了提高全球 SCM 的整体优势，SCM 正朝着在企业内部减少物流供应商的数量方向发展。

（3）质量与资产生产率方面。在质量方面，SCM 中各个环节的好坏直接影响到用户对时效性、产品质量和价格的评价，SCM 正朝着提高物流创新的方向发展；在资产生产率方面，SCM 正朝着企业开展合作与数据共享以降低整个供应链渠道中的存货方向发展。

（4）客户服务方面。供应链中的成员为了进一步提高客户服务水平和客户满意度，SCM 正朝着在客户服务中重视与物流公司的紧密合作，把物流公司看成是提供高标准服务的合作者的方向发展。

二、客户关系管理

传统的商业模式是以产品为中心，为了进一步提高企业的业务处理流程效率，拓展企业的市场份额等，使企业在竞争中处于优势，将客户视为重要资源，即以客户为中心的商业模式在企业管理活动中发挥了重要的作用。

（一）客户关系管理理论的产生背景

一个企业的客户关系管理（customer relationship management，CRM）水平将会影响企业的管理水平，从而影响企业在市场中的竞争水平。CRM 的产生是市场需求和管理理念更新的需要，具体地说，CRM 的兴起与以下三个方面的因素有着密切的关系。

1. 需求拉动

随着信息化的不断发展，越来越多的企业在生产、库存、财务等方面获得了较好的经济效益。然而，很多企业的销售、营销和服务部门的信息化程度越来越不能适应业务发展的需要，为了提高销售、营销和服务等日常业务的自动化和科学化，就要组建一个以客户为中心的企业，实现对面向客户活动的全面管理。这是 CRM 产生的基础。

2. 信息技术的发展和推动

随着信息技术的迅猛发展，用计算机技术、通信技术、网络技术等手段提高客户信息综合管理水平成为可能。一方面，企业信息化水平、企业管理水平、办公自动化程度等能力的提高有利于 CRM 的实现；另一方面，数据仓库、商业智能和知识发现等技术的不断发展，为企业收集、整理、加工和利用客户信息水平的大幅度提高起到了推动作用。

3. 管理理念的更新

现代社会是一个创新（产品、技术、管理）的时代，通过创新，企业可获得更大竞争优势。在企业的管理活动中，BPR 的运用已经为 CRM 奠定了基础。目前，一些企业正在经历着从以产品为中心向以客户为中心的转移过程。这种思想将推动企业最大限度地利用其与客户有关的资源，实现企业从市场营销、销售一直到最后的服务和技术支持的交叉立体管理。

（二）客户关系管理的概念

CRM 的概念产生于 1999 年，是旨在改善企业与客户之间关系的新型管理机制，是对企业和客户之间的交互活动进行管理的过程。

CRM 的概念可表述如下：它是一种以客户为中心的经营策略，以信息技术为手段，通过对相关业务流程的重新设计及相关工作流程的重新组合，以完善的客户服务和深入的客户分析来满足客户的个性化的需求，提高客户满意度和忠诚度，从而保证客户终生价值和企业利润增长"双赢"策略的实现的管理系统。简单地说，CRM 就是一种管理理念，是一套管理软件和信息系统。其目的是提高管理效率，为客户提供完美服务，帮助企业吸引新客户及留住老客户，从而提升企业的市场竞争能力、建立长期优质的客户关系，不断挖掘新的销售机会，帮助企业规避经营风险、获得稳定利润。

（三）客户关系管理的作用

客户购买"高高兴兴的经历"分以下三个层次："高高兴兴地来""高高兴兴地回"是"满意客"；"高高兴兴地再来""高高兴兴地再回"是"回头客"；"高高兴兴地带着亲朋好友再来""高高兴兴地带着亲朋好友再回"是"忠诚客、口碑效应"。

有资料显示：吸引一位新客户或拉回老客户的成本比留住一位客户高 5～6 倍；把客户的满意度提高 5%，企业的利润将增加一倍；2/3 的客户离开其供应商是因为供应商对他们的关怀不够；93%的 CEO 认为客户管理是企业成功和更富竞争力的最重要的因素；50%以上的企业利用互联网是为了整合企业的供应链和管理后勤。这些资料说明了 CRM 在企业管理活动中的重要性。

CRM 与 ERP、SCM 并称为提高企业竞争力的三大法宝。在电子商务环境中，将 ERP 与 SCM、CRM 的功能整合起来，就可以改变业务运作模式，从而实现利用 ERP 提高交易效率和改进决策制定过程的目标。在现代应用系统中，将 ERP 与 SCM、CRM 等系统功能整合，就可以朝着支持决策制定和整个供应链优化的方向发展。其中，CRM 又是 ERP、SCM、电子商务等系统与外部客户打交道的平台，因此，CRM 又是众多企业系统中提高核心竞争力的法宝。CRM 的作用表现在以下几个方面。

1. 提高效率

CRM 建立了客户与企业打交道的统一平台，通过采用信息技术可以提高业务处理流程自动化的程度。例如，Front Office 自动化程度的提高，使得很多重复性的工作（如批量发传真、邮件）都由计算机系统完成，工作的效率和质量得到了提高。

2. 降低成本

CRM 的运用使得团队销售的效率和准确率大大提高，服务质量的提高也使得服务时间和工作量大大减少，这些都无形中降低了企业的运作成本。

3. 扩大销售和拓展市场

CRM 的运用提高了销售成功率和客户满意度，使得销售的增加成为必然。通过新的业务模式（电话和网络）扩大企业经营活动范围，及时把握新的市场机遇，占领更多的市场份额。

4. 提升客户满意度、留住老客户

客户在同企业交流时，可以选择自己喜欢的方式。客户满意度的提高，可以为企业保留更多的老客户和吸引更多的新客户。例如，CRM 在亚马逊书店的成功实施为它赢得了 65%的回头客。

通过以上对 CRM 作用的分析可知，中小型企业更需要 CRM，其原因在于：一方面，从外部环境看，国内市场已经从产品为中心的时代进入了以客户为中心的竞争时代；另一方面，从企业内部看，资源短缺、人才匮乏，由此导致企业能力不足，使企业不能很好地满足客户的需求，有必要以客户为中心，提升客户满意度。

（四）客户关系管理系统的基本架构

一个完整、有效的 CRM 主要由以下四个子系统组成。

1. 业务操作管理子系统

该子系统的主要内容包括营销自动化、销售自动化和客户服务与支持。其作用是实现基本商务活动的优化和自动化。

2. 客户合作管理子系统

该子系统的主要内容包括业务信息系统、联络中心管理和 Web 集成管理。其作用是实现客户接触点的完整管理，客户信息的获取、传递、共享、利用及渠道管理。

3. 数据分析管理子系统

该子系统的主要内容包括数据仓库建设、知识仓库建设及依托管理信息系统的商业决策分析智能等。其作用是实现商业决策分析的智能化。

4. 信息技术管理子系统

该子系统的主要内容包括其他子系统应用软件管理、中间软件和系统工具管理、企业级系统的集成管理、电子商务技术和标准管理。其作用是为系统的运行提供保障。

（五）客户关系管理的发展趋势

CRM 的核心是客户价值管理，它将客户价值分为既成价值、潜在价值和模型价值，通过"一对一"营销原则，满足不同价值客户的个性化需求，提高客户忠诚度和保有率，实现客户价值持续贡献，从而全面提升企业盈利能力。其发展趋势将由 CRM 朝 CMR（由客户来管理企业与客户之间的关系）等方向发展，在未来各行各业的应用中，CRM 都将呈现出新的特点，将会越来越广泛和深入，从而在提升企业核心竞争力方面发挥其独特作用。

第三节　决策支持系统

一、决策支持系统的基本概念

（一）结构化、半结构化和非结构化问题

1. 概述

决策科学体系的基础就是决策过程。

所谓决策过程是人们为实现一定目标而制定行动方案，并准备组织实施的活动过程，这个过程也是一个提出问题、分析问题和解决问题的过程。一般的决策过程可用图 12-7 表示。

广义上讲，人类的决策行动包括确定目标、设计方案、实施方案和评价四个阶段，但通常所说的决策科学的研究对象则主要包括前三个阶段。

图 12-7 决策过程

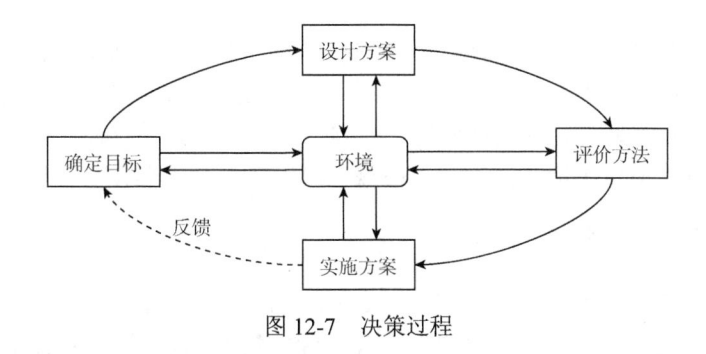

对决策问题一般用"结构"这个概念来描述，把问题分成结构化、半结构化和非结构化三类，这是对问题结构化程度的三种不同描述。所谓结构化程度，是指对某一过程的环境和规律，能否用明确的语言（数学的或逻辑学的，形式的或非形式的，定量的或推理的）给予清晰的说明或描述。如果能描述清楚的，称为结构化问题；不能描述清楚而只能凭直觉或经验做出判断的，称为非结构化问题；介于这两者之间的，则称为半结构化问题。

人们认为，结构化的问题是指上述三个步骤（理解、设计和选择 3 项活动）都能使用确定的算法或决策规则来确定问题，设计各种解答方式，并从中选择最佳的一个。在问题求解过程中，这三个阶段都不能按上述的方法来决策问题，就称之为非结构化问题。在某些条件下，其中的一个或两个阶段由于我们认识不清楚而无法完成清晰的描述，但其余的阶段则具有良好的结构，能够对它进行清晰而准确的描述，称这类问题为半结构化问题。半结构化问题兼有结构化问题和非结构化问题的特点，一方面它可以通过编制程序进行定量分析和计算，或者运用相对明确的决策原则和方法来解决；另一方面它还要依靠人的知识、经验和直觉来判断和选择。在求解半结构化问题时，人们之间的交互是非常重要的，往往要经过很多次对话才能完成问题的求解。

2. 决策问题的性质

如上所述，决策问题的性质可分为结构化、半结构化和非结构化三类，那么就可以把决策也划分为结构化决策、半结构化决策和非结构化决策。

从决策情况的分布可以看出，决策支持系统（decision support system，DSS）并不企图解决一切决策问题，它不过是在结构化的基础上向前迈进了一步，希望能够通过人机对话来解决一些更符合实际的问题。但是，DSS 不能取代决策者，只能辅助与支持决策者。

（二）决策支持

在 DSS 的发展过程中，决策支持是一个先导的概念，决策支持的概念形成若干年以后，才出现决策支持系统。直到现在，人们仍然认为决策支持是比 DSS 更基本的一个概念。可以这样说：决策支持是目标，DSS 是通向目标的工具。决策支持的基本含义是指用计算机来达到如下目的或者说具备如下特征：①帮助经理在半结构化或非结构化的任务中做决策；②支持经理的决策，显然无代替经理的判断力的意思；③改进决策效能（effectiveness），而不是提高它的效率（efficiency）。

要达到这三个目的并不是一件轻而易举的事情,随着计算机技术的飞速发展,实现这些目标的可能性也在不断增加。现在,利用交互式的终端可以很低的费用存取模型、进入系统、建立数据库。这些设施变得更便宜、更灵活、更有力时,必然会给经理们在做出关键决策时,使用决策支持这一中心概念提供更多的机会和更大的可能性。

(三) DSS 的定义

时至今日,DSS 仍没有一个学术界公认的定义。许多学者在这方面做了大量的努力,试图给出 DSS 的定义。目前,有不少文献对 DSS 的定义做了如下的表述:凡能对决策提供支持的计算机系统——这个系统充分运用可供利用的、合适的计算机技术,针对半结构化或非结构化问题,通过人机交互方式帮助和改善管理决策制定的有效性的系统。但是,仔细推敲,这个定义并不完善,因为 DSS 并没有标准模式或标准规范。凡是能达到决策支持这一目的的所有技术都可以用于构造 DSS。不同时期、不同用途、采用不同技术所构造的 DSS 可能完全不同,但有一点是共同的,那就是 DSS 一定能起决策支持的作用。

人们认为,对于一个迅速发展、尚未完全成熟的领域过早地追求一个完善的定义并非明智之举,只要把握住这个领域的基本特征和基本构成就可以了。

鉴于上述情况,我们也只是从不同的角度阐述 DSS 的基本特征,让人们把握住 DSS 的基本特征和发展方向。那么,DSS 的基本特征是什么呢?在 Sprangue 和 Carson 看法的基础上,可归纳为五个方面:①对准上层管理人员经常面临的结构化程度不高、说明不够充分的问题;②把模型或分析技术与传统的数据存取技术及检索技术结合起来;③易于为非计算机专业人员以交互会话的方式使用;④强调对环境及用户决策方法改变的灵活性及适应性;⑤支持但不是代替高层决策者制定决策。

用构成决策支持系统的部件来表述 DSS 的结构特征是把握什么是 DSS 的又一重要方法,这种提法在国内学术界比较流行,它也应该包括如下五个方面:①模型库及其管理系统;②交互式计算机硬件及软件;③数据库及其管理系统;④图形及其他高级显示装置;⑤对用户友好的建模语言。

上述是一个范围较宽的集合,但是在国内对 DSS 的构成研究中则更流行四库(知识库、模型库、数据库、方法库)一体化的说法,这种提法把知识库、人工智能的应用作为 DSS 的基本特征之一,是一种较窄的提法。

也有人从"决策"、"支持"和"系统"三方面来说明 DSS。"决策"意味着解决问题,在制定决策中解决问题,在解决问题的每一步做出决策;"支持"主要是指在决策过程的每一阶段使用计算机及软件技术支持决策者,而这些支持又可以分为被动支持、惯例支持、开拓支持和规范支持等;"系统"是指一个人机交互的系统,以及设计和实施中的系统性。在这里集成化的方法是重要的,特别是采用计算机网络和现有数据库连接时变得更为重要。

二、DSS 的组成和系统结构

DSS 形态上表现出来的多样性主要在于整体结构和基本构造。当深入研究目前比较成功的 DSS 系统时就会发现，尽管 DSS 在形态上五花八门，但在结构上有一个基本特征——集成性；对不同形态的 DSS 进行分解时又会发现，DSS 包括几个特性十分明显的基本模块（或称为基本部件）。这些模块的不同组合和集成，构成了不同形式的 DSS。DSS 的功能改进，也主要是因为其中一个或几个部件的性能得到了改进。

（一）DSS 的基本部件

20 世纪 70 年代末至 80 年代初开发的 DSS 主要有五个部件组成：人机接口（对话系统）、数据库、模型库、知识库和方法库。后来，在这五个部件的基础上又开发了各自的管理系统，即对话管理系统、数据库管理系统、模型库管理系统、知识库管理系统、方法库管理系统。因此，一大批 DSS 都可以认为是这 10 个基本部件的不同集成和组合。一般来说，这 10 个部件可以组成实现支持任何层次和级别的 DSS 系统。

从 20 世纪 80 年代开始，随着计算机集成制造系统（computer-integrated manufacturing system，CIMS）概念的提出，人们对 DSS 结构的理解发生了一些变化，有人提出，DSS 是由语言系统（language system，LS）、问题处理系统（problem processing system，PPS）和知识系统（knowledge system，KS）而来的。LS 实际上就是一个人机接口，不过是强调语言（特别是自然语言）在接口中的重要作用。由于突出了自然语言的重要性，所以在 DSS 中配备了相应的自然语言处理系统（被称为 PPS）。根据知识工程的研究成果，数据、模型和知识（狭义）实际上都是广义的知识，从发展的趋势看，很可能对它们采用统一的表达方式，因此一些人倾向于把数据库、模型库和知识库统一为知识系统。目前这"三库"仍然作为独立的部件在 DSS 中起着重要作用。

基于以上的分析，结合目前国内外关于 DSS 的开发与研究的现状，人们认为 DSS 的基本部件还是由五个部分组成的——人机接口、数据库、模型库、知识库和方法库。

（二）DSS 的功能

为了完成预定的工作任务，DSS 应该具备相应的支持功能。可以根据支持水平来划分功能的类型。

（1）信息服务。它又可以分为外部服务和内部服务两大类。外部服务主要是指为决策者提供所需要的信息，也可以作为其他系统的信息资源；内部服务是为其他功能的实现提供基础数据。

（2）科学计算。信息服务要为科学计算提供支持，所以一般认为具有科学计算功能的 DSS 等级要高一些。在 DSS 中的科学计算并不是运筹学的优化计算，也不是其他模型计算的软件包，而是指在辅助决策时进行的必要的计算。这种计算模型不追求复杂性，而注意用户的参与和选择，因此，在实现计算功能时，人机对话十分重要。

（3）决策咨询。在科学计算的基础上，增加知识和推理的功能后，就可以对决策起进一步的支持作用。为了强化决策咨询的功能，有时可为 DSS 开发一个准专家系统。

（4）人工智能。具有人工智能的支持功能是最理想的 DSS，它追求的目标主要是人和机器充分的交互，共同协作完成决策任务。具有智能的 DSS 可以认为达到了最高的支持水平。

（三）四库系统

1. 数据库系统

数据库（data base，DB）是 DSS 的一个最基本的部件。一般情况下，任何一个 DSS 都不能缺少数据库及其管理系统。但是在一些大型的计算机集成制造系统（computer integrated manufacturing，CIMS）中，采用的是集中数据库系统（integrating DB system），以达到资源共享的目的，所以局部 DSS 也可能不再有自己的数据库系统，这样数据通信将成为十分突出的问题。即使如此，人们也认为，在概念上 DSS 具有自己的 DB 是比较好的。

2. 模型库系统

模型库系统是传统 DSS 的三大支柱之一，是 DSS 最有特色的部件之一。与 MIS 相比，DSS 之所以能够对决策制定过程提供有效的支持，除了系统设计思想不同，主要在于 DSS 中有能为决策者提供推理、比较选择和分析整个问题等功能的模型库。因此，模型库及其相应的模型库管理系统在 DSS 中占有十分重要的地位。模型库的目标是在决策者需要的时候按要求构造模型。所构造的模型不一定很复杂，但一定要符合实际，建模时特别注意推理能力和决策者的干预。但是，模型库（model base，MB）并不是 DSS 必不可少的部件，少数仅通过信息服务来做决策支持的系统就可以没有 MB，一些朝专家系统（expert system，ES）方向发展的 DSS 也不太重视 MB 在 DSS 中的配置。由此可见，模型库是 DSS 最重要的部件，但却不是必不可少的部件。

3. 知识库系统

当 DSS 朝智能方向发展时，知识和推理的研究就显得越来越重要。DSS 设立知识库，其目的是扩大与决策者共有的论域，以便更好地沟通思维。具体地讲，开发知识库时应该考虑如下问题：①为自然语言理解创立语义和语用的环境；②为建模和数值计算提供必要的分析基础；③补充和延拓决策人员的思维能力。这三个问题所涉及的知识领域是一致的，所以，在表达知识和设计知识库框架时，不再将这些问题划分为子系统，而是把它们纳入统一的框架之中。开发知识库的关键技术是知识的获取和解释、知识的表示、知识推理，以及知识库管理和维护。

4. 方法库系统

方法库系统（mode base system，MBS）主要是一个软件系统，它综合了数据库和程序库。在早期的方法库系统中，人们采用了面向多种应用的程序包，它们具有某一特定应用领域的功能程序，用以描述数据结构和功能要求的通用、格式化接口，通过内部的数据管理系统处理存储的数据。为了扩大应用范围，程序库的规模更大，并且是层次结构的，通过信息服务手段来选取程序，同时增加了程序库的功能；用户接口是前后一致的交互式接口，用户只需用一定的语言形式来描述与决策相关的部分。但是，由于数据管理依然是面向内部的，外部数据源很难引入，程序库中又有很多限制难以引入外部程序。

综上所述，建立方法库的难点之一是把程序和数据综合起来，因此需要增加方法库系统的适应性和灵活性。

（四）DSS 的系统结构

前面介绍了决策支持系统的构造和各个组成构件，对各部分构件的功能进行了初步描述。下面讨论如何将这些构件有机地联系在一起，从软件组织的角度而论，可以有各种机构方案，以适应各种不同的决策问题。

1. 四库三功能的系统结构

四库三功能的系统结构如图 12-8 所示，这个结构是一种初级的智能 DSS。由于增加了知识库及相应的推理系统，所以 DSS 对决策者的支持能力大大增强。从某种意义上来说，该系统的推理被看成一个准专家系统。从知识的获取、解释、表示和推理所使用的基本技术来看，它与专家系统没有什么差别，其主要原因是它引入了知识库和推理机。

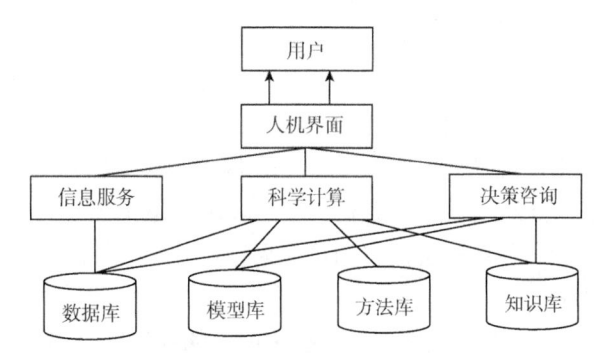

图 12-8　具有四库三功能的 DSS

从图 12-8 可以看出，它对自然语言的处理能力很弱，甚至谈不上具有这样的功能。人们知道，用户友好是 DSS 非常重要的问题，是它的一大特色，因此，比较理想的 DSS 应该具有自然语言处理的能力。如果将四库三功能的 DSS 称为初级的智能 DSS，那么具有自然语言处理功能的 DSS 则称为高一级的智能 DSS。

2. 智能 DSS 的结构

最典型的智能 DSS 由三个子系统构成，它们是 LS、PPS 和 KS，如图 12-9 所示。这种系统又称 3S 系统，它的关键技术是自然语言处理，这项工作由 LS 和 PPS 共同完成。

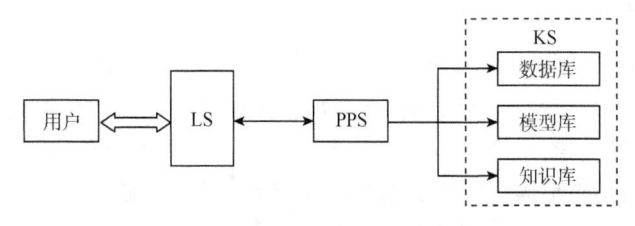

图 12-9　智能 DSS 的基本结构

LS 系统的研究是为了解决 DSS 的软件连接问题，其中包括人机接口和机器内部各部件之间的软接口。在高层次的决策支持上，主要研究人机接口问题。

三、数据仓库与数据挖掘

（一）数据仓库

1. 数据仓库基本概念

数据仓库就是面向主体的、集成的、稳定的、不同时间的数据集合，用以支持经营管理中的决策制定过程。数据仓库中的数据面向主题，与传统的数据库面向应用相对应。主题是一个在较高层次上将数据归类的标准，每一个主题对应一个宏观的分析领域。数据仓库的集成特性是指在数据进入数据仓库之前，必须进行数据加工和集成，这是建立数据仓库的关键步骤，首先要统一原始数据中的矛盾之处，还要将原始数据结构做一个从面向应用向面向主题的转变；数据仓库的稳定性是指数据仓库反映的是历史数据的内容，而不是日常事务处理产生的数据，数据经加工和集成进入数据仓库后是很少修改或根本不修改的；数据仓库是不同时间的数据集合，它要求数据仓库中的数据保存时限能满足进行决策分析的需要，而且数据仓库中的数据都要标明该数据的历史时期。

数据仓库最根本的特点是物理地存放数据，而且这些数据并不是最新的、专有的，而是来源于其他数据库。它要建立在一个较全面和完善的信息应用的基础上，用于支持高层决策分析；而事务处理数据库在企业的信息环境中承担的是日常操作性的任务。数据仓库是数据库技术的一种新的应用，到目前为止，大多数数据仓库还是用数据库管理系统来管理其中的数据。

这里也要解释一下目前对数据仓库某些认识上的误区。对数据仓库最大的误解就是，有些人把它当作一个现成的可以直接买来就使用的产品。事实上，数据仓库和数据库不同，它不是现成的软件或硬件产品。比较确切地说，数据仓库是一种解决方案，是对原始的操作数据进行各种处理并转换成有用信息的处理过程，用户可以通过分析这些信息，从而做出策略性的决策。

因此，在很多场合，也把数据仓库系统称为"决策支持系统"。出于这个原因，数据仓库的用户不是类似银行柜员的终端操作人员，而是针对各个业务部门的用户和有关决策人员。因此，数据仓库的用户比传统的联机事务处理（on-line transaction processing, OLTP）用户少得多。

2. 数据仓库特点

广义来讲，所谓数据仓库就是一个专门的数据仓储（repository），用来保存从多个数据库或其他信息源选取的已有数据，并为上层应用提供统一的用户接口，用以完成数据查询和分析。其优点有三个。①查询效率高。因为大多数查询结果可以从仓库中直接取得，无须去访问源数据库，这样就节省了全局与局部间的转换费用和通信费用，也不受到局部系统的速度限制。②系统可用性好。由于数据都事先从局部系统中抽出，局部系统的故障和性能不会影响到全局系统。③系统费用少。当重复查询相同的数据时，都可从仓库中取得。与常规集成系统相比，节省了多次访问局部的费用。

3. 数据仓库体系结构

数据仓库系统基本仍是一个数据库管理系统，其通过利用一个专门的数据库管理系统，对数据仓库中的数据进行存储和维护。数据仓库可以是集中的，也可以是分布的，不同之处在于采用集中式 DBMS 还是分布式 DBMS。

不失一般性，图 12-10 给出一个集中式数据仓库系统的结构，其中，系统的最底层是数据（信息）源。数据源不仅是数据库，还包括非传统数据，如文件、知识库、超文本标记语言（hyper text markup language，HTML）文档等。翻译器负责数据仓库的输入，将数据源中的数据翻译成数据仓库所需的格式。监控器负责检测数据源中数据的变化，并报告给上级。集成器负责数据仓库的更新，对局部数据进行过滤、变换、汇总并将其追加到仓库中，还负责生成仓库数据的模式定义。

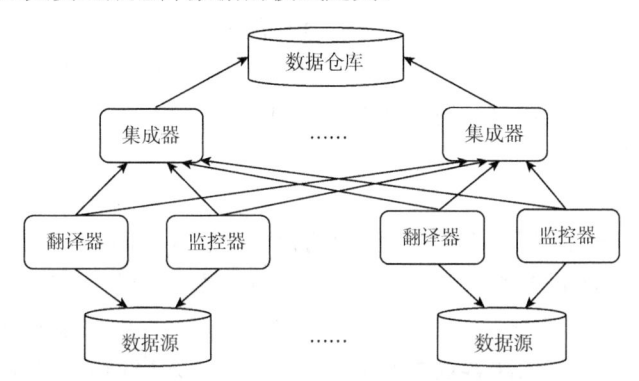

图 12-10 一个集中式数据仓库系统的结构

（二）数据挖掘

数据挖掘（data mining，DM）是数据仓库应用中比较重要且相对独立的部分，它可以从数据仓库的海量数据中提取出人们感兴趣的知识。这些知识是隐含的、事先未知的、潜在的有用的信息，以概念、规则、规律、模式等形式提供给用户。

数据仓库的工具很多，其中主要包括联机分析处理和数据挖掘。数据仓库用于数据的存储和组织，联机分析处理用于信息的多维分析，DM 则致力于知识的自动发现，三者的应用构成了数据仓库系统的基本内涵。当然，它们也可以分别应用到信息系统的设计和实现中，以提高相应部分的处理能力。

1. 数据挖掘基本概念

数据挖掘是从大量的、不完全的、有噪声的、模糊的、随机的数据中提取隐含在其中的、人们事先不知道的但又是潜在有用的信息和知识的过程。因为与数据库密切相关，又称为数据库知识发现（knowledge discovery in database，KDD）。数据挖掘不但能够学习已有的知识，而且能够发现未知的知识；得到的知识是"显示"的，既能为人所理解，又便于存储和应用，因此它一出现就受到各个领域的重视。

数据挖掘是一门广义的交叉学科，它包含数据库、人工智能、统计学、可视化、并行计算等不同领域。

数据挖掘与传统的数据分析（如查询、报表、联机应用分析）的本质区别是：数据挖掘，是在没有明确假设的前提下去挖掘信息、发现知识。数据挖掘所得到的信息应具有先前未知、有效和可实用三个特征。

先前未知的信息是指该信息是预先未曾预料到的，即数据挖掘是要发现那些不能靠直觉发现的信息或知识，甚至是违背直觉的信息或知识，挖掘出的信息越是出乎意料，可能就越有价值。在商业应用中最典型的例子就是一家连锁店通过数据挖掘发现了小孩尿布和啤酒之间有着惊人的联系。

2. 数据挖掘基本功能

数据挖掘综合了各门学科技术，有很多的功能。

1）分类

分类（classification）就是找出一个类别的概念描述，它代表了这类数据的整体信息，即该类的内涵描述，并用这种描述来构造模型，一般用规则或决策树模式来表示。例如，银行部门根据以前的数据将客户分成不同的类别，现在就可以根据这些来区分新申请贷款的客户，以采取相应的贷款方案。

2）估计与预测

估计（estimation）根据既有连续性数值的相关属性资料，以获得某一属性未知之值。例如，按照信用申请者的受教育程度、行为和性别来推估其信用卡消费量。预测（prediction）是利用历史数据找出变化规律，建立模型，并由此模型对未来数据的种类及特征进行预测。例如，由顾客过去刷卡消费量预测其未来刷卡消费量；根据以往的统计数据对未来经济发展做出判断。

3）关联分析

若两个或多个变量的取值之间存在某种规律性，就称为关联。关联可分为简单关联、时序关联、因果关联。关联分析（association analysis）的目的是找出数据库中隐藏的关联网，从而为某些决策提供必要支持。例如，从一家超市的数据仓库中，可以发现的一条典型关联规则可能是"买面包和黄油的顾客十有八九也买牛奶"，也可能是"买食品的顾客几乎都用信用卡"，这种规则对于商家开发和实施客户化的销售计划和策略是非常有用的。

4）聚类分析

数据库中的记录可被划分为一系列有意义的子集，即聚类（clustering）。聚类增强了人们对客观现实的认识，是概念描述和偏差分析的先决条件。例如，将申请人分为高度风险申请者、中度风险申请者、低度风险申请者。

5）时序模式

时序模式（time-series pattern）是指通过时间序列搜索出的重复发生概率较高的模式。与回归一样，它也是用已知的数据预测未来的值，但这些数据的区别是变量所处时间的不同。例如，今天银行调整利率，明天股市变化；又如粮食涨价，不久副食品涨价。

6）偏差分析

偏差中包括很多有用的知识，数据库中的数据存在很多异常情况，发现数据库中数据存在的异常情况是非常重要的。偏差（deviation）检验的基本方法就是寻找观察结果与参照之间的差别。例如，在银行的 100 万笔交易中有 200 例的欺诈行为，银行为了经营安全，就要发现这 200 例的内在因素，减少以后的经营风险。

3. 数据挖掘过程

数据挖掘过程是指从大型数据库中挖掘先前未知的、有效的、可使用的信息，并使用这些信息做出决策或丰富知识。数据挖掘包括四个步骤：①问题提出；②数据准备；③建立模型；④评价和解释。

4. 数据挖掘方法

数据挖掘常用的技术有神经网络、遗传算法、决策树、关联规则、统计分析、粗集、覆盖正例排斥反例等。

本 章 小 结

ERP 的核心管理思想是在 MRP II 的基础上，体现对企业内部业务流程和整个供应链的管理。

SCM 的核心思想是充分利用各种现代化的信息技术，在保持一种稳定、具有活力的供需关系的同时，使各个企业实现优势互补，互利合作，从而最终实现集成、联手面对竞争、合理利用资源和获得较高利润。

CRM 是一种管理理念，是一套管理软件和信息系统。其目的是提高管理效率，为客户提供完美服务，帮助企业吸引新客户及留住老客户，从而提升企业的市场竞争能力，建立长期优质的客户关系和不断挖掘新的销售机会，帮助企业规避经营风险和获得稳定利润。

在现代应用系统中，将 ERP 与 SCM、CRM 等系统功能整合，就可以朝着支持决策制定和整个供应链优化的方向发展。

决策支持系统是一些用于支持非结构化问题决策的人员、过程、数据库和设备的集合。决策支持系统在为用户提供的支持、决策的重点、开发方法、系统组成、速度和输出等方面与管理信息系统有所不同。随着计算机技术的发展，信息处理逐步从集中式走向分布式，从孤立系统走向集成系统。支持企业决策的信息处理开始朝深度加工的方向拓展，并逐渐发展成为以数据仓库为基础、以数据挖掘为手段的高级信息处理技术。其中数据仓库用于数据的存储和组织，数据挖掘则致力于知识的自动发现。

数据仓库是支持管理决策的、面向主题的、集成的、与时间相关的、持久的数据集合。数据仓库解决了传统决策支持系统中数据不统一的问题，它自底层数据收集大量事物级数据的同时，对数据进行集成、转换和综合，形成面向全局的数据视图，构成整个系统的数据基础。

数据挖掘以数据仓库中的大量数据为基础，自动地发现数据的潜在模式，并以这些模式为基础自动做出预测。

思考练习题

1. 简述 MRP、闭环 MRP 和 MRP II 的联系与区别。
2. 如何理解 ERP 的概念和管理思想？
3. 如何理解 SCM 的概念和核心管理思想？
4. 如何理解 CRM 的概念和核心管理思想？
5. 分别简述 SCM 与 CRM 的作用。
6. 查找四大知名企业 ERP 失败案例——三露联想"婚变"、哈药"城门失火"、标致巨额投入搁浅、许继项目被迫暂停，讨论失败的原因。
7. 简述 DSS 的概念及特点，并分析其与 MIS 的关系。
8. 什么是半结构化问题和非结构化问题？请举例说明。
9. 结合实例简述决策分析的基本步骤。
10. 简述 DSS 的概念模式及基本结构。
11. 什么是数据仓库？数据仓库与传统数据库有何不同？
12. 简述 DSS 的发展过程，并说明其未来发展趋势。

第十三章

管理信息系统的应用发展趋势

本章学习目标

1. 了解 Internet 的发展；
2. 理解电子商务的类型；
3. 了解电子商务的相关技术；
4. 了解电子政务的概念与基本模式；
5. 了解信息系统的集成方案；
6. 理解什么是物联网；
7. 理解什么是云计算；
8. 了解云计算的模式；
9. 了解大数据技术对信息处理过程的影响。

第一节 Internet 的发展和影响

一、互联网

Internet 亦称国际互联网或因特网，是世界上最大的互联网络。Internet 的核心内容是开放性，它可以将不同地区而且规模大小不一的各种网络联合起来。Internet 的网络包括局域网、城域网及大规模的广域网等。Internet 通过普通电话线、高速率专用线路、卫星微波和光缆等通信线路把不同国家的大学、企业、科研机构，以及军事和政府等组织的网络连接起来。

Internet 的内容几乎涵盖了人类生活的方方面面，教育、科研、商业、工业、出版、文化艺术、通信、广播电视、娱乐、政府部门等，它是全球最大的信息资源库。Internet 按照 TCP/IP 进行通信和资源共享。人们可以跨越时间、空间的差距，迅速方便地获取各种信息，享受"天涯若比邻"的便利。同时链接到 Internet 的人们也可以自由地输入各种信息，Internet 是人类历史上最为伟大的成就之一。

Internet 的起源最早可以追溯到 1969 年美国国防部建立的 ARPANET 网络。当时美国出于战略考虑，希望构造一个分散型、不依赖于集中控制的军事指挥中心，出资委托 ARPA 公司设计了 ARPANET。最初这个网络仅仅连接了美军的几个军事和研究中心，并承担美国国防部网络的日常通信,并没有进入商业领域。但是,在 ARPANET 中产生了日后 Internet 所依赖的关键协议——TCP/IP。1985 年,美国国家科学基金会(NSF)建立了基于 TCP/IP 的 NSFnet 广域网,形成了今天 Internet 的雏形。NSFnet 于 1995 年 4 月正式宣布停止运作,改由三家私营企业管理,Internet 从此彻底商业化。

二、企业内部网

企业内部网(Intranet)是采用 Internet 技术建立起来的企业内部信息网络,用以达到企业内部资源共享和信息快速传递的目的。Intranet 构成了一个属于某个机构、某个企业、某个行业或某个地区自己的工作范围,这个范围通常是一个跨越地理边界的网络空间。从技术层面上讲,内部网和互联网没有太大差别,它采用 Internet 和万维网的标准与协议,如 TCP/IP、FTP、Telnet、HTML 和浏览器,这样就与互联网兼容,有利于企业内部的网络与 Internet 实现无缝连接,提高企业与客户间的通信效率,企业外部的消费者可以共享内部网的信息。Intranet 与 Internet 相比较最重要的特点是网络安全功能和企业多种应用信息系统的功能。Intranet 只是内部网,是一种不公开的网络,通过防火墙与 Internet 相隔离,访问内部网中的信息需要授权。内部网能实现高效内部交流,构建成本较低,还加快了应用软件的分发和升级。

三、企业外部网

企业外部网(Extranet)是 Intranet 的延伸。Extranet 把企业内部已存在的信息网络扩展到企业之外,把企业及供应商或其他贸易伙伴联系在一起,成为企业间主要的沟通方式。Extranet 通过向贸易伙伴添加外部链接来扩充 Intranet。

外部网的类型有公共网络、专用网络、虚拟专用网络。组织允许公众通过任何公共网络(如互联网)访问该组织的内部网,或两个或更多的企业用公共网络把它们的内部网连在一起,就形成了公共网络。专用网络是指两个企业间的专线连接,这种连接是两个企业的内部网之间的物理连接。虚拟专用网络(VPN)采用"IP 通道"或"数据封装"的系统,用公共网络及其协议向贸易伙伴、顾客、供应商和雇员发送敏感的数据。与使用专线的专用网络不同,VPN 建立的是临时的逻辑连接,当两个内部网之间发生交易时,VPN 就建立起来,交易通过互联网完成,交易结束后,连接终止。

Internet、Intranet、Extranet 三者共同构成了电子商务的网络平台。其中 Internet 是基础,Intranet 业务范围仅限于企业内,强调企业内部的联系,Extranet 业务范围包括贸易伙伴,强调各企业间联系。

第二节 电子商务和电子政务

一、电子商务

20 世纪 90 年代以来,依托于互联网的电子商务有效地消除了时间与空间的障碍,将交易各方紧密结合在一起,刺激了跨地区贸易发展。以互联网为核心的电子商务已经渗透到企业的经营管理和人们的生活中，成为推动经济发展的重要力量。

（一）电子商务的定义

（1）1997年11月，在法国首都巴黎，国际商会举行了世界电子商务会议，这次会议将电子商务定义为：电子商务是指对整个贸易活动实现电子化。这个定义强调以电子方式进行商业交易。

（2）IBM公司给出的定义为："电子商务概念包括三个部分：内联网（Intranet）、外联网（Extranet）、电子商务（E-Commerce）。"它强调把交易各方在因特网、内联网和外联网结合起来应用，IBM公司的这个定义更加偏重技术。

电子商务包含的核心内容有两个方面：①采用的各种信息技术工具，包括电报、电话、广播、电视、传真、计算机、计算机网络，其中最为重要的是计算机网络；②商务活动，包括货物贸易、服务贸易和知识产权贸易等以商业贸易为中心的各种经济事务活动。

与传统商业方式相比较，电子商务具有技术性、高效率、便捷性和虚拟性的特点。

（二）电子商务的功能

电子商务可提供网上交易和管理等全过程服务，其主要功能如下。

1. 信息发布

商家利用网络平台发布企业相关信息，通过网页或电子邮件宣传企业形象、进行商品展示。这种宣传方式扩大了企业的影响力和服务能力，节约了广告费用，具有价格低廉的特点。

2. 咨询和洽谈

咨询是指在电子通信平台上买方向卖方咨询商品的情况。洽谈是双方利用现代电子通信设备就交易细节进行谈判。

3. 网上订货

客户根据网络上商品的信息和网页上显示的订购提示信息，逐步完成订单的填写，并确认订单。

4. 网上支付

网上支付是电子商务的重要组成部分。网上支付将电子现金、电子支票、信用卡、借记卡、智能卡中的支付信息通过网络传送到银行或相应的处理机构，实现支付。

5. 物流服务

对于已付款的顾客，卖方应该给其发货。如果是非实物类商品，比如软件、音像读物等，直接通过网络发送到用户端，实现商品在线传递。对于实物类商品，企业通过自身的运输渠道或是第三方物流完成运输。

6. 客户服务

交易完成后有可能会出现一些问题，比如在网络交易过程中常见的产品质量投诉，这时，卖方应该听取买方的意见，积极解决问题，提高售后服务水平，另外，买方还可以通过选择、评论等方式表达对商品或服务的意见和建议。

7. 交易管理

交易管理是对电子商务全过程的管理，涉及企业和企业、企业和客户和企业内部等多方面的协调与管理。通过交易管理，企业可以清楚地知道商品去向，日积月累，客户信息量会越来越大。

（三）电子商务的类型

商务活动中参与交易的可以是企业、消费者、政府机构，因此，按照参与交易对象的区别，将电子商务分为以下四种类型。

1. 企业间电子商务

企业间电子商务（business to business，B to B 或 B2B）是电子商务应用中最为重要的形式，进行交易的供需双方都是企业，即企业与企业之间通过网络进行商务洽谈、订货、接收票证、付款及商品发送管理等一系列商务活动。企业间电子商务又可以分为两种：一种是不以持续交易为前提，每次交易时在网络中寻找合作伙伴，完成从订购到结算的全部交易过程；另一种是以持续交易为前提，为了进行持续交易企业共同设计开发电子商务系统，或由资金雄厚的一方开发，供合作伙伴与其交易时使用。

2. 企业与消费者间电子商务

企业与消费者间电子商务（business to consumer，B to C 或 B2C）是指企业与消费者之间进行的电子商务活动。企业依托计算机网络为消费者搭建一个购物平台，如企业通过建立网上商城，向消费者提供各种商品和服务。在网上商城购物时，消费者首先进入企业的网站，浏览商品，当决定购买某个商品时，在网站提供的订货单上填写购物人的基本信息，还要填写对商品的具体要求，比如购买数量、型号、颜色等，将其放进购物车里。网上商城系统就会显示出应付金额。当消费者确定了购买的商品后，选择支付方式，企业的客户服务器检查支付方服务器，检查汇款是否有效，如果消费者付款被确认，通知销售部门发货，完成物流配送。

3. 消费者间电子商务

消费者间电子商务（consume to consume，C to C 或 C2C）是指参与电子商务交易的是个人而非企业。这种电子商务思想源于"跳蚤市场"，由买卖双方以外的第三方建设在线交易平台，卖方通过这个平台发布商品拍卖信息，而买方在这个平台上浏览商品信息，进行竞价，最终达成交易，或是有购买者发布求购信息，卖方看到信息与买方联系，最终达成交易。

4. 企业与政府间电子商务

企业与政府间电子商务（business to government，B to G 或 B2G）覆盖了企业与政府机构间的各项事务，包括信息发布、政府采购、征税、商检等。例如，政府部门在网络上发布采购清单，通过网上竞价方式进行招标，企业通过电子的方式进行投标。

以上是按照交易对象不同对电子商务的分类，除此以外，还可以根据交易的商品内容分类，将电子商务分为有形产品电子商务和无形产品电子商务；按照企业使用的网络类型框架的不同，电子商务可以分为 EDI 商务、Internet 商务、Intranet 商务。

（四）电子商务的框架结构

电子商务的框架包括实现电子商务的技术保证和各种组成关系，包括三个层次和两个支柱，如图 13-1 所示。

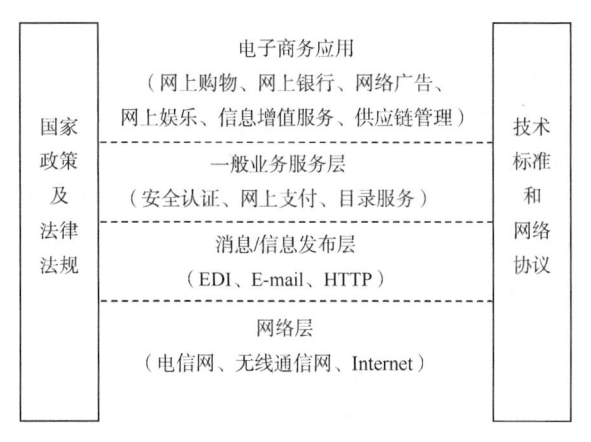

```
                    电子商务应用
              （网上购物、网上银行、网络广告、
  国家         网上娱乐、信息增值服务、供应链管理）    技术
  政策         ─────────────────────────           标准
  及              一般业务服务层                     和
  法律         （安全认证、网上支付、目录服务）      网络
  法规         ─────────────────────────           协议
                  消息/信息发布层
                （EDI、E-mail、HTTP）
              ─────────────────────────
                    网络层
              （电信网、无线通信网、Internet）
```

图 13-1　电子商务框架图

1. 电子商务的三个层次

网络层为商务信息的传输提供了基本线路设施，是电子商务框架的最底层，包括电信网、无线通信网和 Internet，这些网络构成了电子商务信息传输系统。虽然这些网络都可以作为信息传输的线路，但是大部分的电子商务应用还是基于 Internet。

信息发布与传输层解决了如何在网络上传输信息和传输何种信息的问题。信息表现为文字、声音、图片、图像等多种形式，目前最常见的信息发布是以 HTML 的形式将信息发布在 WWW 上，并将 Web 服务器中各种形式的信息发送到接收者手中。

在商务活动中，所有企业和个人都需要接受一些基本的服务，任何交易主体都会用到这些服务。一般业务服务层为实现标准的网上商务活动服务，如开发电子支付工具、建立商品目录、认证买卖双方合法性的技术等。

2. 电子商务的两个支柱

进行商务活动时，必须遵守国家的法律、法规和相应的政策。例如，保证电子商务运行的法律、电子商务的税收政策等。因为电子商务在虚拟市场中实现交易，所以适用于书面合同贸易方式的法律不一定适用于电子化网上交易，必须建立适合电子商务的法律体系，以法律法规保证商务活动的正常运作。

技术标准定义了用户接口、通信协议、信息发布标准、安全协议等技术细节。统一的技术标准对于保证软硬件的兼容性和通用性十分重要。许多企业和国际组织致力于联合开发统一的国际技术标准，如 EDI 标准、TCP/IP、HTTP、SSL、SET 协议等。

（五）电子商务的主要技术

1. 计算机网络技术

电子商务是在网络环境中实现的，因此计算机网络技术是实现电子商务最重要的基础，电子商务系统所依赖的网络环境，包括 Internet、Intranet 和 Extranet，这些网络将买家与卖家紧密结合在一起。

2. Web 技术

1）WWW 的基本问题

第一，IP 地址和域名。IP 地址是网上的通信地址，是计算机、服务器、路由器等的端口地址，是用来区分 TCP/IP 网络上每一台计算机的唯一标识。IP 地址长 4 字节，字节间用点号分隔，如 210.118.80.112。IP 地址由一连串的数字组成，很难记忆，为了便于使用和记忆，为 IP 地址起一个容易记忆的字符化的名字，这就是域名。域名采用分级结构，由用"."分割的多个字符串组成，高级域在右边，最右边为一级域名，如 hrbcu.edu.cn。域名与 IP 地址是一一对应的。

第二，超链接和超文本。所谓的超链接是指从一个网页指向另一个对象的链接关系，它的作用是把当前位置的文本或图片链接到其他的页面、文本、图片或图像等对象上，让网页之间形成一种互相关联的关系。网站正是因为有大量的超级链接，才形成一个内容丰富的立体结构。超文本（hypertext）是指含有超级链接的文本，超文本与传统书面文本文件的主要差别是，传统文本以线性方式组织文本内容，而超文本是以非线性方式组织文本内容。

第三，HTML。HTML（hypertext markup language）称为超文本标记语言，是用于编写超文本文件的语言。用 HTML 编写的超文本文件称为 HTML 文件，文件扩展名是.htm 或.html。

第四，网页。网页（Web）是在 WWW 服务器上发布的 HTML 文件，网站是由网页组成的，网站的首页称"主页"。

第五，URL 地址。在 WWW 上，每一个信息资源都有统一且唯一的地址，叫作统一资源定位标志（URL）。我们在浏览网页时，通常需要输入资源的地址，URL 格式如下：

协议://服务器主机名.域名 [:端口号] / 目录名 / … / 文件名

URL 地址以信息资源协议名开头，常见的信息资源协议见表 13-1，在 WWW 系统中，最常用的就是"http"协议。

表 13-1　常见的信息资源协议

协议	服务
http	WWW 服务
file	本地文件服务
ftp	FTP 服务器文件
news	电子新闻组
telnet	远程登录服务
mailto	电子邮件服务

域名指服务器域名，用户要访问服务器上的资源，必须指明服务器的域名。

端口号指进入一个服务器的端口号，用数字来表示，一般可缺省。

目录名是指明文件所在服务器的目录或路径。

文件名就是要访问的那个文件的名字了。

例如，http：//www.microsoft.com/china/index.htm，它的含义如下。

http：代表超文本传输协议，通知 microsoft.com 服务器显示 Web 页；

www：代表一个 Web 服务器；

microsoft.com：这是服务器的域名或站点服务器的名称；

China：为服务器上的一个子目录，就像计算机中的文件夹一样；

index.htm：是目录中的一个 HTML 文件（网页）。

第六，Web 的工作过程。

网页信息存放在 Web 服务器上，当浏览者想访问 WWW 上的一个网页时，首先在浏览器地址栏中输入要访问网页的 URL，或是单击一个超级链接，URL 就确定了要浏览的地址，然后地址被域名系统解析，确定这个域名对应的 IP 地址，接下来向 IP 地址对应的服务器发送一个 HTTP 请求，于是网页上的信息就会被发送到用户计算机的浏览器上，这样浏览者就看到了网页。

2）Web 编程语言

Web 编程语言分为 Web 静态语言和 Web 动态语言，Web 静态语言就是通常所见到的超文本标记语言 HTML，Web 动态语言主要是计算机脚本语言编写出来的执行灵活的互联网网页程序。

（1）Web 静态语言 HTML。HTML 是 Internet 上用于编写网页的主要语言。HTML 语言的源文件是纯文本文件，所以，可以使用任何文本编辑器来进行编辑，如可以使用 Windows 记事本程序编写语句，也可以在可视化网页制作软件中编写，如 FrontPage、Dreamweaver 等，这使得用户在没有 HTML 语言基础的情况下，照样可以制作网页，实现"所见即所得"的可视化编辑功能。

下面举例说明使用记事本程序编写 HTML 文档的过程。

```
<html>
  <head>
    <title>乐购网</title>
  </head>
  <body>
    <p>欢迎来到乐购网</p>
  </body>
</html>
```

输入上述代码后将文件保存，然后将文件名的后缀 .txt 改写成 .html，这样就完成了一个 HTML 超文本文件。双击该文件后，程序运行，显示如图 13-2 所示的网页。

图 13-2　用记事本程序编写 HTML 文档

网页分为静态网页和动态网页，静态网页和动态网页的区别在于是否与服务器发生交互行为。静态网页编写的是什么显示的就是什么、不会有改变。用动态网站技术生成的网页叫作动态网页，在动态网页中，浏览者可以完成与服务器的交互。图 13-3 反映了 Web 通信原理。

图 13-3　Web 应用拓扑模型

（2）Web 动态语言。下面介绍几种常见的动态网页编程语言。

Java。Java 是由 Sun 公司于 1995 年推出的 Java 程序设计语言和 Java 平台的总称。Java 最大的优点就是与平台无关，在 Windows 9x、Windows NT、Solaris、Linux 及其他平台上，都可以使用相同的代码。也就是不论使用哪种计算机、哪种操作系统、哪种浏览器，只要浏览器支持 Java，就可以浏览动态网页。

ASP。ASP 是 active server page 的缩写，意为"活动服务器网页"。ASP 是微软公司开发的基于 Web 的一种编程技术，ASP 网页可以包含 HTML 标记、普通文本、脚本命令及 COM 组件等。当一个用户浏览器向 Web 服务器发出浏览 ASP 网页要求时，Web 服务器将这个 ASP 文件发送给 Web 服务器的 ASP 引擎，ASP 引擎负责将该 ASP 网页中服务器端脚本转换成 HTML 代码，然后将这些 HTML 代码返回给用户浏览器。这样也就减轻了客户端浏览器的负担，提高了交互的速度。

下面看一个 ASP 的例子，某网站为了收集注册用户的资料，设计了名字为 userinfo 的表单，并将其提交给 userlogin.asp 页面处理。实现该功能的 HTML 代码如下：

<html>

<head>

<title>用户注册</title>

<meta http-equiv="Content-Type" content="text/html；charset=gb2312">

</head>

```html
<body>
<div align="center"><h3>用户注册</h3></div>
<form Name="userinfo" method="post" Action="userlogin. asp">
<table align="center" width="305">
<tr>
   <td width="100" height="26">用户名：</td>
   <td width="193" height="26"><Input type="Text" name="username"></td>
</tr>
<tr>
   <td width="100" height="26">密　码：</td>
   <td width="193" height="26">
   <Input type="password" name="userkey1"></td>
</tr>
<tr>
   <td width="100" height="26">重复密码：</td>
   <td width="193" height="26">
   <Input type="password" name="userkey2"></td>
</tr>
<tr>
   <td width="100" height="26">性　别：</td>
   <td width="193" height="26">
   <Input type="radio" name="sex" value="男" checked>男
      <Input type="radio" name="sex" value="女" checked>女</td>
</tr>
<tr>
   <td height="26">电子邮箱：</td>
   <td height="26"><Input type="Text" size=10 name="email" ></td>
</tr>
<tr align=center><td colspan=2 height="26">
   <Input type="submit" Value="　确 定　">
   <Input type="Reset" Value="全部重写"></td>
</tr>
</table>
</form>
</body>
</html>
```

程序运行，显示如图 13-4 所示的网页。

图 13-4 用户注册界面

为了验证表单数据是否正确提交，可以建立 userlogin.asp 文件，该文件用于获得表单所提交数据，然后输出这些数据。

页面 userlogin.asp 的源代码为

\<html\>

\<head\>

\<title\>用户注册数据\</title\>

\<meta http-equiv="Content-Type" content="text/html；charset=gb2312"\>

\</head\>

\<body\>

注册的用户名为：<%=Request.Form（"username"）%>

第一次输入的密码为：<%=Request.Form（"userkey1"）%>

第二次输入的密码为：<%=Request.Form（"userkey2"）%>

性别为：<%=Request.Form（"sex"）%>

电子邮箱为：<%=Request.Form（"email"）%>

\</body\>

\</html\>

JSP。JSP 是 java server pages 的缩写，是由 Sun 公司倡导、许多公司参与一起建立的一种动态网页技术标准。JSP 技术是 Java 系列技术的一部分，因此具备了 Java 技术的简单易用、平台无关性、面向网络的特点。JSP 技术是行业协作的结果，它的设计符合行业标准，并且是开放的。JSP 文件执行过程是这样的：Web 服务器接收到访问 JSP 网页的请求，先执行其中的程序片段，然后将结果和 HTML 代码页面返回给客户端的浏览器，由浏览器负责显示。

PHP。PHP 是 hypertext preprocessor 的缩写，意为超级文本预处理语言。PHP 与 ASP 和 JSP 的相似之处在于，都是一种 HTML 内嵌式的脚本语言。PHP 语言的风格和 C 语言有些类似，借用 C 和 Perl 语言的语法，结合 PHP 自己的特性，使 Web 开发者能够快速地写出动态页面。PHP 是免费的开源产品，语法非常简单，易学易用。

3）数据库技术

互联网由众多的 Web 站点构成，每个 Web 站点都拥有很多资源，这些资源一般放在该站点服务器中的数据库里，允许 Web 访问数据库，从而管理动态 Web 内容。Web 网络技术搭建了电子商务网站的运行平台，数据库是电子商务网站数据管理中心。

Web 与数据库连接方案有两种：服务器端和客户端方案。服务器端方案实现技术有 CGI、SAPI、ASP、PHP、JSP 等，客户端方案实现技术有 JDBC、DHTML 等。

3. EDI 技术

EDI 是英文 electronic data interchange 的缩写，可以译为"电子数据交换"。国际标准化组织将 EDI 描述成"将贸易（商业）或行政事务处理按照一个公认的标准变成结构化的事务处理或信息数据格式，是从计算机到计算机的电子传输"。在电子商务中，EDI 作为电子化的贸易工具被广泛应用于国际、国内贸易活动中，是一种在贸易各参与方之间传输商业文件的电子化手段。例如，买方在订单处理系统上生成电子订单，并通过 EDI 系统传送给卖方，卖方收到 EDI 订单，系统自动处理该订单，先检查订单的正确性；然后按照订单内容备货；再通知银行并给订货方开出 EDI 发票。

4. 支付技术

电子支付是电子商务交易过程中极为关键的环节。参与交易的当事人通过计算机网络系统以电子信息传递形式实现货币支付与资金流通。

1）网络银行

网络银行又称电子银行，是指利用 Internet 技术，通过因特网或其他公用电信网络与客户建立联系，为客户提供安全、实时的银行服务。网上银行提供的服务项目包括发布信息功能、查询功能、交易功能等。

2）电子支付工具

常用的电子支付工具包括信用卡、电子现金、电子支票、智能卡、电子钱包等。

5. 电子商务安全技术

随着网络技术的发展，越来越多的人通过 Internet 进行商务活动。电子商务信息系统比其他类型的信息系统具有更高的风险，安全问题已成为制约电子商务发展的关键问题。目前电子商务交易常用的安全技术包括防火墙技术、加密技术、数字摘要、数字签名、时间戳、数字证书等。

二、电子政务

20 世纪 80 年代以来，互联网技术在全球应用越来越广泛，全球性的信息化社会正在逐步形成。信息化遍布社会生活的各个领域，一个国家的信息化水平高低已经成为衡量其综合国力的重要标志。政府承担着社会管理和服务的职能，作为全社会最大的信息拥有者和使用者，政府的信息化程度关系到政府的工作效率和决策质量，政务活动信息化是政府发展的必然趋势。

（一）电子政务的概念

国内外的研究机构和专家学者给电子政务所下的定义很多，这些定义从不同的视角对其进行了描述。有的定义强调电子，有的则强调政务。实际上，单纯强调技术或单纯强调政务都是片面的，只有把二者有机结合起来，从利用先进的电子信息技术改善政府公共服务职能、构建高品质政府的角度出发，才能准确地把握电子政务的含义。

对电子政务比较准确的理解是：电子政务是政府机构应用现代信息和通信技术，对政府信息资源进行有效的开发和管理，将政府管理和服务进行集成，目的在于改进、优化政府的组织结构、业务流程和工作方式，提高政府的工作效率，全方位地向社会提供高效、优质、规范、透明的管理和服务。

在很多时候，人们常常把"电子政务"与"电子政府"混为一谈，这是一种错误的认识。虽然"电子政务"与"电子政府"来源于同一英文组合词"electronic government"，但是两者还是有区别的。电子政府是一种全新的政府管理形态，是一种以信息技术为依托，以实现完善的政府服务为目标的"虚拟政府"。而电子政务，是一个动态过程，是政府利用信息技术以提高政府效率的一种工作方式。电子政务的实施依靠电子政府来完成，而电子政府的根本目的是更好地实施电子政务。

我国电子政务建设开始于20世纪80年代，至今大体上经历了三个发展阶段。

第一阶段是从20世纪80年代到90年代末期，各级党政机关开始利用计算机进行一些最基本的政务活动，如管理档案、处理公文等。这个阶段可以看作是办公自动化过程，其标志是1993年年底启动的"三金工程"，即金桥、金关、金卡工程，这是国家主导的以政府信息化为特征的系统工程，重点是建设信息化的基础设施，为重点行业和部门输送数据和信息。

第二阶段是从20世纪90年代末期到2004年左右。这个阶段的主要标志是1999年由中国电信和国家经贸委经济信息中心联合四十多家部委（办、局）信息主管部门在京共同举办"政府上网启动大会"，倡议发起了"政府上网工程"，政府上网工程正式启动。在这个阶段中，政府网站数量日益增多，各政府部门陆续推出各种网上办公业务。

第三阶段是从2004年开始至今，伴随政府上网工程的推进和政府职能的转变，人们对于电子政务的需求已经不只是停留在浏览政府网页、了解机构设置和行政法规的阶段，而是希望通过电子政务平台进行互动式网络沟通，各级政府机构也希望通过电子政务实现信息资源共享。电子政务建设开始进入系统集成和应用实施阶段，这标志着我国政府信息化建设开始朝电子政务信息资源共享方向发展。

（二）电子政务的基本模式

电子政务包含的内容非常广泛，几乎可以包括传统政务活动的各个方面。从服务对象上划分，电子政务的主要模式有 G to C 模式、G to B 模式、G to E 模式、G to G 模式。

1. G to C 电子政务

G to C 电子政务是指政府（government）与公民（citizen）之间的电子政务，即政府向公民提供公共管理与服务。政府为公民提供的首要服务是信息发布，政府通过门户网站将政府机构组成及职能、各种方针、政策、法规等向公众公开，同时公众也可以及时从网络上获取所需的服务，在网上查看缴税情况、公积金情况、获得养老保险等，另外，公众能通过互联网与政府联系，从而建立起一座政府与公众之间互动的桥梁，主要包括电子身份认证系统、电子社会保险网络系统、公众信息服务系统、电子医疗服务系统、远程教育系统和就业服务系统等。

2. G to B 电子政务

G to B 电子政务是指政府（government）与企业（business）之间的电子政务，即政府向企业主体提供的服务。对企业进行监管和提供服务是政府十分重要的工作，企业可以通过网络系统参加政府各项工程的竞、投标，向政府提供各种商品和服务，按照政府要求填报各种统计信息和报表等。具体包括电子税务系统、电子工商行政管理系统、政府采购与招标系统和信息咨询服务系统等。

3. G to E 电子政务

G to E 电子政务是指政府（government）与政府公务员（employee）之间的电子政务，即政府向政府雇员提供管理与服务。政府工作人员利用信息技术办公，提高政府工作效率和公务员管理水平。公务员可以通过网络申请出差、请假、差旅费报销等工作，也可以下载文件、表格，使用办公设备，实现网络办公。主要包括电子办公系统、电子人事管理系统等。

4. G to G 电子政务

G to G 电子政务是指政府（government）与政府（government）之间的电子政务，即上下级政府之间、不同地方政府之间及不同政府部门之间的电子政务活动。主要包括电子政策法规系统、电子公文系统、电子司法档案系统、电子财政管理系统等。

（三）电子政务系统的开发

1. 开发依据

1）规划先行

电子政务信息资源规划是指对部门内部、部门之间、上下级之间的业务流程进行梳理，对信息的采集、处理、传输、利用进行全面的规划，它属于电子政务的顶层设计，是一项十分重要的基础性工作。在规划的基础上，进行数据流分析、重整数据结构，将数据库资源录入到新数据库中去。

2）先易后难

建设电子政务系统是一项系统工程，一方面受投资的制约，另一方面受管理水平的制约。虽然很多地方建设了先进的电子政务系统，但由于管理落后，很难发挥其功效，制约了电子政务的发展。系统设计时应本着"先易后难"的原则，先建设需求比较迫切的系统。

3）集中与分布相结合

对电子政务系统有一种错误的认识，认为可以把各部门的数据集中管理，这样可以实现最大程度的共享。在电子政务系统建设过程中，数据集中管理成本高，安全性较低，可以采取集中管理与分布管理相结合的方式。

2. 建设电子政务网络结构

在电子政务的实现过程中，无论是信息的收集、存储、加工还是使用，都是以网络为依托的。电子政务中的网络可以分为三部分：内网、外网和专网。

内网指政府机关的办公业务网，服务于政府机构的日常电子化办公，实现包括公文办理、流转审批等在内的一系列业务处理活动，主要处理的是涉密信息。

专网指政府部门间用于信息交换的办公业务资源网，根据机构职能，在业务范围内与内网有条件互联，并以之为基础建立无纸化办公平台，同时，建立信息采集与反馈机制，通过网络传播相关企事业单位和国家机关的涉密信息。

外网指以因特网为依托的政府公众信息网，主要是面向公众开放，提供各项在线服务和发布政府相关信息，承担各级政府、各部门之间非秘密信息的交换。

政务内网和专网主要传送涉密政务信息，因此为保证政务核心机密的安全性，内网和专网必须与外网物理隔离。对于涉及公众服务的应用都移至外网，即呈现外网应用扩大、内网应用缩小的趋势。外网与互联网之间实现逻辑隔离。

3. 建立数据交换平台

建立数据交换平台的合作各方需要就平台建设的知识产权分配、保密协定、风险分担、责任界定、预算分配、角色定位等达成一致意见，建立健全指导工作行为的规范性文件。政府跨部门合作必须明确合作的范围，建立信息共享平台运行的约束系统，这对于职能比较敏感的政府部门尤为关键。

数据交换平台汇集本级政府信息资源，并为各部门提供共享服务，可以为政府部门访问上级单位、下级单位或同级其他部门的信息资源提供接口和管理服务，实现电子政务系统跨系统、跨应用、跨地区的互联互通和信息共享，为政府部门之间进行公文交换、并联审批提供支持。平台还负责对本级政府基础信息资源和共享信息资源的目录信息进行统一管理，为各部门提供资源的检索与定位服务。

第三节 信息系统的集成方案及其实现

一、信息系统的集成方案

传统的因特网/内联网系统多采用三层 C/S/S（客户机/服务器/服务器）结构，如图13-5 所示。

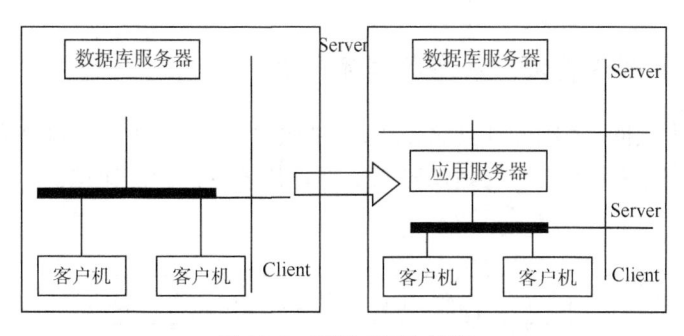

图 13-5 三层 C/S/S 结构

B/S 三层结构如图 13-6 所示。

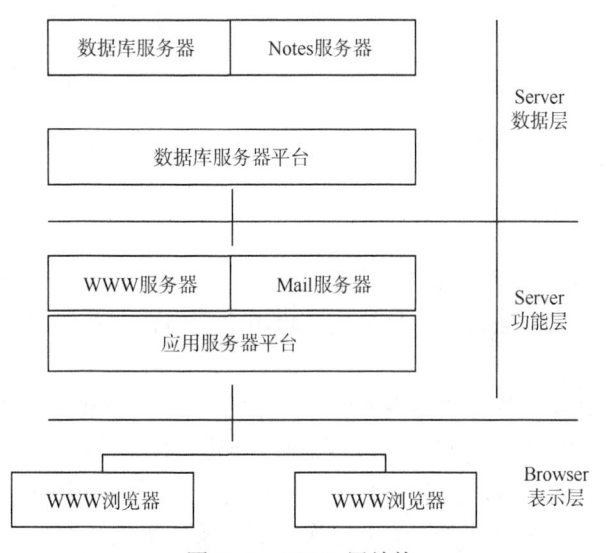

图 13-6 B/S 三层结构

对企业现有的基于 LAN 和 C/S 的 MIS 与基于 TCP/IP 和 WWW 规范的因特网/内联网模式的 CIS 进行集成，集成后的 CIS 在操作运行模式上与 MIS 有相当多的不同。通过因特网/内联网集成模式的 CIS，在数据采集与信息输入、数据查询和数据分析上提供了面向市场环境的全方位应用体系（图 13-7）。

图 13-7 CIS 总体结构图

二、Web 数据库技术及动态数据库应用

在因特网/内联网环境下，信息交流通常是通过双方的 IP 和主页来完成的，这种信息沟通方式无论是从效率上，还是从时间上都是传统方式无法比拟的，这一交流过程见图 13-8。

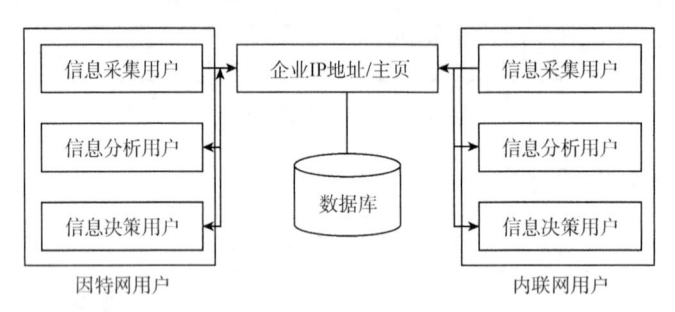

图 13-8　因特网/内联网环境下信息交流实现方式

三、信息系统集成的实现

在构建企业的集成信息系统时，要正确处理各种关系，充分考虑各种因素的影响，根据企业所处环境、自身条件、信息采集分析用户分布特点及使用方式，建立一种全新的企业集成信息系统。

在集成信息系统中，各用户终端（个人计算机、工作站）既可以是因特网上的结点，又可以是内联网上的结点，它们之间由界定服务范围的防火墙限定。集成信息系统结构见图 13-9。根据此结构，可以在企业竞争信息系统中充分利用因特网和内联网建立三个层次的 CIS：外部信息交换、内部信息交换、信息系统集成。

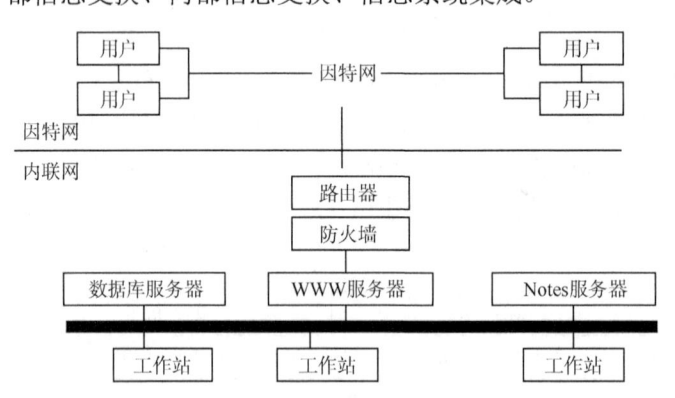

图 13-9　基于因特网的集成信息系统结构图

第四节　物联网环境下的信息系统

物联网被誉为继计算机、互联网和移动通信网之后的信息产业第三次浪潮，逐渐受到各国政府、企业和学术界的广泛重视。

一、物联网的概念

"物联网"概念是建立在"互联网"概念基础上的,美国麻省理工学院 Auto-ID 中心 Ashton 教授于 1999 年提出了物联网(internet of things)的概念:物联网是把所有物品通过射频识别和条码等信息传感设备与互联网连接起来,实现智能化识别和管理功能的网络。国际电信联盟发布的报告中,将"物联网"称为"the Internet of things",对物联网概念进行了扩展,提出了任何时刻、任何地点、任意物体之间互联,实现无所不在的网络和无所不在的计算。

二、物联网的特征

1. 自组织网络

物联网中的结点部署情况分为预定义部署和随机部署。在预定义部署情况下,结点按照要求放置,信息经由事先设计好的路径传输。在随机部署中,结点随机放置,结点位置不能精确定位,在这种情况下,结点必须要具备自组织能力。

2. 能量受限

物联网上部署了大量的传感器,传感器获得的数据具有实时性,按一定的频率周期性地采集环境信息,不断地更新数据。传感器结点的能量和带宽比较小,传统的基于 IP 的协议在物联网络里是不可行的。传感器结点是自组织的,在不进行人为干涉的情况下,每个结点与其相邻结点自动连接,分布式地收集和传输数据。

3. 网络动态性

在实际应用中,物联网络是动态变化的,结点有时需要移动,新物品的加入、环境条件的变化又将改变网络的拓扑结构,因此,物联网络必须要具备动态适应性。

4. 结点海量性

结点海量性是由互联网无限交互特性所决定的。无限时空、无限通达的互联网使人们可以在任何时间、任何地点进入任何一个物联网系统。

三、物联网与信息系统的关系

物联网是在互联网的基础上发展起来的,它需要互联网和传感网传递感知层的数据。敏锐的感知、广泛的互联互通、有效的智能分析处理是物联网的优势,这些都是互联网无法比拟的。物联网将信息与通信技术充分应用到各行各业,遍及工业、农业、物流、交通、电力、水利、安防、医疗、家居、教育、旅游等多个领域。信息系统是一个复合系统,它由人、硬件、软件和数据资源组成,目的是及时、正确地收集、加工、存储、传递和提供信息,实现组织中各项活动的管理、调节和控制。

在物联网发展初期,信息系统是信息处理平台,在一定的硬件环境下,通过软件来实现数据收集、传递、分析处理等功能,为使用者提供有用的信息。物联网作为互联网的延伸,为信息系统收集数据,将数据传输到各类信息系统中进行处理,并通过各种设备与人进行交互,物联网虽然是"物物相联的网",但最终还是为人所用的。

随着物联网的发展，我们可以将物联网看作是综合性的信息系统，物联网通过在物品上嵌入电子标签、条形码等能够存储物体信息的标识，通过无线网络的方式将其即时信息发送到后台信息处理系统，而各信息系统可互联形成一个庞大的网络，从而可达到对物品进行实时跟踪、监控等智能化管理的目的。物联网中最关键的环节是具体的"物"与电脑之间的无线信息采集和传输，无论是移动通信网、传感器网络、超级计算机还是射频识别系统本身，都不能单一满足物联网信息传输和处理的需要，它们中的任何一个都不能代表物联网。物联网不应该是一个单一性质的网络，它是一个包括信息的感知、传输、处理决策、服务等多方面技术在内的综合信息系统。

四、物联网系统应用案例

1. 澳大利亚"智慧桥"的试验

在澳大利亚的昆士兰，人们正在进行"智慧桥"的试验。通过在一座大桥上安装各种各样的传感器，不仅可以告诉城市管理者桥上有多少车、车的重量是多少、车的污染是多少、是新车还是旧车，还可以告诉人们这辆车对这座桥整个混凝土的结构带来多大的压力。由此，交通管理部门可以进行实时评估，获得这座桥结构强度的数据，一旦压力超出了所设定的极限值，交通管理部门就可以获得警报[①]。

2. 物联网肉菜流通追溯系统

市民在农贸市场购买蔬菜，付款后，计重秤打印出一张小票，上面有条形追溯码、商品名称、交易时间、交易金额、交易总量、交易摊号、商品产地等信息，让人们对购买蔬菜的信息一目了然。这套系统称为物联网肉菜流通追溯系统，运用的是中科软科技有限公司的物联网技术开发成果，目前已经在无锡的朝阳农贸市场运行，打印出的小票就是农产品的"身份证"，记录了其从菜地到农贸市场再到餐桌的全过程，记载了其供应商、批发商、零售商等。买东西的市民还可以通过农贸市场内的终端查询机、下载手机应用程序或者登录查询网站进行追溯查询，从而对自己要吃的东西更加放心[②]。

3. 汕头路桥电子收费管理系统

路桥电子收费管理系统是专为解决公路收费问题而设计的，通过采用 RFID 技术实现路桥过车无须停车、不用现金、不用人工干预、自动收费，且准确可靠。当车辆通过路桥车道并进入车道天线的通信区域时，安装在车辆内的电子标签立即将车辆信息、行车记录等信息向车道天线发送，车道天线接收到信息后通过交易控制器把信息传送给车道控制机，车道控制机处理完信息后，再将当前行车记录等信息逆向传给车道天线，最后写入该车的电子标签。这样，每个收费站都可以通过获取车辆的行车记录来计算出应收通行费，然后通过收费网络在该车车主开设的银行账号进行扣款，实现自动收费。该系统的应用减少了汽车的机械磨损、油耗和废气的排放，加快了汽车通过速度，提高了

---

① RFID 世界网. 国外利用物联网感知环境变化应用案例. http://success.rfidworld.com.cn/2010_10/b9f74ae9bfb2734d.html.2018-01-19.

② 张建波. "物联网"十大应用案例在锡落地. http://epaper.yzwb.net/html_t/2013-09/27/content_106288.htm? div=-1. 2018. 01-19.

路桥的使用效率，同时将错收漏收的可能性降低到最低限度[1]。

第五节 云计算与信息系统

一、什么是云计算

"网格计算"曾经承载了人们对计算机应用的很多梦想，风靡一时，但是其商业应用却迟迟未能实现，直到近些年，才通过"云计算"的形式迅速发展。云计算作为一种基于互联网的计算模式，是分布式计算、并行计算和网格计算的发展，是计算机科学在商业领域的应用。2006 年 Google 的"101 项目"正式提出了"云计算"，随后，IBM、Amazon、Microsoft、Sun 等公司纷纷提出了"云计划"。云计算是把存储于服务器、个人计算机、移动电话及其他设备上的大量信息资源集中在一起，协同工作，使计算分布在大量的分布式计算机上，用户所需的应用程序并不需要运行在用户的终端设备上，而是运行在互联网的大规模服务器集群中。

二、云计算的模式

按照部署方式和服务对象的范围，可以将云计算分为三类，即公用云、私有云和混合云。

1. 公用云

公用云由第三方云服务供应商运营。服务供应商创造资源，如为最终用户提供从应用程序、软件运行环境到物理基础设施等各种各样的 IT 资源。公众可以通过网络获取这些资源，而不必关心具体资源由谁提供、如何实现等问题。

2. 私有云

私有云是为特定组织使用而构建的，管理者可能是组织本身，也可能是第三方。私有云用户可以完全拥有整个云计算中心的设施，如服务器、存储设备等。

3. 混合云

混合云由两个或更多云端系统组成云端基础设施，这些云端系统包含公用云和私有云，混合云根据用户特定应用的需求而定制，且要求达到一定的服务水平。

三、云计算在信息系统中的应用

云计算是一个迅速崛起的平台，它的价值在于商业应用，组织对计算机的存储能力和运算能力要求很高，云计算能够解决信息系统中的很多问题，在未来，云计算势必深刻影响组织的发展。

1. 云计算为信息系统提供云存储服务

所谓云存储，是指通过集群应用、网格技术或分布式文件系统等功能，将网络中大

---

[1] RFID 世界网. 汕头路桥电子收费管理应用案例. http://success.rfidworld.com.cn/2013_07/af9dbc99b2e23d5c.html. 2018-01-19.

量各种不同类型的存储设备通过应用软件集合起来协同工作，共同对外提供数据存储和业务访问功能的一个系统。云存储具有性能高、容量大等特点。企业级云存储应用将成为未来的趋势，它将为企业用户提供空间租赁服务及远程数据备份服务。

2. 云计算为信息系统提供搜索引擎服务

在互联网环境下，搜索引擎是为了解决在海量信息中找到有用的信息而诞生的，搜索功能是信息系统平台中常见的基础服务，云计算使信息系统的搜索能力朝着智能化和多样化方向发展。云计算能够提供强大的网页搜索服务，全面地为客户和消费者提供商品及其相关信息。云计算还可以提供语言机器翻译服务，帮助企业解决信息系统发展过程中的语言障碍，也可以对音频、视频、图片、图像文件进行理解并获取内容进行搜索。

3. 云计算为信息系统提供综合云服务

应用云计算能对互联网上的海量信息分析处理，形成对企业有用的信息，云服务根据企业要求提供交易信息服务、客户分析服务、产品推荐服务、物流优化服务等多项服务内容。例如，利用云计算的计算能力挖掘消费区域特征、消费者的行为习惯，提供有针对性的网络营销。美国 ThinkNear 电子商务平台就会自动搜索商家的"空闲时段"并生成优惠券，提前告知消费者空闲时段及可以在闲时提供的优惠。

四、云计算对信息系统的影响

社会的发展对信息资源的管理和使用提出了更高的要求，将云计算的概念引入信息系统领域，给组织带来了新的机遇。组织利用云计算能有效地使用资源，减少不必要的开销，获得核心竞争力的快速提升。云计算对信息系统的影响主要表现在以下几个方面。

1. 降低信息系统运营成本

一个组织构建信息系统时，必须考虑硬件、软件、网络、系统架构等因素，建立信息系统成本高，短期内难以取得高效益。如果采用云计算模式，组织不必单独开发应用软件和程序，只需要访问云服务提供商建立在云上的软件库，即可获得企业所需的管理程序、数据资料等，组织按需支付一定的租金，能够极大地降低系统建设的成本。云计算缩小了组织规模所导致的差距，让每个组织都能以较低的成本接触到顶尖的 IT 技术。

2. 规范信息系统应用模式

云计算可以通过云应用平台衍生出各种云服务，云可以将各个行业的传统优势充分挖掘出来。组织所需的管理程序和资源存储在"云"端，组织只需要从云计算服务商提供的云平台中调用相关应用到本地计算机上就可以实现对功能的应用。资源的获取方式与使用方式都采用标准接口与规范化的管理模式，提高了沟通效率。

3. 改善信息系统的安全性

用户最关心的还是安全问题，信息系统中存在着大量的信息资源，这些信息很多是企业的机密信息。网络上病毒与黑客活动的日益泛滥，必然要求企业在信息安全上加大投入。云计算提供了较为可靠的数据存储中心，企业使用云计算服务，将数据存储在云端，保证数据的高效、安全存储，快速地进行数据加密/解密，以及时启动防御攻击的软件和硬件辅助保护功能，有效提高系统安全性。

第六节 大数据技术与信息处理

一、什么是大数据

数据广泛存在于企业的 IT 系统中，决策的准确性依赖于数据，然而，传统的信息系统中用以分析的数据大都是标准化、结构化的，事实上，这些数据只占到企业所能获取数据中很小的一部分。我们现在面临数据量级的变化：生成数据的设备在不断地增加，个人数据从 GB 到 TB，企业数据从 PB 到 EB，企业数据量增加造成数据库越来越庞大。

组织的数据可以分为三种类型：结构化数据、半结构化数据和非结构化数据。其中，大部分数据属于广泛存在于组织内部、组织之间、互联网之中的非结构化数据。大数据通常用来形容一个组织创造的大量非结构化和半结构化数据。大数据（或称巨量资料），指的是所涉及的资料量规模巨大到无法透过目前主流软件工具，在合理时间内达到撷取、管理、处理并整理成为帮助企业进行经营决策的更积极目的的资讯。大数据具有4V特点：volume（体量）、velocity（速度）、variety（种类）、value（价值），即数据体量巨大、处理速度快、数据类型繁多、价值密度低商业价值高。由于大数据的上述特点，大数据技术与传统的信息处理技术有很大差别，大数据技术对信息处理各个过程产生了深刻影响。

二、大数据的获取

数据获取是大数据生命周期中的第一个环节，传统的数据获取多是来自于人为主动产生的数据。大数据环境下，人们开始重视收集海量机器数据、传感器数据、射频识别数据、移动互联网数据、社交网络数据。数据来源的变化带来了数据获取技术的变化：①系统日志数据的采集，企业信息系统每天会产生大量的日志数据，可以采用分布式架构的系统日志采集方法获取业务日志数据，如 Cloudera 的 Flume 是一个高可用的、高可靠的、分布式的海量日志采集、聚合和传输系统，Flume 支持在日志系统中定制各类数据发送方，用于收集数据；②网络数据采集，可以采用垂直搜索引擎和网络爬虫等方式从网站上获取数据，将半结构化数据、非结构化数据从网页中提取出来，并以结构化的方式将其存储为统一的本地数据文件；③支持图片、音频、视频等文件的采集，且附件与正文可自动关联，网络流量的采集，可使用 DPI 或 DFI 等带宽管理技术进行处理。

三、大数据的集成

数据集成是把不同来源、格式、特点性质的数据在逻辑上或物理上有机地集中，从而为企业提供全面的数据共享。在大数据时代，数据集成就是打破不同数据库和数据类型之间的屏障，让数据能够被大数据应用高效存取。在管理信息系统中，大数据集成需要将处理过程分布到源数据上并行处理，并对结果进行集成。集成结构化、半结构化和非结构化数据时需要在三者之间建立共同的信息联系，这些信息可以表示为数据库中的主数据或键值，以及半结构化和非结构化数据中的元数据标签或其他内嵌内容。

四、大数据的存储

大数据具有数据体量大且增长速度快的特性，企业的数据规模从 PB 级别增长到 EB 级别，现在正向着 ZB 的规模进军。相对于以往较小规模的数据处理，信息系统在处理大规模数据时，服务集群需要具有很大的吞吐量才能够让巨量的数据在应用开发人员可接受的时间内完成任务，这不仅是对各种应用层面的计算性能要求，更是对大数据存储管理系统的读写吞吐量的要求。例如，个人用户在购物网站选择自己感兴趣的商品，网站则根据用户浏览网页行为和购买行为实时进行相关广告商品的推荐，这需要应用的实时反馈；又如电子商务网站的数据分析师根据购物者在当季搜索较为热门的关键词，为商家提供推荐商品的关键字，面对每日上亿的访问记录要求机器学习算法在较短时间内给出较为准确的推荐，否则就失去了时效性。这些功能都要求系统不仅能满足大数据的存储，也要求其传输及处理的响应速度快。

五、大数据的挖掘与分析

数据挖掘与数据分析的本质都是从数据里面发现有价值的信息，从而帮助企业运营业务、改进产品，以及做更好的决策。数据分析一般是对历史数据进行统计学上的一些分析，侧重于应用统计学方法，经过人的推理演绎得到结论，重点是观察数据，得到的结果是准确的统计量；数据挖掘更侧重于机器对未来的预测，一般应用于分类、聚类、推荐、关联规则，侧重由机器进行自学习，从数据中发现"知识规则"，得到的一般是模糊的结果。大数据的魅力在于能够通过对海量数据的分析，以一种前所未有的方式获得巨大商业价值。

本 章 小 结

近年来，由于各种新技术、新方法不断涌现，管理信息系统也随之改变。Internet 的发展给人类社会带来了深刻影响，电子商务和电子政务系统成了最为流行的、基于网络的信息系统的代表。大数据、物联网和云计算技术飞速发展，其在信息系统发展中的作用日益凸显，在信息技术日新月异的今天，必须紧跟时代脉搏，不断地把新理念、新技术应用于企业信息化建设。

思考练习题

1. 什么是 Intranet？它和 Internet 有何联系和区别？
2. 什么是电子商务？电子商务有哪些主要功能？
3. 电子商务的实现技术有哪些？每种技术的主要内容是什么？
4. 什么是电子政务？电子政务有哪些基本模式？
5. 什么是物联网？物联网和信息系统的关系是怎样的？
6. 什么是云计算？其基本模式有哪些？
7. 大数据技术对信息处理过程的影响是怎样的？

第十四章 管理信息系统案例分析

第一节 案例1：某鲜牛奶公司库存管理信息系统

一、信息系统的分析

（一）初步调查和可行性分析

1. 系统开发的背景及原因

该鲜牛奶（投资）有限公司始建于1998年，目前以各种牛奶和酸奶的生产销售为主，是集科研、生产、销售、服务于一体的企业。企业经过十几年的奋斗，已具有较大规模，生产经营品种越来越多。企业在快速成长的同时，对企业结构的设计、业务流程的规划、各种数据的存储和应用提出了新的要求，旧的信息系统已不能适应企业迅速发展的需要。随着业务的开展和市场竞争的加剧，企业高层领导也意识到存在的问题，一致决定引用先进的信息管理系统改变企业的现状，对市场机遇做出快速反应，以给企业带来更多的利润。

本案例只对公司库存管理系统进行介绍。

初步调查显示，企业库存管理部门，主要负责出、入库管理和库存分析，向上级主管部门和高层领导提供库存信息查询。不断扩大的业务量使得库存信息日益增长，库存管理工作变得日益繁重，旧的库存管理流程限制了库存管理的效率，最重要的是现有系统无法实现实时清点库存，不能随时掌握库中奶品的种类和数量。当前系统已经远远不能满足公司对信息数据处理速度的要求。基于以上企业现状，新的信息系统开发势在必行。

2. 系统目标

库存管理系统是为了加速库存管理的自动化、标准化和科学化，其目标如下。

（1）提高数据的准确性，使企业运作过程更加快捷高效。

（2）方便企业对产品的管理，包括产品类目的管理和产品信息的管理。

（3）方便企业对库存的管理，能够及时了解库存，减少库存积压，依据库存量及时调整生产，调整销售策略，将不必要的损失降到最低，取得更佳效益。

3. 可行性分析

1）技术可行性

企业目前拥有计算机、打印机、复印机。企业购置少量的计算机和网络连接设备等就可以满足信息系统应用的要求。系统对软件的要求不是很高，市场上常用的系统软件足以满足系统开发的需要。同时，开发人员具有开发复杂信息系统的丰富经验，完全有能力建立一个适用的管理信息系统。

2）经济可行性

系统所需的软硬件环境成本和开发维护费用都不是很高，所需投资较少，企业完全有能力承受。信息系统投入使用后会给企业带来明显的经济效益。系统可以提高企业工作效率、简化工作流程、方便管理、辅助高层决策等。因此，经济上是可行的。

3）管理可行性

由于企业管理者已认识到企业内部管理存在的问题，并一致同意引用先进的信息管理系统改变企业的现状，所以对信息系统的开发是大力支持的。企业在管理方法方面存在一定的缺陷，但领导和职工的支持、比较简单的业务流程及完整准确的原始数据，都使得实行相应的管理制度改革成为可能。

4）结论

通过可行性分析，证明企业进行信息系统开发的基本条件已经成熟，可以进行系统的开发。编写系统可行性分析报告。

（二）现行系统的详细调查

1. 组织结构调查

该企业的组织结构如图 14-1 所示。各部门间相互联系，协调工作，共同实现组织目标。

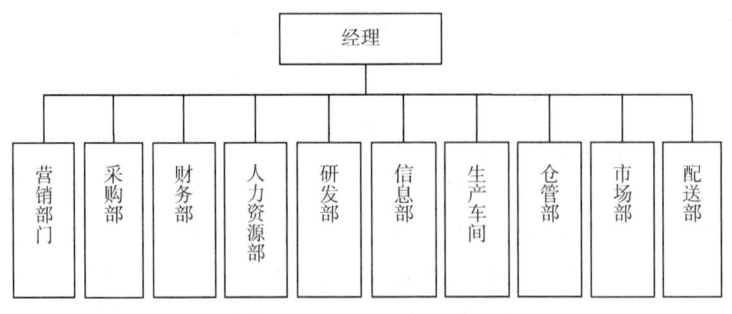

图 14-1　企业的组织结构图

2. 管理功能调查

通过调查掌握的仓管部的库存管理功能如图 14-2 所示。

1）产品信息管理

系统管理人员对产品信息进行管理，主要对库存产品价格和产品基本信息进行管理，包括产品价格的录入、修改、删除，以及产品信息的录入、修改、删除和查询操作等。

第十四章 管理信息系统案例分析

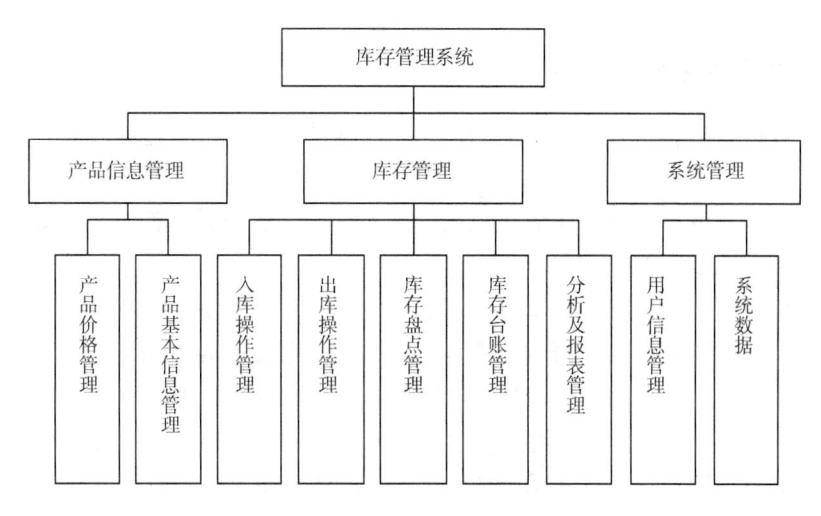

图 14-2 企业库存管理功能图

2）库存管理

库存操作由仓库管理员执行。库存操作管理主要完成入库/出库操作、库存盘点，以及相关账目、报表的分析和处理。

3）系统管理

系统管理由系统管理人员对本系统的各级用户及权限进行维护，同时也对系统中的重要数据进行维护，以确保系统数据的安全。

3. 业务流程调查

产品库库存的业务处理流程如图 14-3 所示：生产车间填写入库单到仓库进行入库操作，库存管理员审核入库单，并根据入库单登记入库流水账、库存账完成入库操作。营销部根据销售订单填写出库单，库存管理员首先查阅库存账，若有货，则填写提货通知单通知配送部门前来提货并给客户发货，否则发缺货通知单给生产车间。此外，库存管理员盘点库存，并依据库存账和出入库流水账定期生成库存的报表，呈送有关部门。

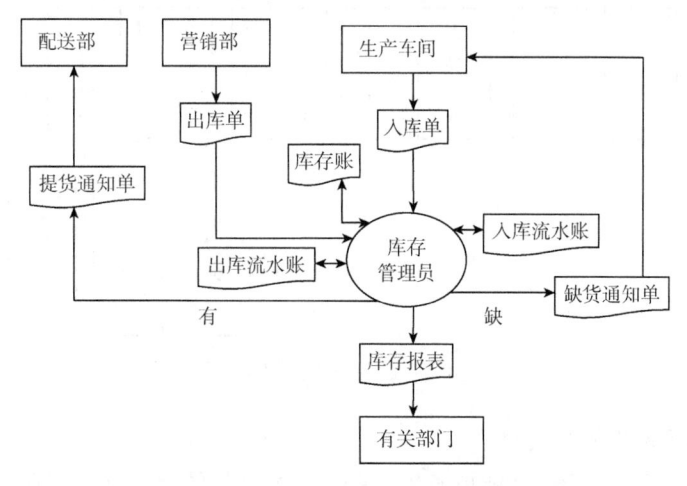

图 14-3 产品库库存管理业务流程图

（三）用户需求分析

在对企业现行库存管理进行详细的调查，进行了系统化分析之后，得出存在的问题如下。

（1）工作效率低：仓管部中职工权责分配不明确，工作效率低，出错率高。另外，仓库的空间利用率低，资源浪费严重。

（2）信息沟通不畅：手工操作带来的低效率、低准确率使企业内部各环节信息沟通不畅，缺少信息交流和共享，影响了企业整体效益，削弱了企业市场竞争力。

（3）决策方面：由于奶制品自身的特殊性，其库存管理的要求非常严格。保质期短的产品不进入企业的产品仓库，而直接进入物流配送仓库或在非常短的储存后进入流通领域。奶产品有很明显的淡、旺季之分。因而，能在旺季来临前有足够数量的产品储备及淡季有合理的储备量都非常重要。这些都需要库存管理系统能够有效辅助产品生产和营销策略。

（四）新系统的逻辑方案

1. 新系统的组织结构

通过对企业现有系统的分析，对企业的组织结构进行了重新设置，为了提高库存管理的效率、明确分工，仓管部中分别设置了入库管理组、出库管理组、库存管理组，同时，为了适应奶品生产销售的特点，提高送货效率、缩短处理流程将原配送部归入仓管部成为配送组，主要负责将商品配送到各经销点和客户点。图 14-4 给出了新系统的组织结构图。

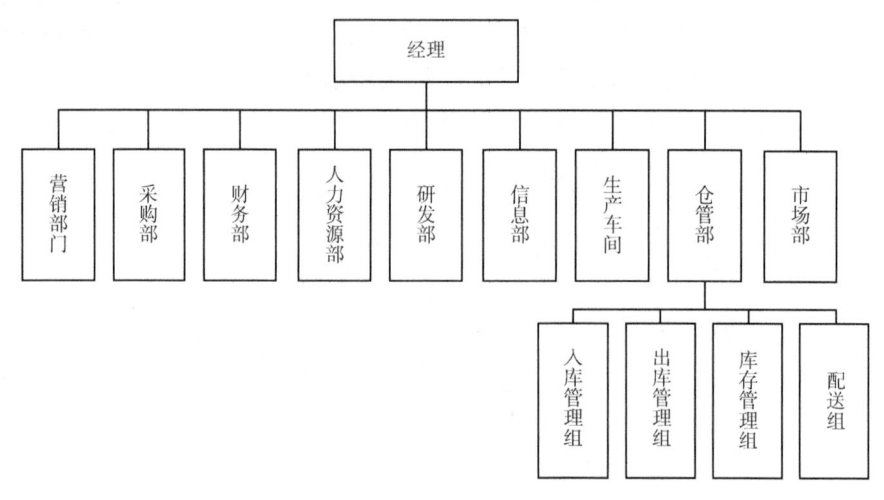

图 14-4 新系统的组织结构图

2. 新系统的管理功能

组织结构的调整使管理功能也发生了变化，根据新的组织结构图和实际需求，对新系统的管理功能进行了相应的调整，图 14-5 画出了新系统的管理功能图。

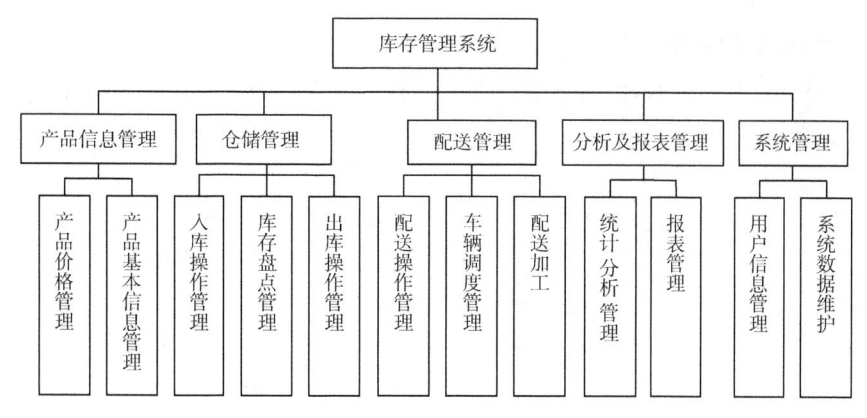

图 14-5　新系统库存管理功能

3. 新系统的业务流程

由于对组织结构和管理功能进行了调整，新系统的业务流程也进行了相应调整。图 14-6 给出了新系统的产品库库存管理业务流程图。新系统的业务流程如下：生产车间填写入库单，入库管理组审核入库单，并根据入库单登记入库流水账、库存账完成入库操作。营销部根据销售订单填写出库单，出库管理组首先查阅库存账，若有货，则填写奶品出库单通知配送组前来提货，并生成派工单给客户发货；若缺货，发缺货通知单给生产车间。库存管理组盘点库存并依据库存账和出入库流水账定期生成库存的报表，呈送有关部门。

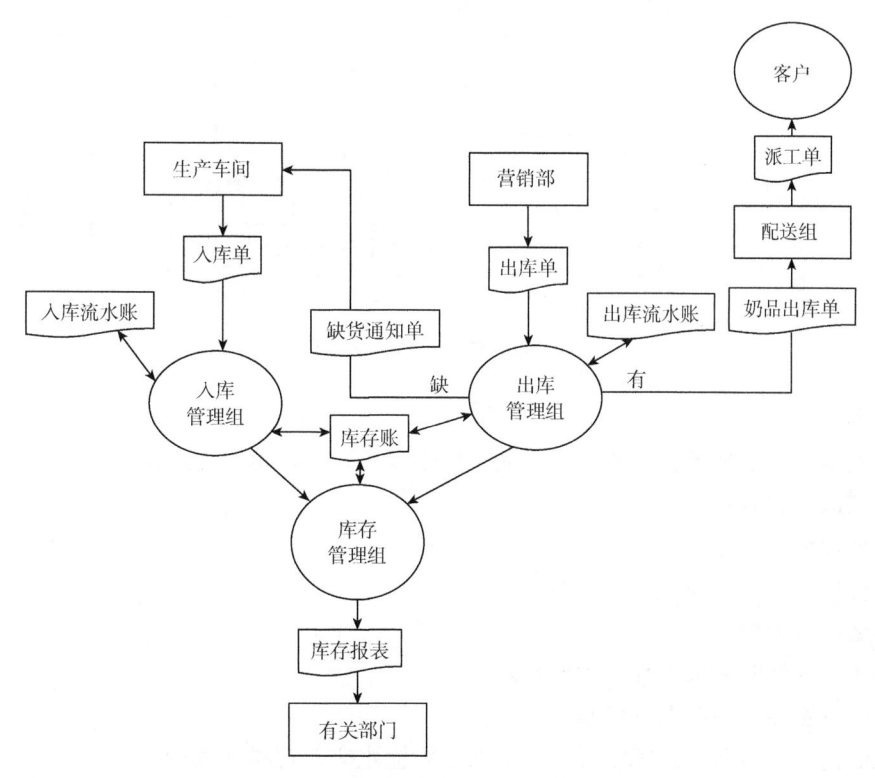

图 14-6　新系统产品库库存管理业务流程图

4. 新系统的数据流程图

根据分析得出如图 14-7 所示的新系统库存管理顶层数据流程图，以及第一层数据流程图，如图 14-8 所示。

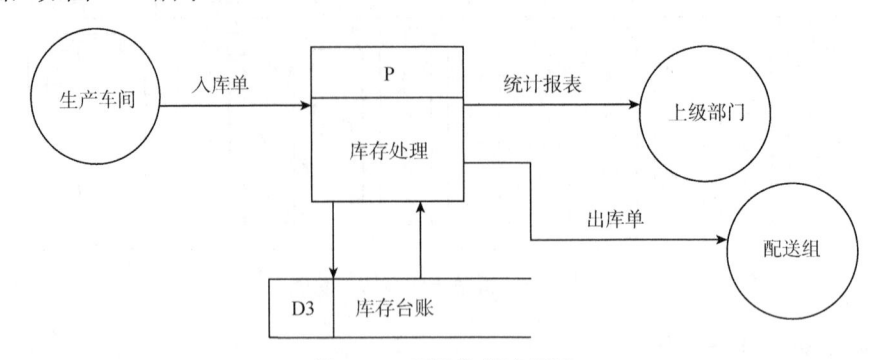

图 14-7 顶层数据流程图

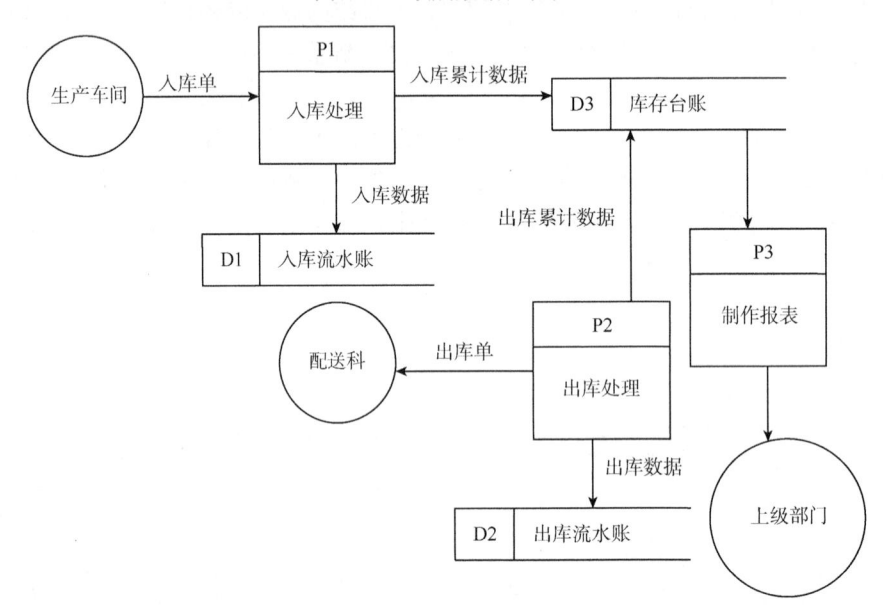

图 14-8 第一层数据流程图

5. 数据字典

数据字典是数据流程图的补充说明，由于项目较多，这里只给出几个范例。

1）数据项描述

数据项编号：A1。

数据项名称：入库单号。

别名：入库单号。

简述：入库时生成的唯一的编号。

类型及宽度：字符型，12 位。

取值情况：前八位为年年月月，后四位为流水码，按顺序递增。

2）数据结构定义

数据结构编号：F1。

数据结构名称：入库单。

简述：奶品入库时反映奶品入库情况的入库单据。

数据结构组成：入库编号＋奶品代码＋奶品名称＋生产批号＋奶品单价＋入库数量＋入库日期。

3）数据流定义

数据流编号：F2。

数据流名称：出库单。

简述：出库管理员将商品交给配送科时所填写的单据。

数据流来源：入库处理。

数据流去向：出库处理。

数据项组成：出库单编号＋奶品编码＋奶品名称＋生产批号＋奶品单价＋出库日期＋出库数量＋收货单位＋送货车号＋操作员号＋处理标志。

数据流量：约 10 次/日。

高峰流量：约 15 次/日。

4）处理逻辑定义

处理逻辑编号：P1。

处理逻辑名称：入库处理。

简述：将入库数据记入库存账。

输入的数据流：入库单。

处理描述：根据入库单，将入库数据记入入库流水、库存台账，并更新相应库存信息。

输出的数据流：库存报表等。

处理频率：10 次/日。

5）数据存储定义

数据存储编号：D3。

数据存储名称：库存台账。

简述：记录出/入库数据的明细账。

数据存储组成：奶品代码＋奶品名称＋日期＋入库数量＋出库数量＋库存数量。

关键字：奶品代码。

6）外部实体定义

外部实体编号：S1。

外部实体名称：配送科。

简述：将产品送到客户手中。

输入的数据流：出库单。

输出的数据流：派工单。

6. 新系统的管理模型

新系统中用到一些管理模型和方法，如 ABC 分类、安全库存等库存管理模型。具体可参考相关书籍。

二、信息系统的设计

（一）系统设计目标

系统设计的目标主要如下。

（1）建立有效的库存管理系统，提供准确的数据、方便的查询、有效的分析。它是协调企业生产经营的基础。

（2）管理入/出库活动，以及进行有效的统计和分析，可以保证企业生产中物流的畅通；辅助决策人员尽早发现问题，采取相应措施。

（二）系统总体设计

1. 系统功能模块设计

根据分析，将库存管理系统分为 5 个功能模块，具体如图 14-5 所示，在此仅对仓储管理进行分解，其功能模块如图 14-9 所示。

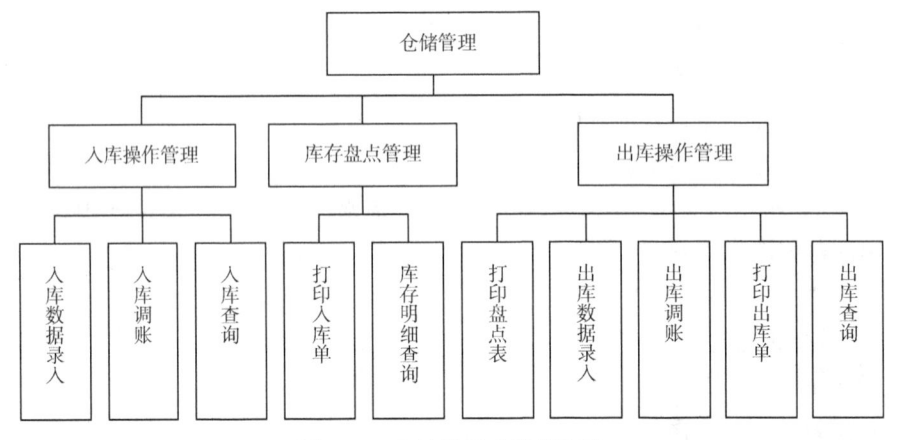

图 14-9 仓储管理功能模块图

2. 系统平台设计

系统采用 C/S 模式，客户端将用户的请求提交给服务器端，服务器端进行相应的处理，再将结果返回给客户端。

3. 系统配置方案设计

1) 系统硬件平台的配置

内存：1G 以上。

硬盘：40G 以上。

2）系统网络平台的配置

（1）网络拓扑结构。本系统局域网的网络拓扑结构采用总线形。

（2）网络的逻辑设计。鉴于业务量比较集中，该系统网络运行环境由一台服务器、多台集线器（HUB）或交换机，多台工作站、打印机组成。图 14-10 为系统 C/S 逻辑结构设计图。

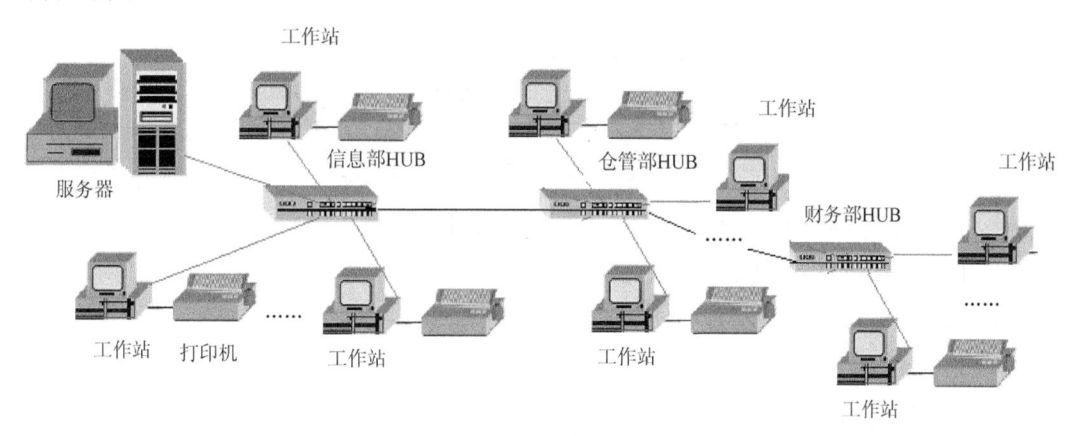

图 14-10　系统 C/S 逻辑结构设计图

3）系统软件平台的配置

（1）操作系统：Windows2003。

（2）后台数据库管理系统：Oracle11g。

（3）前台环境：Developer/2000。

（三）详细设计

1. 系统代码设计

库存管理系统中主要涉及奶品编码、部门编码、职工编码、商品入库编号等编码设计。

（1）部门编码：部门可分为科室和奶品部门两种形式，设计方案如图 14-11 所示。

（2）奶品编码：奶品编码设计为七位，每位所代表的意义如图 14-12 所示。

（3）职工编码：具体的设计方案如图 14-13 所示。

（4）奶品入库编号：奶品入库编号是奶品入库时自动生成的编码，具有唯一性，能够反映出奶品的入库时间和入库批次。具体的设计方案如图 14-14 所示。

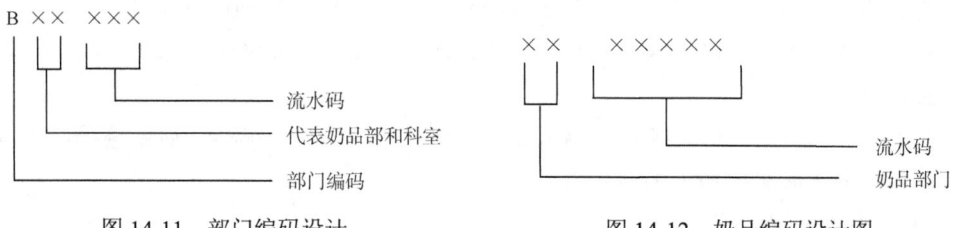

图 14-11　部门编码设计　　　　图 14-12　奶品编码设计图

```
    Z ×××××
         └──┬──┘
            └────────── 流水码
      └──────────────── 部门编码
```

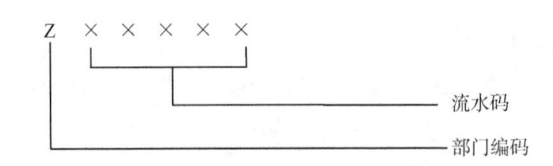

图 14-13　职工编码设计图

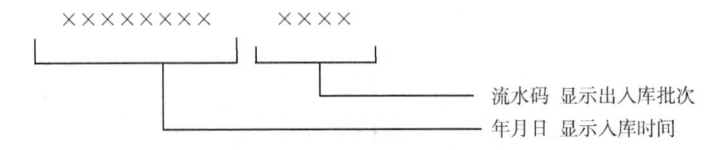

```
  ××××××××　 ××××
  └───┬───┘   └─┬─┘
              └──── 流水码　显示出入库批次
      └──────────── 年月日　显示入库时间
```

图 14-14　奶品入库编号设计图

2. 数据库结构设计

1）概念结构（E-R 图）设计

产品库存管理的 E-R 图如图 14-15 所示。

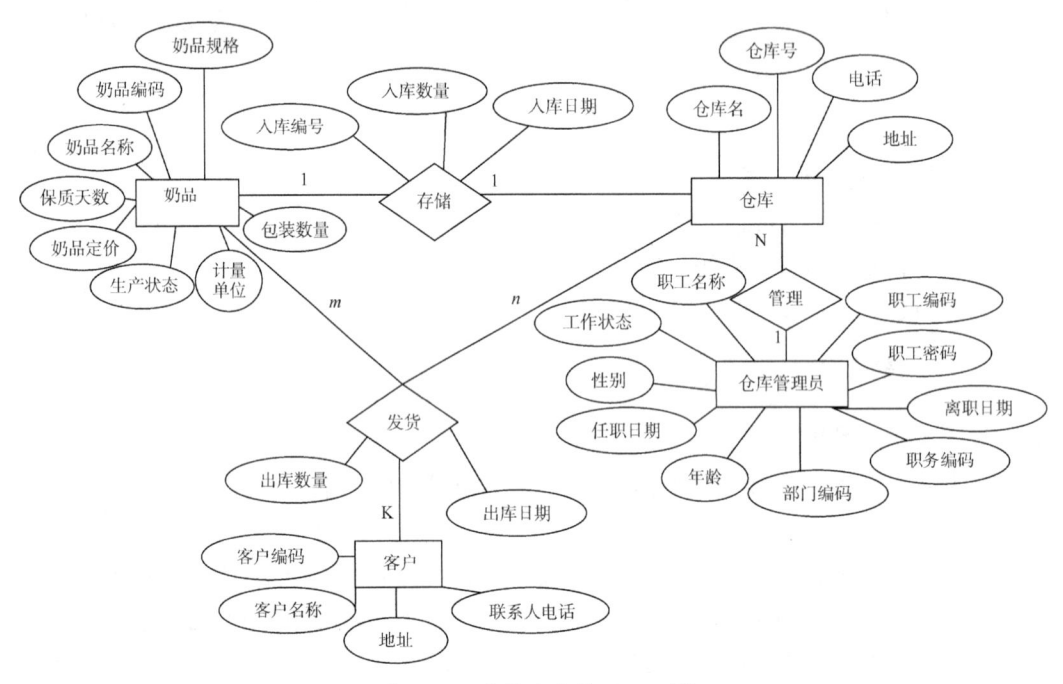

图 14-15　产品库存管理 E-R 图

2）逻辑结构设计

数据的概念结构设计完毕后，转换成数据库的逻辑结构，列出几个关系模式如下：

奶品（奶品编码、奶品名称、奶品规格、计量单位、奶品定价、保质天数、包装数量、生产状态）

职工（职工编码、职工名称、职工性别、职工年龄、部门编码、职务编码、职工密码、任职日期、离职日期、工作状态）

3）数据表的设计

根据公司的实际情况，采用 Oracle Database11g 数据库。部分数据库表设计结果如

表14-1～表14-4所示。

表14-1 奶品基本信息表（T_npml）

列名	含义	数据类型	说明
npbm	奶品编码	Varchar2（3）	Not null
npmc	奶品名称	Varchar2（12）	
npgg	奶品规格	Varchar2（3）	
jldw	计量单位	Varchar2（2）	Not null
npdj	奶品定价	Number（7，5）	
bzts	保质天数	Number（3）	
bzsl	包装数量	Number（2）	
sczt	生产状态	Char（1）	

表14-2 职工基本信息表（T_zgml）

列名	含义	数据类型	说明
zgbm	职工编码	Varchar2（5）	Not null
zgmc	职工名称	Varchar2（8）	
zgxb	职工性别	Varchar2（2）	
zgnl	职工年龄	Number（2）	
bmbm	部门编码	Varchar2（5）	
zwbm	职务编码	Varchar2（2）	
zgmm	职工密码	Varchar2（6）	
rzrq	任职日期	Varchar2（8）	
lzrq	离职日期	Varchar2（8）	
gzzt	工作状态	Varchar2（1）	

表14-3 库存明细表（TX_kcmx_sc）

列名	含义	数据类型	说明
npbm	奶品编码	Varchar2（3）	Not null
scph	生产批号	Varchar2（8）	Not null
kcsl	库存数量	Number（6）	

表14-4 出库明细表（TX_ckmx_dd）

列名	含义	数据类型	说明
ckrq	出库日期	Varchar2（8）	Not null
shdq	收货单位	Varchar2（5）	Not null
npbm	奶品编码	Varchar2（3）	Not null
scph	生产批号	Varchar2（8）	Not null
cksl	出库数量	Number（6）	
shch	送货车号	Varchar2（8）	
czyh	操作员号	Varchar2（5）	Not null
clbz	处理标志	Char（1）	

3. 输出设计

输出设计主要是对系统输出结果以不同形式的输出格式进行设计，如库存明细、出库单和入库单等。

4. 输入设计

输入设计包括产品基本信息录入、入/出库信息的录入等。输入设计要既满足用户需求同时又方便使用。

5. 安全/保密设计

管理系统投入运行后，保证数据的安全非常重要，如果数据丢失，会给企业带来不可估量的经济损失，因此要确保数据的正确性。数据备份是一项十分重要的工作，备份的及时准确关系到系统能否进行正常的工作。同时，为了保证数据的完整性和准确性，确保数据不受到非法使用和修改，在用户权限上进行了严格控制。

三、信息系统的实施

系统实施部分是根据前面介绍的系统设计方案，完成计算机系统的程序设计与调试，对系统初始数据的录入，并实现向计算机系统的转换等工作。在此对系统的实施和调试工作不做介绍。

第二节 案例2：小型网上购物系统

一、商务网站系统的分析

（一）需求分析

电子商务发展已经有十多年的历史，它将网络技术与零售业传统销售进行完美结合，减少了流通环节，降低了交易成本，突破了空间限制，节省了订购、支付和配送时间。很多人愿意去体会网上购物，并逐渐接受和认可电子商务。

（二）可行性分析

1. 技术可行性

系统对软件的要求不高，市场上常用的系统软件足以满足系统开发的需要。同时，开发人员具有开发网站的丰富经验，在开发技术上不存在困难，完全可以建立一个适用的网上购物系统。

2. 经济可行性

系统所需的软硬件环境成本和开发维护费用都不高，所需投资较少，企业完全有能力承受。网上购物系统投入使用后会带来明显的经济效益，可以简化工作流程、方便管理等。因此，在经济上是可行的。

3. 管理可行性

建立网上商店突破了空间限制，扩大了销售范围，带来了经济效益。同时，实行计算机网络管理，提高了数据的准确性和完备性，使购物过程更直观、方便、快捷，所以，管理者希望建立这样的网上购物系统。

4. 结论

根据以上可行性分析，企业进行网上购物系统开发的基本条件已经成熟，可以进行。

（三）系统操作流程分析

通过对业务流程的了解，绘制出系统业务的操作过程，如图 14-16 所示。

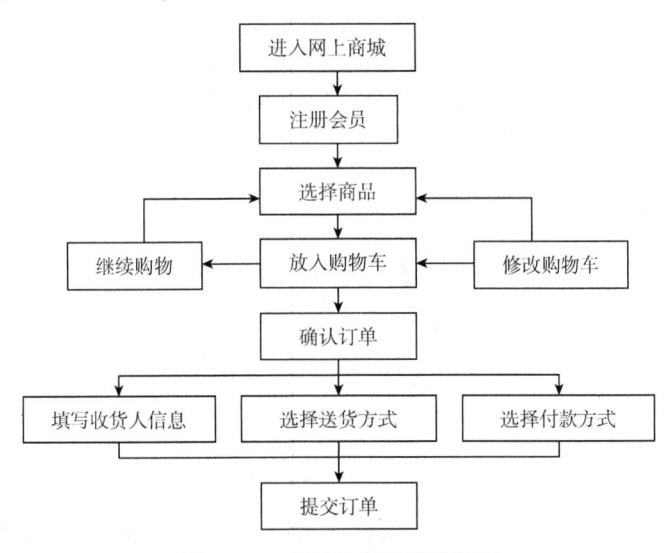

图 14-16 系统业务的操作过程

二、商务网站系统的设计

（一）系统设计目标

通过对电子商务网站订购环境及购物过程的调查研究，给出系统的设计目标如下：

（1）可以为客户提供 24 小时方便快捷的在线订购服务。

（2）商品信息的维护与管理，包括价格的调整、现有商品信息的修改、新商品信息的加入、过时商品信息的删除等。

（3）对商品信息进行科学、灵活的分类、存储，方便客户迅速找出自己所需商品。

（4）方便、快捷的查询功能。例如，可以通过商品分类和商品名称查找。

（5）提供便捷的订单管理，客户和管理员可以查询正在处理的订单和历史订单，了解货物状态。

（6）完善的用户系统。用户可以登录系统进行注册和修改基本信息。

（7）健全的权限管理。

（二）系统总体设计

1. 系统功能模块设计

根据系统目标，经过分析设计将系统分为两部分：前台客户功能和后台管理功能。整个系统主要实现以下功能。

（1）前台客户主要功能包括用户注册、用户登录、用户信息修改、商品查询、购物车管理、订单查询和留言板。

（2）后台管理主要功能包括用户管理、商品管理、订单管理、会员管理、留言板管理、链接信息管理。系统的总体功能模块图如图14-17所示。

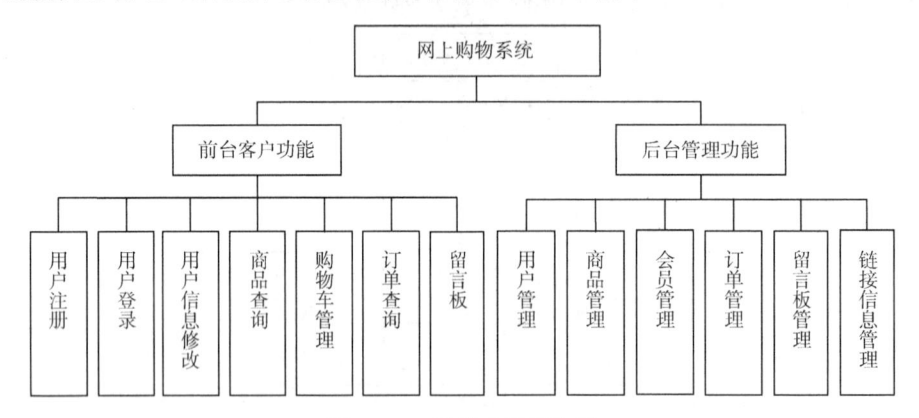

图14-17 系统功能模块图

2. 系统平台设计

系统采用浏览器/服务器（browser/server，B/S）模式，如图14-18所示。

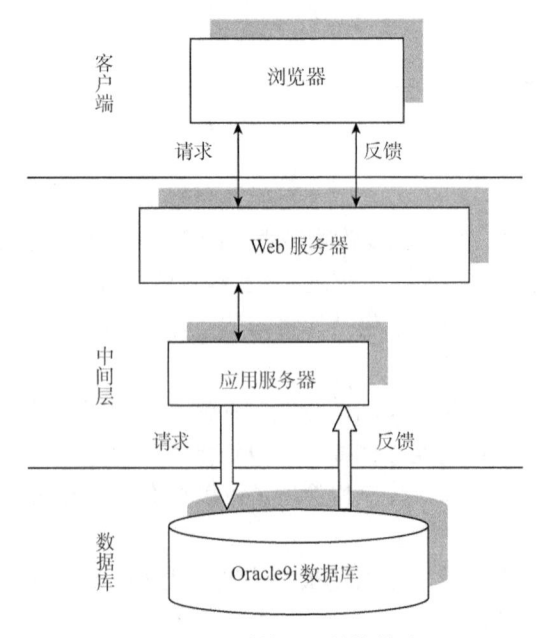

图14-18 系统B/S结构模式

3．系统配置方案设计

1）系统硬件平台的配置

（1）内存：1G 以上。

（2）硬盘：40G 以上。

2）系统网络的逻辑设计

系统遵循 B/S 三层结构设计：客户端、Web 服务器和数据库，基于 B/S 三层结构的逻辑结构图如图 14-19 所示。

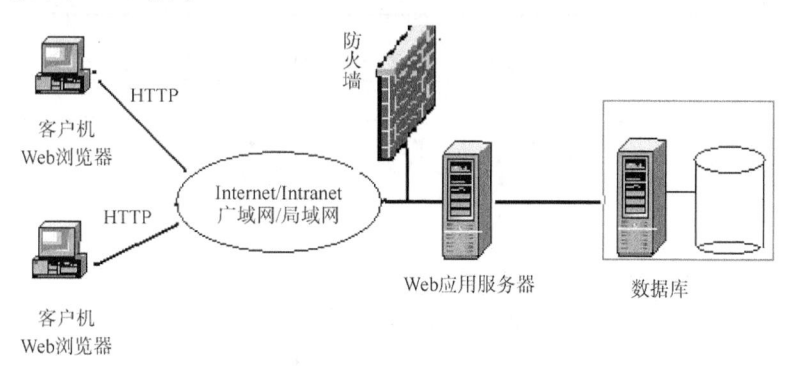

图 14-19　系统逻辑结构设计

3）系统软件平台的配置

（1）操作系统：Windows 2003，Unix。

（2）数据库管理系统：SQL Server 2005。

（3）程序设计语言：JSP。

（三）详细设计

以下只简单给出数据库结构设计，其他信息略。

根据网上购物系统的实际情况，我们采用 SQL Server 2005 数据库。部分数据库表设计如下。

1．商品信息表

商品信息表（tb_goods）记录购物网站中每一件商品的基本信息及商品本身的状态信息。具体的结构描述如表 14-5 所示。

表 14-5　商品信息表

列名	数据类型	含义	说明
id	Int	主键	
bigId	Int	大类型 id	非空
smallId	Int	小类型 id	非空
goodsname	Varchar（50）	商品的名称	非空
goodsfrom	varchar	商品的厂商	非空
introduce	test	商品介绍	非空

续表

列名	数据类型	含义	说明
creattime	smalldatetime	创建时间	非空
nowprice	money	现价格	非空
freeprice	money	折扣价格	非空
numbei	Int	数量	非空
picture	varchar	图片	非空
mark	bit	标识	非空

表 14-6 普通会员信息表

列名	类型	含义	说明
id	int	主键	非空
name	Varchar	登录名称	非空
password	Varchar	登录密码	非空
reallyname	Varchar	真实名称	非空
age	int	年龄	非空
profession	Varchar	专业	非空
email	Varchar	电子邮件	非空
question	Varchar	找回密码问题	非空
result	Varchar	答案	非空

2. 普通会员信息表

普通会员信息表（tb_member）记录普通会员所有相关信息，如表 14-6 所示。

3. 管理员信息表

管理员信息表（tb_manager）记录管理员的所有相关信息，如表 14-7 所示。

4. 订单信息表

订单信息表（tb_order）记录每个订单的基本信息，具体描述如表 14-8 所示。

表 14-7 管理员信息表

列名	类型	含义	说明
id	int	主键	
name	Varchar	真实名称	非空
password	Varchar	登录密码	非空
account	Varchar	登录名称	非空
sign	bit	标识	非空

表 14-8 订单信息表

列名	类型	含义	说明
id	int	主键	
Number	Varchar	会员账号	非空
name	Varchar	会员姓名	非空

续表

列名	类型	含义	说明
reallyname	Varchar	真实姓名	非空
address	Varchar	送货地址	非空
tel	Varchar	送货电话	非空
setmoney	Varchar	付款方式	非空
post	Varchar	运送方式	非空
bz	test	备注信息	非空
sign	bit	标识	非空
creattime	smalldatetime	订货时间	非空

三、商务网站系统的实施

（一）前台设计

前台客户功能设计包括用户注册、用户登录、用户信息修改、商品查询、购物车管理、订单查询。这里只简单介绍主窗口页面设计、购物车模块设计。

1. 主窗口页面设计

会员注册页面的主要功能是将新注册用户的信息添加到数据库中。

会员注册页面首先获取用户填写的表单信息，然后通过 ADO 的 Recordset 对象向数据库中添加新的数据。

2. 购物车模块设计

购物车模块如图 14-20 所示，可以添加、查看、修改和清空购物车中的商品，还可以随时去付款。购物车页面主要包括两部分：购物清单和对购物车操作的功能。

我的购物车

序号	商品的名称	商品价格	商品数量	总金额
1	海信电视	1000.0元	2	2000.0元
2	洗衣机	1000.0元	3	3000.0元
3	家庭影院	4000.0元	1	4000.0元

合计总金额：9000.0元

继续购物 | 去收银台结账 | 清空购物车 | 修改数量

图 14-20 购物车模块设计

（二）后台页面设计

后台管理功能包括用户管理、商品管理、会员管理、订单管理，这里只介绍管理员登录页面设计、商品管理模块设计两个模块。

1. 管理员登录页面设计

系统后台部分只允许具有管理员权限的用户使用，包括管理员身份验证、添加商品、删除商品、查询并修改商品相关信息、订单管理、用户管理、添加留言、查询并删除留言、添加链接和查询并删除链接功能。管理员登录界面如图 14-21 所示。管理员登录成功后，将进入管理员主界面，如图 14-22 所示。

图 14-21　管理员登录界面　　　　图 14-22　管理员主界面

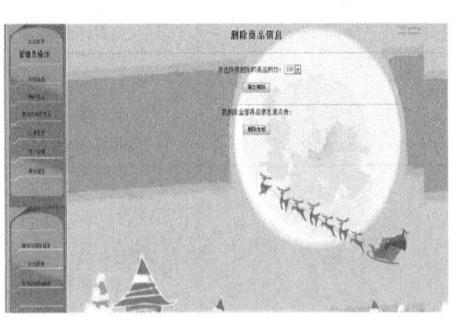

2. 商品管理模块设计

商品管理主要是管理员对商品的添加、删除、查询和修改。查询并修改商品相关信息界面如图 14-23 所示。

商品ID	商品名称	商品价格	商品类型	商品介绍	展示图片	是否推荐	添加的日期	是否修改
158	耳环2	5	装饰艺术	让您体味真正的写作艺术	images/2.gif	0	2009-06-05	修改
159	耳环3	5	装饰艺术	放飞你的想象，绘出你的梦想	images/3.gif	0	2009-06-05	修改
160	NoteBook	4	电脑科技	载下你每一段记忆……	images/23.gif	0	2009-06-05	修改
161	手表4	50	生活用品	载下你每一段记忆……	images/04.gif	0	2009-06-05	修改
162	笔记本电脑1	2	电脑科技	时间就像沙漏，请看到它的同时，珍惜分分秒秒	images/001.gif	0	2009-06-05	修改
163	手表1	80	生活用品	珍惜分分秒秒	images/01.gif	0	2009-06-05	修改
164	笔记本电脑2	2	电脑科技	易携带	images/002.gif	0	2009-06-05	修改
165	迷你化妆盒	30	装饰艺术	功能多多哦	images/20.gif	0	2009-06-05	修改
167	手表2	10	生活用品	正折价卖哦	images/02.gif	1	2009-06-05	修改
169	扇子	15	生活用品	随时准备哦	images/06.gif	0	2009-06-05	修改

第一页　上一页　下一页　最后一页　1　页

图 14-23　查询并修改商品相关信息界面

以上各节简述了基于网络的小型购物网站的设计，具体的系统实施和系统调试工作，读者可以选择熟悉的编程语言完成。

本 章 小 结

前面章节介绍了管理信息系统的基础知识和开发过程。本章综合应用前面各章节的知识，分别以 C/S 和 B/S 结构的两个管理信息系统开发为例，采用结构化开发方法，叙述管理信息系统从系统规划、系统分析、系统设计到系统实施的主要开发过程，有助于读者加深对管理信息系统理论与方法的理解，进一步深入了解管理信息系统的开发过程。

思考练习题

选择一个合适题目，通过调查研究，开发一个管理信息系统，并编写相应文档。

参 考 文 献

常晋义. 2004. 信息系统开发与管理. 北京：机械工业出版社.

陈承欢. 2009. 管理信息系统开发案例教程. 北京：人民邮电出版社.

陈伟达. 2013. 管理信息系统. 北京：中国人民大学出版社.

段爱玲，张德贤. 2009. 管理信息系统. 北京：机械工业出版社.

付泉. 2013. 管理信息系统. 武汉：华中科技大学出版社.

高洪深. 2009. 决策支持系统（DSS）：理论与方法. 第 4 版. 北京：清华大学出版社.

何泽恒，胡晶. 2014. 管理信息系统. 第二版. 北京：科学出版社.

黄梯云. 2009. 管理信息系统. 第四版. 北京：高等教育出版社.

黄梯云. 2011. 管理信息系统（第四版）习题集. 北京：高等教育出版社.

黄梯云，李一军. 2010. 管理信息系统问题与详解. 北京：高等教育出版社.

姜方桃，郑庆华. 2017. 管理信息系统理论与实务. 第二版. 北京：清华大学出版社.

杰克·吉多. 2004. 成功的项目管理. 北京：机械工业出版社.

金敏力，田兆福. 2009. 管理信息系统. 北京：科学出版社.

肯尼斯·C. 劳顿，简·P. 劳顿. 2011. 管理信息系统. 薛华成译. 北京：清华大学出版社.

刘伟. 2016. 管理信息系统. 第 2 版. 北京：清华大学出版社.

刘健. 2012. 物流管理信息系统. 北京：清华大学出版社.

刘腾红. 2012. 管理信息系统：理论与应用. 北京：电子工业出版社.

刘仲英. 2012. 管理信息系统. 第 2 版. 北京：高等教育出版社.

麻志毅. 2011. 面向对象开发方法. 北京：机械工业出版社.

谭云杰. 2009. 大象——Thinking in UML. 北京：中国水利水电出版社.

王要武. 2012. 管理信息系统. 第 2 版. 北京：电子工业出版社.

吴洪波. 2011. 管理信息系统. 北京：科学出版社.

徐会杰. 2016. 管理信息系统. 北京：电子工业出版社.

薛华成. 2013. 管理信息系统. 第 6 版（简明版）. 北京：清华大学出版社.

于本海. 2010. 管理信息系统开发案例. 北京：高等教育出版社.

詹姆斯·A. 奥布赖恩，乔治·M. 马拉卡斯. 2013. 管理信息系统. 第 15 版（英文版）. 北京：中国人民大学出版社.

Kroenke D M. 2010. 管理信息系统. 第 2 版（英文版）. 北京：清华大学出版社.